Frithjof Ringler

Geht Gott verloren?

Theologische Orientierungen

Theological Orientations

Band / Volume 45

LIT

Frithjof Ringler

Geht Gott verloren?

Spuren zum Geist, der lebendig macht

LIT

Umschlagbild: Frithjof Ringler

∞

Gedruckt auf alterungsbeständigem Werkdruckpapier entsprechend
ANSI Z3948 DIN ISO 9706

Bibliografische Information der Deutschen Nationalbibliothek
Die Deutsche Nationalbibliothek verzeichnet diese Publikation in der Deutschen Nationalbibliografie; detaillierte bibliografische Daten sind im Internet über http://dnb.dnb.de abrufbar.

ISBN 978-3-643-14873-5 (br.)
ISBN 978-3-643-34873-9 (PDF)

Verlagskontakt:
Fresnostr. 2 D-48159 Münster
Tel. +49 (0) 2 51-62 03 20
E-Mail: lit@lit-verlag.de https://www.lit-verlag.de

Auslieferung:
Deutschland: LIT Verlag, Fresnostr. 2, D-48159 Münster
Tel. +49 (0) 2 51-620 32 22, E-Mail: vertrieb@lit-verlag.de

Meiner lieben Frau

Almut

gewidmet

Inhalt

Vorwort

Das, was ich in diesem Buch niedergelegt habe, ist in langen Jahren gewachsen in Auseinandersetzung mit dem, was auf mich zukam durch Lektüre, Vorträge, Gespräche und Überlegungen, manchmal auch in der Reflexion meines Ärgers über dieses oder jenes. Vor allem aber erlebe ich, dass unsere Zeit geprägt ist von vielfältigen geistigen Strömungen, die über den Tellerrand hinausweisen und zum Weiterdenken anregen. Sie können sich vorstellen, dass mich dabei die Reformversuche wie auch die Reformunfähigkeit meiner Kirche nicht kalt ließen. Vieles von dem, worüber ich hier schreibe, ist freilich schon von anderen zu unterschiedlichen Zeiten in unterschiedlichem Zusammenhang gesagt worden. Ich weiß, was ich den vielfältigen Anregungen anderer verdanke und bin diesen allen dankbar.[1] Ich weiß aber auch, dass es nun an der Zeit, ja höchst überfällig ist, Grundlegendes in Theologie und Kirche neu zu sichten, wenn der christliche Glaube in unserem Kulturkreis für die Menschen weiter bedeutsam bleiben will.

Der Anspruch im Hintergrund meiner Ausführungen ist dabei kein geringer: Glaube und Theologie und letztlich auch die Kirche, wollen sie nicht aus der geistesgeschichtlichen Entwicklung endgültig aussteigen, müssen sich grundsätzlich verändern und das Niveau des 21. Jahrhunderts erreichen. Denn da gegenwärtig in ungeheurem Tempo ein tiefgreifender und umfassender Wandel der Kultur, möglicherweise sogar ein Kulturbruch stattfindet, geht nichts mehr so wie bisher. Wenn einem die Sache Jesu und der christliche Glaube – ein, wie ich meine, großartiges Programm für das 21. Jahrhundert! – noch am Herzen liegt, dann ist es an der Zeit, dem mit einem Neuansatz der Theologie zu begegnen. Dieser wird hier angeregt und wartet auf seine weitere Ausarbeitung und Umsetzung. Ebenso verhält es sich mit den Veränderungen, die in der Kirche schon lange angesagt sind, aber in der Institution nicht oder kaum stattfinden.

---

1 Besonders möchte ich mich bei denen bedanken, die mich bei der Realisierung dieser Arbeit ermutigend, kritisch und hilfreich begleitet haben. Vor allem danke ich meiner Frau Almut Ringler, meinem Bruder Dr. Siegfried Ringler und meinen Freunden Dr. Horst Hübel, Maria Lubich, Ewald Leibold, Felix Hemberger, Prof. Dr. Ernst Engelke und Claus Schreiner.

Natürlich ist mir klar bei all dem, was im Folgenden überlegt wird, dass ich nicht beanspruchen kann, der Weisheit letzten Schluss gefunden zu haben. Meine Gedanken verstehe ich vielmehr als eine wohlerwogene Perspektive unter vielen anderen. Und ich möchte Sie dazu anregen, sich auf meine Gedanken zunächst einfach mal einzulassen, sie abzuwägen und, je nachdem, sie zu übernehmen oder ihnen zu widersprechen. Man kann das Gesagte auch weiter differenzieren und Eigenes daraus entstehen lassen. Vieles ist nur relativ kurz angesprochen und benötigt eine genauere Ausarbeitung und Begründung. Vor allem aber möchte ich Sie dazu auffordern, sich selbst auf einen ungewohnten Denkweg einzulassen und dabei offen für weitere Anregungen zu bleiben. Nur so können „Weisheit und Einsicht" wachsen. Kein Prozess ist je abgeschlossen.

Zu meiner Person: In einer religiösen Familie aufgewachsen, habe ich in den 60er-Jahren neben anderen Fächern mit großem Interesse katholische Theologie studiert und war dann als Religionsphilologe am Gymnasium tätig. Das Interesse wurde zu einer lebenslangen Beschäftigung, die mich auch heute noch erfüllt. Ich kenne einigermaßen die Innenseite des theologischen Denkens und Sprechens der katholischen Kirche und auch die kirchliche Binnenkultur, soweit sie einem Nichtkleriker zugänglich ist. Vieles von dem Gesagten kann freilich unschwer auch auf die anderen christlichen Konfessionen, ja vieles auf alle Religionen übertragen werden. Bei meiner Tätigkeit am Gymnasium kam aber auch die pralle säkulare Welt meiner Schüler mit all den sich verändernden Fragestellungen der Gesellschaft ins Klassenzimmer. Manches, von dem ich am Anfang einer Stunde noch glaubte, es sei mir selbstverständlich klar, war am Ende der Stunde dringend neu zu überdenken. So lernte ich vieles hinzu und veränderte mich damit selbst. Heute bin ich als Theologe zwar einesteils Insider kirchlichen Denkens, anderenteils verstehe ich mich aber auch als Outsider, da mir die Fragestellungen „der Welt" durchaus vertraut sind und zu eigenen Anliegen wurden. Aus dieser doppelten Perspektive werden die Themen in diesem Buch angegangen, die Fragen vieler Menschen aufnehmen, die nach neuen Wegen für ihren Glauben suchen. Wenn die Sache Jesu die Menschen weiter erreichen soll, muss heute vieles von dem, was traditionelle Lehre ist, neu hinterfragt werden. Bei meinen Überlegungen habe ich daher zunächst die im Blick, die in der Theologie, in der Seelsorge oder als Religionslehrer tätig sind. Grundsätzlich möchte ich freilich alle ansprechen, denen die christliche Religion nicht ganz gleichgültig ist. Denn die Themen sind wichtig genug, um von vielen weiter bedacht und diskutiert zu werden. Methodisch und inhaltlich liegt mir am Herzen, nicht mehr traditionell von oben nach unten, also aus dem Glaubensgut, den Lehrsätzen der Kirche und den Vorstellungen von Gott nach unten auf die Wirklichkeit zu schließen, um dann zu sagen, wie die Wirklichkeit sein sollte und wie man sich zu verhalten habe. Das war/ist typisch für die traditionelle Lehrmethode. Mein Anliegen ist es, die Wirklichkeit, das heißt unsere Welt so wahrzunehmen, wie sie ist, mit allem Wissen und Können, mit allen schönen und furchtbaren Seiten, mit allen Enttäuschungen und Hoffnungen. Von dieser Wirklichkeit des Menschen ausgehend, kann man dann weiterfragen, was sich darin und/oder dahinter zeigt.

Wenn man diesen Weg geht und nur ein wenig die Augenbinden der Neuzeit ablegt, wie ich das hier versuche, kann man manches Überraschende entdecken. Es wird sich zeigen, dass die heutige Glaubenskrise tiefer geht als die meisten Analysen dies aufzeigen. All das, was zum Versagen der Kirche in Geschichte und Gegenwart und zu ihrer Reformunfähigkeit gesagt wird – es ist schlimm genug – reicht nicht, um eine hinreichende Erklärung zu liefern. Es zeigt sich vielmehr, dass „Gott“ selbst fragwürdig geworden ist. Wenn das so ist, dann ist es an der Zeit, zu fragen, was der „Gott“, an den wir glauben, eigentlich mit Gott zu tun hat. Geht es, ihn weiter so zu denken und zu glauben wie bisher, oder ist gerade das der Grund dafür, dass wir IHN in unserer so anders gewordenen Zeit nicht mehr in den Blick bekommen? Und es wird sich die Frage anschließen, wie damit Jesus und zentrale christliche Glaubensinhalte zusammen hängen. Darüber werden wir uns Gedanken machen müssen. Es wird sich zeigen: Dieser Ansatz wird zwangsläufig alle Themen des Glaubens und der Frömmigkeit, die Theologie selbst und schließlich auch die Kirche, so wie sie sich heute zeigen, grundlegend in Frage stellen. Andere Zugänge sind gefragt und kommen in den Blick, der Horizont wird weiter und nimmt die Ursprungsfragen des Christentums im Heute erneut auf.

Bliebe noch ein Nachtrag zur Abfassung. Einige Kapitel habe ich ursprünglich ganz unabhängig voneinander zu bestimmten Anlässen geschrieben. Sie sind in sich so abgeschlossen, dass man sie für sich stehen lassen und verwenden kann. Sie lieferten den Grundstock für das vorliegende Buch und wurden ergänzt durch weitere Kapitel mit übergreifenden Bezügen. Da ich kein wissenschaftliches Buch im strengen Sinn schreiben wollte, verzichtete ich auf viele Belege und Anmerkungen; umfängliche Literaturangaben werden Sie nicht finden. Ich griff auf das zurück, was sich im Laufe meines Lebens in „Geist und Herz“ gespeichert hat. Dazu kommen die großen Linien und Zusammenhänge, die ich jetzt im Alter besser erkenne als früher, als ich noch detailverliebt vorwiegend analytisch dachte und argumentierte. Wenn Zitate unvermeidlich waren, nahm ich nach Möglichkeit Quellen, die allen leicht zugänglich sind.

Zur Sprache möchte ich anfügen: Soweit die Themen in den Bereich der traditionellen Theologie führen, musste ich natürlich auch, ich hoffe begrenzt, die theologische Fachsprache, also „Theologendeutsch“ mitbenutzen. Sie kennen dieses ja von Predigten und Verlautbarungen der Kirche. In den anderen Teilen konnte ich so sprechen, wie es mir je nach Form des Tages gerade kam.

Es sollte Sie nicht stören, dass die meisten meiner Beispiele aus der römisch-katholischen Kirche stammen, in der ich beheimatet bin; ich kenne mich dort halt besser aus als anderswo. Ihr gilt daher mein besonderes Interesse.[2] Aber angesichts der allgemeinen heutigen Krisensituation scheinen mir die Glaubensprobleme in allen christlichen Kirchen in vielen Bereichen vergleichbar zu sein; sie können dementsprechend mitbedacht werden.

Ich lade Sie also ein, begleiten Sie mich auf meinem Weg in diesem Buch, freuen Sie sich über das, was Ihnen gut tut und „was Sie schon immer so gedacht“ haben, und reiben Sie sich ruhig an dem, was Ihnen quer liegt; da haben Sie die Chance, sich damit auseinanderzusetzen; Sie sollten sie nutzen! Und schließlich: Träumen Sie mit, denn der GottesGeist – darüber im Folgenden mehr! – ist uns näher als wir alle das denken und uns vorstellen können.

---

[2] Wenn ich also im Folgenden über „die Kirche“ spreche, so ist, soweit es nicht um die vorreformatorische Kirche geht, die römisch-katholische Kirche in ihrer heutigen Verfasstheit und Lehre gemeint.

„Ich kreise um Gott, um den uralten Turm,
und ich kreise jahrtausendelang … "
(Rainer Maria Rilke)

Geht Gott verloren?

„Die gegenwärtige Glaubenskrise verlangt keine Reparaturmaßnahmen, sondern einen Neuansatz." Stimmt diese These?

Glaubensinhalte werden nicht mehr verstanden

„Der schnelle Verfall der Kirche in der westlichen Welt ist eine Tragödie. Sie erinnert an das Vorrücken der Wüsten. Der Autor dieses Buches kann sich mit diesem Katastrophenszenario nicht abfinden und will etwas dagegen unternehmen. Aber ohne eine gute Diagnose sind alle Versuche, eine Qual zu bekämpfen, zum Scheitern verurteilt. Seine Diagnose lautet, dass die kirchliche Sprache und Vorstellungswelt im Mittelalter stecken geblieben und dadurch unzugänglich geworden ist für die Menschen der Moderne. Darum ist es dringend notwendig, die uns überlieferte Glaubensbotschaft zu übersetzen in eine Denkwelt und eine Sprache, in der ein moderner Mensch sich selbst wieder erkennen kann." Soweit der Klappentext des Buches „Der Traum des Königs Nebukadnezar" von Roger Lenaers.

Tatsache ist, dass von vielen Seiten der traditionelle christliche Glaubenskatalog in Frage gestellt wird und der Glaube sich zusehends verflüchtigt. Dies geschieht deutlich erkennbar seit der Aufklärung „von außen" und heute auch im christlichen Binnenraum. Grundlegend ist dabei, – und da ist den Ausführungen von Lenaers in seinem Buch zuzustimmen – dass der heutige Mensch sich und seine Welt autonom versteht. Er kann das heteronome[3] Welt- und Gottesbild, das Hintergrund der traditionellen Glaubensaussagen und für ihr Verständnis unerlässlich ist, nicht mehr nachvollziehen. Dies lässt sich für alle Bereiche der Glaubensüberlieferung nachweisen. Es wird deshalb vielfach, so auch von Lenaers, versucht, die Glaubensinhalte in unser modernes Denken und dessen Sprache umzuformulieren.

---

[3] Heteronomie: Sittliche (Fremd-)Bestimmung des Menschen durch eine der eigenen sittlichen Entscheidung fremde bzw. übergeordnete Gesetzlichkeit, hier durch den göttlichen Gesetzgeber. Gegensatz dazu ist die autonome Selbstbestimmung.

Ob das allerdings reicht? Das ganze Unternehmen, das für „Insider" der Kirchen schrecklich aufregend und auseinandersetzungsträchtig ist, scheint für die Randgläubigen – heute die große Mehrheit – und Außenstehenden von mäßiger Überzeugungskraft zu sein. Dies erkennt man an dem allgemein grassierenden Verlust an Glaubenswissen und Glaubenspraxis und der zunehmenden Zahl von Kirchenaustritten. Die Menschen werden nicht mehr erreicht.

Es geht, wenn man genauer hinsieht, meiner Ansicht nach heute nicht mehr nur um eine neue Sprache, also eine Neuversprachlichung traditioneller Inhalte. Auch reicht es nicht, den einen oder anderen nicht mehr verständlichen Glaubensinhalt mehr oder weniger deutlich zurückzunehmen oder umzudeuten. Die Lage scheint mir sehr viel ernster zu sein: *Das ganze dogmatische und traditionelle kirchliche Lehrgebäude ist unverständlich geworden und wird auch in neuer Sprache nicht mehr angenommen.* Was wir Älteren in unserer religiösen Sozialisation noch kennen gelernt, erfahren und „verstanden" haben, erweckt bei den heute 20 – 50jährigen nur Befremden; sie verstehen nichts mehr davon, auch nicht bei moderner Interpretation. Als „Fragestellung von gestern" interessiert es sie nicht mehr. Die Ursache liegt also offensichtlich tiefer.

Keine Übergangskrise, sondern das Ende einer Epoche

Alle Zeichen deuten darauf hin, dass die mehr als 2000jährige griechisch-römische Kultur mit ihrer Welt- und Glaubensinterpretation, so sehr wir (älteren) Europäer noch davon geprägt sind, ausläuft. Dieser Kulturbruch zeigt sich bei den Jüngeren heute schon im zunehmenden Verlust der traditionellen bürgerlichen Sprache und deren Inhalte, vieler bisher vertrauter Werte, der traditionellen gesellschaftlichen und sozialen Maßstäbe und der geschichtlichen und kulturellen Einbettung. Klassische bürgerliche Bildung verflüchtigt sich zusehends, sie wird nicht mehr gebraucht, kirchliche schon gar nicht. Viele traditionelle Lebensmodelle sind nicht mehr tragfähig und zerbrechen.

Unser Horizont wird zunehmend die eine Welt, die sich in rasantem Wandel verändert und mit einer Fülle von Informationen und Problemen für den einzelnen immer unverständlicher wird. Wir sind in immer höherem Tempo unterwegs, ohne dass die Erfahrungen der Vergangenheit helfen und wir ein klares Ziel erkennen können. Selbst der Augenblick der Gegenwart ist relativiert zwischen seiner absoluten Bedeutung – er ist das einzige, was wir noch haben – und seiner Nichtigkeit und Verlorenheit in der kosmischen Weite. Die Sehnsucht nach Halt und Sinn blättert in einem Buch mit leeren Seiten und vagabundiert in Ersatz-Szenarien kurzfristiger Hoffnungen und des Konsums.

Das gesamte „Lehrgebäude" der Kirche ist in Frage gestellt

Uns ist in der christlichen Theologie noch nicht ganz klar geworden, dass dementsprechend der *Verlust der 2000jährigen Glaubensinterpretation* immer mehr zur Realität wird. Weder in ihrer Sprache noch in ihren Denkmustern noch in ihrem Inhalt erreicht sie den modernen Menschen – es sei denn Personen, die sich fachlich, nostalgisch oder fundamentalistisch in der Vergangenheit bewegen. Noch nicht recht rezipiert wurde in der Kirche die Erkenntnis, dass der Mensch bedingt ist durch seine *Geschichtlichkeit* – das gehört zu seinem Wesen! – und dass ihm *absolute Wahrheitserkenntnis nicht möglich* ist. Die „absoluten und ewigen Wahrheiten" der Glaubensaussagen (z. B. im Glaubensbekenntnis, in den Dogmen und Lehraussagen) müssen daher, entgegen der Doktrin der Kirche, als zeit- und kulturgeschichtlicher Ausdruck einer bestimmten Epoche erkannt werden; sie sind damit überholbar. Dies spricht sich langsam herum. Bricht damit alles zusammen?

Meiner Meinung nach stehen wir vor der Entscheidung, entweder die christliche Religion archivarisch zu pflegen – sie wird dann zum Museumsstück für erbauliche Momente – oder wir akzeptieren den Kulturbruch und befragen wieder ganz neu wie zu St. Pauli Zeiten die jüdische und jesuanische Überlieferung, soweit sie uns greifbar und verstehbar ist. Wie wir dann über Gott und Jesus denken, unseren Glauben formulieren und unser Leben einrichten, ist offen, wenngleich sich schon jetzt einige Erkenntnisse abzeichnen.

Die Analyse der Gegenwart zeigt eine vielschichtige Wirklichkeit

Wenn man von dem ausgeht, was sich gegenwärtig feststellen lässt, so scheint es zunächst, dass die meisten Menschen unseres Kulturkreises positivistisch[4] geprägt sind; sie deuten im allgemeinen ihre Welt und ihr Leben nach dem, was ist, also nach den Fakten, und dem, was man fest-

---

[4] Positivismus: Eine Philosophie, die nur das als wirklich gelten lässt, was sich positiv, d.h. als Tatsache zweifellos feststellen lässt. Alles, was darüber hinaus geht, so auch jede Metaphysik, wird als sinnlos abgelehnt.

stellen und greifen kann; sie richten sich dementsprechend in ihrem Leben ein. Was man aber ebenso erkennen kann, ist, dass der „homo faber" (der von der Wissenschaft und Technik geprägte Mensch) durchaus offen ist für die Frage nach dem Sinn, dass er Transzendenzerfahrungen sucht und ein Gefühl für Spirituelles in Natur, Kunst, Literatur und Wissenschaft entwickelt. Es scheint auch, als wäre der Mensch vom Wesen her religiös, was mit anderen Worten heißt: er ist nicht mit sich und dem rein Materiellen zufrieden; er glaubt, hofft, liebt, orientiert sich an Werten ... Kurz: Von der Erfahrungsebene her wird klar, dass die positivistische Sicht mit ihrer Reduzierung der Wirklichkeit auf das Materielle und Beweisbare vieles der gelebten Wirklichkeit übergeht und ausschließt und keine hinreichende Wirklichkeitsinterpretation für die Moderne liefert. Wenn dies so ist, müsste die Theologie den Menschen nicht genau auf die Erfahrungen ansprechen, die er macht, ihn also dort abholen, wo er wirklich steht? Ein Rückgriff in den Schatz der Tradition wird hier nicht mehr genügen können.

Ein Neuansatz kommt um den Begriff Geist[5] nicht herum

Wenn man das, was vorkommt, aber positivistisch nicht greifbar ist, begrifflich fassen möchte, bietet sich das Geistige, bzw. der Begriff Geist an, den wir in Europa seit ca. 500 Jahren im Überschwang der naturwissenschaftlichen Erfolge vernachlässigt haben. Auch die Kirche konnte bisher mit Geist (dem „Heiligen Geist") offenbar wenig anfangen.

Der Begriff Geist scheint mir für unser Anliegen besonders geeignet zu sein, da er aus der Philosophie vertraut ist. Geist wäre das, was die Materie und alles Seiende durchwaltet, aber nicht identisch damit ist. Die Naturgesetze z.B. sind bekanntlich nichtmateriell. Schon Aristoteles kennt eine materia (die Materie) und eine (geistige) forma formans (gestaltende Form), die der Materie Gestalt gibt – Grundlage für jede naturwissenschaftliche Forschung.

Geist ist also das, was in bzw. „hinter" der Materie wirkt und möglicherweise auch als letzter, alles umfassender Urgrund zu betrachten ist. Davon später mehr. Mit ihm kann jedenfalls die nichtmaterielle Dimension der Wirklichkeit zur Sprache gebracht werden. Die Dimension des Geis-

---

5 „Geist" ist zunächst ein weltlicher (philosophischer) Begriff zur Beschreibung der nichtmateriellen Wirklichkeit. In einer religiösen Interpretation der Wirklichkeit verweist er auf einen göttlichen Urgrund, der sich im „Geist" zeigt.

tes ist uns und den Menschen aller Kulturen im täglichen Leben präsent und wird unreflektiert im Selbstbewusstsein als selbstverständlich erlebt. Und der Bildbegriff Geist macht es bei einer religiösen Interpretation der Wirklichkeit möglich, von der Dimension Gottes in allen anderen Dimensionen der Wirklichkeit zu sprechen. Denn als GottesGeist – gleichsam die „Tiefendimension“ des Geistes – verweist er auf das Geheimnis hinter und in allem sinnlich Erfahrbaren und Erkennbaren, ohne es selbst zu sein.

Bei aller Rationalität unserer Zeitgenossen: In ihrer spirituellen Sehnsucht und unausgesprochenen Religiosität zeigt sich ein unreflektiertes Vorwissen um einen geistigen Urgrund der Welt ebenso wie in vielen spirituellen Bewegungen und Geistkirchen. Könnte von hier aus nicht eine Philosophie und für uns eine Theologie des Geistes entwickelt werden, die nach der Infragestellung aller Gottesbilder Gott wieder erfahrbar werden lässt? Man könnte dabei gut auf europäisches und besonders auf indisches Geistesgut zurückgreifen; für Inder ist das Geistige realer als Materie!

Die Welt ist des Geistes voll

Wenn Geist das innerste Prinzip der Materie, damit auch der Evolution und aller Erscheinungen ist, können wir diesen Geist dann nicht auch entdecken in allen Formen der Natur, des Lebens und seiner Entwicklung und im eigenen Selbst? Und wenn wir diesen letzten Grund wie in alten Zeiten mit aller Vorsicht „Gott“ nennen, so sieht das zwar etwas pantheistisch aus – warum auch nicht?! –, aber es könnten sich möglicherweise über die Ebene des Geistes vielfältige Möglichkeiten der Gottesbegegnung und Gotteserfahrung in allen Bereichen des Lebens erschließen. Der Mensch macht jedenfalls vielfältige Erfahrungen, die über das Sichtbare hinausweisen, kann sie aber bisher nur selten als „Gottes“erfahrungen identifizieren.

Gotteserfahrungen sind gebrochene Erfahrungen

Von Gotteserfahrungen heute zu reden ist allerdings nach Aufklärung und Religionskritik nicht mehr so leicht möglich. Es ist klar geworden: Gott selbst ist als letztes Geheimnis undenkbar und unaussprechbar. Wenn es Erfahrungen mit ihm gibt, sind diese vor allem *menschliche Erfahrungen, d.h. ins Menschliche hinein gebrochene Erfahrungen des Göttlichen.* Und wenn man dann das Unaussprechliche des Erfahrenen in menschlicher

Sprache mitzuteilen sucht, verdoppelt man das Problem, da jedes Sprechen menschlich und daher unangemessen ist. Dies gilt natürlich auch für die biblisch bezeugten Erfahrungen.

Diese Erkenntnis verlangt einen Neuansatz in der Theologie: *Wir können nicht mehr von Gott so sprechen, als wüssten wir etwas über ihn unabhängig von uns.* Es scheint mir deshalb naheliegend zu sein, eine Theologie des GottesGeistes zu entwickeln, die vom Menschen ausgeht und unsere an der menschlichen Wirklichkeit gebrochenen Erfahrungen widerspiegelt.

Eine erste Zwischenbilanz

Da ist nun schon einiges von dem angeklungen, das später genauer besprochen werden muss. Im Moment kann man jedenfalls schon einmal festhalten:

- Die traditionelle philosophisch-theologische Wirklichkeitsdeutung und damit alle Dogmatik lösen sich auf, da der sie tragende kulturgeschichtliche Hintergrund entschwindet. Sie sind nicht mehr versteh- und vermittelbar. Es entspricht aber andererseits nicht dem modernen Wirklichkeitsverständnis, die Wirklichkeit und das Leben positivistisch zu begrenzen.
- Wäre nicht unter dieser Voraussetzung eine Theologie und Frömmigkeit in neuer, zeitgemäßer Weise zu entwickeln, indem man wirklich ernst nimmt, dass der Weltengrund/Gott absoluter Geist ist und dass das Geistige/Spirituelle erlebt werden kann? Müssten nicht dann, der Wirklichkeit des heutigen Menschen entsprechend, mit diesem Ansatz besser und angemessener als bisher die theologischen Anliegen neu angedacht werden, so z.B. vor allem die vielfältigen Wirklichkeitserfahrungen und Sehnsüchte heutiger Menschen, dann die Gotteserfahrungen aller Religionen, und im engeren christlichen Rahmen Offenbarung, Tod und Auferstehung, Schöpfung und Evolution, das Jesusereignis, Erlösung, Glaube an Gott, Trinität, Gebet und anderes mehr? Ist es vorstellbar, dass mit Hilfe einer Geist-Theologie[6] auch ein neuer Zugang zur Religiosität und Spiritualität des Alltags möglich wäre, der den Erfahrungen des modernen Menschen entspricht? Denn ein solch anderes Denken und Sprechen von Gott fordert dazu auf, Gott über-

6 „Geist-Theologie“ ist die Kurzformel für eine Theologie, in der das absolute Geistsein Gottes ernst genommen wird.

all im Leben zu begegnen. Es wäre dabei kein „künstlicher" religiöser Aufschwung in einen transzendenten Bereich mehr nötig, um Gott als Mitte des Lebens zu erfahren.

- Um nicht missverstanden zu werden: Es geht mir nicht darum, die bisherigen Zugänge und Wege zu Gott gering zu achten oder ersetzen zu wollen. Wohl den Menschen, die sie noch haben! Vielmehr geht es darum, für heutige Menschen, die mit den traditionellen Vorgaben an Gottesbildern und Glaubensinhalten nicht mehr zurechtkommen, Wege, die ihrer Lebenserfahrung entsprechen, aufzuzeigen. Denn viele, so scheint mir, die heute meinen, nicht mehr an Gott glauben zu können, können in Wirklichkeit ihre erlernten Gottesbilder und die kirchlichen Glaubensformen nicht mehr mit ihrem Leben zusammenbringen und lehnen daher „Gott" ab. Ein Gefühl für ein andersartig Göttliches, das „Spirituelle" und eine gewisse nicht festgelegte Religiosität jenseits aller Kirchlichkeit scheinen viele jedenfalls zu haben. So könnte eine Theologie des GottesGeistes, die die Unvorstellbarkeit und Unverfügbarkeit Gottes einerseits und andererseits seine wirksame Nähe und Allgegenwart thematisiert, an ihren Erfahrungen anknüpfen. Das unsagbare Geheimnis Gott könnte damit jenseits aller traditionellen Bildhaftigkeit und Dogmatik wieder erfahrbar werden.
- Mit diesen gerade skizzierten Gedanken möchte ich natürlich keine ausführliche Diskussion ersetzen; man sollte sie vielmehr beginnen. Die folgenden Kapitel verstehen sich als Beitrag dazu. Mir ist dabei klar, dass auch die von mir aufgezeigten Wege nur Modelle unter vielen möglichen sind – die weltanschauliche und religiöse Zukunft wird plural sein! Sicher ist, dass sich damit auch nicht alle Glaubensprobleme lösen lassen. Nicht wenige Themen könnten aber für das Verstehen heutiger Menschen angemessener angegangen werden. Das wollen wir im Folgenden ansatzweise versuchen. Ich bin mir dabei natürlich bewusst: In der Theologie sollte angesichts unserer menschlichen Begrenztheit die Demut nicht die geringste aller Tugenden sein!

Bevor wir indes zu den eigentlichen „Glaubensfragen" kommen, ist es notwendig, dass wir uns erst einmal in unserer säkularen Gegenwart umsehen. Wir fangen also „unten" an. Das Kapitel über einen „Kulturbruch", von dem oben schon kurz gesprochen wurde, ist mit einem Fragezeichen versehen, die Themen „Geschichtlichkeit" und „Ungleichzeitigkeit" nicht. So abstrakt diese „profanen" Themen zunächst aussehen, es wird sich herausstellen, dass sie von hoher Relevanz für unsere gegenwärtige Welt- und Glaubenserfahrung sind und daher auch für unsere Kritik an der traditionellen Glaubensdarstellung der Kirche.

Die Sicht der Welt und des Glaubens hat sich verändert

Geschichtlichkeit des Menschen – „absolute Wahrheit“ der Kirche

Es ist wohl jedem klar, dass der Mensch in seiner Endlichkeit auch ein geschichtliches Wesen ist. Das sagt sich so leicht dahin. Warum aber kommt dieses „geschichtliche Wesen“ nicht auch in der kirchlichen Lehre so vor, dass daraus Konsequenzen gezogen werden?

Alles verändert sich – Geschichte ist Entwicklung

Doch worum handelt es sich eigentlich? Geschichte bedeutet Entwicklung und Veränderung, ein Wandel, der sich im Voranschreiten der Zeit vollzieht. So haben der Kosmos wie die gesamte Natur ihre Geschichte. Beim Menschen, einem Kind der Evolution, kommt das Moment der bewussten Wahrnehmung und Interpretation der Geschichte und der freiheitlichen Gestaltung hinzu.

Die Geschichtlichkeit des Menschen besteht somit darin, dass er einesteils eingebunden ist in die umfassende Entwicklungsgeschichte der Natur und der Menschheit. Er ist daher geprägt und bestimmt von der vergangenen und gegenwärtigen Geschichte. Anderenteils ist er sich dieser Geschichte bewusst und gestaltet sie im Rahmen seiner Möglichkeiten selbst. „Durch die Geschichtlichkeit des Menschen, durch seine Geburt in die Endlichkeit beginnt jeder Mensch sein Leben in einer bereits bestimmten, vorgegebenen und somit historischen Situation, zu der er sich jetzt verhalten muss und die er gestalten muss“[7]. Somit ist der Mensch sowohl Produkt als auch Akteur der Geschichte, die auf Zukunft hin offen ist. Seinen Weg findet er tastend über Versuch und Irrtum, die Reflexion von eigenen und fremden Erfahrungen, kritisches Nachdenken und die Korrektur dessen, was er als falsch erkannt hat. Die Wahrnehmung und Gestaltung der sich entwickelnden Wirklichkeit verändert er durch neue Einsichten und Erfahrungen. Einfacher geht es nicht; ein vorgegebener Entwurf oder Plan lässt sich nicht finden.

---

[7] Wikipedia s.v. Geschichtlichkeit

Dies ist leicht zu verdeutlichen. Wie man weiß, hat jeder Mensch seine je eigene Geschichte. Diese beginnt schon vor der Geburt und reicht über den Tod hinaus, wenn man das Fortwirken im Werk, in der Erinnerung und möglicherweise in den Nachkommen einbezieht. Jeder bringt seine eigenen Anlagen mit, die sich im Wechselspiel mit den umgebenden Menschen und der sozialen Situation mehr oder weniger gut ausformen. Einige dieser Begabungen werden dabei gar nicht zum Zuge kommen, andere besonders gefördert und entwickelt werden. Man spricht davon, dass die soziale Umgebung mit ihren Anregungen, Einschränkungen und Verhinderungen den Menschen prägt, ja ihn festlegt. So eindeutig scheint mir das aber nicht zu sein, denn auch Menschen, die aus schwierigen Verhältnissen kommen, können großartige Menschen werden und umgekehrt können andere, die eigentlich glänzende Voraussetzungen mitbringen, sich selbst und ihr Leben verderben. So wichtig und vielfach bestimmend die Einflüsse der Umwelt auch sind, es ist wohl nicht zu übersehen, dass der Mensch nicht nur Objekt und Produkt seiner Umgebung ist, sondern als Subjekt von Anfang an auswählt, d.h. Anregungen aufnimmt oder fallen lässt, sie übernimmt oder ablehnt. Dies kann man schon bei Babys im ersten Lebensjahr beobachten.

Der Mensch entwickelt sich in einer bestimmten Geschichtsepoche

Der Mensch gestaltet also im „Dialog" mit seinen Voraussetzungen und seiner Umgebung sein Leben. „Umgebung" ist das, was ihn umgibt. Für ihn sind das aber nicht nur die Menschen, mit denen er in Beziehung steht, also das soziale Umfeld. Vielmehr ist das Umfeld geprägt durch die Interaktion zwischen vielen Menschen, die alle von bestimmten Werten und Überzeugungen geprägt sind, die, um es kurz zu sagen, einer vielfältigen Kultur in einer bestimmten geschichtlichen Zeit oder Epoche angehören. Dazu gehören die ökonomischen oder Produktions-Verhältnisse genauso wie der „ideologische Überbau" in Philosophie, Recht, Politik etc. und die geistigen und religiösen Traditionen in ihrer zeitgeschichtlichen Ausformung. In dieses umfassende „Umfeld" wird ein Mensch hineingeboren. In seiner Entwicklung übernimmt er vieles davon zunächst von seinen Eltern und der nächsten Umgebung, dann weitet sich die Perspektive über Kindergarten und Schule hin auf die bestehende Kultur bzw. Zivilisation mit ihren Kenntnissen, Werten und Verhaltensmustern. In diesem Rahmen entwickelt er als Subjekt seine Persönlichkeit, er wird zu dem, der er ist, wobei die Entwicklung nicht aufhört; auch Brüche und neue Anfänge sind immer möglich.

Geschichte ist Bewegung in der Zeit – alles ist im Fluss

Der Mensch als einzelner wie auch seine ihn prägende Umgebung sind also eingebettet in das, was man Kultur und Zivilisation einer bestimmten Zeit in einem bestimmten Teil der Welt nennt. Alles zusammen wird, wenn man einen umfassenden Begriff sucht, als die Geschichte einer bestimmten Zeit erfasst. Dabei gelingt es, da alles im Fluss ist, im Blick auf vergangene Epochen besser als für die Gegenwart, sich ein genaues Bild der Grundströmungen und prägenden Momente der jeweiligen Zeit zu machen. „Geschichtsbewusstsein im engeren Sinne," so schreibt Theodor Schieder, „meint die ständige Gegenwärtigkeit des Wissens, dass der Mensch und alle von ihm geschaffenen Einrichtungen und Formen seines Zusammenlebens in der Zeit existieren, also eine Herkunft und Zukunft haben, dass sie nichts darstellen, was stabil, unveränderlich und ohne Voraussetzung ist."[8] Dessen ungeachtet kann jedoch Auffälliges und Wesentliches einer Zeit erfasst werden. Viele Denker arbeiten daran, Journalisten schreiben darüber und die meisten Menschen bilden sich ihr jeweils eigenes Urteil über ihre Zeit und das, was ihnen zusagt oder was sie ablehnen und schlimm finden.

Menschliche Erkenntnis ist begrenzt und zeitbedingt, nicht absolut

Der Mensch schöpft somit als „Produkt" der Geschichte seiner Zeit, in die natürlich auch vergangene Geschichtsepochen und eigene Entscheidungen eingeflossen sind, aus der Vergangenheit, bewegt sich in der Gegenwart und gestaltet diese in Angst und Hoffnung auf eine Zukunft hin, in der es sich zu leben lohnt. Er ist also ganz ein Kind seiner Zeit, die sich weiterentwickelt und stets verändert. Das ermöglicht und begrenzt seine Lebenswirklichkeit und den „Horizont" dessen, was er wissen und als Wahrheit erkennen kann. Ein Mensch des 13. Jahrhunderts zum Beispiel lebte natürlich in den Denkmustern seiner Zeit und konnte nichts von den Methoden und Kenntnissen der Naturwissenschaften, die in der Neuzeit entwickelt wurden, wissen. Es war ihm unmöglich, dementspre-

---

8 Schieder, Theodor: Geschichtsinteresse und Geschichtsbewusstsein heute. In: Geschichte zwischen Gestern und Morgen. (C.J. Burckhardt, München 1974, S. 78f)

chende Fragen überhaupt zu stellen. Eingebunden in eine feudale Gesellschaft, die als von Gott gegeben angesehen wurde, wären für ihn die gesellschaftlichen Modelle der Aufklärung und französischen Revolution ebenso undenkbar gewesen wie unsere Auffassung von Freiheit und Demokratie. Und selbst ein Einstein konnte die Auswirkungen der heutigen digitalen Revolution nicht ahnen, obwohl seine Physik einen wichtigen Beitrag dazu geleistet hat.

Absolute „Wahrheiten" der Kirche – wie soll das gehen?

Wenn nun der Mensch unbestreitbar solch ein geschichtliches Wesen ist und wenn der zeitgeschichtliche „Horizont"- mit fließenden Grenzen – die Möglichkeiten dessen bestimmt, was der Mensch weiß und wissen kann, welche Erkenntnisse er hat und welche Werte für ihn richtig und wichtig zum Leben sind, dann fragt man sich, warum diese Wahrheit in der Kirche so gänzlich ohne Folgen bleibt, ja nicht einmal zur Kenntnis genommen wird, wenn es um die „wahre Lehre" und die normative Moral geht. Vielmehr wird behauptet, dass es nicht nur absolute ewige Wahrheiten und immer gültige (moralische) Normen in Gott gebe, sondern dass die Kirche, konkret: Menschen der Kirche (Bischöfe und Päpste) diese irrtumslos erkennen könnten und erkannt hätten, man also im Besitz der Wahrheit sei. Unter dieser Voraussetzung wurden die geglaubten und dogmatisch fixierten „Wahrheiten" im „heiligen Lehramt" der Kirche dem Kirchenvolk als ewig, unveränderlich und absolut wahr vermittelt, und es wurde unter Androhung von Höllenstrafen der Glaube an diese eingefordert. Menschen, die anders dachten und glaubten, wurden im Namen dieser Wahrheiten als Ketzer oder Ungläubige verfolgt oder sogar getötet, und sie werden heute immer noch ausgegrenzt. Im fundamentalistischen Islam kann man gegenwärtig sehen, was in der christlichen Kirche in ähnlicher Weise geschehen ist.

Das war nicht Böswilligkeit oder gewollter Missbrauch religiöser Macht, sondern man dachte in früheren Zeiten anders über Gott und die menschlichen und kirchlichen Erkenntnismöglichkeiten der Wahrheit. Man fühlte sich der Offenbarung, so wie man sie las und verstand, verpflichtet, ohne dass man erkannte, dass deren Verständnis und Auslegung zeitbedingt war. Die Menschen waren schließlich überzeugt (worden), dass der Kirche durch die Offenbarung und den Heiligen Geist göttliche Erkenntnis zuteil wurde. Man stützte sich auf Verse der Bibel wie Mt 16,18: „Ich aber sage dir: Du bist Petrus, und auf diesen Felsen werde ich meine Kirche bauen, und die Mächte der Unterwelt werden sie nicht überwältigen“ oder auf die Zusage des Heiligen Geistes Joh 16,13: „Wenn aber jener kommt, der Geist der Wahrheit, wird er euch in die ganze Wahrheit führen“ oder auf Joh 14,16.17: „Und ich will den Vater bitten, und er soll euch einen andern Beistand geben, der für immer bei euch bleiben soll. Es ist der Geist der Wahrheit, den die Welt nicht empfangen kann, weil sie ihn nicht sieht und nicht kennt. Ihr aber kennt ihn, weil er bei euch bleibt und in euch sein wird.“

Die Aussagen dieser und weiterer Verse wurden als unmittelbar göttlich geoffenbarte Wahrheit verstanden und auf die Kirche und deren Lehraussagen bezogen. Deren Lehre wurde damit der Geschichte enthoben und, da sie vom Heiligen Geist garantiert schien, zur absoluten und ewig gültigen göttlichen Wahrheit erhoben. Der Glaube an diese heiligen Wahrheiten wurde von den Führenden in Kirche und Staat, die als Kinder ihrer Zeit selbst davon zutiefst überzeugt waren, von allen eingefordert. Sie garantierten mit der so erzielten Einheit im Glauben über Jahrhunderte nicht nur die Einheit der Kirche, sondern auch des Staates und der Gesellschaft entsprechend der alten Vorstellung: Ein Gott und Kaiser, ein Glaube, ein Volk.

Dass alle Theologie und alles Nachdenken über die geoffenbarten Schriften begrenztes menschliches Tun war und die Fragestellungen und Antworten, die man fand, zeitbedingt und menschlich begrenzt waren, kam nicht in den Blick. Ebensolches galt auch für die Tradition der Kirche, die neben der Heiligen Schrift als weitere verbindliche Quelle der „wahren Lehre“ der Kirche herangezogen wurde.

Das Denken in absoluten Wahrheiten beruht auf einem überholten Menschenbild

Dass das in der Vergangenheit so geschah, kann man heute im Wissen um die Zeitbedingtheit des damaligen Denkens einigermaßen nachvollziehen. Dass diese „Wahrheit“ jedoch von der Kirche lange nach der Zeit der Aufklärung auch noch im 20. Jahrhundert und vom kirchlichen Lehramt sogar bis heute unhinterfragt behauptet wird, ist kaum zu glauben, aber wahr. Man muss nur die Dokumente der Päpste Johannes-Paul II. und Benedikt XVI. ansehen oder den Brief der vier Kardinäle an Papst Franziskus (s.u. im Kapitel „Theologie und Lehramt“).

Auch Papst Franziskus fußt auf dieser „reinen und unverfälschten“ Lehre, erweitert (flexibilisiert) sie aber im Gedanken an die Barmherzigkeit Gottes und durch einen offenen Blick auf die heutige Lebenswelt, weswegen ihn die „Rechtgläubigen" – nicht nur im Vatikan – der Häresie verdächtigen. Sein Dilemma ist, dass er von seinem Gottesbild her pastoral den Menschen nahe ist und in gewissen anstehenden Fragen, z.B. der Moral, zeitgemäße Lösungen für sinnvoll hält, sich aber der „wahren und unverfälschten Lehre" als im Amt Verantwortlicher verpflichtet weiß. Da dieser Konflikt nicht gelöst ist, kann er zwar reden und vorleben, aber nicht in der kirchlichen Lehre irgendetwas verändern, mag es auch noch so sehr überfällig erscheinen. Er muss so letztlich alle enttäuschen.

Zurück zum Diskurs: Genau betrachtet wird bei dieser nach wie vor gültigen Auffassung der „heiligen kirchlichen Lehre" in Fragen des Glaubens und der Moral auch nicht ansatzweise in Betracht gezogen, dass der Mensch ein im Wesen begrenztes, endliches und geschichtlich bedingtes Wesen ist, dem weder absolutes Wissen noch die Erkenntnis einer „ewigen, unverfälschten und irrtumslosen Wahrheit" möglich ist. Das Gleiche gilt für die Lehre über die Kirche, die ja eine Kirche der Menschen ist. Entsprechend dem heutigen Kenntnisstand beruht die geschichtsenthobene Lehre der Kirche somit auf einem falschen Menschen- und Kirchenbild, d.h. einem ungenügenden und überholten Erfassen dessen, was Wirklichkeit ist.

Wir besitzen die Wahrheit nicht, sondern sind unterwegs zu ihr

Was ist daher zu folgern? „Wenn aber jener kommt, der Geist der Wahrheit, wird er euch in die ganze Wahrheit führen", wie es bei Johannes in Kap. 16,13 heißt, bedeutet dann nicht mehr, eine geschichtlich bedingte, begrenzte, einmal geglaubte Wahrheit als unumstößlich und absolut festzuhalten, sondern sie in aller Demut wahrzunehmen als eine Wahrheit, die einmal in einer bestimmten Zeit den Menschen und der Kirche richtig schien und wichtig war. Für heute ist es dann angemessen – der Geist führt weiter in der Geschichte –, sie als eine frühere Wegstation des Gottesvolkes zu hinterfragen auf der Suche nach der Wahrheit, die im jeweiligen Heute erkannt werden kann. Das bedeutet nicht, frühere Wahrheitserkenntnis nicht ernst zu nehmen; es war die Wahrheit von Generationen in ihrer Zeit, die wichtig war für deren Leben. Gleiche Achtung sollte man aber auch für alle Wahrheit zeigen, die man heute findet oder gefunden zu haben glaubt.

Damit der Geist „in die ganze Wahrheit führen" kann, also weiterführen kann, muss man die grundlegende menschliche Wahrheit, nämlich unsere Geschichtlichkeit und Bedingtheit, auch wirklich annehmen. Mögen wir auch noch so sehr glauben, vollkommen im Recht zu sein, d.h. die ganze „Wahrheit" zu besitzen oder die rechte und wahre Moral zu haben – der Mensch neigte zu allen Zeiten zu dieser Haltung –, es ist ein fundamentaler Irrtum. In einer sich entwickelnden Welt gilt nämlich: Wir besitzen die Wahrheit nicht und bekommen sie auch nicht von Gott geliefert. Vielmehr sind wir auf dem Weg durch die Zeit und dürfen, entsprechend der Zusage in der Bibel, darauf hoffen, dass Gott da ist und uns nicht im Stich lässt, wenn wir immer neu nach der Wahrheit suchen und begrenzte Antworten finden. Das gilt natürlich auch für die Kirche, das Volk Gottes, dem SEINE Nähe versprochen ist. Die aus heutiger Sicht maßlose Haltung, die Wahrheit zu besitzen, hat schon immer (leider bis heute) unsägliches Leid anderen zugefügt, die diese Wahrheit nicht für sich annehmen konnten. Die Leidensgeschichte der Menschheit füllt davon Bände. Eine neue Einstellung der Kirche ist längst schon seit der Aufklärung – eigentlich schon seit Jesus – überfällig, die den Menschen als das ernst nimmt, was er ist: Ein geschichtliches Wesen, unterwegs auf der Suche nach Sinn, oder anders ausgedrückt, auf der Suche nach seiner Mitte, die mit Gott zu tun hat. Die ganze Wahrheit wird sich erst am Ende der Zeit in Gott offenbaren.

Gleichzeitige Ungleichzeitigkeit

Was in den vorigen Kapiteln nur nebenbei anklang, heute aber vielfach erlebt wird, ist das, was ich Ungleichzeitigkeit nennen möchte. Was ist damit gemeint?

Oberflächlich betrachtet leben wir alle in der gleichen Zeit, d.h. im gleichen Jahr, am gleichen Tag etc. Die ablaufende Zeit ist fest gefügt und läuft unabänderlich ab. Was soll dann das Reden von einer gleichzeitigen Ungleichzeitigkeit?

Es gibt nicht nur eine Zeit

Wenn wir von Zeit reden, dann meinen wir normalerweise die chronologische Zeit, die genau messbar ist. Daneben gibt es aber noch andere Arten, Zeit zu erfahren. Wenn wir voller Angst etwas erwarten, kann eine Minute eine Ewigkeit währen, und wenn wir glücklich und erfüllt sind, vergehen die Stunden wie im Flug, ohne dass wir es merken. Leere Zeit voller Langeweile zieht sich unendlich langsam dahin, erfüllte Zeit ist immer zu kurz. In dieser Betrachtung ist die Zeit relativ und wird nicht durch die Stunden und Minuten, sondern durch die Intensität des Erlebens bestimmt. Wieder anders tickt die „biologische" Uhr. Ein Mensch kann mit 60 schon richtig alt sein, einem anderen „sieht man das Alter noch gar nicht an", er ist leistungsfähig und gesundheitlich faktisch noch „jünger". Auch wenn man Kinder im gleichen Alter vergleicht, stellt man fest, dass der/die eine „weiter" ist als der/die andere, was die körperliche Entwicklung oder die seelische Reifung anbetrifft. Diese Beispiele genügen, um zu zeigen, dass Zeit nicht gleich Zeit ist, und wir schon sagen müssen, um welche Zeit es sich gerade handelt, von der wir reden.

Zeit ist ein Vergleichsmaßstab für Veränderungen

Spricht man nun von Gleichzeitigkeit und Ungleichzeitigkeit, so setzt das voraus, dass es Entwicklungen gibt, die eine Richtung haben, z.B. vom Einfachen zum Komplexen, vom Guten zum Besseren, vom weniger entwickelten Zustand zum höher entwickelten, oder umgekehrt vom Besseren zum Schlechteren, vom Höheren zum Niedrigeren etc. Um diese Entwicklungen bzw. den Entwicklungsstand zu vergleichen, wird die Zeit als Maßstab eingeführt. Nun kann man davon sprechen, ob etwas gleichzeitig geschieht oder nicht gleichzeitig. Mit der Feststellung der Ungleichzeitigkeit ist häufig die Wertung verbunden, dass der fortgeschrittene Zustand/Entwicklungsstand besser sei als der frühere; das ist aber nicht immer der Fall.

Wenn man unter diesem Aspekt nun Geschichte als das Ablaufen gefüllter Zeit versteht, wird man hinter den Jahreszahlen geschichtliche, soziale, geistige, kulturelle, politische, religiöse und andere Entwicklungen erkennen können, die unterschiedlich schnell ablaufen. Während ein Teil der Bevölkerung schon weiter ist, verharrt ein anderer in einer früheren Phase, andere wollen in frühere Verhältnisse (die gute alte Zeit) zurück, da sie diese für besser halten als die Gegenwart. Manche können auch der Entwicklung weit voraus sein. So nahmen in der Vergangenheit besonders begabte Menschen in ihrer Gedankenwelt und ihren Erfindungen schon vorweg, was erst viel später bei der Allgemeinheit ankam und geschichtlich realisiert wurde. Oft brauchte es 100 Jahre und mehr. Was die Aufklärung vorausdachte, wurde erst im 19. und 20. Jahrhundert für die Gesamtheit wichtig. Und dass heute die wissenschaftlichen, technischen und geistigen „Eliten“, was immer man darunter versteht, in einer anderen, fast schon zukünftig zu nennenden Welt leben als „Otto Normalverbraucher“, wird allgemein erkannt. Allerdings werden heute die Erkenntnisse in einer sich rasant beschleunigenden Welt rascher durchgereicht als früher. Gleichzeitig gibt es immer wieder Bewegungen, die aus unterschiedlichen Gründen bewusst bestimmte Entwicklungen nicht mitmachen wollen und aus der Entwicklung aussteigen, d.h. sich in einer früheren Stufe der Entwicklung festmachen, weil sie sich dort geborgener fühlen: „Da stimmte die Welt noch!“ Und es finden sich auch welche, die die Entwicklung gar zurückdrehen wollen.

Unterschiedliche Entwicklungsstufen finden sich zu gleicher Zeit nebeneinander

Dieses gleichzeitige Nebeneinander von unterschiedlichen Stufen des gesellschaftlichen, kulturellen etc. Fortschritts erleben wir heute vielfach, aber meist nicht so drängend, dass wir uns bewußt werden, dass das eine der Ursachen unserer Unstimmigkeiten und Schwierigkeiten im gegenseitigen Verständnis und im Umgang miteinander ist. Ungleichzeitigkeit fällt uns allerdings unmittelbar auf in der Erfahrung mit bestimmten Migrantengruppen. Hier merken wir deutlich, dass bei aller selbstverständlichen Nutzung der technischen Mittel der modernen Zivilisation (z.B. Smartphone) deren lebensbestimmende Kultur die Aufklärung nicht kennt und auffällig „archaischer“ ist als die unsere. Wir reagieren darauf oft – in typisch archaischem Verhalten unsererseits! – mit Abwehr und Befremden, u.U. mit „Die passen nicht zu uns!“ oder „Die sollen erst mal ... “ Der cultural time lag und das dadurch bedingte Fremdsein ist für unsere Gefühlslage zu auffällig und zu groß, als dass wir es übersehen könnten. Und der Mensch reagiert seit alters auf das, was nicht homogen ist mit seiner Gruppe und ihm fremd erscheint, mit Abwehr und Ausschluss.

In kleinerem Maßstab gilt das (neben anderen Ursachen) auch für die Differenz zwischen den Klassen und Milieus einer Gesellschaft. Auch bei uns durchlaufen nicht alle Gesellschaftsgruppen und Milieus, wie wir unreflektiert meinen, die immer schneller werdenden Fortschrittsprozesse in gleicher Weise und gleich schnell, sondern alle bewegen sich zwar in der gleichen chronologischen Zeit, aber darin in unterschiedlichen Geschwindigkeiten und verschiedenen Entwicklungsstufen, d.h. entwicklungsgeschichtlich betrachtet in einer früheren, gleichen oder späteren Zeit. So kommt es zu der beschriebenen gleichzeitigen Ungleichzeitigkeit, die wir bei der Beurteilung von geschichtlichen, gesellschaftlichen und kirchlichen Vorgängen sorgfältiger als bisher in den Blick nehmen sollten.

Um dies noch deutlicher zu machen, schauen wir auf unsere zunehmend globalisierte Welt. Bei ihrer Betrachtung stellen wir fest, dass es heute noch Menschen gibt, die quasi steinzeitlich (frühe Entwicklungsstufe) nur eine Flugstunde entfernt von anderen leben, die die technischen Mittel unserer Zeit voll ausschöpfen und in allen Lebensvollzügen typische Kinder des 21. Jahrhunderts sind (postmoderne Entwicklungsstufe). Die einen fühlen sich noch in den Armen der Mutter Natur geborgen und leben in ehrfürchtiger Scheu von deren Früchten, andere sehen die Erde nur als Objekt zur Erfüllung ihrer Begierden an und beuten sie hemmungslos aus ohne Verantwortung für die zukünftigen Generationen. Zwischen steinzeitlicher und hochmoderner Lebensweise gibt es, wie unschwer zu erkennen ist, unendlich viele Zwischenstufen der Entwicklung, auf deren Niveau einzelne, gesellschaftliche Gruppen, Stämme und Völker ihr Leben führen. Gleichzeitige Ungleichzeitigkeit stellt man auch beim Vergleichen der Kulturen und Zivilisationen fest. Wenn man dann die Entwicklung der Völker betrachtet, so muss man feststellen, dass beim Vergleich von Entwicklungsländern und Industrienationen selbst eine grobe Einteilung nicht nur einen einzigen Vergleichspunkt enthalten darf, nämlich die Industrialisierung, sondern dass man auch Bildung, Lebensweise, soziale und politische Organisation, kulturelle Entwicklungen usw. einbeziehen muss. Dabei stellt sich heraus, dass selbst in „entwickelten" Ländern in unterschiedlichen Bereichen noch nicht alle auf dem gleichen zeitgemäßen Level wie die Mehrheit sind, und umgekehrt können Entwicklungsländer in diversen Gebieten vielleicht schon zur Weltelite gehören (Beispiel Indien im IT), während sie in anderen Bereichen noch Entwicklungsland sind – das alles zu gleicher Zeit. Die Spannungen zwischen den ungleichzeitigen, d.h. auf unterschiedlichen Entwicklungsstufen lebenden Bevölkerungsgruppen können innenpolitisch wie auch außenpolitisch recht groß werden und zu Verwerfungen und Auseinandersetzungen führen. Man merkt das auch bei uns in der Bundesrepublik, wenn es um Themen geht wie Bildung, Kultur, technisches Wissen, sozialer Status, Besitz und politische Orientierung, berufliche Ausbildung, Lebensstandard, philosophische und religiöse Verortung u.a. Im Hinblick auf die Entwicklungsstufe leben einige gleichzeitig, andere in unterschiedlicher Weise ungleichzeitig. Durch spezielle Förderungsprogramme, zum Beispiel durch die Förderung sozial schwächerer Schichten, Stadtteilarbeit, Bildungsprogramme etc. sollen die Niveaus angeglichen und die Spannungen vermindert werden.

Diese unterschiedlichen „Entwicklungsstufen“ finden sich sogar in uns selbst, wenn wir zum Beispiel in einem Wutanfall primär noch archaisch-steinzeitlich empfinden, während wir intellektuell im besten Fall schon auf dem Standard des 21. Jahrhunderts sind. Daneben fühlen wir uns bei Barockmusik wohl, lieben die Atmosphäre gotischer Dome und leisten uns das eine oder andere Biedermeiermöbelstück, das für uns die Atmosphäre einer erstrebten angenehmen Lebensweise ausstrahlt. Gleichzeitige Ungleichzeitigkeit in uns selbst! Wir haben kein Problem, diese praktizierten unterschiedlichen „Zeitstufen“ in unserem Seelenhaushalt nebeneinander bestehen zu lassen und die Vielfalt zu genießen. Wir wissen aber, dass in einer Gesellschaft große z.B. soziale oder kulturelle „Ungleichzeitigkeiten“ zu Spannungen und und heftigen Auseinandersetzungen führen können.

Ungleichzeitigkeit in der Religion – Anreiz oder Sprengsatz?

In der Religion kann gleichzeitige Ungleichzeitigkeit befruchtend wirken, kann aber auch zu einem Sprengsatz werden, wie man heute am besten im Islam sieht. Dort geht ein archaischer Islam mit Gewalt und Terror gegen die moderne „westliche“ Kultur insgesamt und speziell gegen „modernere“ Formen des Islam vor. Im Christentum ist diese Art Auseinandersetzung im Kampf „gegen den Fortschritt“ (gemeint ist jede Veränderung) hoffentlich für immer Vergangenheit. Aber auch die gegenwärtige Auseinandersetzung zwischen Progressiven einerseits und „Konservativen“, d.h. Reaktionären und Fundamentalisten andererseits lässt in der Weltkirche bis in die höchsten Ränge des Vatikans hinein nichts an Heftigkeit zu wünschen übrig. Nicht nur Hierarchen, auch Teile der einfachen Gläubigen bevorzugen eher die vorkonziliare Kirche, für andere ist – in fundamentalistischer Weise – nur in der tridentinischen Kirche (16. Jahrhundert) oder der Kirche des 19. Jahrhunderts die „wahre Kirche Christi“ zu erkennen. Wieder andere versuchen redlich, ihr Leben mit den aus einer anderen Zeit stammenden moralischen Forderungen der Kirche irgendwie in Einklang zu bringen (z.B. Sexuallehre, Ehelehre). Anderen, die schon „weiter“ sind, ist das nicht mehr so wichtig; sie kämpfen um eine grundlegende Erneuerung der Kirche, damit diese im Heute ankommt, und wieder andere leiden darunter, dass die Kirche sich nur im Zeitlupentempo, falls überhaupt, reformiert und Jahr für Jahr immer mehr Menschen verliert. In dieser Weise ist in der Kirche stets eine gleichzeitige Ungleichzeitigkeit präsent; diese führt oft zu Entfremdungen und Konflikten.

Gewiss ist, dass keiner von uns Christen in allen seinen Werten und religiösen Empfindungen sich innerlich „in der gleichen Zeit" befindet wie sein Nachbar, sein Pfarrer, sein Ehepartner, seine Kinder usw. Offensichtlich wird dieses Anderssein, wenn man die gelebten Ausdrucksformen der Frömmigkeit und der Moral betrachtet. Wenn ich „alte" (bis ca. 1950) Gebet- und Andachtsbücher aufschlage, begegnet mir darin eine innige Frömmigkeit in einer Sprache und in Gedanken, die heute selbst von frommen Christen nicht einmal mehr verstanden werden, geschweige denn, dass die Theologie und Glaubensweise dieser Bücher noch nachvollzogen werden kann. Doch ist diese Art von Frömmigkeit – gleichzeitig ungleichzeitig – noch hier und da, besonders an Wallfahrtsorten und häufiger im Süden Europas zu beobachten. Oder nehmen wir die Diskussion um die Mund- oder Handkommunion. Hinter der jeweiligen Form stehen unterschiedliche zeitbedingte Gottesbilder und Formen des Glaubens. Die heftigen Auseinandersetzungen bei Einführung der Handkommunion haben sich zwar gelegt, aber das Anliegen ist nicht verschwunden und zeigt sich in der unterschiedlichen Praxis. Es gibt auch heute noch Kreise, von denen – wie früher – die Handkommunion als Gotteslästerung und frevelhaftes Verhalten beurteilt wird. Ein noch umstritteneres Beispiel ist der Umgang mit der Morallehre der Kirche. Es genügt sich zu erinnern, dass in Fragen der Moral heute Welten zwischen Traditionalisten und Neuerern liegen. Die „Gestrigen" nehmen in alter Tradition, wie im 19. Jahrhundert verfügt, die Festlegungen des Kirchenrechts und der päpstlichen Erklärungen immer noch wörtlich als Gottes Gesetz, das unveränderlich und für immer verbindlich zu halten sei, die „Heutigen" berufen sich auf ihr Gewissen und wägen so die Verbindlichkeit der kirchlichen Lehre in autonomer eigener Entscheidung ab. So bringt schon ein schüchterner Reformversuch hinsichtlich der Zulassung von wiederverheirateten Geschiedenen zu den Sakramenten den bischöflichen Antragstellern von hohen kirchlichen und vatikanischen Kreisen nahezu den Vorwurf der Häresie ein – völlig unverständlich für einen „modernen" Katholiken, der sich wundert, dass darüber überhaupt noch ein Wort verloren wird.

Freilich ist uns meist gar nicht bewusst, was wir tatsächlich – sogar innerlich beteiligt – praktizieren: Denn wenn wir feststellen, dass einige schon „weiter" sind, bewundern wir diese, oder wir ärgern uns über sie, „weil sie alles zerstören". Wir verbinden uns gern mit denen, die in speziellen Bereichen gleich ticken wie wir, die also „in der gleichen Zeit, d.h. „Entwicklungsstufe" sind. Mit den „Zurückgebliebenen" haben wir es schwer, wobei unser Verhalten von Mitleid und Rücksichtnahme über verächtliche Herablassung bis hin zu wütender Aggression, Verurteilungen und (verbaler) Gewalt reichen kann. Für Traditionalisten ist die Wertung genau anders herum. Insgesamt ist daher festzuhalten: Auch wir Christen bringen es genauso wie alle anderen nur selten fertig, Andersartigkeit zu respektieren und zu achten.

Dabei müsste, so sollte man meinen, das Zulassen gleichzeitiger Ungleichzeitigkeit in der Kirche eigentlich eine Selbstverständlichkeit sein bei so unterschiedlichen Menschen, Völkern und Kulturen. In der Vergangenheit, als die Gesellschaft noch eher statisch war, war man – gefühlt – noch weitgehend beisammen und die Glaubensgemeinschaft war homogener, denn der Glaube der einfachen Gläubigen war schlicht und traditionell „so wie immer“ und die Veränderungen waren klein und fielen nicht weiter auf. Das hat sich geändert, seit alle lesen und schreiben können, man sich informieren kann über die Vorgänge in der Welt und Kirche und nach den Inhalten des Glaubens gefragt wird. Heute leben wir aufgeklärt in einer Welt, die sich unglaublich schnell verändert, in der jeder nur mit je unterschiedlichem Tempo mitkommt und in der wir in jedem Fall persönlich Stellung beziehen müssen, ob wir wollen oder nicht. Wir sind daher heute weiter auseinander als die Menschen früher. Könnte es vielleicht leichter werden, Pluralität gelten zu lassen und in all unserer Verschiedenheit auch in Konflikten menschlich angemessen und rücksichtsvoll miteinander umzugehen, wenn wir uns immer wieder die oft verdrängte Wahrheit bewusst machen, dass ungleichzeitig zu leben eigentlich ganz „normal“ ist?

Die Kirche der Vergangenheit suchte die Unterschiede und Spannungen glattzubügeln durch eine zentralistische Kirchenführung, durch die Bekämpfung des Fortschritts und die strenge Forderung des Gehorsams gegenüber ihrem Lehramt unter Androhung von harten Sanktionen. Es war eine gleichgeschaltete Kirche, die absolut und unveränderlich schien und in der es eine (erlaubte) Ungleichzeitigkeit nicht geben durfte. Das klappte unter den früheren Bedingungen auch nach außen hin; von den dadurch verursachten persönlichen Leiden sprach man nicht. Heute stehen wir woanders, die Geschichte ging weiter, auch wenn Teile der institutionellen Kirche das noch nicht wahrhaben wollen und in alter Weise zu agieren suchen. Nach dem Vaticanum II sollten wir in der Kirche eigentlich gelernt haben, das Nebeneinander von ungleichzeitigen Formen im religiösen Leben und im theologischen Disput wahrzunehmen, und wir sollten uns damit angemessen auseinandersetzen. Ob es uns als Christen aber in Zukunft gelingt, dadurch christlicher, d.h. liebevoller als bisher miteinander umzugehen, d.h. schon in der Pfarrei, aber auch in der Weltkirche einander in unserer Unterschiedlichkeit in Gedanken, Worten und Werken auszuhalten und nicht die „Kleinen“ oder die „anmaßenden Großen“ zu verachten und anzufeinden, „weil sie noch nicht so weit sind wie wir“, oder „nicht so gläubig (gemeint ist traditionell gläubig) sind wie wir“? Wir sollten uns jedenfalls darum bemühen, in uns selbst und auch bei anderen die ungleichzeitige Gleichzeitigkeit und gleichzeitige Ungleichzeitigkeit zu erkennen und sie dann auch – so tolerant wie möglich – annehmen.

Ein Kulturbruch?

Manches spricht dafür.

Ob es sich bei dem, was wir heute erleben, um einen Kulturbruch handelt oder „nur“ um einen rasanten, äußerst tiefgreifenden Wandel der Kultur, ist für unseren Zusammenhang nicht so entscheidend. Ich will aber doch, wenn auch nur kurz, darüber sprechen, da wir alle die Folgen des rasanten Wandels spüren. Er bildet den Hintergrund für unser Welterleben und unsere heutige Glaubenserfahrung. Für mich jedenfalls scheinen genügend Anhaltspunkte dafür zu sprechen, dass das, was wir erleben, eine so umwälzende Kulturveränderung ist, wie sie, wenn überhaupt, dann nur etwa um ca. 500 v. Chr. geschehen ist, wo weltweit in den Hochkulturen die Grundlagen gelegt wurden, die für diese Kulturen bis heute gegolten haben. Diese Zeit geht offensichtlich zu Ende. Vieles, was über Jahrhunderte vertraut war und zur Lebensgestaltung und Lebenssicherung diente, zum Beispiel das Wissen und die Ethik der Väter und der früheren Generationen, verliert seine Relevanz unter den Bedingungen der Moderne, wird überflüssig und unverständlich oder verschwindet einfach, da es nicht mehr gebraucht wird.

Wir erleben, dass alle Grundlagen und Werte in Frage gestellt werden. Die bisher tragenden Traditionen brechen in vielen Bereichen ab, da sich die Lebensverhältnisse grundlegend verändert haben. Wissenschaftliche Erkenntnisse greifen durch ihre technische und ökonomische Umsetzung zutiefst in unser Leben ein. Die Kommunikation und der Zugang zu Informationen haben sich durch Internet und Smartphone so verändert, dass man Mühe hat, noch mitzukommen und fürchtet, im allgemeinen Run abgehängt zu werden. Dazu kommen tiefgreifende sozioökonomische und politische Wandlungen, das Nichtmehrverstehen von Inhalten der traditionellen Sprache und die Aufspaltung der Sprachkulturen, weiterhin globale

Einflüsse in vielfältigsten Formen und Inhalten, schließlich eine umfassende Beschleunigung in allen Bereichen des Lebens. Man könnte damit beliebig fortfahren. Gleichzeitig bricht Neues mit großer Vehemenz hervor, greift Raum und verändert grundlegend das Leben in kürzester Zeit – man denke nur an die Digitalisierung als eines von vielen Beispielen.

Der gesamte Wertekosmos, der die Gesellschaft seit Jahrhunderten zusammenhielt, ist in Frage gestellt, und die gesellschaftlichen Ordnungen (z.B. Ehe und Familie, die Beziehungen der Geschlechter, Verhaltensregeln ...) sind zum Experimentierfeld geworden, ohne dass man weiß, wohin der Weg führen wird. Und alles verändert sich in stetig zunehmendem Tempo. Wir erleben eine tiefgreifende Krisenzeit in fast allen Lebensbereichen und haben dabei das Gefühl, dass wir in einer Zeit des Übergangs leben, ohne dass hilfreiche Maßstäbe und Konturen zu erkennen sind. Wie es weitergeht, ist ungewiss. Die Autoren Martin Kolmar und Thomas Beschorner drücken das in Spiegel Online am 14.01.2018 so aus: „Und hier zeigt sich eine Tendenz: Viele halten nur noch mit Mühe Schritt. Unsere emotionale und narrative Anpassungsfähigkeit kommt an Grenzen. Der Mensch entfremdet sich von der Welt, wendet sich ab oder einfachen Erzählungen zu, in denen das eigene Leben irgendwie noch Sinn ergeben kann. Es sind also nicht allein und nicht nur technologische Veränderungen oder Ressourcenengpässe, die Krisen auslösen, sondern die Unfähigkeit, das eigene Leben und die Gesellschaft anders zu denken und zu leben. ... Mit zunehmender Entfremdung kann aus einer Krise Schritt für Schritt der Zusammenbruch einer Gesellschaft oder ihrer Teile resultieren. In Übergangsphasen von der „alten“ zur „neuen Welt“ brechen etablierte und bewährte gesellschaftliche Deutungen zusammen. Die Ordnungen in der vormals wohlgeordneten Welt verlieren an Gültigkeit. Die Welt verflüssigt sich. Wir befinden uns in einer liminalen Periode, wie es der Ethnologe Victor Turner nennt, einem Schwellenzustand: die alte Welt ist nicht mehr. Und die neue ist noch nicht da.“

Da ich das ähnlich erlebe, möchte ich mit aller Vorsicht nun doch von einem Kulturbruch sprechen und das vor allem im Hinblick auf die geistige und insbesondere die kirchlich-christliche Tradition, die das Abendland bisher geformt hat. Diese bricht gegenwärtig in vielen Bereichen regelrecht zusammen, da sie für die meisten Zeitgenossen ihre Verbindlichkeit und lebensformende Kraft verloren hat. Sie wird, so wie sie sich heute in den Kirchen darbietet, unter den gegenwärtigen Bedingungen nicht mehr verstanden und auch nicht mehr gefragt; man braucht sie anscheinend nicht. Eine „christliche Erziehung“ der Kinder und Jugendlichen gelingt selbst in religiösen Familien kaum noch.

Erstmals in der Geschichte ist für einen großen Teil der Menschen sogar das ethisch-religiöse Empfinden verloren gegangen, einer höheren Macht gegenüber verantwortlich zu sein. Autonom geworden steht der Mensch nur noch sich selbst gegenüber. Einen Bezug zu einer Kirche braucht er daher nicht mehr. Der Kirchenaustritt, aus unterschiedlichen Gründen bei vielen gegenwärtig meist noch verschoben, ist dann irgendwann nur noch Formsache. Selbst so herausragende Feste wie Ostern und Weihnachten haben schon jetzt für sehr viele Zeitgenossen ihren christlichen Inhalt verloren; er ist schlichtweg unbekannt, wie Umfragen zeigen. Eine Epoche ist zweifellos an ihr Ende gekommen; was folgt, ist ungewiss.

Der „Sündenfall“ der Religionen

Die religiöse Ursprungserfahrung wird domestiziert

Allgemein sei an die geschichtliche Erfahrung erinnert: Im Anfang der Religionen stand (normalerweise) das religiöse Ursprungserlebnis. Über den Kreis der Jünger[9] hinaus bildete sich im Verlauf der Zeit eine Gemeinde, die ihren Glauben in Abhängigkeit von dem Ursprungserlebnis formulierte, abgrenzte und verteidigte und weitere Anhänger gewann. In Auseinandersetzung mit internen Fragestellungen und anderen Glaubensformen verfestigen sich Strukturen und Glaubensinhalte. Es entstand eine bestimmte Religion, die sich in ihrem geschichtlich-kulturellen und sozialen Umfeld weiter theologisch und institutionell ausgestaltete und festigte. Der ursprüngliche Impuls wurde sozusagen eingebaut in die umgebende menschliche Kultur und damit angepasst und „vermenschlicht“.

Die Religionen werden so vom Menschen um den Erfahrungskern des Ursprungs herum „nach seinem (eigenen) Bild und Gleichnis“ geformt. Der ursprüngliche Überschuss der religiösen Urerfahrung ist zwar noch irgendwie wirksam, gerät aber gleichsam unter eine dicke kulturelle Decke und wird so „gezähmt“. Die religiöse und gesellschaftliche Sprengkraft geht daher entweder zu Teilen verloren oder sie wird nicht selten umgebogen und funktionalisiert für die Interessen der religiösen und politischen Eliten. Es geschieht aber immer wieder in der Geschichte aller

---

9 Mit dem Sammelbegriff „Jünger“ sind hier und im Folgenden immer die Jüngerinnen mit eingeschlossen.

Religionen, dass Ursprüngliches plötzlich wieder mit Kraft hervorbricht, sehr zum Missfallen der Religionsführer, die oft mit Abwehr gegen die „Reformer“ und sogar mit Verfolgungen antworten. Reformen lassen sich freilich nur schwer durchsetzen, da sie die durch die lange Tradition geheiligte und tabuisierte Glaubenssicherheit und die installierten Machtstrukturen stören – man erinnere sich an den Widerstand gegen das Vaticanum II, der bisher sehr erfolgreich war. Gleiches geschieht gegenwärtig im Widerstand gegen Papst Franziskus durch höchste kirchliche Kreise (im Vatikan, unter Kardinälen und Bischöfen). Die Kirchen haben sich fest in dieser Welt installiert, haben feste Institutionen ausgebildet und verwalten das Heil nach ihrem Ermessen, das sie mit dem Auftrag Gottes gleichsetzen. Mit der Sicherheit des Wahrheitsbesitzes wird über Glaube und Leben der Menschen verfügt. Die Menschen spüren das heute, und die Kirchen/Religionen verlieren – in unterschiedlichem Maß – ihre Glaubwürdigkeit.

Es wurde nämlich vergessen, auch wenn es formelhaft noch gesagt wird, dass wir alle, auch die Amtsträger in den Kirchen, in gleicher Weise als „Pilger“ unterwegs sind, ohne Sicherheiten, nur mit einer großen Verheißung, deren Weg und Ziel immer neu zu finden ist. Dabei verspricht die Schrift nur so viel, dass es ganz und gar anders und unsagbar ist – das unvorstellbare Geheimnis Gottes, das einst schon im Ursprungserlebnis aufleuchtete. Die Religionen haben die Aufgabe, das Licht zu hüten und den Weg der Menschen zu erleuchten. – Tun sie das noch?

Das Elend der Kirche und der Religionen hat neben dem geschilderten allgemeinen Grund, nämlich dass die Urbotschaft in menschliche Hände gerät und hier angepasst wird, auch (zumindest) zwei weitere, sozusagen hausgemachte Quellen, die ihre Theologie selbst produziert:

Die ursprüngliche Gotteserfahrung wird theologisch durchdacht, geordnet, in Lehrsätze gefasst und „Gott“, soweit möglich, „definiert“. Damit wird aber „Gott“ letztlich handhabbar gemacht. Man weiß nun, wer und wie Gott ist, wie man an ihn zu glauben, über ihn zu reden und mit ihm umzugehen hat, und wie man mit ihm zurecht kommen kann. Das zeigt sich u.a. in der Lehre von Gott, im Kult und in einer fest gefügten Moral.

Parallel dazu wird aus verfestigten und dogmatisierten Gottesvorstellungen die irdische Wirklichkeit „von oben nach unten“ bestimmt. So geschieht eine vom Gottesbild ausgehende *deduktive Beschreibung der Wirklichkeit und der Realität des Menschen,* aus der ethische und religiöse Forderungen abgeleitet werden. *Aus dem unfassbaren Gott wird ein autokratischer Gott mit autoritären Zügen.* Dies schlägt sich dann in der Struktur und Handlungsweise der Kirche bzw. der Religion nieder, die nun ebensolche Züge aufweist. Das Gesagte soll kurz erläutert werden:

Zum ersten:

Die Ursprungserfahrung wird in festen Gottesbildern eingefangen

Ursprünglich war da wohl eine überwältigende spirituelle Erfahrung, für die es kein Bild und keine Sprache gibt. Die solches erfahren haben, wissen darum; manche schweigen deshalb. Die es mitteilen um der anderen willen, wissen um das Ungenügen ihrer Mitteilung. In der Glaubensgemeinschaft, die sich bildet, erfolgt dann eine Versprachlichung der Erfahrung und dadurch eine Verfestigung der Gotteserfahrung in einem Gottesbild oder mehreren Gottesbildern. Gott wird sozusagen in menschliche Kategorien transponiert. Man kann nun über ihn sprechen, mit ihm umgehen, ihn verehren etc. Der Mensch (die Religion, Kirche, Glaubensgemeinschaft) hat nun Gott „nach seinem Bild und Gleichnis" geformt. Das Bewegende und Lebendige des Ursprungserlebnisses wird langsam vergessen, das Geheimnis geht verloren, das Gottesbild wird zur verbindlichen „objektiven Wahrheit", die es im Gehorsam anzunehmen gilt.

Auf diesem Gottesbild (oder mehreren Bildern) baut nun die Gemeinde/Kirche/Religion eine ganze Theologie auf, die verbindlich für alle Mitglieder ist. Sie schlägt sich nieder in der Glaubenslehre der Kirche. Schließlich wird unter Berufung auf die Mitwirkung des Heiligen Geistes behauptet, dass diese Glaubenslehre wie auch das Lehramt der Kirche wahr und irrtumslos seien.

Der Haken an der Sache? Aus dem unfassbaren Gotteserlebnis sind Gottesbilder geworden, die anthropomorph (menschenförmig) sind und religiöse und menschliche Interessen spiegeln. Wir werden darüber in einem eigenen Kapitel sprechen. Dem Gebrauch und Missbrauch der Gottesbilder – beides kann gleich schlimm sein – sind nun Tür und Tor geöffnet. Im Namen solcher Gottesbilder ließ sich, wie die Geschichte bis heute zeigt, so ziemlich alles rechtfertigen.

Zum zweiten:

Deduktion – ein Prinzip der kirchlichen Lehre

Bei der Betrachtung und Wertung der menschlichen Wirklichkeit müsste man eigentlich annehmen, dass man zuerst einmal hinschaut, wie die Lebenswirklichkeit des Menschen aussieht und wie man diese interpretieren kann. Es wäre sinnvoll, von da aus die Grundfragen des Menschen zu stellen, (woher, wozu, wohin u.a.) und schließlich nach einem alles tragenden Grund zu fragen.

In den Kirchen wie auch in anderen Religionen geschieht aber genau das Gegenteil. Verleitet von einem Offenbarungsbegriff, der die unmittelbare Erkenntnis göttlicher Wahrheit suggeriert, schließt man nicht von der Welt auf Gott, sondern von Gott, der höchsten normativen Instanz, auf den Menschen und seine Welt. Eine Theologie und Glaubenslehre, die definitive Aussagen über Gott und von daher über die Welt bereithält, verstärkt und rechtfertigt dies: Die Welt sei in 7 Tagen geschaffen, Evolution und Schöpfung durch Gott widersprächen sich ..., der Mensch sei grundsätzlich durch die Erbsünde Sünder etc. Man weiß dann auch genau, von was der Mensch erlöst werden muss und wie die Erlösung durch Gott stattfindet, und endlich, wie der Mensch sich moralisch zu verhalten hat. Man weiß auch bei Unglück und Katastrophen, dass das eine Strafe Gottes ist und verfolgt einzelne oder Gruppen, weil diese durch Unglaube oder Missverhalten die Rache Gottes auf alle herabgezogen hätten. Die Religionsgeschichte ist voll von Beispielen dafür. Aus dem unvorstellbaren Gott des Erlebens wurde ein autoritäres Gottesbild, das Angst macht(e) und zur Festigung autoritärer Strukturen in der Kirche dient(e).

Verlust der Glaubwürdigkeit der Kirche

Das hat Folgen, die sich manifest zeigen. Nicht etwa, dass es mir hier darum ginge, das tatsächliche Verhalten der Führungsschicht der Kirche in der Geschichte, sagen wir seit Beginn der Neuzeit, mit ihrem geistlichen Anspruch zu vergleichen. Das Ergebnis wäre niederschmetternd genug. Außerdem geschah das schon vielfach. Und auch von klerikalen Machtstrukturen, der Missbrauchsgeschichte und anderen Ungeheuerlichkeiten will ich nicht sprechen; das tun andere.

Das „Programm" der Kirche erreicht die Menschen nicht mehr

Hier geht es mir vielmehr um die Innenseite, d.h. um das, was als verbindliche Lehre und Glaubensschatz dargestellt wird. Von außen betrachtet, scheint diese Lehre spätestens seit Beginn der Aufklärung – es klingt hart – zunehmend ein Programm für geistesgeschichtlich Zurückgebliebene geworden zu sein. Es signalisiert einen Verlust der Nähe zum sich verändernden Menschen, seinem Denken, Fühlen und Wollen und zu seinem neuen Wissen. Die Kirche ist gleichsam aus der Geschichte ausgestiegen und verweist das Volk auf eine jenseitige Erfüllung, wobei die Führenden ihre monarchische Stellung und ihre Privilegien durchaus auch weltlich zu genießen wussten. Die barocken Kirchen und Paläste, der Kampf gegen die Aufklärung, Religionsfreiheit, Demokratie und Menschenrechte und gegen allen so genannten Modernismus erzählen davon. Dieses Programm jedoch kommt seit spätestens Mitte des 20. Jahrhunderts nicht mehr an. Es stellte sich heraus: Die Lehre der Kirche passt nicht mehr zum Leben der Menschen: Sie sagt ihnen nichts mehr und sie verlieren den Glauben daran. Das wurde schließlich auch in der Kirche langsam bemerkt.

Die Kirche erweist sich als reformunfähig

Das Vaticanum II freilich, das von dem großartigen Papst Johannes XXIII. einberufen wurde, um dies zu ändern und die Kirche wieder auf die Höhe der Zeit zu bringen („aggiornamento"), steht selbst trotz erstaunlicher Neuansätze in weiten Teilen noch auf den alten Voraussetzungen. Das Wesentliche aber ist: Das Konzil sollte eigentlich einen Prozess in Gang setzen, der auf die Zukunft hin offen ist. Genau das geschah aber nur anfänglich und zögernd. In der Folgezeit jedoch wurden die Konzilstexte zwar oft zitiert, aber in wesentlichen Teilen nicht wirklich rezipiert, geschweige denn fortentwickelt. Im Gegenteil, die innerkirchliche Reaktion, geführt von zwei Päpsten, erstickte zunehmend die Ansätze zu innerkirchlicher Veränderung mit dem Ergebnis, dass sich die Kirche seit langem mehr mit sich selbst und der Verteidigung ihres traditionellen „unveränderlichen" Lehrgebäudes als mit ihren eigentlichen Aufgaben beschäftigt. Der vielfältige Reformstau ist unübersehbar. Da stehen wir auch heute noch nach einem halben Jahrhundert vertaner Chancen, trotz Franziskus. Suchende Menschen wandten sich der mit sich selbst beschäftigten Kirche erst gar nicht mehr zu und nicht wenige, denen eine erneuerte

Kirche ein Herzensanliegen war, wanderten, da sie völlig entmutigt und enttäuscht sind, inzwischen innerlich oder auch äußerlich aus.

Der Ruf nach Reformen ist innerkirchlich trotzdem noch zu hören, zumal diese immer dringlicher erscheinen. Freilich genügt es nicht, Strukturen zu verändern, so notwendig dies auch wäre, und patriarchal-feudales Machtgehabe durch demokratische Entscheidungsfindung und Beteiligung des Gottesvolkes zu ersetzen. Das Problem liegt tiefer. Die Kirche hat ihre Kompetenz als „mater et magistra“ (Mutter und Lehrmeisterin) verloren. Die kirchliche Binnenwelt hat sich weit entfernt von der Lebenswelt der Menschen; sie ist eigen und seltsam fremd und es kommt nicht mehr viel herüber zu den „modernen Menschen“. So finden kirchliches Denken, Sprache und Kult keinen Weg mehr, sich über den Binnenraum hinaus verständlich zu machen, geschweige denn, den Menschen im modernen Leben Hilfe und Heimat zu bieten. Es scheint sogar, dass der Kern selbst, der Glaube, genauer das, was traditionell als Glaube darstellt wird, fragwürdig geworden ist. Noch genauer, dessen Kern, nämlich „Gott“ selbst, scheint nicht mehr, weder durch Kult noch Gebet, weder durch Dogmen, Enzykliken und Lehrschreiben, noch durch gescheite Predigten und Traktate erreicht zu werden. „Gott“ verschwindet, verdunstet, wird für die überwiegende Mehrheit unwichtig. Die Sehnsüchte und Hoffnungen suchen sich andere Ziele, auch für Trost fehlen die Voraussetzungen. Ob die Ursache tatsächlich nur die böse Säkularisation ist oder „dass es den Leuten zu gut geht“?

Es ist ernst: Gott verschwindet aus der Wahrnehmung. Man braucht ihn nicht mehr, damit das Leben gelingt. So sieht es jedenfalls aus. Doch ist das die ganze Wahrheit? Es geht nun nicht darum, jetzt doch noch irgendeinen geschickten Weg zu eröffnen oder allein auf das Prinzip Hoffnung zu setzen. Vielmehr geht es darum, die Ursachen auszumachen. Nein, es ist nicht nur der Lebensstil der Menschen, das Versagen der Eltern, die böse Säkularisation, der Konsumismus, Relativismus, Individualismus und was sonst noch alles vorgebracht wird. Nein, es ist viel radikaler zu fragen: Was macht es unmöglich, Gott überhaupt noch wahrzunehmen? Neben all den „weltlichen“ Ursachen – als gäbe es eine Welt, die der Glaubenswelt gegenübersteht – ist nach den Ursachen inmitten der Religion selbst zu suchen. Könnte es nicht sein, dass diese selbst, konkret ihre Glaubenshüter und Glaubenslehrer mit all dem Glaubens“wissen“ aus circa 2000 Jahren, ihrem Kult, ihrer Lehre, ihrem Verhalten und Ihrer Kirchenpolitik, dass gerade sie den Zugang zu Gott so kräftig zugemauert haben, dass er im Leben der Menschen nicht mehr gefunden werden kann?

Die kirchliche Binnenkultur erscheint höchst fragwürdig

Da ist die eigene kirchliche *Sprache*. Sie ist eine Fachsprache der Eingeweihten, genauer des Klerus geworden, freilich mit langer und ehrwürdiger Tradition. Religiös Sozialisierten – einige gibt es noch, sie werden immer älter! – ist sie zwar irgendwie vertraut, aber nicht so verständlich, dass sie das Gesagte in ihr Leben umsetzen können. Sie hat ja auch fast nichts damit zu tun. Hören Sie mal kritisch hin, welche Sprache in Liturgie, Liedern und religiösen Traktaten geübt wird! Man ist zuweilen sehr erstaunt, wenn man nicht lachen muss. Vieles hört sich für den modernen Zeitgenossen, der diese Sprache nicht mehr kennt, einfach unsinnig an.

Viel wichtiger sind jedoch die *Inhalte:* die Gleichsetzung von Gott mit all den Gottesbildern, seien Sie auch noch so erhaben durch Alter und biblische Wurzeln, die dogmatischen Aussagen, die bis ins Kleinste innergöttliche Vorgänge behaupten, diese Verwechslung und Gleichsetzung von Bildern und Tatsachen, von der angemaßten Morallehre ganz zu schweigen. Es wird auch nicht gefragt, ob der zelebrierte Kult, eine Adaption von religiösen Vollzügen aus allen möglichen Völkern und Religionen, besonders deutlich in seiner hochamtlichen Ausprägung in Gold, Weihrauch, Musik und heiligem Geschehen, ausgeführt in prunkvollen heiligen Räumen von geweihten Priestern, überhaupt den Gott Jesu in irgendeiner Weise zugänglich werden lässt. Sicher, hier wird ein überirdischer „himmlischer" Gott aus dem Vorstellungsschatz der Religionen verehrt, aber ist damit der Gott Jesu gegenwärtig?

War es bei den Christen nicht ursprünglich die ganz schlichte Mahlgemeinschaft, das Beten und das Erzählen von Jesus und seiner froh machenden Botschaft, die erlebte Gemeinschaft von Menschen aus unterschiedlichsten gesellschaftlichen Schichten, wobei die Armen in der Mehrzahl waren, in der dieser Gott als gegenwärtig erlebbar wurde? Das ging ohne Gold und hohe liturgische Aufschwünge und hatte Verbindung zum Leben, wie es gelebt wurde, und Gott war mitten drin da. Leben und Gottesdienst gehörten zusammen, eines korrespondierte mit dem anderen. Heute hingegen fragt man sich, was Gottesdienst im heiligen Raum und das Leben vor der Kirchtüre miteinander zu tun haben; auch gute Predigten können das Grundproblem nicht lösen. Wo soll das noch hinführen?

Gottesbilder – ein Segen oder Fluch?

Ich bin oft überrascht und manchmal betroffen, wenn ich „über Gott“ reden höre. Wie kann das nur sein, dass fast alle recht gut zu wissen scheinen, was und wie Gott ist, beziehungsweise was und wie er nicht ist? Weiß nur ich es nicht? Man findet feste Vorstellungen und, wenn eine nicht reicht, mehrere Vorstellungen. Man weiß offensichtlich genau, was Sache ist und was man von Gott zu halten hat. Das gilt nicht nur für zahlreiche Amtsträger und fromme Leute, sondern ebenso und zuweilen sogar stärker für viele Leute, die Gott ablehnen. Schon bei den klassischen Religionskritikern fällt mir auf, wie genau sie über Gott Bescheid zu wissen scheinen, um diesen Gott dann heftig abzulehnen. Theologie und Kirche taten ein Übriges, um Gott möglichst genau zu definieren und dogmatisch zu fixieren. Kunst, kirchliche Lehre und Glaubensverständnis spiegeln, wie noch gezeigt wird, all die Gottesvorstellungen wider und tradieren sie verstärkt weiter. Heute ist vieles fragwürdig geworden und nicht wenige Nachdenkliche versuchen, auf neue Fragen neue Antworten zu finden. Es ist gut, sich da wieder an das 1. Gebot zu erinnern:

Du sollst dir kein Bild machen

Ex 20,2ff.[10]: “Ich bin Jahwe, dein Gott, der dich aus Ägypten geführt hat, aus dem Sklavenhaus. Du sollst neben mir keine anderen Götter haben. Du sollst dir kein Gottesbild machen und keine Darstellung von irgendetwas am Himmel droben, auf der Erde unten oder im Wasser unter der Erde. Du sollst dich nicht vor anderen Göttern niederwerfen und dich nicht verpflichten, ihnen zu dienen. ... “

Soweit der altbekannte Text aus der Bibel: „Du sollst dir kein Gottesbild machen!“ Damit wäre eigentlich alles zum Thema gesagt. Das Judentum wie auch der Islam halten sich bis heute strikt an dieses Bilderverbot und auch das Christentum beherzigte es in den ersten tausend Jahren, die Ostkirchen noch länger. Leider ist das Thema damit nicht erledigt. Denn die Gottesbilder waren als geistige Bilder immer da und wirksam, man nehme dazu nur die Bibel her. In der abendländischen Kirche erschienen

[10] Beim Zitieren der Bibel benutze ich die „Einheitsübersetzung der Heiligen Schrift“ von 1980 oder 2016, ohne das jeweils besonders zu kennzeichnen.

zudem im Laufe der Zeit zunehmend bildliche Darstellungen von „Gott“, die für Kult und Frömmigkeit gedacht waren, und später auch als Bilder der Kunst für unterschiedliche Zwecke; in den Köpfen waren sie schon vorher da. Die Gottesvorstellungen schlugen sich somit zunehmend in gefertigten Bildern nieder, und die Bilder beeinflussten wiederum die Gottesvorstellung, ein Kreislauf, der bis heute wirksam ist. Die Bilder prägten sich in die Kultur tief ein, selbst Kirchenfernen sind sie meist (noch) geläufig.

In der Moderne wurden allerdings diese traditionellen Bildvorstellungen fragwürdig, es entstand ein Unbehagen an vielen Bildern und den damit verbundenen Vorstellungen. Die Bilder hatten irgendwie ihre Überzeugungskraft verloren. Den Nachdenklichen wurde zunehmend bewußt, dass es nicht mehr geht, sich Gott so wie bisher vorzustellen und ihn darzustellen. Wenn heute überhaupt noch der Versuch unternommen wird, von Gott irgendetwas bildlich zur Sprache zu bringen, so wird meist auf Symbole oder auf reine Farben in abstrakten Formen zurückgegriffen. Häufig setzte sich auch unter Frommen die Erkenntnis durch: Man kann Gott nicht darstellen, sei es auch noch so gut gemeint und künstlerisch hochwertig. Schon der Versuch ist ein Irrweg und Missbrauch, denn Gott ist völlig anders, als der Mensch es fassen kann, womit wir – endlich – wieder beim 1. Gebot und seiner Weisheit angelangt wären.

Es geht nicht ohne Bilder, doch sie können gefährlich werden

Aber so einfach ist das nicht. Denn Bilder entstehen nicht erst, wenn sie gemalt werden. Bildliche Vorstellungen gehören zum Menschen. Der Mensch kann nicht anders als in Bildern denken, wenn er von Gott hört und spricht oder an Gott denkt und zu ihm betet. Auch die Bibel ist ungeachtet des Bilderverbots voller sprachlicher Bilder von Gott. Ob er als König und Herr, als Kriegsherr, Befreier oder Rächer Israels, als Gesprächspartner Abrahams, gerechter Richter oder in den Psalmen als Helfer und Hirte angesprochen wird, immer sind es Bilder von Gott. Die Bibel weiß von der Unangemessenheit dieses Tuns, wie der Gottes“name“ Jahwe (ich bin da/ich werde da sein) – eigentlich eine Verheißung – und bestimmte Textstellen zeigen. Erinnern wir uns an das Beispiel 1 Kön 19,1ff.: Elias hatte Gott als den Mächtigen, als den „Herrn der Heere“ erlebt, der Götter und Menschen vernichtet; er „wusste“ also, wie Gott ist. Die Erscheinung Gottes am Horeb[11] „im sanften Hauch“ stürzt jedoch sein Gottesbild völlig um und zeigt, dass Gott in keiner Vorstellung festzuhalten ist. So machen die vielen biblischen Bilder, jeweils entstanden aus erlebten Situationen und interpretiert aus der zeitgenössischen Vorstellungswelt – ebenso wie im Islam die 99 Namen Allahs – deutlich, dass keines der Bilder Gott angemessen ist. Trotzdem ist es nicht zu vermeiden, in Bildern zu denken und zu sprechen, denn das gehört zum Menschen; wir können gar nicht anders.

Freilich haben wir in der Menschheitsgeschichte und in der Glaubensgeschichte die Erfahrung gemacht, dass jedes Gottesbild die Gefahr in sich birgt, zum „Götzenbild“ zu werden. Und diese Götzenbilder wurden und werden zur Gefahr für die Menschen. Man führt dann im Namen Gottes Kriege, droht mit dem richtenden Gott und knechtet die Seelen, rechtfertigt absolutistisch-despotische Herrschaft mit dem Auftrag Gottes und macht Menschen abhängig und untertan, um nur einige Beispiele anzudeuten. Das 1. Gebot sichert also nicht nur die Göttlichkeit Gottes und dessen absolute Freiheit vor jedem menschlichen Zugriff und jedem Verfügen, sei es in vermeintlicher Erkenntnis, sei es im (magischen) Kult oder als Anweisungen „im Namen Gottes“. Es sichert auch die Freiheit und Würde des Menschen – das wird zu oft vergessen. Was ist also zu tun?

Bilder sind Hilfen, sie müssen sich wandeln

Es geht nicht, dass wir alle Bilder und Vorstellungen von Gott aus unseren Köpfen und unserer Kultur verbannen; sie gehören zu uns. Wie schon erwähnt, ich bin immer wieder erstaunt, welch genaue Vorstellungen von Gott selbst kritische Atheisten haben; nur so können sie so selbstsicher gegen „Gott“ ankämpfen. Wenn wir also die Bilder nicht aus unseren Köpfen verbannen können – wir können nicht abstrakt beten und an Gott denken –, so müssen wir mit ihnen anders umgehen. Mit dem 1. Gebot im Hintergrund wissen wir, dass keines der Bilder Gott irgendwie erreicht. Sie können also nur Hilfsmittel sein. Denn solange diese Vorstellungen und Bilder für uns nur „Hinweisschilder“ zu Gott sind, so können sie hilfreich sein und uns ein Stück weit zu ihm führen. Wenn sie diesen Zweck nicht mehr erfüllen, und seien sie auch noch so vertraut, dann ist es höchste Zeit, sie zu zerschlagen und sich weiter auf die Suche nach Gott zu begeben. Vielleicht wird dann ein anderes Bild bzw. werden andere Bilder

[11] Berg der Gottesoffenbarung

gefunden – mehrere können nebeneinander wichtig sein –, die der jetzigen Lebens- und Glaubenssituation entsprechen. Das geht nicht immer leicht und ohne Krisen und braucht Zeit. Aber auch diese gefundenen Bilder werden keine Dauer haben können, denn Leben, auch Glaubensleben ist Entwicklung und Wandel. (NB: Viele, die meinen, mit Gott und dem Glauben nichts mehr anfangen zu können, merken gar nicht, dass sie damit den Gott und den Glauben ihrer Kindheit meinen, der nicht mit ihnen mitgewachsen ist. Sie haben recht: Dieser passt wirklich nicht mehr zu ihnen.)

Das, was bisher gesagt wurde, ist nichts Beunruhigendes und wird wohl weitgehend selbstverständlich sein, zumindest in der Theorie. Wie die Praxis in den Kirchen in den vergangen Jahrhunderten aussah, ist freilich eine andere Sache. Aber als moderner Mensch hat man sein Urteil dazu, man verehrt keine anderen Götter (was nicht so ganz sicher ist) und man weiß auch, dass alle Gottesbilder relativ sind. Damit wäre die Sache eigentlich erledigt. Ist sie aber nicht.

Die Gotteskrise – eine Krise der Gottesbilder der Kirchen

Es sei die These gewagt: Die sogenannte Gotteskrise, nämlich dass für viele Menschen Gott heute keine Rolle mehr spielt, ist besonders eine Krise bestimmter Gottesbilder der Kirchen – freilich weniger der Gottesbilder, die man zur Hand hat oder benennen könnte. Diese sind an der Oberfläche und man kann mit ihnen mehr oder weniger gut umgehen. Welcher Bilder dann? Wie bei der menschlichen Person nicht die Konflikte und Probleme, die an der Oberfläche liegen, grundlegende Bedeutung haben, sondern die, die abgesunken sind und im Unterbewusstsein eine u.U. zerstörerische Rolle spielen, so sind es die abgesunkenen und unreflektierten, sozusagen „selbstverständlichen“ Gottesbilder, darunter teilweise auch archaische Urbilder im Menschen, die Eingang in die Religion gefunden haben und hier ihre Wirkung tun. Diese archaischen Gottesbilder scheinen großenteils den menschlichen Urbedürfnissen (Trieben?) und Urängsten benachbart zu sein, wie z.B. das Bedürfnis nach Selbstbehauptung für sich und das Volk, nach Besitz und Fruchtbarkeit, nach Herrschaft und Macht, nach Unterwerfung der Feinde und Rache, nach Ordnung und Sicherheit, nach Glück und langem Leben, nach (Kult-)Festen und Feiern, ... Diese Bedürfnisse sind zweifelsohne in die Gottesvorstellungen eingegangen; sie wurden übernommen und sind ins Vorbewusste oder Unbewusste abgesunken. Sie werden als selbstverständlich vorausgesetzt, ohne dass man weiter darüber nachdenkt. Von diesen ist zu sprechen, gerade weil von ihnen keine Rede ist. Denn sie sind, weitgehender als man annehmen möchte, die unbewusste und unreflektierte Grundlage aller Theologie, der kirchlichen Dogmen und Lehraussagen, sie sind die Grundlage des Kultes, der Frömmigkeit, des Glaubens und des Glaubensverlustes, sie sind die Grundlage für Amts- und Herrschaftsstrukturen, den Kirchenbau, sogar für Kleidung und Verhalten der klerikalen Amtsträger. Das kann man nicht deutlich genug sagen! Die Bibel wird in diesem Sinn, um das alles zu rechtfertigen, hemmungslos ausgebeutet, wie, um einen kurzen Seitenblick zu wagen, das auch mit dem Koran geschieht. Kurz, das Gesamt der Religion ist von diesen Bildern (mit-)bestimmt.

Dieses Vorgehen ist heute an seine Grenze gekommen. Im Gefühl, dass da etwas nicht stimmt und schief läuft, werden die traditionellen Ausdrucksformen und Lehren der Kirche heute nicht mehr unbesehen übernommen. Weil diese und die dahinter stehenden Gottesvorstellungen aus unterschiedlichen Gründen fragwürdig geworden sind, sind Glaube und Kirche selbst in die Krise gekommen. Die Gotteskrise (Krise des Glaubens an „Gott") ist demnach nicht nur aus der Säkularisierung der Welt entstanden, sondern sie ist hausgemacht und sitzt im Herzen der Kirche. Deshalb sind diese fundamental vorausgesetzten Gottesbilder in den Blick zu nehmen und mit dem ersten Gebot zu konfrontieren. Sie haben sich verselbständigt und sind, gerade als ob Gott so wäre, zu ungefragten „Götzenbildern" verkommen. Denn da sie eine entscheidende Rolle spielen und System und Tradition stabilisieren, wurden und werden sie normalerweise nicht mehr, wie vom Gebot gefordert, hinterfragt und gegebenenfalls zerschlagen.

Archaische und offene Gottesbilder in der Bibel und ihre Rezeption[12]

Die Allgegenwart von Gottesbildern, von der bisher recht pauschal gesprochen wurde, erschließt sich bei einer näheren Betrachtung, zu der ich Sie einlade: Schauen wir uns einfach mal einige Zeilen aus dem Thessalonicherbrief an, dem wohl ältesten Brief des Apostels Paulus. Welche Vorstellungen des Apostels von Gott zeigen sich hier?
1.Thess 1.2ff.: "Wir danken Gott für euch alle, sooft wir in unseren Gebeten an euch denken; unablässig erinnern wir uns vor Gott, unserem Vater, an das Werk eures Glaubens, an die Opferbereitschaft eurer Liebe und an die Standhaftigkeit eurer Hoffnung auf Jesus Christus, unseren Herrn. Wir wissen, von Gott geliebte Brüder, dass ihr erwählt seid. ... "
1,9f.: „Denn man erzählt sich überall, welche Aufnahme wir bei euch gefunden haben und wie ihr euch von den Götzen zu Gott bekehrt habt, um dem lebendigen und wahren Gott zu dienen und seinen Sohn vom Himmel her zu erwarten, Jesus, den er von den Toten auferweckt hat und der uns dem kommenden Gericht Gottes entreißt."
4,3ff.: „Das ist es, was Gott will: eure Heiligung. Das bedeutet, dass ihr die Unzucht meidet, dass jeder von euch lernt, mit seiner Frau in heiliger und achtungsvoller Weise zu verkehren, nicht in leidenschaftlicher Begierde wie die Heiden, die Gott nicht kennen, und dass keiner seine Rechte überschreitet und seinen Bruder bei Geschäften betrügt, denn all das rächt der Herr, wie wir euch schon früher gesagt und bezeugt haben. Denn Gott hat uns nicht dazu berufen, unrein zu leben, sondern heilig zu sein. Wer das verwirft, der verwirft also nicht Menschen, sondern Gott, der euch seinen Heiligen Geist schenkt. Über die Bruderliebe brauche ich euch nicht zu schreiben; Gott selbst hat euch schon gelehrt, einander zu lieben; ... "

---

12 Bei den Begriffen unterscheide ich inhaltlich: **1. Gottesbilder bzw. Gottesvorstellungen:** allgemeiner, umfassender Begriff für bewusste und unbewusste Vorstellungen von Gott, und natürlich auch die Darstellungen Gottes in der Kunst **2. Hintergrundgottesbilder:** Gottesvorstellungen, die meist unreflektiert und selbstverständlich hinter einem Text, einer Einstellung oder Handlung stehen und stillschweigend mitgedacht sind. **3. fundamentale Gottesbilder:** diese sind typisch und grundlegend für eine Religion, bzw. eine Kirche **4. führende Gottesbilder:** Gottesbilder, die in einer bestimmten Zeit besonders bevorzugt und wirksam waren **5. archaische Gottesbilder:** diese stammen aus dem kulturellen Erbe der frühen Menschheit, bzw. entsprechen der archaischen Triebstruktur des Menschen. Diese archaischen Gottesbilder können sich anteilig in allen Formen von Gottesbildern finden.

5,9: „Denn Gott hat uns nicht für das Gericht seines Zorns bestimmt, sondern dafür, dass wir durch Jesus Christus, unseren Herrn, das Heil erlangen."

Paulus hat, wie man sieht, bestimmte Vorstellungen von Gott, die in diesen Textstellen zur Sprache kommen: Gott ist ein lebendiger und wahrer Gott, er ist nah und ansprechbar, ein Vater, der liebt, der erwählt und lehrt, der hier auf Erden rechtes Verhalten verlangt, Heil verheißt und zornig Gericht halten wird. Diese Gottesbilder wirken bis heute, da sie in die Lehre der Kirche eingegangen sind.

Einen ganz anderen Vorstellungshintergrund, der nicht weniger wirksam wurde, liefert der Text 1 Sam 15,1ff.: "Samuel sagte zu Saul: Der Herr hatte mich gesandt, um dich zum König seines Volkes Israel zu salben. Darum gehorche jetzt den Worten des Herrn! So spricht der Herr der Heere: Ich habe beobachtet, was Amalek Israel angetan hat: Es hat sich ihm in den Weg gestellt, als Israel aus Ägypten heraufzog. Darum zieh jetzt in den Kampf und schlag Amalek! Weihe alles, was ihm gehört, dem Untergang! Schone es nicht, sondern töte Männer und Frauen, Kinder und Säuglinge, Rinder und Schafe, Kamele und Esel!" (In diesem Sinn auch Dtn 2,34; Dtn 3,6; Jos 2,10 u.a.)

Hier zeigt sich im „Bann" ein archaischer Gott, der letztlich selbst den Krieg führt und in der „Vernichtungsweihe" alle Kriegsbeute für sich beansprucht – die Menschen sind nur die Ausführenden. Auch den, der diesen Bann nicht vollkommen ausführt, trifft der Fluch Gottes. Dazu passt auch der Text Dtn 13,6: "Du sollst das Böse aus deiner Mitte wegschaffen!"

Warum wohl wurde dieser Text in der Kirchengeschichte begieriger aufgegriffen als das Gleichniswort Jesu vom Unkraut im Acker Mt 13,28ff.: "Da sagten die Knechte zu ihm (dem Herrn): Sollen wir gehen und es ausreißen? Er entgegnete: Nein, sonst reißt ihr zusammen mit dem Unkraut auch den Weizen aus. Lasst beides wachsen bis zur Ernte. Wenn dann die Zeit der Ernte da ist, werde ich den Arbeitern sagen: Sammelt zuerst das Unkraut und bindet es in Bündel, um es zu verbrennen; den Weizen aber bringt in meine Scheune." Der Unterschied? Bei Jesus liegt ein völlig anderes Gottesbild vor als in den Deuteronomium-Texten mit ihrer national-religiösen Theologie. Es ist offenkundig: Da solche archaischen Gottesbilder dem inneren (archaischen) Gottesbild der christlichen Hörer/Leser/Theologen und Kirchenführer näher lagen, orientierten diese sich oft nicht an Jesus und der Bergpredigt, sondern an ihren inneren Bildern und deren Entsprechungen in der Bibel. Hier liegt eine der ideologischen Voraussetzungen für die Rechtfertigung der Grausamkeiten in den Religionskriegen und Judenverfolgungen, ja für deren Führung überhaupt. Denn in der Jesus-Botschaft finden Krieg, Grausamkeit, Verfolgung, Missachtung der Menschenwürde u.ä. nicht nur keinerlei Anhalt, sondern es wird darüber hinaus gefordert, dass sogar ein Feind zu lieben sei. Maßstab dafür ist der Gott Jesu selbst Mt 5,43ff.: "Ihr habt gehört, dass gesagt worden ist: Du sollst deinen Nächsten lieben und deinen Feind hassen. Ich aber sage euch: Liebt eure Feinde und betet für die, die euch verfolgen, damit ihr Söhne eures Vaters im Himmel werdet; denn er lässt seine Sonne aufgehen über Bösen und Guten, und er lässt regnen über Gerechte und Ungerechte. Wenn ihr nämlich nur die liebt, die euch lieben, welchen Lohn könnt ihr dafür erwarten? Tun das nicht auch die Zöllner? Und wenn ihr nur eure Brüder grüßt, was tut ihr damit Besonderes? Tun das nicht auch die Heiden? Ihr sollt also vollkommen sein, wie es auch euer himmlischer Vater ist."

Wie konnte es nur unter Christen geschehen, dass im „christlichen Abendland" nicht nur Kreuzzüge geführt, Juden und Ketzer verfolgt und Hexen verbrannt wurden, sondern noch im 20. Jahrhundert „Gott mit uns" auf den Koppelschlössern stand, Waffen im Vietnamkrieg gesegnet, die Kämpfe im 1. Weltkrieg als Gottesgericht verstanden und die Feinde als „Gottesfeinde" bekämpft wurden? Die inneren archaischen Gottesbilder waren mächtiger als fast zweitausend Jahre Verkündigung des Gottes Jesu.

Gottesbilder sind mächtig, aber auch veränderbar

Man könnte alle Schriften der Bibel ansehen, überall wird man Gottesbilder finden, die sich in der Folgezeit in einer jeweils selektiven Rezeption durch die Nachwelt auswirkten. Die Macht der Bilder ist wirksam! Wenn einzelne oder Gruppen sich aufgrund bestimmter Bilder radikalisierten, konnte unermesslich Schlimmes damit „gerechtfertigt" geschehen, wie wir es heute bei den Selbstmordanschlägen von Fundamentalisten im Islam erleben. Umgekehrt waren die Gottesbilder mancher Persönlichkeiten z.B. in Israel eine ausgesprochene Herausforderung für die vorgegebene Religion, denn sie führten zu einem geistigeren Gottesbild und forderten mehr Humanität ein. So steht der Gott der Propheten und Jesu, der sich besonders der Kleinen und Schwachen annimmt und Gerechtigkeit für alle fordert, der statt kultischer Verehrung und Opfer einfach das Halten der Gebote verlangt, weit über den Fundamentalbedürfnissen der Menschen. Er führt über die Familie und Sippe hinaus zur Empathie mit jedem Nächsten. Und dieser Gott der Propheten und Jesu war anstrengend und eine heftige Provokation für die Zeitgenossen, die einfach, wie gewohnt, religiös sein und ihren Glauben und ihren Lebensstil nicht in Frage stellen wollten. Das Schicksal der Verkündigenden spricht davon, wie die Religion den „anderen Gott" im Namen (des traditionellen) Gottes abwehrte. Das ging in der Geschichte der Kirche genauso weiter. Doch gerade diesem Gott der Propheten und Jesu verdanken wir, wobei natürlich noch andere Einflüsse wirksam wurden, Menschenrechte und soziale Systeme ungeachtet aller Widerstände innerhalb und außerhalb der Religion/Kirche. Andere Gottesbilder dienten hingegen, wie wir aus der Geschichte wissen, der Sicherung von Herrschaft und der Rechtfertigung von Kriegen und unmenschlichen Verhaltensweisen in Krieg und Frieden.

All diese Vorstellungen sind in die religiöse Kultur eingegangen und wirken, soweit sie nicht bewusst übernommen wurden, sozusagen „im Hintergrund" weiter. Sie sind selbstverständlich und ungefragt einfach da.

Diese Gottesvorstellungen im Hintergrund sind, auch in uns selbst, keineswegs einheitlich, da sich der Glaube an Gott je nach Person oder Gruppe und ihren Bedingungen unterscheidet. Der persönliche Glaube ist zweifelsohne vielschichtig und trägt archaische und entwickelte biblisch-christliche Züge. Was jeweils in konkreten Situationen abgerufen wird, ist offen. In Krisensituationen und schwierigen Lagen schlagen oft, wie die Erfahrung zeigt, die archaischen Gottesbilder durch. Zudem verändert sich der Glaube – das Gottesbild – entsprechend neuer Einsichten und der zeitgeschichtlichen und persönlichen Entwicklung. Dies geschieht bei Christen bis heute in ihrer Lebens- und Glaubenserfahrung und in Auseinandersetzung mit der Botschaft Jesu und der kirchlichen Lehrtradition.

Hintergrundgottesbilder in der Theologie und kirchlichen Lehre

Wenn man einmal aufmerksam geworden ist, ist leicht zu erkennen: *Jeder Glaube an Gott, jede Aussage über Gott, angefangen von der Frühzeit der Menschen bis heute hat als Hintergrund bzw. stillschweigende Voraussetzung bestimmte Vorstellungen von Gott.* Jede theologische Aussage, aber auch jede der Gottesleugner ist mit diesen zuinnerst durchtränkt. Das macht die Stärke der Aussagen aus, wenn ihre Bilder die Sehnsucht, Erwartungen und Hoffnungen der Menschen ausdrücken, aber auch ihre Schwäche, wenn sie von Menschen und Kirchen vereinnahmt werden oder für die Menschen nicht mehr zugänglich sind.

Das gilt natürlich auch von allen kirchlichen Lehraussagen. „Ich glaube an den einen Gott, den Vater, den Allmächtigen, den Schöpfer des Himmels und der Erde." – Der Absolute und Einzige, der Vater, der Allmächtige, der Schöpfergott, dazu weitere Bilder, die Gott zugeschrieben werden, wie Herrscher über alles und Herr über Leben und Tod, der Vorauswissende und der zeitlos Ewige... – starke Bilder, die sich die Menschen in langer Zeit von Gott gemacht haben. Sie finden sich in ähnlicher Art in allen Religionen, in denen von Gott oder Göttern die Rede ist. Für ihren so geglaubten Gott waren und sind die Gläubigen sogar bereit, zu sterben oder Glaubenskriege zu führen oder sich bis heute mit der Naturwissenschaft anzulegen – unter Verkennung dessen, dass es menschliche Deutungen religiöser Erfahrungen sind, die in diese Bilder eingeflossen sind, nicht mehr, aber auch nicht weniger.

Von diesen Bildern geleitet lasen/lesen Christen die Heiligen Schriften; die Stellen, die für diese Bilder passend schienen, wurden (und werden) vom Lehramt als „geoffenbarte" Textbelege herausgezogen und zu Dogmen und Lehraussagen verarbeitet. Man sehe sich nur eine traditionelle Dogmatik oder den „Denzinger" an (eine Sammlung aller kirchlichen Lehraussagen)! Alle sogenannten Schriftbeweise dienen dazu, das, was als Wahrheit festzuhalten ist, nein, nicht zu beweisen, sondern im Zirkelschluss zu „bewahrheiten". Die grundlegende Vorstellung/das Hintergrundbild stand von vornherein schon vor jeder Aussage fest, wobei man bei den zitierten Texten nicht nur die Irrtumslosigkeit der geoffenbarten Hl. Schrift, sondern auch die Irrtumslosigkeit des kirchlichen Lehramtes voraussetzt. Dem Mühen der Theologen nach Erkenntnis wird von diesem Lehramt bis heute ein enger Rahmen gesetzt.

Man wusste natürlich zunächst und weiß das zumindest theoretisch auch heute, dass keines der Bilder zu Gott passt; das 1. Gebot und die negative Theologie[13] mahnten das zu jeder Zeit an. Was tat man deshalb? Das „Lehramt" verabsolutierte die kirchlichen Lehraussagen, indem es sie zu „unter dem Beistand des Heiligen Geistes" geoffenbarten Wahrheiten erklärte, die infallibel und irrtumslos wahr seien, eben weil sie vom Heiligen Geist stammten. Diese „Glaubenswahrheiten" galten/gelten un-

13 Wissend um die Unangemessenheit allen Sprechens von Gott werden alle positiven Aussagen über Gott abgelehnt.

umschränkt, ein Zweifel oder eine Veränderung ist daher nicht mehr möglich.

Ein weiter Horizont öffnete sich, als Jesus, der Christus, im hellenistischen Umfeld zur Gottheit wurde (s. dazu im entsprechenden Kapitel). Die hellenistischen Gottessohn-Hintergrundbilder – das, was man von einem Sohn Gottes erwartete – wurden hier wirksam und bestimmten die Themen der Christologie. Zunehmend wurden in der Glaubenspraxis und Theologie Gott und Gottessohn als gleichrangig und (bis heute im „Volk") weitgehend als austauschbar empfunden. Da aber zwei Götter der (philosophischen) Lehre von der Einheit Gottes und den Vorgaben der Hl. Schrift widersprachen, entwickelten Theologen und Kirchenväter, hervorragende Geister, die Lehre von der Heiligen Dreifaltigkeit, d.h. von der göttlichen Einheit in drei „Personen". – Drei mussten es sein, da die Dreiheit seit alter Zeit die göttliche Einheit und Vollkommenheit symbolisch ausdrückte. Daher hypostasierte man das göttliche Wirken, den Geist Gottes, zur 3. Person. (Von der Trinität ausführlicher in den entsprechenden Kapiteln.)

Kaiser Konstantin setzte schließlich den Schlusspunkt, indem er 325 in Nizäa ein Konzil einberief, das unter seiner Leitung den Glaubensstreitigkeiten und damit der Vielfalt im christlichen Glauben an Gott ein Ende setzte. Dieses Konzil dogmatisierte im nizänischen Glaubensbekenntnis die Ergebnisse der hellenistischen Theologie, indem es dieses Bekenntnis gegen alle anderen christlichen Gottesvorstellungen und Glaubensdeutungen, die reichlich vorhanden waren, als für alle Christen verbindliche Glaubenslehre absolut setzte.

Nun wußte man also, wie das mit Gott und seinem Sohn ist. Und da der Sohn ja Gott und Mensch war, konnten die göttlichen Attribute und Bilder bedenkenlos auf den Mensch gewordenen Gottessohn übertragen werden, soweit sie nicht für den Vater reserviert waren. Aus diesen und weiteren Bildern, die mit dem Christusgeschehen zu tun hatten, wurde in langen Auseinandersetzungen die Christologie entwickelt. Und was man in dem recht patriarchal bestimmten Gottesbild nicht gut unterbringen konnte – etwa die Mütterlichkeit Gottes – wurde in die Mariologie eingebracht, beginnend mit der „Mutter Gottes" bzw. „Gottesgebärerin" im Konzil von Ephesus 431. Das alles gilt bis heute und ist verbindliche Lehre.

Das 1. Gebot „Du sollst dir kein Bild machen!" hatte man mit dem Mensch gewordenen Gottessohn erfolgreich umgangen. In der Folgezeit wurde diese (hellenistische) Gotteslehre und Glaubensinterpretation, die in Anspruch nahm/nimmt, die allein wahre Lehre zu sein, weiter ausgebaut und mit allen staatlichen und kirchlichen Mitteln durchgesetzt. Auch heute noch wird bekanntlich jede Abweichung innerkirchlich sanktioniert. Was nun, da die griechisch-hellenistischen Denkvoraussetzungen und damit die Hintergrundbilder des Hellenismus, die bisher das Abendland und die Theologie prägten, zunehmend verloren gehen? Kommt das 1. Gebot nun doch noch zu seinem Recht?

Die Kirchen unterscheiden sich durch ihre Gottesvorstellungen

In Zusammenhang mit diesen frühen Entwicklungen stehen die Unterschiede zwischen den Ostkirchen und den westlichen Kirchen. Dogmatisch sind kaum gravierende Unterschiede festzustellen, aber in der Glaubenstradition ist die Ostkirche der frühen, hellenistisch geprägten Kirche noch eng verbunden. In deren Selbstverständnis sind daher die Westkirchen in unterschiedlichem Grad vom wahren Glauben abgefallen.

Sehen wir uns eine orthodoxe Zentralkirche in ihrem Goldglanz an und vergleichen damit ein Gotteshaus der reformierten Kirche. Werden hier zwei verschiedene Götter verehrt? Es sind die gleichen christlichen Grundlagen, aber zwei ganz unterschiedliche Gottesvorstellungen, die einen je entsprechenden Kult und Kultraum verlangen und darüber hinaus einen unterschiedlichen christlichen Glaubens- und Lebensstil prägen. Es sind die im Wesentlichen unterschiedlichen Gottesbilder („der allmächtige ewige Gott oben im Himmel“, „Gott unten nahe den Menschen“ und verschiedene Spielarten dazwischen), die sich auswirken auf die Liturgie, den Kirchenbau, die Einstellung zum Leben und zur Gesellschaft. Die Frömmigkeitsformen unterscheiden sich demgemäß.

Sehr vereinfacht: Für die Ostkirche begegnet der ewige „Gott im Himmel“ in der ewigen Anbetung, gegenwärtig gesetzt im heiligen Kult, der allein wichtig ist. Im Westen findet man in verschiedenen Gottesbildern neben dem „Gott oben“ Gott auch „unten“ im Leben und besonders im Dienst an den Notleidenden. Die führenden Gottesbilder veränderten sich zudem im Westen im Wandel der Zeit entsprechend den jeweiligen theologischen und später auch konfessionellen Schwerpunkten.

Die führenden Gottesbilder prägen die religiöse Praxis

Innerhalb der kirchlichen Festlegungen oder besser im Rahmen der dogmatischen Vorgaben suchten Menschen entsprechend ihren Zeitverhältnissen und Lebensumständen im Glauben Zugang zu Gott. Dieses Suchen und Fragen schlug sich in den Gottesbildern nieder, die, aus dem großen Fundus ausgewählt, für eine bestimmte Zeit bevorzugt und führend waren. Dem Wandel der Zeiten entsprechend wechselten diese führenden Gottesbilder. Sie zeigten sich in der Frömmigkeit, in der Theologie und am sichtbarsten in einer bestimmten Art, wie man den Kultraum, also seine Kirche baute. In ihr wollte man diesem Gott begegnen und ihn verehren. Bei den orthodoxen Kirchen ist im Kirchenbau kaum eine Veränderung feststellbar – das führende Gottesbild überdauerte die Jahrhunderte. Der Westen hingegen bietet, entsprechend dem Wandel des für die Menschen in einer bestimmten Zeit besonders wichtigen Gottesbildes, eine Fülle von Kirchenbauten in einem jeweils typischen Stil. Bei den Kirchenbauten können wir daher wie in einem aufgeschlagenen Buch lesen; sie verkünden einen bestimmten Gott, der den Menschen der jeweiligen Zeit mit ihren Sehnsüchten, Ängsten und Hoffnungen nahe war.

Kirchenbauten sind Ausdruck der führenden Gottesbilder einer Epoche

Romanik

Die ersten christlichen Großkirchen, die nach der staatlichen Anerkennung des Christentums gebaut wurden, sind römische Basiliken. Diese waren ursprünglich Versammlungshallen für Markt- und Gerichtstage. In diesem Baustil hat sich, so meine ich, zunächst noch kein typisches Gottesbild niedergeschlagen. Es waren Versammlungshallen des Gottesvolkes, das hier seinen Gott feierte.

In der Romanik errichtete man dann nach der chaotischen Umbruchszeit der Völkerwanderung großartige, wuchtige und mächtige Steinkirchen, die theologisch sehr viel aussagen. In unsicherer Zeit nehmen Hoffnung und Zuversicht steinerne Gestalt an: Es ist der allmächtige Pantokrator[14], der Gottkönig und Herrscher über Himmel und Erde, der Sieger über Sünde, Tod und alle lebensbedrohenden Dämonen, der rettet und Leben ermöglicht. Diesem mächtigen und starken Gott vertraut man. Da

[14] „Allherrscher“

Gott selbst noch nicht bildlich dargestellt wird, erscheint in Gleichsetzung der Gott-Christus als Allherrscher hoch in der Apsis im Osten gleich dem aufgehenden Licht und als Sieger am Kreuz mit der Königskrone. Und die mächtigen Türme im Westen der Kirchen symbolisieren, dass der Tod und die Schaden bringenden Dämonen keine Macht mehr haben. „Herr, du mein Fels, meine Burg, mein Retter, mein Gott, meine Feste, in der ich mich berge, mein Schild und sicheres Heil, meine Zuflucht" (Ps 18,3). – Das mochte wohl das Gefühl beim Betreten des Gotteshauses gewesen sein, das wie eine feste Burg Gottes unter den Menschen erschien. Von Cluny ausgehend, wird dieser rettende Gott-König in kunstvoll ausgestalteten Kirchen in prachtvoller heiliger Liturgie gefeiert.

Gotik

Ganz anderes drücken die Bauten der Gotik aus. Welches führende Gottesbild ist hier Gestalt geworden? Wohl angeregt von Pseudo-Dionysius-Areopagita[15] wurde für Abt Suger das Licht das Symbol schlechthin für Gott. Aus diesem Gedanken baute er seine Abteikirche St. Denis, die beispielgebend für ganz Europa wurde. Der geistige Boden war dafür bereitet, Mystik war nicht nur der Weg einiger weniger, sondern ein verbreitetes Glaubensgefühl. Mauern werden aufgelöst in himmelstrebende Säulen, große Fenster verströmen, in bunte Farben gebrochen, das Licht und verkünden die Heilstaten Gottes, Gold und Edelsteine geben vielfältigen Widerschein des Lichts und künden von der unbegreiflichen Größe und Herrlichkeit Gottes. In der Kirche, dem geheimnisvollen Zeichen des Himmels, verliert sich der Blick im ungreifbaren Dunkel der Höhe und dem unfassbaren Geheimnis Gottes. Dieses hoch symbolische und nahezu abstrakte Gottesbild – es gab wohl keine Zeit vorher und nachher, die ein so starkes Gefühl für die Bildlosigkeit und das Geheimnis Gottes hatte – entwickelte freilich die Schattenseite, dass Gott nun so groß, geheimnisvoll und unfassbar war, dass er von den Menschen nicht mehr erreicht werden konnte. Maria und die zahlreichen Heiligen in den Kirchen, Menschen, die es geschafft hatten und nun zum Hofstaat Gottes gehörten,

[15] (Pseudo-)Dionysius-Areopagita ist die Bezeichnung für einen anonymen, um ca. 500 lebenden bedeutenden Theologen und Kirchenvater, der den Namen des von Paulus in Athen bekehrten Dionysius Areopagita für sich als Pseudonym vereinnahmte. Er wurde in der Folgezeit mit diesem gleichgesetzt, wodurch seine Schriften eine besondere Autorität (Apostelschüler!) bekamen. Diese hatten eine breite Wirkungsgeschichte in der orthodoxen wie in der Westkirche.

konnten als Zunftheilige, Nothelfer und Namenspatrone, dem Vorbild am feudalen Hof entsprechend, Fürsprache bei Gott einlegen.

Da die gotischen Kathedralen meist Bürgerkirchen waren, durfte über dem Haupteingang das Jüngste Gericht nicht fehlen – ein Hoffnungsbild insofern, als Gott letztlich als der gerechte Richter es einst „richten" wird und auch den kleinen Leuten Gerechtigkeit zuteil werden lässt. Dieses Gottesbild veränderte sich freilich im Spätmittelalter unter dem Eindruck vieler Katastrophen und einem Überborden des Gerechtigkeitsgedankens zum Angstbild: Wie sollte man vor diesem Richtergott bestehen? Die Heiligen konnten diese Angst nicht mehr nehmen. Der Mensch stand als Sünder allein vor dem unerbittlich strengen Richtergott. Der grausam gekreuzigte Jesus, jetzt erstmals so dargestellt, wurde zum Hoffnungszeichen.

Barock

Wenden wir uns noch dem Barock zu. Ich meine hier weniger den italienischen Barock, der recht schwer ist und in seinem Prunk sowohl die Macht Gottes als auch den Reichtum der Stifter bekundet. Mir liegt mehr der leichte und lebensfreundliche süddeutsche Barock. In seiner Beschwingtheit und Leichtigkeit spiegelt er die Lebensfreude der weltlichen wie der geistlichen Eliten, die mit dem Totenschädel auf dem Schreibtisch das Leben zu leben wussten. Leben und Tod, Erde und Himmel gehören zusammen im Spiel des Lebens und ein überirdischer, lebensfreundlicher Gott gewährt dies[16]. Mit großer architektonischer und künstlerischer Raffinesse wird die Erde mit dem Himmel verbunden, der Blick und das Herz erheben sich und preisen im aufsteigenden Chor aller Heiligen Gott, der im obersten Himmel – ganz oben in der Rotunde – in ungreifbarem Licht thront. Was muss das für ein Erlebnis gewesen sein für einen Bauern, der in ärmlichsten Verhältnissen inmitten von Dreck und Kot zu überleben suchte, wenn er in eine solche Kirche kam! „So werde ich einst bei Gott sein! Du Gott im Himmel weißt um mich und wirst mir all meine Sehnsucht nach Leben und Freude erfüllen!" Während die Protestanten das Kreuz Christi als die große Erlösungstat in nüchternen Kirchen preisen, vermittelt die gegenreformatorische katholische Kirche in ihrem Kirchenbau einen Vorgeschmack auf den Himmel.

---

16 Die geistesgeschichtlichen Brüche, die diese Zeit durchzogen, wurden in der katholischen Kirche mit barocker Glaubensfestigkeit überspielt.

Neugotik und Neoromanik

Die folgenden rückwärts gewandten Baustile des 19. und frühen 20. Jahrhunderts spiegeln die Auflösung der Glaubenssicherheit. Sie zeugen daher eher von Unsicherheit im Glauben als von einem festen Vertrauen auf Gott. In einer sich schnell wandelnden Welt flieht man entweder zurück in die falsch verstandene, romantisch verklärte gotische Zeit mystischen Glaubens oder man verbarrikadiert sich neoromanisch in der festen Burg unverrückbarer Glaubenssätze und wehrt alle weltlichen Einflüsse ab (ich denke an den Antimodernismuseid[17], den Kleriker leisten mussten). Der im Goldglanz verehrte Gott hat nicht viel mit den Veränderungen der Gesellschaft und dem modernen Leben zu tun. Es sind aufgewärmte Gottesbilder aus einer früheren Zeit, die wenig helfen, sich mit der Moderne auseinanderzusetzen und im Jetzt zu leben und zu glauben. Glauben und Leben fallen dementsprechend häufig auseinander, was nicht heißt, dass es in dieser Zeit nicht auch tragfähigen Glauben gegeben hat. Vom Missbrauch der Religion und dem Durchbruch archaischer Gottesbilder in den Kriegen des 19. und 20. Jahrhunderts brauche ich hier wohl nicht zu sprechen.

Moderner Kirchenbau

Um die Mitte des 20. Jahrhunderts wurde in der katholischen Kirche der Ruf nach Reformen unüberhörbar. Im zweitem vatikanischen Konzil wurde dann endlich eine Öffnung zur Welt versucht. Neue theologische Aufbrüche gelangen, Gott und sein Verhältnis zu uns und unser Verhältnis zu ihm kamen wieder neu in den Blick. Der Kirchenbau änderte sich dementsprechend. Bei unterschiedlichen theologischen Schwerpunkten scheint mir der moderne Kirchenbau (etwa die Zeltform oder die runde Gemeindekirche) vorzüglich vom „Volk Gottes unterwegs“ zu sprechen, das sich zum Lobpreis Gottes und zum Mahl versammelt. Dieses „Volk Gottes auf dem Weg“ fühlt sich, bei allem Wissen um die Andersartigkeit und unfassbare Größe Gottes, begleitet von einem menschenfreundlichen „Gott-mitten-unter-uns“. Endgültige zeittypische Lösungen/Stile wie früher gibt es nicht und wird es in unserer sich rasch verändernden Welt vielleicht

---

[17] Der Antimodernismuseid wurde 1910 von Pius X. eingeführt; alle Kleriker mussten ihn ablegen. Er baut auf dem „Syllabus errrorum“ von Pius IX. auf (1864, Verurteilung von 80 Irrtümern) und wendet sich gegen alle modernen Strömungen (Religionsfreiheit, Freiheit der Wissenschaft, Demokratie etc.) und innerkirchliche Reformversuche.

auch nicht mehr geben, zumal die Gottesvorstellungen plural geworden sind und die Unvorstellbarkeit Gottes wieder bewusst geworden ist. Gegenwärtig sind wir offensichtlich in einer Such- und Umbruchsphase, wobei viele (besonders in leitenden kirchlichen Positionen) Gott noch eher im 19. Jahrhundert suchen als dass sie neue Denk- und Glaubenswege wagen.

Gott ist König – Konstantin und die Folgen

Bei der folgenden Betrachtung wenden wir wie mit einer Kamera den Blick nach Rom auf den Papst, den „Stellvertreter Christi" – so die katholische Lehre –, beziehungsweise Gottes, was hier auf das Gleiche hinausläuft. Da lässt sich ein Papst, in liturgische Prunkgewänder gekleidet, mit der Tiara, der dreifachen Königskrone auf dem Haupt, von den vatikanischen Gemächern in einer Sänfte durch die Menge auf dem Petersplatz in den Petersdom tragen, der mit allen Kostbarkeiten und Reichtümern der Welt geschmückt ist. – Wir haben noch das Bild von Pius XII. vor Augen. Ein Schwenk der „Kamera" weiter in der Zeit: Da findet der Blick nur wenige Jahre später einen Papst, der sich hartnäckig nur Bischof von Rom nennt, der grundsätzlich keine Tiara trägt, der die Prunkgemächer des Vatikan meidet und bescheiden im Gästehaus wohnt, der statt mit der Staatskarosse im kleinen Fiat fährt oder zu Fuß geht und seine Aktentasche selbst trägt. Warum leben und handeln beide im gleichen Amt so unterschiedlich? Es ist eine grundsätzlich verschiedene Auffassung von ihrem Amt. Aber woher kommt diese? Was steckt dahinter? Offensichtlich ist es eine fundamental unterschiedliche Vorstellung von DEM, dem sie dienen und dessen „Stellvertreter" sie hier sein sollen. Können Gottesbilder weiter auseinander liegen?

Vielleicht kommt mit Franziskus eine Entwicklung an ihr Ende, die mit Kaiser Konstantin begonnen hat. Denn dieser hat die Kirche so heftig anerkannt, dass sie sich bis heute noch nicht davon erholt hat. Bis zu Konstantin lebten die Christen in kleinen Gemeinschaften dezentralisiert in der römischen Welt und suchten ihren Glauben in Verfolgungszeiten vielfach im Untergrund zu leben. Getreu dem Jesuswort gaben sie dem Staat, was diesem zustand, gehorchten aber Gott mehr als dem Kaiser. Damit jedoch kamen sie in Konflikt mit der Staatsreligion, denn dem obersten Staatsgott, vertreten in der Person des Kaisers, musste man opfern. Ansonsten gefährdete man die Sicherheit des Reiches, für die der Staatsgott sorgte, und damit das Gemeinwohl aller. Wurde nämlich die Gottheit missachtet, so entzog sie dem ganzen Gemeinwesen ihr Wohlwollen und ihren Schutz und rächte sich an allen – so die allgemeine Überzeugung bei allen Völkern seit dem frühen Altertum bis ins 19. Jahrhundert, bzw. in Teilen der Welt bis heute. Welches Vorgehen gegen „Schuldige" diese Vorstellung auslöste, wenn Seuchen, Hungersnöte und Katastrophen – „die Rache Gottes!" – auftraten, kann man in der Geschichte sehen. Das Christentum übernahm diese Auffassung (dieses Gottesbild) und führte sie weiter bis in die späte Neuzeit (Verfolgung von Ketzern, Gottesfrevlern, Hexen, Abtrünnigen, Juden ...).

Nach grausamer Verfolgungszeit waren die Christen nun anerkannt und Konstantin öffnete ihnen Tür und Tor zu allen Staatsämtern und zur Reputation in der Öffentlichkeit. Die neue Religion war auf dem besten Weg, selbst Staatsreligion zu werden, was ihr wenige Jahre später gelang. Damit kehrte sich vieles um: die Kirche begann, sich mit dem Staat zu identifizieren, in den Kategorien von Macht, Besitz und Einfluss zu denken und politisch wirksam zu werden. Schon bald bedrückte sie in staatskirchlicher Manier Abweichler in den eigenen Reihen und religiöse Minderheiten. Die kirchlichen Ämter wurden aufgewertet, das Bischofsamt war nun auch von gesellschaftlicher und politischer Bedeutung. Kurz, die Kirche begann nicht nur staatlich zu denken, sondern sie bildete bei sich selbst die staatliche Ämterstruktur ab; die Amtskleidung des höheren Klerus erinnert noch heute an die byzantinische Hoftracht. Die monarchische Hierarchie mit dem römischen Kaiser an der Spitze wurde nun zur Heiligen Hierarchie (Heilige Herrschaft!) römisch-katholischer Prägung, anfänglich noch mit Gott an der Spitze; ab dem fünften Jahrhundert meldete der Bischof von Rom, dem staatlichen Vorbild entsprechend, den Anspruch an, diesen Platz als Stellvertreter Gottes einzunehmen. Dieses hierarchische System wurde theologisch mit der Behauptung fundiert, dass die Kirche als mystischer Leib Christi schon jetzt die himmlische Hierarchie (von der einige Theologen damals sehr Genaues zu wissen schienen) zeichenhaft abbilde. Dieses System und das damit verbundene Denken hat in der römisch-katholischen Kirche alle Zeiten bis heute überstanden.

Mit der neuen Position der Kirche hatte sich auch das Gottesbild verändert hin zum Staatsgott, in dessen Gottkönigtum, das vom Alten Testament übernommen wurde, das Kaiserbild und Züge des vorherigen Staatsgottes Jupiter/Zeus einflossen. Dieses Gottkönigtum wurde meditiert, theologisiert, verbildlicht (Pantokrator) und sein Abglanz auf die kirchlichen Amtsträger übertragen. Damit kommen wir zurück auf die Tiara – Symbol für die dreifache göttliche Königsherrschaft im Himmel, auf Erden und unter der Erde, oder etwas verschoben im päpstlichen Machtanspruch:Symbol für das oberste Lehramt, das oberste Priesteramt und das oberste Hirtenamt und alles, was sich daraus folgern lässt. Kein weltlicher Herrscher kann über eine solche Machtfülle bis in die Herzen der Menschen hinein verfügen, obwohl sich jeder Herrscher seit dem frühesten Altertum religiös verstand und sich als Sohn Gottes (Ägypten u.a.), Repräsentant Gottes, Beauftragter Gottes, „Herrscher von Gottes Gnaden" o.ä. definierte. Nicht nur die geistliche, auch jede weltliche Herrschaft bezog sich auf einen absoluten Herrschergott und König, was zur Folge hatte, dass weltliche und geistliche Herrschaft sich in ihrer Herrscherideologie in gleicher Weise absolut verstanden und dementsprechend häufig autoritäre Züge trugen. Wie von der Kirche von den Gläubigen, so wurde auch vom weltlichen Herrscher von seinen Untertanen absoluter Gehorsam verlangt, welche Verpflichtung Paulus in Röm 13,1 leider untermauert hatte. Weltliche und geistliche Macht waren sich einig, dass sie mit der Ausübung der Herrschaft in vorzüglicher Weise Gott, dem König über Himmel und Erde, dienten. So ging es bei dem mittelalterlichen Konflikt zwischen Papst und Kaiser nicht nur um Macht, sondern es war im Selbstverständnis beider ein Konflikt über den Vorrang bei der Erfüllung des Auftrags des göttlichen Weltenkönigs, die Welt zu ordnen. In den säkularisierten Staaten hat sich heute dieser ideologische Überbau Gott sei Dank verloren, in der Kirche auch??

Anders herum gefragt: Wie könnte eine Kirche aussehen, die dieses archaische Bild vom Königtum Gottes in eine hintere Reihe rückte? Hätte der Gott von Papst Franziskus dann eine Chance? Erinnern wir uns: Wie sah doch die „basileia tou theou", die „Königsherrschaft Gottes" aus, die Jesus verkündete, nach der er lebte und derentwegen er starb? „ Blinde sehen, Lahme gehen, Aussätzige werden rein, Taube hören, Tote werden auferweckt, Armen wird gute Botschaft verkündigt" (Mt 11,5). Welch ein Program für eine nachkonstantinische Kirche!

Glaube und Frömmigkeit

Es ist noch gar nicht lange her und ich selbst habe es noch miterlebt, da standen die Menschen Schlange an den Beichtstühlen und das auch noch während der Messe. Dabei hofften sie, noch rechtzeitig vor der Kommunion beichten zu können. Denn ohne Beichte – so kurz wie möglich vor dem Kommunionempfang, damit man keine neue Sünde begehen konnte – war man nicht würdig, die Kommunion zu empfangen. Es drohten die Strafen der Hölle. Tiefe Sehnsucht nach der Gnade Gottes auf der einen Seite und ebenso große Angst vor dem strengen Richter andererseits bewegten die Menschen. Es war ein heiliger Gott ganz weit oben auf dem himmlischem Thron, von dem man sich alles erhoffte, vor dem man aber ebenso tiefe Angst hatte. Fast die ganze damalige Generation ist durch diese Ängste „geschädigt". Heute sind die Beichtstühle leer und man empfängt das heilige Brot, den „Leib Christi", bei jeder Eucharistiefeier in dem Gefühl, dass man Gott so wie Brot zum Leben nötig hat und dass dieser Leben schenkt. Was hat sich da verändert! Oder denken wir an die Maiandachten. In vollen Kirchen wurde die Königin des Himmels und mütterliche Helferin in allen Nöten des Lebens „jetzt und in der Stunde unseres Todes" mit großer Freude gefeiert. Heute verlieren sich die Menschen bei nur spärlich angebotenen Maiandachten in viel zu großen Kirchen. Was hat sich geändert? Man traut sich inzwischen, mit allen seinen Nöten zum „Chef" selbst zu gehen, dem Johannes Paul I., der nur kurze Zeit Papst war, mütterliche Qualitäten zuschrieb („Mutter unser", was hier nicht feministisch ist). Wir haben entsprechend den gesellschaftlichen Veränderungen inzwischen auch mütterliche Väter im Gegensatz zu früher, als Väter bei den Kindern vor allem in Erscheinung traten, wenn etwas zu bestrafen war. Dementsprechend hat sich auch das Vaterbild für Gott gewandelt und gleicht jetzt eher dem barmherzigen Vater in Jesu Gleichnis.

Menschen wussten zu allen Zeiten, dass es Gott ist, der Leben schenkt, ihnen Schutz, Hilfe und Rettung im Leben gewährt und ihnen beisteht, wenn Krankheit und Leid sie bedrücken und es ans Sterben geht. Man sehe nur die Psalmen und die Gebete unserer Vorfahren an. Dieses Glaubenswissen wurde von Gottesvorstellungen („Helfer", „Retter", „Heiland" ...) begleitet. Doch andere, fest gewordene Gottesbilder, fleißig gepredigt und mit Höllenbildern garniert – die Prediger hatten selbst diese Vorstellungen und Ängste – stellten sich zwischen die Menschen und Gott, so dass diese sich nur angstvoll und unsicher an ihn wandten oder es gar nicht erst wagten, sich ihm anzuvertrauen. Maria und die Heiligen mussten als Fürsprecher die Bitten weiterreichen. Man suchte Erlösung und stieß auf ehrfurchtgebietende Ferne oder gar einen drohenden Gott. Mancher fand eine Lösung, wie zum Beispiel Martin Luther, der verzweifelt einen gnädigen Gott suchte und endlich erkannte, dass Gott selbst ihn gerecht machte und nicht die eigene Leistung dies schaffen musste. Wie dramatisch verlief diese Veränderung des Gottesbildes bei ihm!

Es war für ihn wie eine neue Geburt. Andere haben sich abgewandt und den Glauben verloren. Denn der gerechte „Richtergott“, der „Vertröster auf das Jenseits“, der „alte Mann“, der ferne „Demiurg“, die vielen Gottesbilder menschlicher Projektionen und die vielfältigen Formen von Missbrauch der Gottesbilder für kirchliche und weltliche Interessen hatten den Zugang zu Gott verschlossen. Mit diesem Gott wollte man nichts mehr zu tun haben – ein Abschied von Gottesbildern, die zu Götzenbildern geworden waren und Leben verhinderten.

Heute begegnen wir schon häufig einem liebenden, gleichsam mütterlich-väterlichen Gott, der zu leben hilft und immer erreichbar ist, vor dem man, auch wenn man schuldig geworden ist – welche Rolle spielt das Sündersein überhaupt noch? –, trotzdem eine gute Nummer hat, der einfach da ist – „Jahwe“! Aber auch dieses Bild sollte man nicht für absolut halten und man sollte nicht vergessen, dass es „9 x 99“ andere Begleiter hat, die auf Gott verweisen. Denn Gott ist immer anders und für einen Menschen nie und nirgends fassbar und verfügbar; er bleibt rätselhaft unbegreiflich.

Die Abgründe des 1. Gebotes

Nach all dem Gesagten muss man erst einmal für sich selbst realisieren, wie fundamental das 1. Gebot ist und welch dramatische Veränderungen notwendig sind, wenn man es ernst nimmt. Tatsächlich wäre, wie die Beispiele zeigen, eine Revolution, d.h. ein grundsätzliches Umsteuern nötig, wenn man Gott wieder unmittelbar zum Zuge kommen lassen möchte. Denn es ist klar geworden: *Hinter jeder Aussage von Gott, ja hinter jedem Denken an und über Gott und die Kirche steht eine Vorstellung von Gott, bzw. ein Gottesbild.* Diese Erkenntnis gilt ohne Ausnahme und daher auch für alle kirchlichen Lehraussagen, seien sie auch noch so alt und erhaben. Dabei gibt es keine Gottesbilder und Gottesvorstellungen, die sich selbst schaffen oder von Gott geschaffen sind. Sie sind alle Hervorbringungen menschlichen Geistes, Ergebnis seiner Gedanken und Philosophien, seiner Sehnsüchte und Enttäuschungen, Bedürfnisse und Ängste, seiner Erfahrungen und deren Interpretationen. *Sie sind im tiefsten Sinn anthropomorph, d.h. menschengestaltig.*

Das 1. Gebot beinhaltet die grundlegende Wahrheit: Jede Vorstellung von Gott, jedes Gottesbild ist Menschenwerk! Da der Mensch nicht Gott ist, kann er nur menschlich begrenzt denken und daher Gott in keiner Weise erfassen oder in einer Vorstellung abbilden. Gott ist Gott und damit unfassbar, grundsätzlich unvorstellbar und unabbildbar, sei es in Gedanken, Worten oder Werken. Das 1. Gebot betont deshalb die absolute Andersartigkeit, beziehungsweise „Transzendenz" Gottes gegen jede menschliche Vereinnahmung. Gott ist Gott und der Mensch nur Mensch! Es ist kein Verfügen, nicht einmal in Gedanken möglich. Das Gebot ist daher ohne Abstriche ernst zu nehmen, fundamental ernst, denn es beschreibt die Wirklichkeit.

Folgerungen aus dem 1. Gebot

Die innere Wahrheit dieses Gebotes ist zwar allgemein bekannt und diese wird von der Kirche auch gelehrt, aber faktisch vielfach gebrochen, auch im Kult und den vielfältigen Dogmen und Lehren. Es wird schlichtweg nicht bedacht, dass fest gewordene menschliche Gottesvorstellungen in die theologischen Bemühungen, in den Kult und die dogmatischen Aussagen des Lehramtes eingeflochten sind, ja, dass sie deren tragender Grund und deren Voraussetzung sind. Man kann das nicht deutlich genug immer wieder sagen: Weil man sich Gott so und so vorstellt, glaubt man ihn in dieser Weise, fixiert das dogmatisch, verehrt ihn so und schließt alle anderen Glaubenswege aus. Glauben einige anders, bekommen sie Schwierigkeiten oder werden möglicherweise sogar ausgeschlossen und verfolgt.

Was folgt daraus? Da es für den Menschen prinzipiell völlig unmöglich ist, Gott im Denken zu erfassen, kann der Mensch nur, wenn er ehrlich ist, sich hoffnungsvoll ausstrecken nach dem Gott, den er erahnt und von dem die Schrift und Zeugnisse anderer Menschen erzählen. Seine vielfach beschränkten menschlichen Erfahrungen mit dem Göttlichen vermag er zu bedenken und zur Sprache zu bringen, d.h. er kann diese bezeugen. Aber auch das und alles, was der Mensch denkt, spricht und schreibt, ist aus dem Bereich des Menschlichen, also Menschenwerk und nicht Sache oder direkte Offenbarung Gottes. Das wusste die negative Theologie noch. Warum ist es um diese so still geworden in der Kirche?

Alle Gottesvorstellungen, seien sie bewusst oder unbewusst, formuliert oder unformuliert, gedacht oder geträumt, gehören also zum Menschen. Und diese Bilder wurzeln tief in der Seele des Menschen, zumal ein großer Teil seinen Bedürfnissen oder Ängsten entspricht und vieles unreflektiert aus dem religiösem Erbe seines Kulturkreises übernommen wurde. Die Verkündigung der Religionen, bildende und schriftstellerische

Kunst und religiös-ethische Traditionen leisteten hier einen vertiefenden Beitrag (religiöse Sozialisation).

Man kann es daher nicht klar genug wiederholen: Gottesvorstellungen sind Grundlage für alle Aussagen über Gott, für die Gottesbeziehung, für die Art des Betens und der allgemeinen Frömmigkeit, aber auch für die Theologie und die Aussagen/Dogmen des kirchlichen Lehramtes. Man kann dies jederzeit nachprüfen.

Denkt man dies konsequent zu Ende, so ist es weder für den einzelnen Menschen noch für eine Institution, und sei sie noch so erhaben wie die Kirche, möglich, von objektiven oder absoluten Wahrheiten in Bezug auf Gott (und auch sonst in der Religion) zu sprechen. Denn der Mensch ist endliches Wesen und kann nur nach Menschenweise in all seiner individuellen, sozialen, geschichtlichen und kulturellen Begrenztheit denken und sprechen.

Auch die Berufung auf spezielle Offenbarungen und inspirierte Schriften beruht auf bestimmten vorgelagerten menschlichen Vorstellungen von Gott und seiner Wirksamkeit (siehe die Kapitel über Offenbarung). Derartige Lehren sind entstanden, um menschliche Weisheit unangreifbar und unveränderlich zu machen. *Es kann nicht sein, daraus absolute und für alle verpflichtende Wahrheiten zu schöpfen! Denn damit würde Gott auf das Maß des Menschen reduziert.* Und es ist ungeheuerlich, wenn man nach dem Maßstab, den man selbst kreiert hat, andere Menschen in Gläubige und Ungläubige, wahre Glaubende und abtrünnige Ketzer aufteilt.

Bei aller Kritik – verachtet die Bilder nicht!

Bilder sind wie Engel

Nach all dem Gesagten klingt diese Aufforderung überraschend, ist sie aber nicht, wenn man genau hinsieht. Denn die Bilder sind „Boten“ Gottes und die Sprache unserer Seele. Sie haben große Macht, weil sie in der Seele wohnen und Phantasie und Gedanken leiten. Dort, wo die Vernunft nicht mehr hinreicht, können Bilder noch sprechen. So sind sie die einzige Sprache, mit der wir von Gott denken und sprechen können, aber auch das nur „im Vorübergehen“. Und sie haben, wie die Engel, einen Funken göttlicher Macht und Herrlichkeit in sich. Dieser macht sie so machtvoll und faszinierend für uns Menschen und wichtig für unseren Glauben. Versucht der Mensch aber, sich ihrer zu bemächtigen, werden sie zu „gefallenen Engeln“. Sie haben weiter etwas von diesem göttlichen Strahlen und dieser Macht, aber in pervertierter Form. Und das macht sie so gefährlich.

Gottesbilder sind wie die Engel. Sie fliegen uns zu, vielleicht leuchten sie nur in einem beglückenden Augenblick auf. Oder sie sind auf einem kürzeren oder längeren Abschnitt unseres Weges freundliche Begleiter und hilfreiche Wegweiser. Sie, und damit meine ich nicht nur die Bilder von Gott selbst, sondern auch die Bilder seines Abbildes in Jesus, Maria und den Heiligen, ermutigen dazu, weiterzugehen und zu glauben, zu hoffen und zu lieben. Flüchtig sind sie, sie kommen und gehen, wie sie wollen. Und sie müssen zu ihrer Zeit auch gehen. Denn wenn man sie festhält und über sie zu verfügen sucht, dann wandeln sie sich. In der Maske Gottes führen sie uns dann auf Abwege und Irrwege und unter dem Schein des Guten können sie Teuflisches bewirken, wie in der menschlichen und kirchlichen Geschichte deutlich wurde. Darum: Verachtet die Bilder nicht! Aber haltet die Bilder nicht fest, kanonisiert und dogmatisiert sie nicht, lasst Gott die Freiheit, sich jedem so zu zeigen, wie ER es will!

Der Geist kann in Bildern aufscheinen

Ich erinnere mich an eine Führung in einem Museum. Ein sehr kundiger Führer erklärt das Kunstwerk, vor dem wir stehen, in aller Ausführlichkeit. Er erzählt über das Leben des Künstlers, erläutert die Umstände der Entstehung des Bildes, seine kunstgeschichtliche Einordnung und seine Bedeutung in der Kunstgeschichte, verweist auf die innere Struktur und die Ausführung in besonderen Farben, kurz, er weiß sehr viel und teilt dieses Wissen seinen fasziniert lauschenden Zuhörern mit. Danach geht die Gruppe weiter und wendet sich dem nächsten Bild zu. Ich muss gestehen, ich bin nun viel schlauer geworden, aber begegnet bin ich dem Bild nicht. Es hatte gar keine Chance, mit mir in Kontakt zu kommen und ich mit ihm. Und darum geht es doch eigentlich bei einem Bild. Wenn da kein Funke überspringt und die Betrachtung zur Begegnung wird, bleibt das Bild ein kunstgeschichtliches Artefakt, aber für den Betrachter letztlich tot. Man kann den Geist ersticken!

Genau das Gleiche kann mit allen anderen Bildern geschehen, seien Sie mit der Hand gemalt, als Skulpturen gefertigt, sprachliche Bilder und erzählte Geschichten, die wie Bilder sind. Nehmen wir die vielen Gottes- und Glaubensbilder, die in den heiligen Schriften „gemalt“ oder in Liedern besungen werden und in Gebete eingeflochten sind, die die Kirchen und ihre Architektur erfüllen und in der Frömmigkeit aufblühen. Es ist überall die Begegnung mit dem Geist, der sie lebendig macht.

Wenn man ihnen den Geist raubt, indem man sie festmacht, sie wohl definiert und wissenschaftlich traktiert, sie entschärft und zu festen Bestandteilen eines Lehrgebäudes macht, werden sie zu toten Gespenstern oder leider zuweilen auch zu recht lebendigen „Götzen“. Denn man kann sie zu Glaubensimperativen umfunktionieren und den Glauben an sie einfordern. Dann werden sie zwar zwangsläufig übernommen, lebenspendend sind sie aber nicht mehr. Denn wo Glaube, Freude und Leben sein sollten, steht nun der Gehorsam. Dieser wird von der Führungselite der Kirche unerbittlich und autoritär eingefordert, wie wir es bis in die jüngste Zeit hinein erlebt haben.

Und warum sind die Bilder so wichtig für eine Religion? Weil sie Bilder zum Leben sind. Sie liefern das Narrativ, warum, weshalb und wozu es sich zu leben lohnt. Denn nicht die theologischen Traktate, nicht die ausführlichen Erklärungen des Lehramtes, nicht die Festlegungen der Dogmatik und systematischen Theologie sind maßgebend für den Glauben, auch wenn sie sich dafür halten. Die eigentliche und wesensgemäße Sprache des Glaubens sind die Bilder. Dies galt von Anfang der Menschheit an und hat sich nicht geändert bis heute. Wo die Kraft der Bilder versagt oder nicht mehr zugänglich ist, stürzt das ganze Gebäude der Religion ein. Wir erleben dies ja heute teilweise. Die Religionshüter können dabei trotz aller guten Absichten zu Totengräbern werden. Wie das geht, haben wir oben gesehen.

Es ist also unumgänglich für den Fortbestand und die Neuentdeckung der Religion, die Bildhaftigkeit der Bilder (hinter aller theologischen und kirchlichen Auslegung) wieder zu entdecken und sie voll zur Geltung zu bringen. Ich möchte entschieden dazu auffordern, denn die eigentliche Sprache jeder Religion ist die Sprache der Bilder und Gleichnisse. So gilt dies auch für die Gottesvorstellungen – welche großartige Bilder finden sich in den Gottesvorstellungen von Befreiung und Sicherheit, von Hoffnung und Zuversicht, von Geborgenheit und Ermutigung, von Unbegreiflichkeit und Nähe, von Schutz und Hilfe, von Schuld und Sühne, von Verzeihung und Neuanfang, von Vertrauen und überquellendem Leben, von ... ! Diese stecken, wenn man genauer hinsieht, auch verborgen in Lehrtexten wie z.B. im Glaubensbekenntnis – man muss sie nur in den Bildern, die hinter dem Text stehen, lesen. Voll von Bildern sind die Texte der Liturgie, die Lieder im Gottesdienst und die Geschichten der Bibel. Bilder können zu allen Zeiten neu gelesen und interpretiert werden und haben zu allen Zeiten ihre Gültigkeit. Daher ist nichts „abzuschaffen"[18], kein Bild und Bild-Text ist überholt, wenn auch nicht jedes Bild noch für jeden zugänglich ist. Aber nicht jedermann muss ja auch auf das gleiche Bild zugreifen.

Im Nachsinnen darüber denke ich an bunte Glasbilder: Sie leben von ihren Farben und vor allem vom Licht, das durch sie hindurchleuchtet und durch das sie leuchten. Drei Momente gehören also dazu, das Bild, der Geist (das „Licht") und der „Betrachter". Nicht jedes Bild wird jedem Betrachter gefallen, nicht bei jeder Betrachtung leuchtet der Geist auf. Auch der Betrachter wechselt entsprechend seiner Entwicklung die Fragestellung und Position. Ein Bild, das ihm jetzt nicht gefällt, kann morgen schon für ihn bedeutsam werden. So ist jeder unterwegs zu seinem persönlichen Glauben. Und eine Kirche, die ihre eigentliche Sprache wieder versteht, wird ihren autoritären Habitus aufgeben und die Fülle des Glaubens bei den Gläubigen ohne Zensur mittragen. Aus den Schätzen ihrer Tradition wird sie ein breites Angebot an Bildern des Glaubens anbieten, die helfen können, den je eigenen rechten Weg zu Gott zu finden. Es ist erlaubt, zu träumen! Machen wir doch mal einen Versuch mit dem Glaubensbekenntnis.

Bilder hinter den theologischen Aussagen des Glaubensbekenntnisses

Dazu eine Vorbemerkung: Das Credo ist ein theologisch dichtgedrängter Text, der als Bekenntnis des christlichen Glaubens in Abwehr anderer Glaubensvorstellungen und Theologien formuliert wurde. Dass das Glaubensbekenntnis in seiner kurzen, begrifflich-definitorisch scheinenden Sprache in mythischen Bildern der vorchristlichen Religionen des alten Orients und besonders Ägyptens wurzelt, hat Manfred Görg in seinem Buch „Mythos, Glaube und Geschichte. Die Bilder des christlichen Credo und ihre Wurzeln im alten Ägypten." (Patmos 1992) in eindrucksvoller Weise gezeigt. Er macht deutlich: Die weitgehend übliche theologische Auslegung in Begriffen geht an den wesentlichen religiösen Mitteilungsinhalten vorbei und erreicht, wie heute offensichtlich ist, die Menschen nicht. Glaubensbilder können nur im Nachsinnen und Meditieren über die Bilder erlebbar und als lebens- und glaubensrelevant erkannt werden. Das gilt in

[18] Einige Gottesbilder, die in der Vergangenheit in ihrer Wirkungsgeschichte Leben minderten und angsterzeugend wirkten, sind ohnehin schon weitgehend verschwunden.

besonderer Weise für das Glaubensbekenntnis, in dem es letztlich nicht um Glaubenswissen, sondern um die Gottesbeziehung geht.

Den religionsgeschichtlichen Hintergrund der Bilder unseres Glaubensbekenntnisses und ihre ursprüngliche Bedeutung möchte ich freilich nicht zur Sprache bringen; das würde die Arbeit sprengen. Wenn ich hier versuche, den Text auf Bilder, die beim Sprechen *in mir* wach werden, zu hinterfragen, so geschieht das aus dem Augenblick heraus und ohne Anspruch auf irgendwelche Verbindlichkeit. Denn Bilder zu erkennen, ihnen zu begegnen und das Begegnende zu formulieren, ist immer ein ganz subjektiver Vorgang, der an den Augenblick gebunden ist. Das nächste Mal kann schon anderes wichtig sein. Soweit Sie sich im Folgenden auf meine Bildbegegnung einlassen können: sie ist nicht als Ergebnis gedacht, sondern als Aufforderung dazu, dass Sie sie für sich meditierend weiter klingen lassen. Man kann auch ganz andere Bilder „hinter" dem Text finden. Wichtig ist mir jedenfalls und dazu möchte ich anregen, dass Sie selbst versuchen, Ihre Bilder „hinter" dem Text zu erschließen und zu erspüren, was sie Ihnen bedeuten und was für Sie wichtig ist.

„Ich glaube an den einen Gott",

Mein Bild: Ich strecke mich aus nach dem einen und einzigen unbegreiflichen, unvorstellbaren, unendlichen, heiligen Gott und gebe mich in seine Hand (credo = ich vertraue, glaube)

„den Vater, den Allmächtigen",

Bild der Nähe: Dieser unbegreifliche, heilige Gott ist mir unfassbar nah, er „sorgt" sich um mich; ich bin von ihm gehalten.

„der alles geschaffen hat, Himmel und Erde,
die sichtbare und die unsichtbare Welt".

Bild: Dieser Gott, dem ich vertraue, ist der letzte Urgrund von allem, was ist. Alles, auch das Gesamt des unvorstellbar großen Weltalls und alles Vorstell- und Unvorstellbaren, ist in ihm aufgehoben und hat einen letzten Sinn.

„Und an den einen Herrn Jesus Christus,
Gottes eingeborenen Sohn,
aus dem Vater geboren vor aller Zeit:

Gott von Gott,
Licht vom Licht,
wahrer Gott vom wahren Gott,
gezeugt, nicht geschaffen,
eines Wesens mit dem Vater;
durch ihn ist alles geschaffen."

Ein Bild für die Glaubenserfahrung, dass Gott in diesem Menschen Jesus gegenwärtig war und sich in ihm gezeigt hat – geheimnisvolle Gegenwart Gottes in Jesus und in jedem der Jesusbrüder und -schwestern, also auch in uns „vor aller Zeit" und zu jeder Zeit.

„Für uns Menschen und zu unserem Heil
ist er vom Himmel gekommen,
hat Fleisch angenommen
durch den Heiligen Geist von der Jungfrau Maria
und ist Mensch geworden.
Er wurde für uns gekreuzigt unter Pontius Pilatus,
hat gelitten und ist begraben worden,
ist am dritten Tage auferstanden nach der Schrift
und aufgefahren in den Himmel. „

Bild des unbegreiflichen Mitten-unter-uns-seins dieses heiligen, alles umfassenden Gottes. Im Leben, Sterben und in der Auferstehung dieses Jesus von Nazareth zeigt sich, wie erlösend und heil machend sogar über den Tod hinaus dieser Gott in Jesus und in jedem Menschen da ist.

„Er sitzt zur Rechten des Vaters
und wird wiederkommen in Herrlichkeit,
zu richten die Lebenden und die Toten;
seiner Herrschaft wird kein Ende sein."

Ein Bild für die Hoffnung und das Vertrauen, dass nichts sinnlos ist, sondern dass es, entgegen allem Augenschein, für jedes Leben und die ganze Geschichte einen letzten Sinn und ein Ziel gibt, in dem alles aufgehoben ist und gut wird.

„Ich glaube an den Heiligen Geist,
der Herr ist und lebendig macht,
der aus dem Vater und dem Sohn hervorgeht,

der mit dem Vater und dem Sohn angebetet und verherrlicht
wird,
der gesprochen hat durch die Propheten,"

Ein Bild mit viel trinitarischer Theologie – letztlich ein Lobpreis auf den lebendigen Gott, der sich für mich als GottesGeist auf vielfältige Weise zeigt.

„und die eine, heilige, katholische und apostolische Kirche."

Ein Bild, das die Zuversicht ausdrückt, dass in der großen, alle umfassenden Gemeinschaft der Jesusjünger der gegenwärtige und Heil wirkende GottesGeist über die Zeiten hinweg für alle Menschen da ist und erfahrbar bleibt.

„Wir bekennen die eine Taufe zur Vergebung der Sünden.
Wir erwarten die Auferstehung der Toten
und das Leben der kommenden Welt."

Bild für unser Vertrauen und unsere Hoffnung, dass wir im Leben und über den Tod hinaus mit Gott und in Gott sind und sein werden.

Dazu noch eine Anmerkung: Es entstanden in letzter Zeit viele persönliche Glaubensbekenntnisse, die eindrucksvoll das ausdrücken, was den Menschen ganz persönlich in ihrem Glauben wichtig ist. Trotzdem scheint mir das gemeinschaftliche Bekenntnis des Glaubens wichtig zu sein. Doch es geht mir wie vielen Zeitgenossen: Mit dem theologisch-abstrakten Text des Glaubensbekenntnisses habe ich meine Schwierigkeiten. Aber so, d.h. in der Betrachtung und Meditation von Bildern „hinter dem Text", tut mir das Glaubensbekenntnis gut und so kann ich es mit anderen sprechen; man muss dabei ja nicht jedes Wort auf die Goldwaage legen.
Das ist übertragbar auf andere religiöse Texte und Inhalte; machen Sie die Probe!

Maria, die mütterliche Seite Gottes

„Maria, breit den Mantel aus,
mach Schirm und Schild für uns daraus;
laß uns darunter sicher stehn,
bis alle Stürm vorübergehn.
Patronin voller Güte,
uns allezeit behüte!"

– Die erste Strophe eines beliebten Marienliedes. Zunächst, so sieht es aus, ein Bild mit der Bitte um den mütterlichen Schutz durch Maria. Für mich jedoch leuchtet darin „ein Bild dahinter" auf, nämlich ein Bild der behütenden und fürsorgenden Liebe Gottes. Warum Gottes?

Da muss ich doch einiges zur Mariologie anfügen. Es ist mit etwas spitzer Feder geschrieben, aber vielleicht kann man es auch mal so sehen. Nach biblischem Befund wissen wir nur wenig von Maria. Sie war die Mutter Jesu und hatte, wenn man der wahrscheinlicheren evangelischen Exegese folgt, wohl noch weitere Kinder, s. Mk 3,31. Katholischerseits durfte das wegen der Jungfräulichkeit nicht sein. Mit dem erwachsenen Jesus und seiner Verkündigung hatten offensichtlich Maria und seine Brüder Schwierigkeiten. Sie wollten ihn nach Haus zurückholen, „denn sie sagten: Er ist von Sinnen" Mk 3,21. Doch schon das Johannes-Evangelium zeigt die Mutter Jesu ganz anders. Man ist sich heute sicher, dass bei Johannes nicht die historische Maria gezeigt wird, sondern dass sie hier schon zu einem Symbol, nämlich für das alte Volk Gottes (Israel) wird. Das war's dann auch schon, was wir aus der Bibel über die historische Maria wissen.

Da der biblische Befund nicht viel hergibt, muss man fragen, wie es zu unserer Maria, der Königin des Himmels, der „Mutter Gottes" u.a., kam. Schon die apokryphen Evangelien[19], besonders das Jakobus-Evangelium, arbeiteten aus unterschiedlichen Interessen das Marienbild kräftig aus. Man könnte natürlich noch weiter ausholen und von der Magna Mater, der großen Muttergottheit im mittelmeerischen Raum, dann von Astarte, Isis und Hathor sprechen, die alle irgendwie in der Gestalt der Maria ins Christentum hereingeholt wurden. Auch wäre an das Bedürfnis

[19] In den ersten Jahrhunderten entstanden neben den von der Kirche akzeptierten und kanonisierten 4 Evangelien weitere „Evangelien", die unterschiedliche Ziele verfolgten. Um ihre Bedeutung zu erhöhen, wurden als Autoren unter anderem Apostel angegeben.

zölibatärer Männer nach Verehrung einer großen himmlischen Frau zu denken, um den irdischen weiblichen Versuchungen besser widerstehen zu können und die realen Frauen klein zu halten. Da mag wohl einiges dran sein, aber davon will ich nicht weiter sprechen.

Vielmehr interessiert mich, was aus dem Christentum geworden wäre, wenn es keine Maria gegeben hätte. Ein Blick auf den Islam genügt: Eine durch und durch patriarchale Religion, in der Frauen überhaupt keine Rolle spielen! Die christliche Religion hatte historisch ähnliche Startbedingungen. Sie wuchs heran in einer festgefügten patriarchalen Welt, in der Frauen nicht einmal geschäftsfähig waren. So war auch Gott nur männlich zu denken, alles andere wäre frevelhaft gewesen. Zwar ahnte man schon im AT, dass Gott mehr als nur männliche „Eigenschaften" habe, aber eine Vorstellung in weiblichen Bildern war weitgehend unmöglich. Gott war und blieb Mann, im besten Fall – das war schon fast revolutionär bei Jesus – ein gütiger Vater. Aber auch das „gütig" war in der patriarchalen Umgebung bedroht. Was konnte verhindern, dass auch das Christentum ähnlich wie der Islam eine reine Männerreligion wurde? Ich nehme schlichtweg an, dass dies nur durch eine List des GottesGeistes gelingen konnte, wie sonst? Es ging gar nicht anders! Denn was patriarchal völlig undenkbar schien, gelang: Eine Frau wurde in die unmittelbare Nähe Gottes gebracht und konnte von dort auch durch alle menschlich-patriarchalen Machenschaften nicht mehr vertrieben werden. So kam Maria ins Spiel, zunächst aus christologischen Gründen, denn dadurch ging es. Weil Jesus Christus nach Aussage der ersten Konzilien nicht nur Mensch, sondern auch Gott war, begann man sie als theotokos (Gottesgebärerin), als Gottesmutter zu verehren (Konzil von Ephesus 431). Dies war nun gerade eine Position, in die man alle Sehnsüchte nach Mütterlichkeit, Weiblichkeit und Güte hineinprojizieren konnte. Aber nicht nur das. Nach dem irdischen Vorbild des kaiserlichen Hofes hatte natürlich die Kaisermutter/Gottesmutter eine ganz hervorragende Stellung im himmlischen Hofstaat. So konnte sie zur optimalen Fürsprecherin für alle werden. Und noch eines kam hinzu. Da sie ja Mensch war wie wir und von unserer Seite her in den Bereich Gottes gekommen war, lag die Vorstellung nahe, dass sie uns und unsere Anliegen aus eigener Erfahrung sehr gut kennt und sich daher bestens mit uns identifizieren kann. Daher konnte man Angst und Schmerz, alles Leid und alle Freude zu ihr bringen. So hatten die Gläubigen in dieser Frau und Mutter immer eine Zufluchtsstätte mitten im göttlichen Bereich.

Es ist klar, dass diese hohe Frau in den folgenden Jahrhunderten immer als Fürsprecherin gesucht und als Königin im Himmel verehrt wurde.

„Maria hat geholfen!" – man wusste sich beschützt und gut aufgehoben bei ihr. Das Weibliche war gleichsam in den Bereich der Gottheit aufgenommen; dogmatisch wurde zwar deutlich getrennt zwischen Gott und Maria, aber in der Praxis war Maria meist die erste Adresse in allen Nöten. Unzählige Marienstatuen und Marienbilder, mit Liebe gefertigt, und zahllose oft besuchte Wallfahrtsstätten sprechen davon. Und das ist bis heute so, aber nicht mehr so ganz. Denn mit der Veränderung des Gottesbildes trauen sich Christen heute, sich direkt an Gott zu wenden, zumal dieser Gott seine patriarchalen Züge zunehmend verliert und nun auch als mütterlich erkannt wird.

Und was wird aus Maria? Um es salopp zu sagen: Es stand Maria drauf, aber drinnen war das Mütterliche Gottes (Liebe, Zuneigung, Milde, Barmherzigkeit, Einfühlung ...). Das war kein Schwindel, denn die Maria der Verehrung hat, soviel wir wissen, nahezu nichts mit der historischen Maria zu tun. Ihre „Eigenschaften" sind die „Eigenschaften" der mütterlichen Seite Gottes, die man aber Gott nicht zuschreiben konnte und daher auf Maria übertrug. Man durfte Maria sagen, sie ansprechen, verehren und von ihr Hilfe erflehen – ohne dass man dabei wusste, dass man damit eigentlich den „mütterlichen" Gott ansprach. Und der hatte in seiner übergroßen mütterlichen Nachsicht offensichtlich nichts dagegen.

Deshalb: Schafft das Bild Maria nicht ab und nicht die vielen Marienbilder! Sie sind Bilder der Nähe Gottes. Wohin auch sollten wir mit unseren vielfältigen Gefühlen gehen, die wir immer noch nicht ganz in dem zwar väterlichen, aber doch allmächtigen und immer noch zu fernen Gott unterbringen können? Daher: Verehrt Maria, wenn es Euch gut tut, preist sie und bittet sie, wie das immer war, und denkt zuweilen an den, dessen unbegreifliche Liebe und Güte in dem „Bild Maria" aufscheint und erfahrbar wird!

NB: Ob nach diesen Überlegungen noch so ganz stimmt, was Kardinal Walter Kasper beim Neujahrsempfang der Erzdiözese Bamberg in Coburg am 28. Januar 2017 sagte: „Eine weitere Frage (die trennend wirkt zu den evangelischen Kirchen) betrifft die Marienverehrung, ein Stück katholischer Identität, auf das wir nicht verzichten möchten." Ob Kardinal Kasper mal hinter die Marienverehrung gesehen hat, was wirklich „drin" steckt? Ganz abgesehen davon, dass die Marienverehrung aus unterschiedlichen Gründen auch in der katholischen Kirche inzwischen deutlich zurückgeht, zumindest in Mitteleuropa. Vielleicht wird Maria einfach nicht mehr in diesem Maße gebraucht, da wir uns direkt an Gott wenden können. Geht damit „katholische Identität" verloren?

Schlussfolgerungen

Aufgrund unserer Überlegungen ist festzuhalten:

- Keines der Gottesbilder und keine der kirchlichen Aussagen über Gott, mögen sie auch vielfach missbraucht sein und Schlimmes verursacht haben, ist damit generell überflüssig und wertlos. Sie waren und sind wichtig für die Glaubensgeschichte und den Glauben. Sie zeigen, wie zu einer bestimmten Zeit und unter bestimmten Umständen Menschen sich nach Gott ausgestreckt und geglaubt haben und hilfreiche Antworten auf Ihre Fragen gefunden haben. Diese Antworten gingen in die Kultur und die Lehre der Religion ein. Sie wurden zur Tradition, zum depositum fidei (Glaubensgut der Kirche).
- Es ist aber auch klar: Keine dieser Antworten darf von sich behaupten, Gott oder „Gottes Willen“ erfasst zu haben. Es sind menschliche Vorstellungen, die man sich gemacht hat; Gott selbst ist unfassbar. Werden Gottesbilder missbraucht, ist das mit aller Klarheit aufzudecken. Ebenso ist zu kritisieren, wenn sie dogmatisch fixiert und den Gläubigen aufgedrückt werden, ohne dass sie eine Relevanz für deren Leben haben.
- Menschen, die in einer anderen als der traditionsbildenden Zeit – z.B. in der unseren – unter anderen Umständen oder in anderen Kulturen leben, müssen ihre Gottsuche und ihre Gotteserfahrungen in ihre eigenen Worte und Bilder fassen können. Dies kann und sollte in Auseinandersetzung mit dem kulturellen und religiösen Erbe der Gesamtkirche geschehen. Die Tradition darf das Weitergehen nicht verhindern, sondern sie sollte die je aktuellen theologischen Möglichkeiten fördern.
- Es hat sich erwiesen: Alle Aussagen über Gott in Theologie und kirchlichem Lehramt sind zeit- und kulturbedingt und deshalb überholbar und korrigierbar. Die Tradition ist deshalb als Kulturgut und Glaubensgut zu betrachten, mit dem man sich kritisch auseinandersetzt, um den eigenen Weg besser zu erkennen. Denn Traditionen vermitteln Einblick in geschichtliche Entwicklungen und Glaubensformen; ob diese in der Gegenwart noch taugen und gültig sind, muss jeweils neu geprüft werden. Die Tradition kann also nicht per se verpflichtend sein.
- Deutlich ist aber auch festzuhalten: Alle früheren Erfahrungen und Traditionen können einen Wert für bestimmte Menschen zu jeder Zeit haben. Entsprechend der Ungleichzeitigkeit können das auch heutige Menschen sein, die mit Gewinn daran festhalten und für die sie wichtige Bedeutung haben (nicht nur Traditionalisten, Fundamentalisten, Wäch-

ter des Lehramtes, sondern auch ganz „normale" Leute). Andere Menschen hinwiederum leben heute in einer „anderen Zeit" und können deshalb nicht mehr so viel damit anfangen. Sie müssen frei sein, neue Wege zu einem Glauben gehen zu können, der für sie „wahr" ist. Einige traditionelle Glaubensformulierungen und -bekenntnisse, die unglaubwürdig oder unverständlich geworden sind, verlieren deshalb für diese ihre verpflichtende Gültigkeit. In der Praxis wählt man schon heute aus, was man persönlich glaubt.

- Eine Glaubensgemeinschaft wie die Kirche sollte daher angesichts der Geschichtlichkeit der Menschen und der Ungleichzeitigkeit des Erlebens niemanden verurteilen, der anders glaubt und hofft, als die Tradition es vorgibt. Die Kirche sollte vielmehr, ihrem Auftrag entsprechend, alle Wege, die zu Gott führen können, offen halten und die Menschen in ihrer Suche unterstützen. Deshalb wäre es für die Kirche wichtig, die Gemeinsamkeit des Glaubens in den Fundamenten des christlichen Glaubens zu suchen – diese liegen weit vor dem Konzil von Nizäa, – und nicht in ausformulierten Theologien, die einer bestimmten Zeit und Kultur verpflichtet sind. Damit wird nichts abgewertet oder ausgeschlossen, sondern es kommt alles an seinen ihm zustehenden Ort.

Ein Weg?

Wische
für einen Augenblick nur
alle anthropomorphen Gottesbilder
alle geistigen Vorstellungen
alle Chimären Gottes
weg
Wenn dann nichts mehr ist
nur Leere
bleibt
Dann hat Gott eine Chance
da zu sein
Und wenn ER will
ahnst du es
in unbegreiflichem Staunen
Und du wirst
die Schuhe ausziehn vor dem
der nicht da ist
da er
da ist

Der Geist ist's, der lebendig macht

Krise des Glaubens – Suche nach neuen Wegen

Die Feststellung ist inzwischen altbekannt und noch ziemlich mild ausgedrückt: „Es sieht nicht gut aus mit der Kirche und dem Glauben an Gott!" Denn der Glaube verdunstet selbst bei Christen und entschwindet zusehends aus der Gesellschaft, die Kirche verliert nicht nur ihre Glaubwürdigkeit, sondern auch die Gläubigen in steigender Anzahl. Von einer religiösen Prägung der jungen Generation kann man heute kaum noch sprechen. Was ist passiert? Es sind nicht nur die rasanten Veränderungen der Gesellschaft und deren sozio-ökonomischen Grundlagen, bei der die Kirche nicht mitgekommen ist. Es ist der Glaube an Gott selbst, der fragwürdig geworden ist.

Die alten Erklärmodelle greifen nicht mehr, die Glaubensinhalte sind in den bisherigen Sprachhülsen nicht mehr verständlich und die dogmatisch formulierten Glaubenssätze, ehedem mit Geist erfüllt, sind zu trockenen Formeln geschrumpft, die niemanden mehr (oder nur wenige) interessieren. Die Rede von Gott ist unverständlich geworden und kaum eines von den alten Gottesbildern, die sich verfestigt haben, begeistert noch. Im Gegenteil, sie verschließen, korrumpiert durch eine lange Missbrauchsgeschichte, eher den Zugang zu Gott als dass sie ihn öffnen. Wir haben davon schon gesprochen. Nachdem im Christentum alle Fragen und Antworten der Menschen und Theologen in den vergangenen 2000 Jahren durchdekliniert worden sind, stehen wir jetzt wieder wie am Anfang vor dem leeren Gottesbild und fragen: Wer ist dieser geheimnisvolle Gott und wo ist er für uns zu finden?

Wir Menschen, die wir glaubten, durch unseren Verstand die Wirklichkeit erkennen und sprachlich fassen zu können, stehen wieder vor dem großen Geheimnis. Wir haben eine Ahnung, dass es von zentraler Wichtigkeit für uns und unser Leben sein könnte, finden aber den Zugang dazu nicht mehr. Suchend und fragend irren wir durch die vielfältigen weltanschaulichen und religiösen Angebote einer globalisierten Welt und suchen uns das zusammen, was zu uns passt und uns glaubwürdig erscheint. Dabei haben viele das Gefühl, dass sie ganz nahe an dem umfassenden Geheimnis sind, ja dass es sie umgibt, ohne dass sie es fassen können.

Spiritualität ist angesagt

Auffällig ist für einen, der einmal darauf aufmerksam geworden ist, dass in letzter Zeit zunehmend Begriffe und Modelle auftauchen, die nahe an dem sind, was seit alter Zeit „Geist“ genannt wird. Und weltweit ist Religiosität in vielen spirituellen Bewegungen angesagt. Es geht heute nicht mehr darum, Wahrheiten zu glauben, die die Kirchen oder andere Institutionen lehren, sondern *man möchte selbst Erfahrungen machen* und dadurch das erkennen, was für das Leben wichtig ist – wobei nicht die materiellen Güter gemeint sind. So stößt man auf den Begriff Geist, einen Schatz aus dem geistigen und religiösen Erbe der Völker, der neu entdeckt wird und in vielen Bewegungen wie den Geistkirchen, esoterischen und theosophischen Kreisen, ja in all den Bemühungen um Spiritualität und um eine neue theologische Sicht schon jetzt in unterschiedlicher Form da ist. Man spricht von einer inneren Kraft oder einer Energie, die man spürt und die zu leben hilft. Dabei wird Geist vielfältig gedacht und ist meist die (religiöse) Bezeichnung für das, was einen umgibt und trägt und im Innersten bewegt.

Auch in den Kirchen ist man nach der Götterdämmerung der Gottesbilder auf der Suche nach einem neuen Denken und Sprechen von Gott – man erinnere sich an den Satz von Karl Rahner: „Der Fromme von morgen wird ein Mystiker sein, einer, der etwas erfahren hat, oder er wird nicht mehr sein.“ (K. Rahner, Schriften zur Theologie Bd. VII, S. 22)

Die Zeichen der Zeit wahrnehmend, scheint es mir heute an der Zeit zu sein, von Gott anders, als es traditionell üblich ist, zu denken und zu sprechen. Die heutigen Menschen in ihrem Suchen und Fragen wollen merken, dass ihre Erfahrungen aufgenommen werden, dass sie das, was gemeint ist, etwas angeht und „Gott“ für sie und ihr Leben wichtig ist.

Gotteserfahrung „unten“ verlangt eine neue Sprache

Bisher dachte man über die Gottesbilder zu Gott hin. Sie waren starke Vorstellungen von Gott, eingemauert in dogmatische Glaubenssätze. So verloren sie häufig ihren Hinweischarakter, ja sie versperrten nicht selten den Weg zu dem unfassbaren Gott. Selbst das Vaterbild, das heute an sich positiv besetzt ist, ist für manche, die ein schlimmes Elternhaus erlebt haben, abschreckend. Kurz, der Zugang über die traditionellen Gottesbilder ist für viele Christen heute offensichtlich nicht mehr ohne Weiteres gangbar.

Es gilt also, auf die Menschen zu schauen und zu sehen, was sie bewegt und welche Erfahrungen sie machen. Von daher lässt sich weiterfragen nach einem letzten Sinn- und Hoffnungsgrund, ohne dass man diesen gleich wieder mit einem Gottesbild oder mit dem Begriff „Gott" etikettiert. Das, was Menschen von Gott ersehnen und zuweilen fühlen, ist gleichsam eine geheimnisvolle „Energie", die einen bergend umfängt, vergleichbar mit der Luft, in der ich mich bewege und die mich atmen läßt, damit ich leben kann. Sie ist um einen und in einem, so das Gefühl – zweifellos ein Bild für den göttlichen Geist! Man kann dieses geheimnisvolle Gegenwärtige überall erfahren, es gibt keine zeitliche und örtliche Bestimmung oder Grenze: in sich selbst, bei und mit anderen, im Beruf und in Beziehungen, in der Natur und im „stillen Kämmerlein", beim Sport und im Gebet, im Staunen und im Lieben. Der „GottesGeist", so nennen wir ihn, ist unbeschreiblich und „bunt" wie das Leben und überall anzutreffen. Und wenn man die Erfahrungen mit ihm in Bildern ausdrückt, sind diese situativ bezogen und drücken Freude und Trauer, Hoffnung und was sonst einen bewegt aus. Wenn diese Bilder anderen Menschen einen Schlüssel zu eigener Geist-Gottes-Erfahrung liefern, ist das hilfreich; sie bleiben aber flüchtig und vergänglich.

Man entdeckt wieder: Gott ist unfassbarer Geist

Es geht also um eine Umkehr: Der Weg geht nicht mehr über feste Vorstellungen zu Gott, sondern von den Erfahrungen des Lebens hin zum GottesGeist und eventuell zu Bildern, die die Erfahrungen mitteilbar machen, aber Gott nicht irgendwie festhalten wollen. Denn *Gott ist unfassbarer Geist*! Diese, so meine ich, zentrale Aussage galt schon immer, war aber zugedeckt von dem ‚Vater, dem Allmächtigen, Schöpfer des Himmels und der Erde' und den vielen anderen mächtigen Bildern, die Gott benennbar und vorstellbar machten – was eigentlich nicht angeht. Das Geistsein Gottes war gleichsam von Gott in die dritte göttliche Person, den Heiligen Geist, abgespalten, oder der Geist wurde gar zum Mittel in der Hand Gottes degradiert: „Sende herab deinen Geist … ".

Wenn man aber *das Geist-Sein Gottes als die wesentliche und, soweit menschenmöglich, einzig zutreffende Aussage „über" Gott* wieder entdeckt und die Folgerungen daraus konsequent zieht, wird das das ganze bisherige religiöse Gebäude in Frage stellen und neue Horizonte eröffnen. Es wird eine neue Einstellung zu Gott bewirken müssen und ein neues Denken und Sprechen begründen. Der GottesGeist wird uns, so werden wir bemerken, wieder sehr nahe sein überall, wo immer wir stehen und gehen. Vieles wird nicht nur in einem neuen Licht erscheinen, sondern Entscheidendes wird sich, wie ich bereits angedeutet habe, im Glauben und im Leben der Gläubigen, ja notwendigerweise auch in der Kirche verändern müssen. Das zu entdecken möchten die folgenden Ausführungen beitragen. Machen wir uns also auf die Suche nach dem GottesGeist!

Sind Geist und GottesGeist erfahrbar?

Warum es sinnvoll ist, vom GottesGeist zu sprechen

„Gott ist Geist, und alle, die ihn anbeten, müssen im Geist und in der Wahrheit anbeten", so Johannes 4 Vers 24.
Wenn wir in diesem Kapitel vom „GottesGeist" sprechen, ist *mit Geist nicht die dritte göttliche Person oder eine „Kraft" Gottes gemeint. Geist bezeichnet vielmehr das Wesen Gottes,* das aber letztlich unfassbar und grundsätzlich anders ist, als dass es überhaupt in einem Begriff gefasst werden könnte. Wir können daher eigentlich nicht einmal sagen, Gott ist Geist. Gott ist überhaupt nicht in unserem Sinn. ER ist kein Gegenstand oder eine Person, die wir benennen und zum Objekt unseres Denkens machen können. ER ist ein undenkbares Geheimnis. Trotzdem müssen wir über ihn sprechen, da es um uns selbst und die Sinnhaftigkeit unseres Daseins geht, und wir brauchen Begriffe dafür. Diese können, da es um Unsagbares geht, keine Feststellungen sein; sie sind eher *gleichnishafte Bildbegriffe*. Wir müssen dabei recht vorsichtig sein, damit uns das Gemeinte nicht von vornherein entgleitet. So trägt das hier Vorgetragene den Charakter der Vorläufigkeit und bedarf der Ergänzung durch weitere Überlegungen, zu denen ich Sie auffordere.

Daher zuerst einiges zu meiner Sprachregelung:

„GottesGeist" bezeichnet das, was wir von Gottes „Wirken" bemerken können

Zunächst ist festzustellen, dass der Begriff „Gott" entgegen allen Vorstellungen, die wir haben, nicht mehr als ein Bild- oder Symbolbegriff ist, der auf eine ganz andere unvorstellbare und absolute Wirklichkeit, ein Geheimnis verweist, das wir weder denken noch über das wir irgendetwas

Sinnvolles sagen können. Was wir aber als Menschen bemerken und erleben können, ist eine „Ausstrahlung", ein „Wirken" dieser geheimnisvollen Wirklichkeit in die Welt und in der Welt, sonst gäbe es diese nicht. *Diese „wirkende Außenseite" Gottes, dieses „Ausstrahlende", dem alles sein Dasein verdankt, können wir im Bildbegriff „Geist" zur Sprache bringen.* Ich schlage daher den Doppelbegriff GottesGeist vor.

Dieser ist, so meine ich, besonders geeignet, weil „GottesGeist" schon im Begriff Geist den Gemeinten/das Gemeinte, nämlich „Gott", jeder Vorstellung und aller Einordnung in Raum und Zeit entzieht. Zudem verbietet er von sich aus jede Verbildlichung; er entzieht sich jeder Verdinglichung und weist über sich hinaus („Gottes") auf das unsagbare Geheimnis Gott. So widerspricht „GottesGeist" unserer Versuchung, uns von Gott, oder wenn wir vom „Wirken" Gottes sprechen, trotz allen Wissens um seine Unfassbarkeit doch immer wieder irgendetwas vorzustellen, uns ein Gottesbild zu fertigen, mit dem wir umgehen zu können meinen. Damit entzieht er das Göttliche auch jedem magischen Zugriffsversuch im Kult und Gebet – ein Grundanliegen schon der Propheten! Dass dies mit der Ansprache „Gott" nicht gelang, zeigt die Geschichte der Religionen mit ihren vielen Gottesvorstellungen und menschlichen Vereinnahmungen.

Übrigens: Seltsam, dass in den drei Sprachen, die uns die Quellen der christlichen Tradition zur Verfügung stellen (hebräisch, griechisch, lateinisch), für „Geist" nicht einmal das Geschlecht einheitlich ist, also Geist als die/das/der Geist zur Sprache kommt – eine Warnung für uns, den „Geist Gottes" männlich zu fixieren, wie es unser Sprachgebrauch nahelegt. Und es sei schon hier eingefügt: Geist ist (ebenso wie der GottesGeist) prinzipiell unvorstellbar und für uns nur an seinen Wirkungen erkennbar. Wir sollten uns daher hüten, uns Geist grundsätzlich anthropomorph, d.h. als Person oder ähnlich vorzustellen, zumal sich der Geist in weitesten Bereichen der Wirklichkeit unpersönlich wirksam zeigt (ausführlicher dazu unten).

Noch ein Nachtrag zu meinem Sprachgebrauch in den folgenden Kapiteln:

Grundsätzlich dürften wir eigentlich nur vom „GottesGeist" sprechen, da uns das absolut Göttliche, also „Gott" nicht zugänglich ist. Trotz dieses Anliegens werde ich im Folgenden doch immer wieder auch von „Gott" sprechen müssen, denn eine puristische Lösung scheint mir abwegig zu sein. Die Sprachgewohnheit und die angestrebte Verständlichkeit der Sprache legen dies nahe wie auch die Erkenntnis, dass anderenfalls manches seltsam oder irreführend klingen würde. So kann man sinnvoll z.B. nur vom Gott Jesu sprechen oder auch von einem Glauben an Gott, „GottesGeist" würde hier falsche Vorstellungen wecken. Im übrigen ist „Gott" der umfassendere Begriff, der „GottesGeist" umfasst und auf das Absolute verweist; das ist an machen Stellen wichtig. An anderen Stellen steht aus rein sprachlichen Gründen (s.o) „Gott", wo eigentlich „GottesGeist" gemeint ist. Sie werden aber merken, dass in vielen Fällen der Begriff GottesGeist sinnvoll verwandt werden kann und dass dadurch Denkhorizonte geöffnet werden. In meinem Sprachgebrauch werde ich daher von Fall zu Fall entscheiden, was mir an der betreffenden Textstelle je angebracht erscheint.

„Geist" kennzeichnet eine Wirklichkeit, mit der wir Erfahrungen machen

Ich möchte hier keine Philosophie des Geistes entwerfen, denn das ist in unserer Kultur schon vielfältig von hervorragenden Philosophen und Theologen geschehen. Wir sind Erben einer langen Tradition des Nachdenkens über den Geist. Insofern ist Geist für uns und, soweit ich sehe, unter anderen Begriffen in allen Kulturen etwas Geläufiges, das wir voraussetzen können: „Geist" ist, wie schon oben mit Bezugnahme auf Aristoteles gesagt, Gegenbegriff zu Materie und der Grund für alle Erscheinungsformen der nichtmateriellen und materiellen Wirklichkeit. Er unterliegt nicht den Gesetzen von Raum und Zeit, ist unsichtbar und unfassbar, aber erkenntlich in seinen Wirkungen.

Allgemein gilt die Überzeugung, dass Materie und Geist wesensmäßig verschieden sind, aber miteinander zu tun haben. Materie kann, wie wir heute (wieder) wissen, – schon den griechischen Philosophen war das aufgegangen – nicht ohne Geist existieren, Geist aber ohne Materie. Geist scheint daher die umfassendere und übergeordnete Dimension der Wirklichkeit zu sein. Um diese geht es mir hier, da das Vergessen dieser Dimension nachhaltige Folgen, auch für die Religionen, hervorgebracht hat.

Methodisch sei dazu eingefügt, dass das, was mit dem Begriff Geist ausgedrückt wird, zunächst allgemein zugänglich ist und von der Philosophie reflektiert wird. Man braucht dazu nicht weltanschaulich festgelegt zu sein. In einer religiösen Interpretation der Wirklichkeit kann Geist dann ein Hinweisbegriff auf eine göttliche Wirklichkeit werden, die im Geist aufleuchtet. Es geht also um zwei unterschiedliche Weisen, erfahrene Wirklichkeit gedanklich zu fassen und zu interpretieren. Dabei setzt eine religiöse Interpretation die philosophische voraus und ergänzt sie.

Daher möchte ich möglichst konsequent sozusagen von „unten", d.h. von den Erfahrungen ausgehen, die wir Menschen mit dem Geist machen, um von diesen aus etwas von dem, was über den Geist und – in religiöser Interpretation – über den GottesGeist denkbar und sagbar ist, zur Sprache zu bringen. Mir geht es also nicht um ein neues System oder etwas Ähnliches, sondern eher um ein Wahrnehmen des Geistes und im Geist des GottesGeistes. Wenn Sie mir dabei folgen wollen, freue ich mich; wenn Sie andere Wege finden, ist das auch gut. *Entscheidend ist für mich, dass „Geist" als Grunddimension aller Bereiche der Wirklichkeit (wieder) erkannt wird und dass darüber weiter und intensiver als bisher nachgedacht wird.*

Doch im letzten geht es mir über die eher philosophischen Überlegungen hinaus darum, dass wir, nachdem sich alle Gottesbilder als Menschenwerk herausgestellt haben, Gott ganz entschieden und ausschließlich als den erkennen, der *absoluter Geist* ist und hinter allem steht. Das klingt nicht gerade neu, denn dies lehren nicht wenige Philosophen und die Religionen schon lange. Wenn man aber die Wirklichkeit der Religionen ansieht, so ist diese Erkenntnis, außer bei Mystikern und einigen wenigen anderen, wenig wirksam gewesen, da der Zugang zum bildlosen GottesGeist verstellt ist durch die vielen, zum Teil dogmatisierten Gottesbilder, die offen oder verborgen, wie wir gezeigt haben, den Zugang zu Gott bestimmen und heute auch vielfach verschließen. In seiner Radikalität ist dieser Gedanke bis jetzt in den Kirchen noch gar nicht angekommen; er hätte weitreichende Folgen.

Viele Anzeichen in der säkularen und religiösen Welt, so meine ich, deuten freilich darauf hin, dass wir möglicherweise in der evolutiven Geistesgeschichte des Menschen am Anfang eines „Zeitalters" des Geistes stehen, in dem wir über diese Ebene neue Erfahrungen machen werden. Denn diese Dimension kommt für den, der einmal aufmerksam geworden ist, als eine notwendige komplementäre Ergänzung zur materialistischen Welterklärung hinzu, um die erfahrene Wirklichkeit umfassend deuten zu können. Zudem wird er diese Dimension mitten in seinem Leben wahrnehmen können.

Wo findet sich Geist? – Zunächst einmal im Menschen

Zuerst fällt einem der Geist des Menschen ein. Was hat es mit diesem auf sich? Die Rede, dass der Mensch Geist besitzt, meint: Der Mensch ist nicht nur auf das bezogen, was sein Körper von ihm fordert und die Sinne ihm vermitteln, denn dies gehört nur zu seiner materiellen Welt. Er sucht vielmehr auch nach Wahrheit und Gerechtigkeit, Schönheit und Glück, weiß um Gut und Böse, um Schuld und Erlösung, stellt Fragen, die über seine physische Existenz hinausgehen, wie: Woher komme ich, wer bin ich, wohin gehe ich. Er möchte wissen, was die Welt über den Augenschein hinaus und hinter allen Ergebnissen der Wissenschaften im Innersten zusammenhält. Und er fragt, welchen Sinn das alles und sein Leben hat. Ohne eine positive Antwort darauf kann und will er nicht leben.

Die Suche nach geistigen Strukturen, nach der geistigen Dimension entspricht seinem innersten Wesen, d.h. seinem eigenen Geist. Ob dieser eingebunden ist in eine größere und alles umfassende Dimension des Geistes? Bereits die frühesten Philosophen waren, mit Ausnahme der Atomisten, davon überzeugt. Und J.W. von Goethe formuliert als Erbe dieser langen Tradition dichterisch: „Wär nicht das Auge sonnenhaft, die Sonne könnt es nie erblicken. Läg nicht in uns des Gottes eigne Kraft, wie könnt uns Göttliches entzücken?“ (Zahme Xenien III)

Schon die Pythagoräer im 6. Jh.v.Chr. waren der Überzeugung, dass die menschliche Seele (Geistseele) göttlicher Herkunft und Natur sei. Deshalb sei es die Aufgabe des Menschen und die Bestimmung der Seele, aus dem Diesseits in ihre jenseitige Heimat zurückzukehren. Durch Erkenntnis und rechte Lebensführung solle man sich darauf vorbereiten, die göttlichen Fähigkeiten und Möglichkeiten zurückzuerlangen. Orphiker, Plato u.a. hatten ähnliche Überzeugungen, die sich teilweise mit einer Seelenwanderungslehre verbanden. Die Stoa schließlich, die neben Plato und dem Neuplatonismus großen Einfluss auf das Christentum hatte, war überzeugt, dass der Mensch in seinem Geist Anteil hat am Weltengeist (logos oder nous) und deshalb Göttliches in sich trage; dieses scheine in einem vernunftgemäßen Leben auf.

Geist bzw. Herz, Seele oder Geistseele bezeichnet die personale Mitte

Heute wird der Geist des Menschen oft gleichgesetzt mit seinem Intellekt und/oder mit neuronalen biochemischen Vorgängen im Gehirn. Mit dem allem hat der Geist sicher etwas zu tun, aber steckt in uns Menschen nicht seit alter Zeit – vermutlich gehört das zum Menschen und ist letztlich für ihn evident, noch bevor er alles in Frage stellt – die Überzeugung, dass da etwas in ihm ist, das seine innere Mitte ist, die ihn letztlich bestimmt? Und dass dieses sein Personsein, sein Ich ausmacht und ihm eine letzte Unverfügbarkeit und Würde zumisst. Die Alten nannten es Seele oder Geistseele.

Das scheint man in der Neuzeit, berauscht von den Erfolgen der Naturwissenschaften, fast vergessen zu haben. Um es im Gleichnis zu sagen: Es ist, wie wenn Menschen wunderbar harmonische und dazwischen auch mal in einigen Takten misstönende Klaviermusik hören und dann vermuten, das Klavier erzeuge all diese Klänge und Melodien allein. Man kommt verallgemeinernd zu dem Schluss, ein hervorragendes Klavier liefere hervorragende Ergebnisse, ein mehr oder weniger fehlerhaftes entsprechend minderwertigere. Gerade, als ob man völlig vergessen hätte, dass da ein Spieler ist, der das Klavier spielt und ihm die Melodie eingibt bzw. entlockt. Der Spieler (das Ich, die Personmitte, die Geistseele) „spielt" freilich auf einem irdischen Instrument – seinem Körper, seinem Gehirn – mit seinen großartigen Fähigkeiten, aber auch mehr oder weniger großen Defiziten. Selbst bei Menschen mit schwersten Behinderungen kann man, wenn man sie liebt, die Melodie des spielenden Geistes noch heraus hören. So ist alle Hirnforschung und alles medizinische und naturwissenschaftliche Wissen sinnvoll und nötig, um die Möglichkeiten, Bedingungen und Funktionen des „Instruments", d.h. der körperlichen Wirklichkeit, zu beschreiben. Doch nicht nur das gehört zum Menschen. Er gehört ebenso der geistigen Dimension an; der „Spieler" und seine individuelle Besonderheit kann daher nicht Gegenstand der Naturwissenschaft sein.

Vom Geist und der Geistseele müssen andere auf andere Weise sprechen, Dichter und Denker, Psychologen und Künstler, Philosophen und Theologen und Menschen, denen ihr Ich, ihre zentrale Mitte und die geistige Dimension bedeutsam geworden sind. Hier, in der Erfahrung der Tiefe, erfährt man, so wird immer wieder von Erfahrenen betont, sich als einmaliges Selbst. Und nicht selten, so wird bezeugt, öffnet sich dort auch eine Wirklichkeit, die alles umfasst und trägt und das persönliche „kleine Ich" erfüllt.

Ist Geist die Grundstruktur der gesamten Wirklichkeit?

Sicher ist heute wieder: Alles, was wir als Wirklichkeit erleben, hat eine geistige Grundstruktur. Diese ist integraler Bestandteil der Wirklichkeit, kommt also nicht, wie wir in kindlicher Vorstellung oft meinen, sozusagen „von außen" hinzu. Die gesamte Wirklichkeit wird von ihr bestimmt. Es wäre völlig absurd, nach Naturgesetzen zu forschen, wenn es diese (geistigen) Gesetze nicht gäbe. Und nichts in der Welt würde funktionieren, ja die Welt – Materie/Energie – wäre nicht möglich, wenn sie nicht von Gesetzen, von „Information" bestimmt wäre. Selbst im Urknall, hinter den wir nicht blicken können, entstanden Raum und Zeit, Energie und Materie nach festen Gesetzen.

Max Planck bekennt in einem Vortrag im Blick auf seine Forschungen: „Meine Herren, als Physiker, der sein ganzes Leben der nüchternen Wissenschaft, der Erforschung der Materie widmete, bin ich sicher von dem Verdacht frei, für einen Schwarmgeist gehalten zu werden. Und so sage ich nach meinen Erforschungen des Atoms dieses: Es gibt keine Materie an sich. Alle Materie entsteht und besteht nur durch eine Kraft, welche die Atomteilchen in Schwingung bringt und sie zum winzigsten Sonnensystem des Alls zusammenhält. Da es im ganzen Weltall aber weder eine intelligente Kraft noch eine ewige Kraft gibt – es ist der Menschheit nicht gelungen, das heißersehnte Perpetuum mobile zu erfinden – so müssen wir hinter dieser Kraft einen bewußten intelligenten Geist annehmen. Dieser Geist ist der Urgrund aller Materie. Nicht die sichtbare, aber vergängliche Materie ist das Reale, Wahre, Wirkliche – denn die Materie bestünde ohne den Geist überhaupt nicht –, sondern der unsichtbare, unsterbliche Geist ist das Wahre!"[20] So weit wird wohl nicht jeder Naturwissenschaftler in seiner persönlichen Einstellung gehen, da viele, von den reinen Fakten gefangen, bei diesen stehenbleiben. Der Geist ist unsichtbar und drängt sich nicht auf! Aber inzwischen sehen nicht wenige führende Naturwissenschaftler das ähnlich und sind im weitesten Sinn wieder gläubig. Im allgemeinen Bewusstsein scheint hingegen nicht selten die Skepsis des 19. Jahrhunderts erst heute voll angekommen zu sein.

---

[20] in: Archiv zur Geschichte der Max-Planck-Gesellschaft, Abt. Va, Rep. 11 Planck, Nr. 1797.

Geist und Materie – Mathematik, die Sprache der Natur

Was Geist ist, wissen wir nicht, ebenso wenig, was Materie an sich ist. Wir machen aber Erfahrungen damit, forschen und untersuchen, was sich zeigt und beschreiben das zum Beispiel in der Physik in den Gesetzen der Natur. Dabei stellte sich heraus, dass die Sprache der Natur die Mathematik ist. Diese ist, was wir meist nicht bedenken, eine reine Erfindung (Findung) des menschlichen Geistes, ein geistiges Konstrukt. Es zeigte sich auch: Mit jeder Erfindung einer neuen Mathematik konnte die Physik neue Bereiche und Aspekte der Natur entdecken und erschließen. Und in der Erforschung der Grundlagen der Natur stehen heute in der Regel am Anfang mathematisch-physikalische Theorien, die dann durch die Experimentalphysik bestätigt oder falsifiziert werden. So geschieht wissenschaftlicher Fortschritt.

Der Geist des Menschen ist also fähig, den Geist der Natur/die Naturgesetze mit Hilfe der Mathematik immer tiefer zu erkennen und mathematisch zur Sprache zu bringen. Die alte Vorstellung von einem Dualismus Geist – Materie/Körper (so schon die bedeutendsten Philosophen in der Antike, dann seit Descartes die allgemeine abendländische Vorstellung) verhinderte über viele Jahrhunderte zu erkennen, dass Geist und Materie/Körper zutiefst zusammengehören. Heute wissen wir, dass dieser Dualismus nur Augenschein ist; es gibt ihn nicht, da der Geist sich in der Natur ausformt und also in jedem Körper, jeder Zelle, jedem Molekül und Atom da und wirksam ist. Aber auch hier ist die Erfahrung, wie der Geist wirkt, umfassender geworden. Zunächst sah man die Natur in eine absolute, strenge Kausalität und determinierende Logik der Naturgesetze eingebunden, so dass man meinte, prinzipiell alles Zukünftige voraussagen zu können. Seit etwa 1900 stellte sich jedoch heraus, dass dies nur ein Aspekt der Natur bzw. des in ihr wirkenden Geistes, sozusagen eine Makroansicht ist. Die Atom- und Quantenphysik haben neue Aspekte ans Licht gebracht, die nicht kausal, nicht logisch (schon gar nicht nach unserer Logik des „gesunden Menschenverstandes"), nicht ortsgebunden und daher völlig überraschend und unberechenbar sind, und das prinzipiell, wie die Heisenbergsche Unschärferelation zeigt. Ein völlig unerwarteter und neuer Blick auf die Natur wurde möglich; die praktischen Folgen erleben wir heute in der Umsetzung der wissenschaftlichen Erkenntnisse z.B. in der heutigen Elektronik. Auch die Chaostheorie sucht seit einiger Zeit neue Wege zur Erkenntnis der wirkenden Kräfte. So erscheint – aus unserer begrenzten menschlichen Sicht – der Geist (in) der Natur mal streng logisch und determinierend zu wirken, mal unvorhersehbar chaotisch und dann wieder chaotisch-schöpferisch, wie zum Beispiel in der Evolution – unterschiedliche Erfahrungen mit dem einen Geist in der Natur. Von den Gesetzen der Biologie, die die Selbstorganisation der Atome und Moleküle zu immer komplexeren Systemen bis hin zur Entstehung von Leben, Bewusstsein und Freiheit ermöglichen, wissen wir kaum noch etwas. Unser Bild von der Natur ist nicht fertig und wird es vermutlich auch nie sein, das des Geistes in ihr noch weniger.

Somit können wir sagen: Die Naturwissenschaften erschließen uns in der Natur verborgene Dimensionen des Geistes. In allen anderen Bereichen und insbesondere beim Menschen, bei dem sich der Geist – individuell in unterschiedlicher Intensität – selbst bewusst wird, muss man, soweit es nicht um die körperliche Struktur geht, mit anderen Mitteln und Methoden nach dem hier wirkenden Geist fragen. Seit Menschengedenken werden Erfahrungen mit dem Geist bezeugt und gesammelt, tradiert und interpretiert. Es gab Zeiten, in denen man sensibel war für diese Erfahrungen und Zeiten, in denen man so von der „Welt“ besessen war, dass man weniger oder keinen Zugang zum tragenden Grund fand.

Das „Wirken“ des Geistes in der Natur und der erkennende Geist des Menschen

Gehen wir auch hier von unseren Erfahrungen aus. Wir gehören durch unseren Körper der materiellen Wirklichkeit an, die sich in einer Fülle von vielfältigen Möglichkeiten zeigt, angefangen von den kleinsten Materieteilchen mit ihren verrückten Spielregeln über die Welt der Atome, Moleküle und Elemente in ihren vielfältigen Verbindungen, weiter in den Kleinstlebewesen bis hinauf über die Pflanzen und Tiere zum Menschen. Welch bunte Vielfalt herrscht in jeder Erscheinungsform, und unter den Menschen ist keiner dem andern gleich. Blickt man zum Himmel empor, so nehmen wir Sonne, Mond und Sterne wahr und wissen zugleich, welch unvorstellbare Massen und Kräfte (Milliarden von Sonnen in Milliarden von Galaxien) hier über riesige Entfernungen hinweg wirken. Das Ende des Weltraums können wir nicht einmal ahnen, falls es ein solches überhaupt gibt. Ob noch weitere Universen existieren, wissen wir nicht; manche Theorien halten es für möglich. Wir gelangen an die Grenzen des Vorstellbaren in den Weiten des Weltalls. Aber auch im kleinsten Bereich, dem Gegenstand der Quantenphysik, übersteigt das, was wir feststellen können, all unsere Phantasie und jedes Vorstellungsvermögen.

Und überall herrschen seit den ersten Nanosekunden nach dem Urknall die gleichen Kräfte. Seitdem spielt sich die für uns erfahrbare Wirklichkeit in den vertrauten drei räumlichen Dimensionen und der Zeit ab. In dem Forschen nach der Urkraft, die im Urknall Raum und Zeit und alles, was ist, entstehen ließ, und von der unsere vier Kräfte sozusagen „ausgefrorene Relikte“ sind, die das Weltall weiter entwickeln und in geordnetem Betrieb halten, zeigte sich, dass sogar noch weitere Dimensionen über die 4 Dimensionen hinaus, möglicherweise in „eingerolltem“ Zustand, wirksam sind; so verschiedene Theorien. Unsere Vorstellung gerät auch da an ihre Grenze. Die Bausteine der Materie nennen wir Atom, darunter Proton, Neutron und Elektron, darunter die Quanten und wirkenden Kräfte, und wir machen uns eine Vorstellung von Kugeln und Teilchen, die in Wirklichkeit aber nur Bilder sind für eine Wirklichkeit, die sich nicht vorstellen lässt. Atom, Elektron, Neutron und Proton sind jedenfalls, das wissen wir sicher, keine kleinen Kugeln! Aber was sind sie dann? Mal Welle, mal Teilchen oder beides zugleich, was logisch eigentlich nicht vereinbar ist? Wir beschreiben das, was wir forschend feststellen können und machen uns ein Bild davon, aber was es wirklich ist, entzieht sich unserer Vorstellung. Erst in einer mathematischen Formel kommt das, was wir erforscht haben, angemessen zur Sprache. Es hat sich, wie schon erwähnt, herausgestellt: Die Mathematik ist die Sprache, die zur Natur passt. Mit ihr erschließt sich der Mensch die Geheimnisse der Natur im unendlichen Weltall genauso wie im subatomaren Bereich; eine unangemessene Vorstellungshilfe braucht es dazu nicht.

Wenn sich nun schon die Natur mit ihren Kräften zu einer Vielfalt von Erscheinungsformen entwickelt hat, wenn diese seit dem Urknall stets gleichen Gesetze immer Neues und Unerwartetes hervorbringen und die Evolution vorantreiben zu immer höherer Komplexität, größerer Schönheit, höherem Bewusstsein und höherer Freiheit, bis sich die Natur im Menschen selbst bewusst geworden ist, so stellt sich die Frage ganz von allein, welche innere „Kraft“ sich hier in den Gesetzen der Natur zeigt und entfaltet. Es gibt nur eine Antwort: Es sind geistige Strukturen, die die Welt im Innersten formen und zusammenhalten. Denn die Informationen, die Gesetze, auf die man stößt, sind nicht materieller Natur, sondern sie sind geistige Strukturen in der Natur, die der Geist des Menschen erkennen kann. Und dies ist hinzuzufügen: Es ist der gleiche Geist wie der, der in anderer Weise/in einer anderen „Ebene“ im Menschen Verwunderung und Staunen, Nachforschen und Erkennen auslöst. Nur weil der Mensch sich selbst bewusst gewordener Teil desselben umfassenden Geistes ist, der auch in der Natur wirkt, kann er die angemessenen Fragen stellen und die Sprache (er)finden, mit der das Wirken des Geistes als Naturgesetze beschrieben werden kann. Wir stellen aber auch fest, je mehr wir herausfinden und wissen, desto mehr neue Fragen und Horizonte öffnen sich. Denn das Wirken des Geistes scheint grenzenlos zu sein. Der Geist selbst bleibt unfassbar und geheimnisvoll. – Auch der moderne Mensch staunt angesichts des Geheimnisses und, da wir mehr erkennen als die Menschen früherer Jahrhunderte, ist unser Staunen größer als je zuvor.

Mythische und philosophische Deutungen der Wirklichkeit

Als der Mensch noch die Welt in mythischem Blick umfing und angesichts der Vielfalt der geheimnisvollen Natur und der wirkenden Kräfte staunte, sich von ihnen unterstützt oder bedroht fühlte, gab er diesen wirkenden Mächten Namen und nannte sie Götter, Dämonen, Geister und Mächte. Er hatte die Intuition, dass er in all den Erscheinungen und Gewalten der Natur nicht nur einer stummen Gewalt begegnete, sondern dass hier personale Mächte wirksam waren, die ihn etwas angingen. Weil sie, wie er empfand, sein Leben beeinflussten, so wollte er mit ihnen in Verbindung treten. Wir kennen die Geschichte der Gebete, Opfer, Kulte und Riten in allen Völkern. Wenn wir das leichtfertig abqualifizieren als primitive Personalisierung von Naturgewalten, die der Mensch nicht als solche verstand und daher kindlich auf sich bezog, so treffen wir nur einen Teil. Der andere ist, und das sollten wir nicht übersehen, dass in allen Kulturen bis heute nachweisbar ist, dass der Mensch ein Gefühl für das Numinose, für das ungreifbare Geheimnis der Natur hinter allen Göttern und Gestalten hatte. Zahllose Begegnungen und Erfahrungen mit diesem Numinosen finden sich, vielfach in Bilder und Erzählungen gekleidet, in den Legenden, Sagen, Mythen, Märchen, Überlieferungen und Religionen der Völker. Die „Volksseele" hatte ein tiefes Empfinden dafür. Und seit dem Aufkommen des systematischen philosophischen Denkens vor zweieinhalbtausend Jahren geht es den großen Geistern um die gleichen Fragen angesichts des Geheimnisses der Welt, des Lebens und der eigenen Existenz. Die geistige Dimension wird als grundlegend für die Vielfalt aller Erscheinungsformen erkannt.

Dabei wird vielfach Geist, wenn es um den Urgrund geht, im Gegensatz zur Vielfalt der Materie als das Eine und Einzige gedacht, als ewig und unveränderlich, keinen Gesetzen unterworfen, als die Mitte der ganzen Welt. Diese philosophischen Vorstellungen wurden auf Gott übertragen, im Christentum und anderen Orts mit personalen Vorstellungen angereichert und mit der Erfahrung verbunden, dass dieser Gott den Menschen nahe ist.

Ist Geist mehrdimensional? Der eine Geist und die Vielfalt der Erscheinungen

Zu fragen ist heute, ob diese traditionelle Vorstellung der Einheit des Geistes nicht ergänzt werden müsste. Es geht dabei nur um das, was wir wahrnehmen und von daher hinterfragen können, also um den Blick „von unten nach oben", denn nur der ist uns Menschen möglich. Den Geist als solchen können wir uns nicht vorstellen!

Ich bin mir bewußt, dass die folgenden Überlegungen erfahrungsgebunden und darüber hinaus hochspekulativ sind. Wir tun also nicht so, als ob wir wüssten, dass der Geist so und nicht anders ist! Was wir versuchen, ist vielmehr das, was wir als Menschen erfahren und denkend erschließen können, in eine gewisse Ordnung zu bringen. Dies tun wir auch sonst, wenn wir uns etwas klar machen und unser Erleben qualifizieren und einordnen wollen, um das Erfahrene uns selbst verständlicher und für andere mitteilbar zu machen. Und da das angesichts der Vielfalt der Erscheinungsformen des Geistes nicht mit einem System geht, halte ich es für sinnvoll, unterschiedliche Modelle nebeneinander zu stellen. Weil die von mir gewählten „Begriffe" Bilder sind, definieren sie nicht, sondern geben Eindrücke wieder, ergänzen einander und sind zum Teil austauschbar. Denn über den Geist können wir nicht feststellend wie über Dinge sprechen, sondern nur in Bildern. Es sind noch mehr als in dem bisherigen Text Gedanken, die eher angedacht als schlüssig vollendet sind.

Warum sollte sich Geist, der sich für uns in so vielfältigen Formen der Natur und darüber hinaus in unterschiedlicher Weise in unterschiedlichsten Bereichen zeigt, in einer Welt, die sich stetig weiter entwickelt und völlig Neues im Bereich der Natur und der geistigen Entwicklung hervorbringt, warum sollte dieser Geist aus unserer menschlichen Sicht nicht auch als vielfältig, ja als vieldimensional zu beschreiben sein? Ich denke da z.B. an eine Erscheinungsform/Dimension des Geistes, die sich in der unbelebten Natur zeigt und eine andere in der belebten Natur, eine Dimension, in der das Wissen und die Gedanken der Menschheit sich bewegen, dazu Dimensionen der Werte, der Erkenntnis, der Musik u.a., weiterhin eine Dimension, in der das Bewusstsein alles Lebendigen in unterschiedlichen Intensitätsgraden zu Hause ist, eine Dimension, in der

der Geist sich in personalen Strukturen zeigt, und so weiter. Und schließlich, in einer religiösen Interpretation der Wirklichkeit, findet sich in allen Erscheinungsformen des Geistes der göttliche Geist, der in unserer bildhaften Vorstellung sozusagen die „Ausstrahlung" des absoluten göttlichen Geistes ist, der alles, was ist, bewirkt.

Vielleicht ist es auch sinnvoll, in einem Modell die eine Wirklichkeit in 3 Bereichen/in 3 Sphären darzustellen. Da wäre die „untere" Sphäre, in der der *Geist in die Materie* eingebunden ist und kaum als solcher erkenntlich ist. Als „höhere" Sphäre käme dann der *Geist an sich* in Frage. Geist ist hier unabhängig von Raum und Zeit, unsichtbar und unfassbar, aber in je verschiedener Weise zumindest punktuell erfahrbar, also das, was wir gemeinhin mit Geist verbinden. Unser menschlicher Geist gehört dazu. Wieder darüber fände sich dann die *Sphäre des göttlichen Geistes.*

Zu überlegen ist, ob in jeder der 3 Sphären nicht nur unterschiedliche Dimensionen, sondern auch unterschiedliche Intensitätsgrade des Geistes – mit fließenden Übergängen – wahrnehmbar sind, also für uns eine sich steigernde Klarheit und Vollkommenheit des Geistes erkenntlich wird. Als Beispiel sei dazu angeführt, dass in der zweiten Sphäre der „Geist an sich" im Menschen, da er hier mit dem Körper verbunden ist, zunächst nur sehr nebelhaft und unsicher erkennbar wird, und je „höher" es in dieser Sphäre geht („Aufstieg"), er desto klarer und reiner erscheint. Diese „Abstufungen" oder Formen des Aufstiegs zu größerer Klarheit erleben wir vielfach, wenn es um Erkenntnis („es wird mir etwas klar") oder gar Selbsterkenntnis geht. Was die GottesGeist-Erfahrungen (dritte Sphäre) anbetrifft, so unterscheiden sich die innerhalb und außerhalb der Religionen bezeugten Erfahrungen deutlich hinsichtlich ihrer Intensität und Klarheit. Der Erfahrung entspricht es auch, die 3 Sphären nicht von einander zu trennen und nebeneinander zu stellen, sondern sie sich eher „hintereinander" als je umfassendere Sphären vorzustellen, wobei die höhere Sphäre in der niedrigeren gegenwärtig und wirksam ist. Es darf dabei nicht vergessen werden, dass wir es bei all unseren Systematisierungsversuchen nur mit einer einzigen Wirklichkeit zu tun haben und dass alles, was erkennbar ist, Erscheinungsweisen des einen Geistes sind, der sich in jeweils spezifischen Formen zeigt. Der Mensch hat auf eine nur ihm zugehörige Weise eine qualitative Verbindung zum Geist, d.h. zu allen 3 Sphären des Geistes, die in ihm wirksam sind.

So hypothetisch das gesprochen sein mag, wir können damit jedenfalls verdeutlichen: Wir machen Erfahrungen mit dem einen Geist in unterschiedlichen Bereichen der Wirklichkeit, die wir im ordnenden Modell bildhaft mit „Dimensionen"/„Ebenen"/„Sphären" der materiellen, geistigen, göttlichen Wirklichkeit beschreiben können.

Wie die Wirklichkeit gebaut sein könnte und wie wir sie wahrnehmen

Unsere Annahme: Alles geht von einem absoluten, unendlichen und unfassbaren Geist aus, den wir in einer religiösen Interpretation der Wirklichkeit wie zu allen Zeiten Gott nennen. Er ist durch nichts begrenzt und völlig unvorstellbar in seinen Möglichkeiten. Dieser absolute Geist zeigt sich in unserer bildhaften Vorstellung sozusagen „nach außen" in all dem, was wir umfassend als geistige und materielle Wirklichkeit bezeichnen. Er ist als Geist (religiös gesprochen als „GottesGeist") deren verborgener Grund, er entfaltet sich in unzähligen Daseinsgestalten und führt die vielfältigen Gestalten der Wirklichkeit in ihre jeweils spezifische Daseinsform. Er ist die zentrale Mitte der einfachsten Strukturen der Materie wie auch der komplexesten, so – um nur einiges zu nennen – jedes Quants, jedes Steins, jeder Pflanze, jedes Menschen und aller Entwicklungen der Geistesgeschichte. Er kommt nicht von außen hinzu, sondern ist ihr innerstes Wesen; die Strukturen und Gestalten sind Entfaltungen von spezifischen Möglichkeiten des Geistes.

Verdeutlichen wir das mit einem Beispiel: Wasserdampf, Wasser und Eis sind bestimmte Aggregatzustände von H_2O. Wenn einer dies nicht weiß und nur Dampf, Wasser und Eis sieht, so denkt er, das sind ganz grundverschiedene Dinge, die nichts miteinander zu tun haben; er kennt das zugrundeliegende H_2O nicht. Wie H_2O sich in die entsprechenden Aggregatzuständen ausdifferenziert – das Bild mag hinken – so differenziert sich der Geist in unzählige „Aggregatzustände", das heißt in alle Gestalten und Formen der Wirklichkeit aus. Im Unterschied zu dem H_2O-Beispiel gehört hier freilich der Entwicklungsgedanke dazu, da wir einen solchen zwingend erkennen. Diese Entwicklung, die immer wieder Neues hervorbringt, ist dabei nicht nur materiell zu denken, sondern auch geistig.

Für unseren Erkenntnisvorgang lässt sich also feststellen: Der Geist/GottesGeist ist die alles umfassende und alles durchdringende Größe. Von uns Menschen wird jedoch zunächst nur die den Sinnen zugängliche Außenseite der Dinge wahrgenommen. Daher ist der Geist in den „unteren" Dimensionen für uns Menschen nicht oder nur verborgen „hinter" den Erscheinungen (z.B. in den Naturgesetzen) erkennbar. Denn er ist so sehr in die jeweiligen Erscheinungsformen eingebunden, gehört so zu deren Wesen, dass wir im alltäglichen Umgang gar nicht an ihn denken. Wir sprechen daher normalerweise von Naturgesetzen, von Werten, von der Musik, von Tieren oder Menschen etc., ohne dass deren geistige Struktur uns überhaupt bewusst ist. (Selbst bei Gott vergessen wir zuweilen, dass er unfassbarer Geist ist, und verwechseln die Bilder mit dem Wesen.) Dies scheint zu uns zu gehören und gilt für unsere Begegnungen mit allen Bereichen der Wirklichkeit. Was wir erkennen, ist das „Produkt" der geistigen Wirksamkeit, sozusagen die Außenseite der Wirklichkeit, nicht deren Grund; das flirrende geistige „Innen" können wir nicht sehen.

Anders ist es, wenn wir von einem guten oder bösen Geist sprechen, der von einem Menschen ausgeht. Das, was hier bildhaft zur Sprache kommt, meint unzweifelhaft Geist an sich, der zwar unsichtbar ist, aber in seiner Wirkung doch deutlich bemerkt wird.

Göttlichkeit der Natur?

Wenn sich der GottesGeist nun in der „Schöpfung'" entfaltet und deren innerste Mitte ist, was hindert uns dann daran, die Natur und alle ihre „Geschöpfe" als göttlich zu verehren? Dafür gibt es einen einfachen, ja geradezu banalen Grund: unsere Wahrnehmung und unser Erleben. Denn aus unserer menschlichen Sicht ist Materie und alles Sein nicht identisch mit Gott. Sie gehört für uns einer anderen Ordnung an. Die „natürliche" Ordnung erfahren wir nicht als göttlich, sondern wie ausgegliedert aus dem Bereich des Göttlichen. Ob das wirklich so ist, wissen wir nicht, es ist aber der Eindruck, der zu uns Menschen gehört. Denn der Geist bzw. GottesGeist ist für uns ganz verborgen, wir können nichts wirklich über ihn selbst und die Art seiner Anwesenheit wissen; wir erfahren hier die Grenze unseres Wissens und Erkennens. Wir müssen uns mit dem bescheiden, was wir wahrnehmen können, und das erscheint uns nicht als göttlich, sondern als „Natur". Da das so ist, habe ich guten Grund anzunehmen, dass uns das vom Geist/GottesGeist so vorgegeben ist. Es ist, anthropomorph gesprochen, so „eingerichtet". Deshalb haben wir keinen Anlass, die Natur oder gar uns selbst zu vergöttlichen. Wir haben aber durchaus Grund, sorgsam und ehrfurchtsvoll mit allem Seienden umzugehen, „als ob Gott da wäre". Wie weit und in welcher Intensität er in der „Schöpfung" und jedem ihrer Teile wirklich da ist, wissen wir erst, wenn wir „in seine Herrlichkeit" eingegangen sind.

Ein interessantes Denkmodell liefert die indische Religionsphilosophie: Die Welt ist eine Emanation Brahmans. Der Weltengeist ist deshalb in unendlich vielen „Splittern" in der ganzen Schöpfung gegenwärtig. Doch haben die göttlichen Geistsplitter eine unterschiedliche „Beweglichkeit", die dem jeweiligen Daseienden entspricht, in dem sie wohnen. So ist die Entfaltungsmöglichkeit bei einem Stein geringer als bei einer Blume oder einem Baum oder einem Menschen oder einer Gottheit. Es lohnt sich, darüber nachzudenken, welche Erfahrungen diese Lehre zur Sprache bringt.

Schöpfung und Evolution[21]

Geist tritt, so unsere Erfahrung, nicht „sichtbar" als Geist oder in Totalität auf, sondern eingeschränkt, besser vielleicht, sich selbst einschränkend und daher verborgen in speziellen Ordnungen und Gestalten. *So ist er der verborgene Grund der Welt und in allem gegenwärtig und wirksam.* Aus seinem unbegrenzten Potential an Möglichkeiten bringt er Raum, Zeit und Energie/Materie, kurz alles Daseiende seinen Gesetzen entsprechend hervor. *Da Geist unabhängig von Raum und Zeit ist, geschehen diese Hervorbringungen, „Schöpfungen" im Geist außerhalb der Zeit, also in „immer" währender Gegenwart.* Da sie in die Zeit hinein geschehen, können sie, aus unserer menschlichen raumzeitlichen Perspektive gesehen, in der Zeit daher früher oder später oder „jederzeit" geschehen, also auch heute z.B. in der Evolution. Irgendwelche „Eingriffe" von außen braucht es da nicht, denn der Geist ist die wirkende Mitte. (Bitte hier keine anthropomorphen Vorstellungen beimengen!)

Deshalb einige wenige Worte zu dem Dauerbrennerthema „Schöpfung und Evolution": „Schöpfung" wird z.B. als einmaliger Akt am Anfang in sieben Tagen gesehen oder als Design eines göttlichen Designers etc. Dies sind recht menschliche Vorstellungen, in denen Gottes Handeln sehr anthropomorph innerhalb von Raum und Zeit gedacht wird („Am Anfang schuf Gott... "). Man stützt sich dabei auf Gen 1,1ff. unter Zumengung von Motiven aus Gen 2,4ff. Das wird gegen die Evolutionslehre gesetzt.

Wer so argumentiert, hat grundsätzlich verkannt, dass Gott Geist ist und in seinem „schöpferischen Handeln" (anthropomorphe Vorstellung) „außerhalb" der raumzeitlichen Ordnung steht, er also in „immer währender Gegenwart" „wirkt". *Die Evolution gehört zu der von uns wahrnehmbaren Selbstentfaltung des Geistes, theologisch also zu Gott!* Sie ist, anthro-

---

[21] Weiteres aus einem anderen Blickwinkel im Kapitel „Theologie am Beispiel Evolution und Schöpfung".

pomorph gesprochen, Gottes sich beständig entwickelnde „Schöpfung" (creatio continua).

Zudem sollte man sich theologisch fragen, ob der GottesGeist/Gott heute immer noch ausschließlich als das ewige und unveränderliche Eine gedacht werden darf. So dachte man bisher entsprechend den übernommenen philosophischen Prämissen des Hellenismus. Müsste er nicht vielmehr, da die „geschaffene" Wirklichkeit so ist, umfassender als bisher auch in Verbindung mit der Evolution, d.h. mit Vorläufigkeit, Entwicklung und Endlichkeit gedacht werden? Eine Geist-Theologie verlangt das. Denn in dieser evolutiven Wirklichkeit ist der GottesGeist zuinnerst da und zeigt sich wirksam. Spielend mit seinen unendlichen Möglichkeiten entfaltet er in ewiger Gegenwart die faszinierend vielfältige „Schöpfung": alles, was je gewesen ist, alles, was da ist und weiter alles, was kommen wird. Geist/GottesGeist und Evolution gehören also zusammen, da der Geist/GottesGeist integraler „Bestandteil" und innerstes Prinzip alles Daseienden und damit auch der Evolution ist, sonst gäbe es sie nicht.

Noch eine „Fußnote" zur Art, wie der Disput der weltanschaulichen Kontrahenten häufig geführt wird. Es wird höchst gescheit und spitzfindig argumentiert, doch wenn man genauer hinschaut, stimmen die Argumentations- und Sprachebenen in keiner Weise überein. Auf der einen Seite geht es um die Ebene der religiösen Bildersprache mit spezifischer Glaubensabsicht, auf der anderen Seite findet sich eine Argumentation nach wissenschaftlicher Methode, in der es um wissenschaftliche Erkenntnis geht. Es geht also um gänzlich verschiedene Bereiche, Betrachtungsweisen, Aussageabsichten und Sprachspiele. Man vergleicht daher völlig Unterschiedliches, oft ohne die jeweilige Verschiedenheit auch nur wahrzunehmen, geschweige denn, sie zu berücksichtigen. Das trifft meist auf beide Parteien zu. So redet man munter an einander vorbei. Wie kann man das, wenn man weiß: Gen 1,1ff. ist ein Lied, das in poetischen Bildern Gott, dem alles sein Dasein verdankt, preist! Dieses Lied soll mit der wissenschaftlichen Evolutionslehre verglichen werden? Wie kann man Äpfel mit einem Smartphone vergleichen? Eigentlich nur im Witz! – Bei solch eklatanter Unkenntnis, der jede Einsicht fehlt, kann man weiter herrlich über die angebliche Unvereinbarkeit von „Schöpfung" und Evolution streiten.

Was hinter den Erscheinungen ist, sehen wir nicht.

Wir sind „Geschöpfe“, die an die Materie gebunden und daher eingefügt sind in die 4 Dimensionen von Raum und Zeit. Dies ist unser Lebensbereich; er bietet uns alle dazu gehörigen Möglichkeiten, begrenzt aber auch unser Dasein und unsere Fähigkeiten zu erleben, zu denken, zu erkennen und zu handeln. So bedingt diese Raumzeit unseren menschlichen Horizont und begrenzt ihn; hier machen wir unsere Erfahrungen. Unter den Bedingungen dieser vier Dimensionen entwickeln wir unser Denken und unsere Sprache. Als körperhafte Wesen sehen und bemerken wir das, was den Sinnen zugänglich ist; das, was in den Erscheinungen/Gegebenheiten drinsteckt oder dahinter ist sowie andere Dimensionen der Wirklichkeit bemerken wir zunächst nicht. So erscheint uns die Wirklichkeit als das, was ist, d.h. was sich feststellen läßt. Positivisten bleiben dabei stehen und halten das für die ganze Wahrheit, die der Mensch erkennen kann; alles darüber hinaus sei Illusion. (Man sollte prüfen, ob diese „Erkenntnis“ nicht ihrerseits eine besondere Illusion ist!)

Die Frage ist naheliegend: Ist unser Horizont tatsächlich so begrenzt, dass unsere Erkenntnis in den vier Dimensionen der Raumzeit eingesperrt ist? Dem scheint nicht so zu sein. Denn wir müssen feststellen, dass alle Menschen ein ursprüngliches Bedürfnis haben, über das sinnlich Erfassbare hinaus weiter zu fragen; unser innerstes Wesen treibt uns dazu an, wir können gar nicht anders. Denn eben dieses ist verbunden mit der Dimension des Geistes, der alles erfüllt. Es gibt vielfältige Erlebnisse und Erfahrungen, die über die Sinnenwelt hinausweisen. Wir besitzen ebenso wie die ganze sonstige Wirklichkeit nicht nur Geist als Wesensbestandteil, sondern dieser Geist ist sich im Menschen seiner selbst bewusst geworden. Freilich erleben wir den Geist nicht in seiner strahlenden Fülle, sondern nur verschattet und eingeschränkt. Die Griechen erklärten das mit dem Eingebundensein des Geistes in den materiellen Körper („Der Körper ist der Kerker der Seele“).

Wenn das so ist und der Zugang zu der Ebene des Geistes eingeschränkt ist, so haben wir dennoch einen gewissen Zugang, da der Geist selbst in uns „wohnt“. Wir spüren sein verborgenes Dasein in uns selbst und in der ganzen Schöpfung. Deshalb sucht der Mensch in der ganzen Wirklichkeit nach Spuren dieses Geistes, forscht in den verschiedenen Bereichen, in denen er der Wirklichkeit begegnet, und in sich selbst mit unterschiedlichen Methoden (der Naturwissenschaften, Geisteswissenschaften, Philosophie, Theologie, Psychologie und mit nichtwissenschaftlichen Methoden) nach der (geistigen) Grundstruktur und hat darüber hinaus zuweilen Sehnsucht nach der Begegnung mit dem lebenspendenden und sinngebenden Geist, der alles durchwebt.

Gehirn und Geist

Und wie ist das mit dem Gehirn? Ist nicht jede Vorstellung, ja unser Bild von der Wirklichkeit sein Produkt? Sind z.B. Wahrheit, Gerechtigkeit, Schönheit nur eine Abstraktion unseres Gehirns, zufälliges Spiel elektrochemischer Vorgänge? Oder sind sie – nahe an Plato – eine höhere geistige Realität, die für uns in den irdischen Bedingungen „abbildweise", d.h. unvollkommen in Erscheinung tritt und im Denken und Fühlen erkennbar wird? Die Diskussion über Freiheit und Determination wird wohl nie argumentativ entschieden werden können. Der Mensch ist sich jedoch, ungeachtet aller Argumente, intuitiv bewusst, dass sein Gehirn sich die Wirklichkeit nicht nur ausdenkt, sondern dass etwas real da ist, und dass das Gehirn das Erkenntnisinstrument ist, das uns zur Erfassung der Wirklichkeit gegeben ist. Dabei erlebt er aber auch schmerzlich die Grenzen seiner Denk- und Erkenntnismöglichkeit. Beispielhaft möge hier Faust stehen: „Habe nun, ach! Philosophie, // Juristerei und Medizin, // Und leider auch Theologie // Durchaus studiert, mit heißem Bemühn. // Da steh ich nun, ich armer Tor, // Und bin so klug als wie zuvor! ... Und sehe, daß wir nichts wissen können! // Das will mir schier das Herz verbrennen." Im Erlebnis der Grenze und dem Ahnen, dass es noch tieferes Wissen gibt, ist das Bestreben groß, andere Erkenntniswege zu erschließen: ... "Drum hab ich mich der Magie ergeben, // Ob mir durch Geistes Kraft und Mund // Nicht manch Geheimnis würde kund, // Daß ich nicht mehr mit saurem Schweiß // Zu sagen brauche, was ich nicht weiß, // Daß ich erkenne, was die Welt // Im Innersten zusammenhält." (J.W.von Goethe, Faust I)

Obwohl der letztgenannte Weg auf eine geistige Ebene verweist, muss es ja nicht unbedingt gerade die Magie sein, die uns weiterführt! Die Menschheit hat andere Wege gefunden. So erschließen wir uns, soweit wie möglich, die „höheren" Ordnungen durch schlussfolgerndes Nachdenken und Forschen, durch Einfühlung, Intuition, Meditation u.a. Auch suchte und fand der Mensch Mittel und Wege, um den Geist in sich freier von seinen körperlichen Fesseln und Einschränkungen zu machen, damit er ansprechbarer und aufnahmefähiger für die höheren geistigen Dimensionen bzw. die Gottesbegegnung wird. Askese, Zen, Yoga, Kontemplation und andere meditative „Methoden" gehören dazu; mehr dazu an anderer Stelle. So streckt sich der Mensch aus nach dem Unendlichen, d.h. letztlich nach dem GottesGeist, nach Gott.

Alles ist in Beziehung zu einander

Menschen, für die die Welt nicht reines Objekt des Denkens und Handelns ist, sondern die in Verbindung mit der Natur ihr Leben führen, machten zu allen Zeiten die Erfahrung, dass nicht nur sie in Verbindung zur Natur stehen und die Natur zu ihnen, sondern dass alles in der Natur miteinander in Verbindung steht. Es ist die Vision, dass alles in einem übergreifenden großen Sinn- und Wirkzusammenhang eins ist und alles miteinander und aufeinander bezogen ist. Die in unserer Kultur fast schon vergessene Gewissheit um diesen Tatbestand spiegelt sich noch am Rande unseres Bewusstseins in dem Gefühl, dass alles doch irgendwie miteinander zu tun hat, dass auch der Kosmos für unser Schicksal mit entscheidend ist, dass wir irgendwie zur Natur gehören.

Diese Ahnung, heute für viele wieder zur Überzeugung geworden, findet sich nicht nur in allen asiatischen Religionen und Weltanschauungen, sondern auch in der Astrologie, in vielen Teilen der Esoterik und in der Magie. Die sogenannten Naturvölker „wussten" schon immer darum. Die jüngere Neuzeit jedoch hatte es fast völlig vergessen, und nun erinnert uns überraschenderweise die sonst so reduktionistische Naturwissenschaft wieder daran. Es stellte sich nämlich heraus, dass jedes Quanteilchen in der Natur in Beziehung zu allen Teilchen steht und dass das Universum realiter eine große Einheit bildet, wo alles mit allem unmittelbar zusammenhängt und sich gegenseitig beeinflusst. In „New Age" wurde diese Erkenntnis auch weltanschaulich formuliert und in Verbindung mit den asiatischen Religionen gebracht (s. F. Capra, Das Tao der Physik. O.W.Barth-Verlag, 1977). Und in etwas kleinerem Maßstab: Auch unter dem Eindruck der drohenden ökologischen Katastrophe und der Grenzen des Wachstums sind wir darauf aufmerksam geworden, dass wir Teil der Natur sind und nicht überleben können, wenn wir nicht geschwisterlich mit ihr umgehen.

Auffällig ist, dass die monotheistischen Religionen bisher mit dem Einheitsthema, also dass alles zusammengehört, gar nicht viel anfangen konnten. Warum das wohl so ist? Mir fallen dazu einige sicher ergänzungsbedürftige Gedanken ein: Da wäre zuerst die monotheistische Gotteserfahrung. Das Erlebnis des heiligen, ganz anderen Gottes überstrahlte mit seinem hellen Licht alles andere so sehr, dass die Welt und

Materie ins Dunkel geriet und als das Nichtgöttliche im besten Fall noch ein Produkt oder Werkzeug Gottes sein konnte. Die Bevölkerung Israels, Nomaden und Bauern, fühlten freilich weiter die enge Abhängigkeit von der Natur und neigten deshalb weiter zur Verehrung der Naturgötter des Landes. Dagegen stellten sich – das wäre das zweite Moment – die Propheten Israels. Ihr Kampf gegen die Naturgötter Kanaans und Babylons trug wohl wesentlich dazu bei, dass die Natur entmythologisiert als reine Sache ohne göttlichen Glanz angesehen wurde. Sie wurde im Gegenteil in der Folgezeit eher zum Ort des Widergöttlichen, d.h. der Dämonen und bösen Geister, und dann in christlicher Tradition – besonders im eigenen Körper – zum Ort der Versuchung und des Abfalls von Gott; die Leibverachtung, die Angst vor der Lust und das Abwerten des Genusses gehören wohl auch dazu. Dies wirkte fort bis ins späte 20. Jahrhundert. Die Natur wurde schließlich in der Neuzeit – in Aufkündigung des Schöpfungsauftrags – zu einem reinen Objekt des menschlichen Handelns und der ökonomischen Ausbeutung. Eine Durchsichtigkeit auf den „Schöpfer" hin war nicht mehr gegeben. Dass es im religiösen „Volk" oft anders lief, gehört zu den Ungleichzeitigkeiten oder zu der „natürlichen" Intuition, die den Eliten abhanden gekommen war, nämlich dass da doch mehr ist als nur Wissenschaft und Ökonomie.

Wie gehen wir mit der Deutung unserer Erfahrungen um?

Wir müssen nach all dem Gesagten, wenn wir in der Natur die Naturgesetze wahrnehmen, nicht unbedingt auf eine umfassende geistige Struktur oder gar Gott schließen. Das können wir zwar, aber wir können auch bei diesen Naturgesetzen positivistisch stehen bleiben, was ja heute viele tun, und das alles übergreifende Geistige als Illusion abtun. Man kann über Schönheit, Wahrheit und Liebe staunen und glücklich sein, ohne den Geist oder den GottesGeist darin zu spüren. Man kann feststellen, dass Menschen weltweit im geistigen Austausch verbunden sind, ohne dass man zurückschließt auf die gemeinsame Verbundenheit aller Menschen in einer übergreifenden geistigen Struktur.

Es geht aber auch anders, denn gar nicht wenige fühlen ihre Verbundenheit mit allem Lebendigen und mit der Natur und ahnen hinter allen Erscheinungsformen eine geistige Dimension, die alles umfängt. Wieder anderen gelingt es, unterschiedliche Anzeichen des Geistes, die sich in der Wirklichkeit zeigen, zu identifizieren als jeweilige „Äußerungen" des einen göttlichen Geistes. Und man entdeckt, wenn man in der Einübung dieses Schauens „fortgeschritten“ ist, in einer kleinen Pflanze, in den kosmischen Gewalten oder im Lächeln eines geliebten Menschen etwas von der Liebe Gottes. In Glaube, Hoffnung und Liebe richtet man sich ohnehin auf die geistige Dimension selbst aus.

In der Wahrnehmung kann man also, wie gezeigt, bei der jeweiligen Gestalt stehen bleiben und diese für die ganze Wirklichkeit halten. Man kann aber auch seiner Intuition trauen und seine Erfahrungen und Erkenntnisse hinterfragen auf das, was „dahinter“, „darin“ oder „darüber“ ist. Die Religionen tun das, geben aber oft zu früh und zu pauschal Antworten, noch bevor beim Menschen die Frage danach überhaupt schon aufgetaucht ist. Sie deuten dann, wie schon erwähnt, die Wirklichkeit „von oben her“ aus ihrem Gottesbild heraus und gehen nicht mit den Menschen den Weg der Erfahrungen bis hin zur Tiefe oder Mitte der Wirklichkeit. So bleibt vielfaches Bemühen umsonst, denn die geistige Wirklichkeit muss erlebt werden, sonst bleibt sie ein Konstrukt oder eine Hypothese. Wer aber einmal vom Geist berührt ist, geht weiter und seine Sehnsucht und Suche wird grenzenlos wie der Geist selbst. Und er entdeckt, ja erlebt in allen Erscheinungen der Wirklichkeit das Aufleuchten eines unendlichen Geistes.

Freilich muss man dazu die neuzeitlichen Denkbremsen lösen und offen werden für das Staunen, das Sich-Wundern, die Intuition und den Geist, der in einem selbst, in anderen und schließlich in allem aufscheint. So lässt sich auch der GottesGeist überall, in der Größe des Weltalls und im kleinsten Kristall, in allem Lebendigen, in den Werten und selbstverständlich auch in jedem Menschen entdecken, denn der GottesGeist/Gott ist in allem „mittendrin“.

Antennen für den Geist – gibt es die?

Gibt es einen Zugang zur geistigen Dimension – „Antennen“ für den Geist, oder: Wie kann man mit der Sphäre des Geistes in Verbindung treten, wie etwas von dort erfahren oder wissen? Gibt es da einen „siebten Sinn“ im Menschen?

Die schwierige Verbindung zur Dimension des Geistes

Zunächst kann man sich daran erinnern, dass wir selbst in unserem Wesen die Dimension des Geistes nicht nur „von außen“ ertasten können, sondern dass wir selbst in unserem Geist zu ihr gehören. Doch unser

Kontakt zu dieser ist offensichtlich durch die Eingebundenheit unseres Geistes in die Materie stark eingeschränkt. Es scheint, als wäre unser Geist im Körper fest eingeschlossen. So ist der Zugang schon zu unserer eigenen geistigen, geschweige denn zu der universalen Struktur nur begrenzt möglich und mühsam zu erschließen. Und es kann wahrlich Mühe machen, die Dominanz der Sinne und des Verstandes, die uns für das Leben in der materiellen Welt gegeben sind, zu übersteigen hin zu dem, was wir mit anderen „Antennen" als Hintergrund und umfassende Tiefe unserer selbst und der Wirklichkeit wahrnehmen können. Da sind andere Fähigkeiten in uns gefragt als das genaue analytische Wahrnehmen, eher synthetische, ganzheitliche, die mehr vom Herzen als von den Sinnen und dem Gehirn gesteuert sind, damit wir den größeren Zusammenhang wahrnehmen können.

Wir können geistige „Ausstrahlung" ganzheitlich wahrnehmen

Schon im Alltag machen wir vielfältige Erfahrungen, die nur ganzheitlich erfasst werden können. Wir erleben Menschen, von denen ein „guter Geist" oder ein „böser Geist" ausgeht; bei manchen geschieht das nur in bestimmten Situationen, bei anderen permanent. Wir spüren zerstörerischen Hass und anziehende Liebe. Wir fühlen uns von unguter aggressiver „Energie", die von einem Menschen ausgeht, angegriffen oder von einer heilenden und lebensfördernden „Energie" angezogen, noch ehe es überhaupt zu irgendeiner näheren Begegnung und irgendwelchen Entscheidungen und Handlungen kommt. Es ist eine „Ausstrahlung", die von jedem Menschen ausgeht, die von uns wahrgenommen werden kann. Die Inder sprechen von einer Aura, die den Menschen umgibt. Es gibt offensichtlich besonders begabte Menschen, die diese Ausstrahlung besser als andere „lesen" können. Von manchen Heiligen wird erzählt, dass sie die Gabe der „Seelenschau" besaßen. Mit anderer Bezeichnung findet sich dieses Phänomen in allen Kulturen. Ich vermute, dass – ob bewusst oder unbewusst – manche „Heiler" wie auch gute Mediziner, Psychologen, Psychotherapeuten, Astrologen, „Lehrer", Sadhus, „Meister", Schamanen, um nur einige zu nennen, diese Gabe in höherem Grad zur Verfügung haben als andere. Sie „erkennen", was mit dem anderen los ist, und begegnen ihm dementsprechend.

Das geistige Wahrnehmen ist umfassender, als wir es analytisch fassen können

Bei den erwähnten Beispielen – es scheint mir wichtig, dies hier einzufügen – ist erkennbar, dass wir den Gegenstand unserer Untersuchung nicht so scharf fassen können, wie wir, wissenschaftlich geprägt wie wir sind, das üblicherweise tun. Die Sprache sucht dies zu spiegeln und bleibt notwendigerweise unscharf und bild- und gleichnishaft; Anführungszeichen sind häufig angebracht. Dieses gleichnishafte Sprechen entspricht jedoch exakt dem Gegenstand, dem Geistigen, das umfassender, vielfältiger und lebendiger ist als unser analytisches Denken und Sprechen es fassen können. Denn dieses ist nur auf die materielle Wirklichkeit ausgerichtet. Und wenn wir von den „Antennen" oder Fähigkeiten sprechen, mit denen wir in Kontakt mit dieser Wirklichkeit treten können, so können wir bei dem, was wir „einfangen", nicht sagen, „so oder so ist es" und „das oder jenes muss man tun". Vielmehr ist es sinnvoll, vergleichend auf Erfahrungen zu schauen, die sonst gemacht wurden und werden, und dann zu suchen, welcher Weg wann für einen selbst geeignet erscheint. In diesem Sinn verstehe ich diesen Abschnitt nicht als eine Anweisung für den Kontakt mit der geistigen Ebene, sondern als ein Hinhören auf das, was passiert und was von anderen erfahren wurde und wird. Es geht also darum, sensibel zu werden für das geistige Leben in seinen vielfältigen Erscheinungen und Formen. Bei unserem offenen Diskurs bleibt die Einordnung und Wertung des Gesagten dann jedem selbst überlassen.

„Man sieht nur mit dem Herzen gut, . . . " Die Seele hat ihre eigene Art wahrzunehmen

Da gibt es ein Ahnen und eine Aufmerksamkeit, die eher von innen kommt, ein „Gefühl", das man nicht beschreiben kann. Es ist ein Sich-Öffnen, eine Weise, nach „außen" zu treten oder auch „in sich" zu gehen mit offenem Herzen für das, was dabei auf einen zukommt. Und da geschieht oft das, was man Begegnung oder Intuition nennt. Nicht selten wird die Intuition belächelt als etwas Unsicheres im Vergleich zum Wissen. Dahin gehört sie auch nicht; sie ist eher ein rasches inneres Erspüren einer Wirklichkeit, die mit den Sinnen allein so nicht erfasst werden kann. Es gibt Menschen, die ihrer Intuition erstaunlich sicher sind, und sie treffen – für Außenstehende oft überraschend – damit nicht selten genau das Richtige. Es ist ein inneres Wahrnehmen und Sich-Ausrichten, ein tieferes „Sehen", ein Erkennen mit dem Herzen: alles Fähigkeiten, die in unserer Kultur, die sich vorwiegend auf Faktenwissen spezialisiert hat, wenig Chancen haben, geachtet, entwickelt und geübt zu werden. Gerade diese Aufmerksamkeit braucht es aber, damit dieses Vermögen sich entfalten kann und man dieser Erkenntnismöglichkeiten gewiss wird. Es ist nicht ein Wissen, das unmittelbar angestrebt werden kann, sondern eine Gewissheit, deren Inhalte zwar nicht schlüssig bewiesen werden können, in ihrer inneren Sicherheit aber auch nicht bewiesen werden müssen. Sie sind in einem umfassenden Sinn schlüssig und das spürt man. Bei manchen „besonderen" Menschen erlebt man das zuweilen, und man hat dabei das sichere Gefühl, dass da alles „stimmt".

Doch auch bei „normalen" Menschen spielt die Intuition eine größere Rolle als allgemein angenommen. Sympathie und Antipathie werden durch sie verteilt, im Verlieben glaubt man sich seiner „Wahl" sicher zu sein und selbst politische und wirtschaftliche Entscheidungen werden ungeachtet aller Argumente und Berechnungen letztlich meist „aus dem Bauch" heraus, also intuitiv getroffen; die sachlichen Argumente dazu werden dann nachgereicht. Freilich sind wir uns, soweit man sich dieser intuitiven Hintergrundentscheidungen überhaupt bewusst ist, im Klaren darüber, dass wir uns dabei auch täuschen und irren können. Und da wir Sicherheit allem anderen vorziehen, schätzen wir die Intuition gering, was zur Folge hat, dass wir diese Fähigkeit wenig entwickelt haben.

In anderen Kulturen spielt sie eine viel größere Rolle und das umso mehr, wenn sie nicht nur zu bestimmten Gelegenheiten die Alltagswahrnehmung betrifft, sondern in eine umfassendere geistige Struktur hineinreicht. Der Mensch „weiß" dann von bestimmten Gegebenheiten, Träumen, Visionen u.a., dass sie ihn unmittelbar betreffen und „wahr" sind, da sie aus einer tieferen/höheren Dimension kommen. Er weiß sich dadurch angerufen und herausgefordert. So bleibt diese Erfahrung nicht folgenlos; sie ändert zuweilen das Leben; man denke nur an Paulus, die Jünger an Ostern u.a. Gerade in den Religionen sind hier viele Zeugnisse greifbar. Und der Mensch weiß diese Erfahrungen gut von anderen „intuitiven" oder vorgestellten Erkenntnissen und Träumen zu unterscheiden, die nicht diese Bedeutsamkeit haben.

Es gibt ein Überschreiten der körperlich-materiellen Sphäre

Schon seit alten Zeiten „wussten" die Menschen, dass hinter der sinnlich erfahrbaren Welt noch die Schätze einer geistigen Wirklichkeit zu entdecken sind. Und dass diese Wirklichkeit dem Menschen nicht nur tiefere Einsicht und umfassendere Erkenntnis erschließen kann, sondern für ein sinnvolles und glückliches Leben unabdingbar ist. Es geht um die Wesenserkenntnis des eigenen Selbst und der ganzen Wirklichkeit, das Gute und Schöne, die Werte und Tugenden, das große Warum des Daseins und den Sinn und das Ziel alles Seienden. Und sie merkten, dass Herz und Geist Tieferes ersehnen und erahnen, als sie mit den Sinnen wahrnehmen können. Weil man zu der Überzeugung gekommen war, dass die materielle Struktur des Menschen, sein Körper, die Geistseele gleichsam einschloss und in ihrer Beweglichkeit und ihrer Erkenntnis- und Entfaltungsmöglichkeit behinderte, versuchte man schon in frühen Zeiten, den Spielraum des Geistes zu erweitern, indem man den Körper in Zucht nahm und ihn untertan zu machen suchte. Nicht der Geist sollte dem Körper dienen, sondern der Körper dem Geist. Das Ziel war, den Geist möglichst weit von allen körperlichen Einschränkungen frei zu bekommen. Fasten und Beten, Selbstzucht und ein vernunftgemäßes Leben, wobei Vernunft mehr ist als rationaler Verstand, waren allgemein empfohlene Mittel, um die körperlichen Bedürfnisse und Strebungen zu beherrschen und den Geist freier zu machen. Nicht wenige Menschen in allen Kulturen gingen radikalere Wege. „Fortgeschrittene", denen die geistige Welt wichtiger als alles andere geworden war, übten sich in strenger Selbstzucht und versuchten mit für uns Heutige oft allzu rigiden Mitteln wie strengster Askese und Kasteiungen bis hin zu Selbstverletzungen, sich von allen Begierden, Versuchungen und Einschränkungen des Körpers zu befreien, um offen zu werden für die Begegnung mit der geistigen/göttlichen Dimension. Der Körper und alles Weltliche, das damit verbunden war, war das Negative, das vom rechten Weg abbrachte; er musste mit allen Mitteln untertan gemacht und überwunden werden. Man wollte sich frei und bereit machen, so gut das menschenmöglich war, um in die geistige Dimension einzutauchen und diese umfassende Wirklichkeit zu erleben. Wenn man dieses Ziel erreichte, war, wie bezeugt wird, die Erfahrung so befreiend und beglückend, dass sie alles Mühen vorher bedeutungslos erscheinen ließ[22].

---

22 Diese Askese darf man nicht mit den Einstellungen und Praktiken verwechseln, die aus Leib- und Sexualfeindlichkeit entstanden sind. Freilich gab es auch Überschneidungen, und oft ist es für einen Außenstehenden nicht möglich, das Motiv zu beurteilen.

Es scheint auch besondere Begabungen für geistiges Erleben zu geben

Nicht alle mussten, wie die Zeugnisse belegen, diesen schweren Weg gehen. Es gab auch Menschen, die für diese Begegnungen und Erfahrungen mit dem Geistigen/Göttlichen besonders begabt waren und denen vieles weitgehend „von Oben" geschenkt wurde. Sie konnten sich leichter über ihre materielle Bedingtheit hinwegsetzen und in der geistigen Dimension festmachen. Dazu gehören wohl viele unserer großen Mystiker und Mystikerinnen. Ihr seelisches Erleben und daraus ihr Sinnen und Trachten war auf die göttliche Dimension gerichtet; aus der Begegnung mit dem göttlichen Du lebten sie, ohne den Alltag aus dem Blick zu verlieren. Denn dieser bekam eine andere Qualität, ohne unwichtig zu werden. Man musste ihn nicht abwerten, da er nun eine andere Wirklichkeit, einen anderen Ort hatte. Denn auch hier entdeckte man den GottesGeist; er war anwesend und wirksam, auch hier geschah Heil. Beide Welten, in denen man lebte, die materielle und die geistige, waren zu einer Einheit geworden. Man wusste sich als geliebtes Du, ohne dass gefragt wurde, was man dafür leistete.

Die „Trennwand" zur geistigen Dimension kann durchlässig werden

Sollte es so etwas geben wie die Sphäre des Geistes, die alles umhüllt und alles durchdringt, die nicht bestimmt ist von irgendwelchen Größen, die mit der Materie verbunden sind, wie Ort und Zeit und allem Dinghaften und Körperlichen, und wenn wir Menschen in unserem Geist Anteil haben an dieser Sphäre, so müsste es für jeden Menschen möglich sein, zumindest hin und wieder die unseren Geist einschließende materielle Struktur zu durchbrechen und ereignishaft an der geistigen Dimension anzudocken oder unmittelbar mit ihr in Verbindung zu treten.

Ich denke nicht nur an das oben Gesagte, sondern an persönliche Krisensituationen und allgemeiner an Krisenzeiten, in denen die Alltagssicherheit, der „Raum" um uns, in dem wir uns sonst ganz selbstverständlich bewegen, unsicher und brüchig und die „Trennwand" zur geistigen Dimension durchlässiger geworden ist. Ich kenne verschiedene Personen, die in der Kriegszeit ganz unmittelbar und zeitgenau, wie sich später herausstellte, den Tod eines geliebten Menschen, der tausende Kilometer entfernt gefallen ist, erlebt haben. Zutiefst erschüttert „wussten" sie, dass es genau so geschehen war. In einigen Fällen wurde exakt zur Todesstunde gleichsam ein „Filmabriss" gesehen und dieses „Gesehene" entsprach genau den Todesumständen in der weiten Ferne Russlands. Die räumliche Entfernung war aufgehoben, der Erlebende war im Geiste „vor Ort" anwesend. Es gibt, wie ich weiß, viele Erlebnisse dieser Art. Die gleichen Erfahrungen lassen sich wohl auch in Verbindung mit anderen tiefgreifenden Erlebnissen finden. Keiner, der solches erlebt hat, spricht freilich ohne weiteres davon, da es zutiefst intime persönliche Erfahrungen sind. In diesem Zusammenhang erinnere ich mich, dass in einigen Heiligenviten von „Bilokation" gesprochen wird. Ob damit Ähnliches gemeint ist, wie es oben geschildert wurde, nämlich dass in der geistigen Ebene eine recht real erlebte Begegnung mit einer entfernten Person unter Aufhebung der räumlichen Entfernung „vor Ort" geschah?

Es scheint auch ein Erleben zu geben, das außerhalb der Zeit geschieht. Es wird dabei als gegenwärtig erlebt, was zeitlich viel früher stattfand – ein „Schauen" eines früheren Geschehnisses – oder in Zukunft stattfinden wird, in diesem Fall eine Art Vorherwissen. Manche Personen scheinen dafür besonders begabt zu sein. Das Problem ist, dass solche Zeugnisse zwar da sind, aber, wenn überhaupt, nur vorsichtig anderen erzählt werden, zu denen man Vertrauen gefasst hat. Denn sie können nicht von anderen verifiziert oder experimentell geprüft werden, da es jeweils singuläre Erlebnisse sind und die, die sie erleben, oft überraschend und unvorbereitet davon betroffen werden. Und das in einer Gesellschaft, die solche „abstrusen" Vorstellungen ohnehin ablehnt. Es gibt, da bin ich mir sicher, mehr, als unsere Kultur zulässt; daher gibt es nur selten ein Erzählen davon und noch weniger „glaubhafte" schriftliche Überlieferung.

Es könnte auch sein, dass zu diesem Komplex geistigen Erlebens außerhalb von Raum und Zeit auch das gehört, was mit Telepathie gemeint ist, immerhin etwas, das im kalten Krieg selbst die Geheimdienste interessiert hat. Man kann sie freilich nicht planen und gezielt einsetzen; so wurde das nicht weiter verfolgt. Doch jeder kennt aus persönlichen Krisenzeiten, dass man da „dünnhäutiger" für seelisches Erleben ist und manches überraschend erlebt, das nicht ganz zufällig erscheint. Wer hat nicht schon erfahren, dass intensives Hindenken an einen lieben Menschen, selbst wenn man lange keinen Kontakt mit ihm hatte, kurz darauf mit einem überraschenden Telefonanruf beantwortet wurde. Oder dass man unerklärlicherweise von einer eigenen Gefährdung, wie sich später herausstellte, oder der eines geliebten Menschen „wusste" – alles nicht beweisbar, aber nicht selten so erlebt. Es scheint, dass solche Erfahrungen in Krisenzeiten häufiger vorkommen als in gesicherten Umständen.

Ich könnte mir jedenfalls vorstellen, dass Vorkommnisse, wie sie in dieser Art auch von Schamanen und weisen Gurus, von Heiligen und Asketen, von besonders begabten und auch „normalen" Menschen erzählt werden, mehr geistige Realität beinhalten als wir vermuten und in unseren Vorentscheidungen zulassen. Wer allerdings eine umfassende Dimension des Geistes annimmt, wird diese Erfahrungen nicht ausschließen können und von daher, weil er offener dafür ist, mehr als bisher bei sich selbst und bei anderen wahrnehmen und zulassen können. Damit rede ich nicht spiritistischen Phantasien das Wort. Ich weiß um die Grenzwertigkeit all dieser Gedanken.

Besonders an der Grenze zum Tod gibt es Zugänge zur geistigen Ebene

Wäre noch ein Blick zu werfen auf Erfahrungen um das Sterben und den Umgang mit Verstorbenen und den Ahnen in anderen Kulturen – früher in gewisser Weise ähnlich bei uns. Man kann sich z.B. fragen, ob die Nahtoderfahrungen nicht von einem – hier temporären – Heraustreten des personalen Geistes aus dem körperlichen Eingebundensein und einem ansatzweisen Hineintreten in die Sphäre des Geistes mit einem ersten „Verkosten" von dessen „Licht" erzählen? Nebenbei: Die Mystiker fanden schon zu Lebzeiten das gleiche beglückende, sie transzendierende „Licht" in sich selbst. Und das „Erkenne dich selbst" des delphischen Apollo weist wohl auch über die rationale Selbsterkenntnis hinaus in die Tiefe des geistigen Grundes, aus dem alles „Licht" und Erkennen kommt. In vielen Zeugnissen wird festgehalten, dass der, der solches erlebt hat, von da an sein Leben und mögliches Sterben in veränderter Wertigkeit interpretiert und eine gewisse Sehnsucht nach dem „Ort" des Erlebten offen bleibt, „als käme man (dort) nach Haus".

Auch scheint mir, dass der Kult, genauer der Umgang mit Verstorbenen in asiatischen und afrikanischen Kulturen kollektiv gesammelte Erfahrungen ausdrückt, die mit irgendwie gearteten Begegnungen mit denen zusammenhängen, die nach ihrem Sterben in der geistigen Sphäre leben. Sie scheinen von dieser Dimension her in unterschiedlicher Intensität zuweilen gegenwärtig und erlebbar zu sein, vor allem für manche Angehörige, wenn deren körperbedingte „Trennwand" in der Krisenzeit der Trauer, aber nicht nur da, Risse bekommen hat. Die christliche Hoffnung spricht mit anderen Worten von demselben Tatbestand. Auch hier finden sich, wenn man einmal von den Auferstehungserzählungen im Neuen Testament absieht, auch in anderen Quellen Zeugnisse von Erfahrungen mit „lebenden Verstorbenen", die mit denen anderer Kulturen vergleichbar sind. Leider sind diese Überlieferungen in der jüngeren Neuzeit zunehmend ausgetrocknet (worden).

Selbstsein im Außer-sich-sein: Ekstase und Gotteserfahrung

Es bleibt noch hinzuzufügen, dass in allen Kulturen noch andere Wege und Methoden gesucht und gefunden wurden, sich der körperlichen Eingebundenheit soweit wie möglich zu entledigen und zum Beispiel in der Ekstase sich selbst zu übersteigen in einen Bereich, der die Schwere der Ichhaftigkeit aufhebt und geistiges Sein erlebbar macht: Selbstsein ohne Körperlichkeit im Außer-sich-sein! Die Mittel und Wege dazu sind verschieden, auch Musik und Drogen werden nicht selten in diesem Sinn verwandt. Hier geht die Bewegung vom Menschen aus, der anstrebt, in die geistige Dimension einzutauchen.

Es gibt aber auch zahlreiche Berichte, wie umgekehrt die geistige/göttliche Dimension in das Leben von Menschen in einer Transzendenz- oder Gotteserfahrung einbricht. Ich denke da an Buddha, die Jünger an Ostern, Paulus, Pascal und viele andere. Es ist ein Erleben, für das es keine Sprache gibt; vieldeutige Bilder sind die einzige Möglichkeit, etwas davon mitzuteilen. Der Mensch erlebt dabei nicht nur Beziehung, sondern ist selbst gleichsam in Resonanz mit dem Göttlichen. Eine solche Erfahrung verändert für den Erfahrenden alles, wie vielfach überliefert ist. Er gehört danach zwar weiter der Welt an, lebt aber eigentlich schon dort, wo sein Herz ist.

Nicht ganz so außerordentlich, im Ergebnis aber ähnlich ist das, was in der Kontemplation oder bei Mystikern als „Schauen" Gottes bezeugt wird. Das Tor zur geistigen Dimension öffnet sich für die „Schauenden"; wie intensiv sie in die geistige/göttliche Welt eindringen können oder besser, von ihr aufgenommen werden, ist, soweit man das beurteilen kann, je nach Person unterschiedlich. Es ist jedenfalls ein geistig-seelisches Erleben, das für den Betroffenen eine höhere Realität beinhaltet als das sich verändernde und wechselhafte „normale" irdische Leben. Es bedeutet ein Angeschlossensein an die geistige Dimension, das Erfahren einer höheren Stufe der Realität, und man ist sich des Erlebten absolut gewiss. Eine große Sehnsucht nach Wiederholung oder besser nach andauerndem Aufgehobensein in dieser anderen „Welt“ bleibt. Die Vitenliteratur erzählt auch von zahlreichen „Entrückungs“-Erfahrungen, in denen für eine gewisse Zeit die leibliche Bindung keine wesentliche Rolle mehr spielt, sondern der Mensch an die geistige Dimension angeschlossen ist und sich dort erfüllt und beglückt weiß. Die Rückkehr wird oft als unerwünscht und widrig beschrieben, ähnlich wie das bei verschiedenen Nahtoderfahrungen berichtet wird.

Die unterschiedlichen Erfahrungswege zeigen Grundsätzliches

Wenn man all das Gesagte überblickt, zeigen sich bei aller Unterschiedlichkeit und Vielfalt gewisse Konstanten. Es handelt sich um ein geistig-seelisches Erleben, das den ganzen Menschen bzw. seine personale Mitte umfasst. Die beschränkende Eingebundenheit des Geistes in die Materie wird relativiert oder temporär aufgehoben. Der Geist bewegt sich freier und taucht ein in eine erfüllende und beglückende Wirklichkeit, deren Realitätscharakter alle irdischen Maßstäbe hinter sich lässt. Das ist vor allem dann der Fall, wenn von einer Gotteserfahrung die Rede ist, die sich per se nicht in Worte fassen lässt. Es ist eine (menschlich begrenzte) Seinserfahrung des reinen bzw. göttlichen Geistes, die, in unfassbarer Dichte erlebt, im Zeugnis dann zuweilen auch ohne den Deutungsbegriff Gott auskommt, eben weil Unsagbares erlebt wurde; ich denke da an Buddha.

Zugang zur geistigen Dimension im Erleben von Kunst

Es wäre noch von einer anderen Erfahrung des Transzendierens in die geistige Dimension zu reden. Sie kann in der Kunst geschehen, die schon immer als eine Gabe der Gottheit oder selbst als göttlich angesehen wurde. Ist Kunst etwas, wo mehr geschieht als Sinne und Verstand fassen können? Künstler wissen darum, dass sie auf Eingebungen bzw. Inspiration angewiesen sind, wenn sie etwas Wesentliches schaffen wollen. Sie warten auf den rechten Augenblick, in dem sie sich ergriffen fühlen, auf die Intuition, in der ein „Geistesblitz“ sie erfasst, der Gestalt werden möchte etwa in Dichtung, Malerei, einer Skulptur oder in der Musik – um nur einige Künste zu nennen. Der Künstler ist mit all seinen eigenen Gaben beteiligt und doch führt er etwas aus, das ihm intuitiv von Innen, sozusagen aus „Gnade“ zukommt. Ist es nur das Unbewusste, oder ist gerade dieses die Andockstation an die Dimension, aus der der „Geistesfunke" stammt, der im Werk aufleuchten will?

Und dieser Funke kann überspringen auf den Betrachter oder Hörer. Manches Werk bewundere ich wegen seiner Qualitäten, aber es bleibt für mich letztlich stumm; es springt nichts über. Sicher kennen auch Sie diese Erfahrung. Hin und wieder aber geschieht es, dass ich berührt werde und betroffen bin, wenn da überraschend etwas auf mich zukommt, ein Funke „Esprit" überspringt, der unbeschreiblich und unfassbar ist und doch höchst real entzündet. Es ereignet sich Resonanz, eine Beziehung mit dem Geist, der in die vorliegende Gestalt des Werkes eingegangen ist. Diese wird zutiefst erlebt. Das Gleiche passiert mir nicht bei Kunstwerken, bei denen ich den Eindruck habe, sie seien konstruierte Produkte des Verstandes und Willens. Auch diese haben oft eine gewisse Schönheit und können faszinieren. Sie sind hervorragend gemacht, aber ihre Schönheit bleibt kalt und die Faszination ist eher eine des Intellekts denn der Seele. Der berühmte „Geistesblitz" aus der geheimnisvollen Tiefe springt nicht über, vielleicht weil er gar nicht da oder für mich nicht fassbar ist. Zeigt sich hier der Unterschied, dass der Mensch als Macher und Schöpfer autonom aus eigener Souveränität mit seinen eigenen Mitteln sein Werk gestalten kann oder – alternativ – als Beschenkter und Begnadeter sein Werk mit allem, was ihm persönlich zu Verfügung steht, vollbringt?

Am deutlichsten wird dies für mich in der Musik, der abstraktesten aller Künste. Hier schwingen sich Sinne, Herz und Gemüt ein auf ein geistiges Erleben, das unmittelbar im Herzen, d.h. ganzheitlich als Person, erfahren wird. Die alten Griechen nahmen an, dass die Musik zur Grundstruktur des ganzen Kosmos gehört. Sie sprachen von einer für unsere Ohren unhörbaren himmlischen Sphärenharmonie, die sich in der irdischen Musik abbilde. Sie hatten eine Ahnung vom Zauber der Musik. Und sie wussten, dass Musik zur Ekstase führen kann. Beim Hören von Musik oder beim Musizieren kann es nämlich passieren, dass die Musik einen mitnimmt und gleichsam entführt aus der Welt in einen Bereich des Erlebens, in dem alles unmittelbar und beglückend ist. Man vergisst Ort und Zeit, es vergehen einem „Hören und Sehen". Man lässt alles zurück und analysiert auch nicht mehr mit dem Verstand, was da geschieht, sondern man löst sich gleichsam auf in die Musik, ja, man wird selbst Teil der Musik. Man fühlt sich umhüllt und durchdrungen und ist frei und glücklich ohne alle Erdenschwere und Reflexion. Das bewusste Hören und Erleben ist zurückgelassen und aufgegangen in unmittelbare Klarheit und erfüllende Harmonie. Solches Erleben überschreitet zweifellos, so meine ich, die üblichen Grenzen menschlichen Daseins hinein in die umfassende Dimension des Geistes. Dank solcher Erfahrungen ist es kein Wunder, dass man den Himmel mit der Musik verbindet, und der Gedanke der Erlösung – nicht nur an Weihnachten – mit dem Gesang der Engel verbunden wird. Auch in der griechischen Antike wußte man um die Tiefendimension der Musik und erhoffte sich, in Anlehnung an den Gesang des mythischen Sängers Orpheus, die Überwindung des Todes zu endgültigem Leben. So versuchten in den Kulten der Orphik die Eingeweihten diesen Überstieg schon jetzt einzuleiten – das alte Thema aller Religionen: Befreiung vom Eingebundensein in den sterblichen Körper mit all seinen Belastungen hin in die Welt des Geistes/der Götter/Gottes, in der es keinen Tod mehr gibt, sondern alles Leben ist. In der Musik kann man schon einen Vorgeschmack vom „Himmel" erleben oder anders gesprochen, ein erlebtes Erahnen eines zeit- und grenzenlosen Daseins voller Glück und Leben, das uns nach dem Tod erwartet.

Volles Menschsein gelingt nur in Ausrichtung auf die geistige Dimension

Beim vorsichtigen Abwägen all dessen, was hier gesagt wurde, scheint es also nicht ganz abwegig zu sein, wenn man feststellt: Vielleicht gibt es doch einen „siebten Sinn", der zur Geistseele des Menschen gehört und zur Erfahrung der Geistsphäre drängt, die alles durchdringt und erfüllt. Es gibt wohl keinen Menschen, der davon nicht wenigstens in Ansätzen von Zeit zu Zeit angesprochen wird. Freilich ist der Zugang zu dieser Dimension nicht selbstverständlich, da der „Geistfunke" des Menschen in den Körper eingebunden ist und in Gefahr steht, in der animalischen Sphäre zu verharren mit ihren Begierden und Strebungen und Konsumbeglückungen, die nur kurzzeitig befriedigen. Es gilt daher auch heute wie zu allen Zeiten, „Antennen" zu dieser „höheren" Wirklichkeit auszufahren und sensibel für das Seelisch-Geistige in und um uns zu werden. Alle Hochkulturen, aber auch recht unmittelbar die „primitiven" Kulturen, sehen es jedenfalls als große Aufgabe an, die in der geistigen Dimension verankerten Gaben und Möglichkeiten des Menschen zu entwickeln und Mittel und Wege aufzuzeigen, die Fähigkeit für das Erfassen der Wirklichkeit zu erringen, die die Welt der Sinne und des Verstandes umfasst und transzendiert. Denn nur in Verbindung mit der geistigen Dimension, so lehrt die Geschichte, kann der Mensch zu sich selbst finden, sein Menschsein voll entfalten und seiner Würde gemäß, human im umfassenden Sinne, sein Leben zusammen mit anderen führen. Und wir erleben heute, wie bedroht das Menschsein ist, wenn der Mensch sich nur biologisch oder sozialökonomisch orientiert.

Der GottesGeist, ein abstraktes Prinzip?

Der Geist/Gott ist nach alter philosophischer Lehre, die vom Christentum übernommen wurde, der Urgrund von allem und das alles Bewegende. Das alte christliche Zeugnis formuliert hinzu: Da Gott nicht an Ort und Zeit – unsere Dimensionen – gebunden ist, ist ER „alles in allem".

Ist der GottesGeist deshalb ein abstrakter Urgrund, ein ES, wie man es im indischen Denken vermutet? Tatsächlich zeigt sich in unserer Wahrnehmung Geist in vielfältigen Strukturen der Wirklichkeit als unpersönlich wirkendes Prinzip. Auch das griechische to pneuma (Geist als Neutrum), das sich in der Bibel findet, könnte das nahelegen. Bei dem „Heiligen Geist" weiß man das nicht so genau. Aber wenn man „Gott ist Geist" sagt, was gilt dann?

Eine Überlegung kann hier weiterführen: Der Mensch ist nach seinem Selbstverständnis Person; das zeichnet ihn wesentlich aus, und darin beruht seine Würde. Wenn es also überhaupt Personsein gibt, muss es einen Grund dafür geben. Da aber für den Gläubigen alles seinen letzten Ursprung im GottesGeist/in Gott hat, hat also auch die menschliche Personalität hier ihren letzten Grund. Anderenfalls gäbe es keine Person, wenn sie nicht im GottesGeist da wäre, und das in unbegreiflicher und unvorstellbarer Art. Das Personsein Gottes dürfen wir uns natürlich nicht so vorstellen, als ob Gott wie ein Mensch wäre, nur erheblich größer, mächtiger ..., doch unsterblich. Dann hätten wir die griechischen Götter und nicht Gott. Man sollte sich daher hüten, sich das Personsein Gottes, wie fast immer geschehen, menschlich vorzustellen; das Verdikt des 1. Gebots gilt bekanntlich für alle Vorstellungen und Bilder von Gott! Vielmehr – man muss es hochabstrakt sagen, ohne dass wir eine Vorstellung damit verbinden dürfen – ist im Sein des GottesGeistes alles da, was ist und sein wird, also, in Bildbegriffen ausgedrückt, neben all dem „Unpersönlichen" des Kosmos auch das „Personsein" und damit die Möglichkeit des Dialogs in und mit Gott. Dieses Geheimnis bildet die Tradition in der Idee „Dreifaltigkeit" ab.

Daher ist in der christlichen Tradition, die sich auf das AT und Jesus beruft, zu Recht der GottesGeist/Gott als personales Du nahe und ansprechbar. Und der Beter, gleich welcher Religion er angehört, sagt zu Recht Du, wenn er fleht, betet und sein Leben anvertraut.

Wenn ein Beter sich Gott zuwendet und diesen im intimen, vertrauensvollen Du anspricht, ist Gott/der GottesGeist ihm gegenwärtig und er braucht dazu keine Vorstellung. Denn diese Ansprache geschieht unmittelbar; sie wird von Menschen aller Völker und Religionen vollzogen. Darin sind die Menschen alle einander gleich; sie haben das gleiche Du gegenüber und sie können daher auch miteinander beten, da ihre Glaubensvorstellung beim Akt des Betens keine Rolle spielt. Versucht man aber über Gott zu sprechen, verobjektiviert man in gewisser Weise sein Denken und seine Sprache und macht „Aussagen über“. Dann fangen die Bilder und Vorstellungen an, vor denen man sich eigentlich hüten sollte; sie führen in die Irre und entzweien. Bei der Aussage „Gott ist Geist“ kann es für uns vielleicht ein wenig leichter sein, uns vor der „Verbilderung“ zu schützen, da er/sie/es per definitionem unvorstellbar ist.

Gott „innen“ in mir oder Gott „außen“, mir gegenüber?

Natürlich ist Gott, da er Geist ist, sowohl im innersten Innern als auch im äußersten Außen – so wird man antworten. Schließlich ist, nach Definition, der GottesGeist/Gott durch Ort und Zeit nicht gebunden und daher überall. Wo liegt dann das Problem? Sicher nicht bei Gott, der, wie man sagt, alles in allem ist, sondern bei uns Menschen.

Das große Gegenüber

Schon die Aussage „Gott ist... “ scheint problematisch, denn Gott ist nicht in unserem üblichen Sinn. So verbindet auch die Aussage, Gott ist innen und außen, räumliche Vorstellungen mit dem Gottesgeist, was nicht angeht. Und wenn man genau hinsieht, mengt unsere Vorstellung im Denken nicht nur örtliche, sondern auch zeitliche Bestimmungen mit ein: Ist er erst hier, dann dort? Ist er ewig, also vor (?) aller Zeit? Unser Denken funktioniert so, je nachdem, was wir zuerst denken; dies gilt auch, wenn wir innen und außen sagen und dies zwangsläufig nacheinander denken. Die Ubiquität des GottesGeistes scheint uns ohne Zeit- und Ortsvorstellung nicht denkbar zu sein, ein offenbarer Widerspruch in sich selbst. Doch dieses Denken begleitet alle theologischen Aussagen, auch meine folgenden, die das problematisieren.

Zudem muss ich, wenn ich etwas genauer hinschaue, feststellen, dass der Gott-außen (Gott außerhalb von mir) als Gott-gegenüber eigentlich die entscheidende, ja fast ausschließliche Rolle in den Religionen der Völker, in der christlichen Theologie und Frömmigkeitsgeschichte und in meinem eigenen Glauben spielt. Dies war schon immer so und wird vermutlich auch weiter (immer?) so sein. Es hat seine Berechtigung, da es offensichtlich zur Art des menschlichen Denkens und seiner Vorstellungen gehört. Gott ist immer das große Gegenüber, das Du in seinem erhabenen Anderssein. Dieses Du erscheint in den unterschiedlichsten Gottesbezeichnungen, Gottesnamen und Gottesbildern, vom Schöpfer angefangen bis zum Vater. Dieses Du wird verehrt und gefürchtet, zu ihm wird gebetet, ihm feiert man Feste und bringt Opfer dar, um es gnädig zu stimmen. Man weiht ihm Altäre, baut Kirchen, Tempel und Dome und nähert sich ihm in Buße und heiliger Liturgie. Dieser Gott ist mir immer gegenüber, über mir, neben mir, vor mir, um mich herum. Er „birgt mich unter seinen Flügeln", prüft mich, verzeiht und straft... Selbst wenn wir Aussagen machen wie „Gott ist die Liebe", ist es eine Liebe, die von außen auf mich zukommt und mich, wenn ich darauf hoffen darf, trägt und umfängt. Wenn es dann um den GottesGeist-in-mir geht, wie kann der gedacht und empfunden werden?

Auch hier gilt dieses Gegenübersein sogar dann, wenn davon gesprochen wird, dass Gott das Herz bewegt, er seinen Geist ins Herz legt oder in mein Herz kommt und dort wohnt, s. Ez 36,26; Röm 8,9–11 u.a. Diese Aussagen, die das Innerste des Menschen von Gott berührt wissen, vermitteln die Vorstellung, dass hier ein anderer, ein „bekannter" Fremder in meinem Innersten Platz nimmt und mich von dort anregt oder gar bestimmt. Es ist der „Gott-außen", der „Gott-gegenüber", der hier bis ins Herz reicht, dort mich beeinflusst und als „Gast" darin Wohnung nimmt. Diese Bilder sind nicht falsch oder abzulehnen, im Gegenteil, sie entsprechen dem, wie der Mensch üblicherweise, unterstützt durch seine religiösen Traditionen, seine Erkenntnisse und Erfahrungen interpretiert und ausdrückt.

Man durchforsche die Sprache der Liturgie, der Gesangbücher, der Gebete: Es ist immer der Gott-gegenüber, der Gott-außen. Und die traditionelle Theologie und die Kirche wagen es sogar, obwohl sie um die Problematik wissen sollten, „objektive" Aussagen über Gott zu machen, als wenn er ein zu betrachtendes Gegenüber wäre. Die Kirche spricht, nachdem sie diese Aussagen in Glaubenssätzen formuliert hat, sogar von objektiven Wahrheiten, die zu glauben seien; wir sprachen davon.

Wo findet sich Einheit in einer Welt, in der alles gegensätzlich zu sein scheint?

Und was ist die Ursache dafür, dass wir Gott fast ausschließlich als unterschiedenes Gegenüber ansehen? Zunächst gehen wir von der Begegnung mit Menschen aus, in der wir das Du als von uns getrennt und uns gegenüber stehend erleben. In Analogie dazu stellen wir uns das göttliche Gegenüber vor, wobei der Abstand und Unterschied verschärft wird durch die Vorstellung der erhabenen Majestät Gottes. Dazu kommt, dass wir in einer Kultur groß geworden sind, die ein Denken und Fühlen in Dualitäten fördert. Nicht die Einheit ist von Bedeutung, sondern die Verschiedenheit. *Die Welt wird aufgespalten in Dualismen*: hier ich, dort du, hier der Mensch, dort Gott, weiterhin Körper und Geist(Seele), innen und außen, und oft wird aus dem Gegenüber ein Gegensatz. Gottsein und Menschsein wurden so als größte denkbare Gegensätze empfunden. Es ist ein analytisches Denken, das aufspaltet und sich als höchst erfolgreich in der Erforschung der Natur erwiesen hat; heute erkennen wir, dass es dringend durch eine komplementäre Betrachtungsweise ergänzt werden muss.

So erleben wir gegenwärtig ein Umdenken: Schon in der Physik stellte sich der sogenannte Dualismus Welle – Teilchen, ein unvereinbarer Gegensatz in unserem logischen Denken, als Täuschung heraus. Es gibt diesen Gegensatz nicht. Wir wissen jetzt, dass es die eine Natur ist, die sich je nach Betrachtungsweise und Versuchsanordnung unterschiedlich zeigt. Das ist übertragbar: Man spricht zwar von Leib und Geist/Seele, aber in der Einheit des Menschen, und von Gott und Mensch, aber nicht im Getrenntsein, sondern – von der Christologie her begründet („Gott wurde Mensch“) – in einem gegenseitigen Bezogensein aufeinander und der Einheit von Gott und Mensch. Diese Einheit des Christus (Gott-Mensch) ist in unserer Geist-Theologie paradigmatisch für jeden Menschen, da der GottesGeist als Seinsgrund jedes Menschen erkannt wird. *Die Einheit von Gott und Mensch wird als grundlegende Einheit verstanden, wenn sie auch verborgen ist.* Dieses Einheitsdenken, ein synthetisches Denken, erkennt, dass die scheinbaren Gegensätze im GottesGeist zusammenfallen. Wäre es daher nicht an der Zeit, neu zu fragen, ob *innen und außen* nicht *komplementäre Betrachtungsweisen eines einzigen uns umfassenden Geschehens* sein könnten, das wir unzutreffend gedanklich und sprachlich aufspalten?

Noch ist unser Gottesbild und unsere Beziehung zu Gott weitgehend *dualistisch* geprägt. Das bleibt nicht „ungestraft", denn diese uns vertraute Vorstellung von Gott hat natürlich auch Folgen, ihren Preis. Der „Gott gegenüber" bleibt unsichtbar und ungreifbar trotz aller Namen, Bezeichnungen und Vorstellungen. Denn wir haben diesen „Gott-außen" mit Hilfe unserer Phantasie nach „unserem Bild und Gleichnis" gebildet und benannt, wie schon die Religionskritik des 19. Jahrhunderts feststellte. Es ist nicht Gott, sondern unsere Vorstellung von Gott, die wir für Gott halten. Das erste Gebot erinnert dringlich daran, wir sprachen davon. Und so fangen die Schwierigkeiten an, wenn unsere Lebenserfahrung nicht mehr mit unseren Gottesbildern vereinbar ist. Wir stellen dann fest: Gott ist nicht da, wenn wir ihn brauchen und wo wir ihn brauchen; er hilft nicht. Wenn dann die kritische Vernunft alle Glaubensvorstellungen und Bilder hinterfragt und feststellt, dass sie Menschenwerk sind und Gott so nicht zu finden ist, was bleibt dann übrig? Wenn kein inneres Angerührtsein und keine innere Erfahrung des geheimnisvollen Gottes, und sei es auch nur in Ansätzen, da ist, dann ist Gott „tot". Und „wir haben ihn getötet" (Nietzsche), wie wir ihn vorher, so müsste man hinzufügen, gebildet haben. Viele Zeitgenossen fragen schon gar nicht mehr nach Gott, denn Gott kommt in ihrem Leben nicht vor, und sie leben gut damit. Die „Theologie ohne Gott" nahm aus diesen Gründen von dem Gott der Tradition Abschied und lenkte den Blick auf den gelebten Alltag. Ob Gott dort zu finden ist?

Könnte es sein, dass der „Gott-außen" nur dann lebendig bleibt, wenn er mit der Erfahrung des „Gott-innen", des Gottes „im Herzen" verbunden ist? Unbewusst wusste man wohl in allen Kulturen von dieser Komplementarität. Unsere heutige Zivilisation versperrt jedoch mehr als jede andere zuvor den Weg nach innen, indem sie mit den Medien, den Glücksverheißungen der Konsumangebote und der Beschleunigung des Lebenstempos alles aufbietet, um uns nach außen von uns weg zu ziehen, so dass wir uns selbst fremd werden, uns selbst nicht mehr finden und schon gar nicht die Tiefe in uns wahrnehmen können, die in das Göttliche reicht.

Gott die Mitte – „innen" und „außen"?

Was ist dann mit dem „Gott-innen" gemeint, und wie bekomme ich Zugang zu ihm? Kann ich auch nach innen beten ohne alle Vorstellung eines „Gott-außen", also beten ohne „Gott"? Ist der GottesGeist/Gott die Mitte des Menschen, tiefer als mein Ich und mein Selbst? Die Mystiker in allen

Kulturen hatten wohl eine Ahnung, ein „Wissen“ davon und Erfahrungen damit. Denn diese göttliche Mitte bestimmte ihr Leben und war Du und eigene Mitte zugleich. Sagten die „Alten“ nicht Geist oder Seele für diese eigene Mitte und meinten damit das göttliche „Seelenfünklein“ (Meister Eckhart), das mein eigenes Ich ausmacht und doch mehr ist als dieses?

Ich denke, die Sehnsucht nach Einswerdung mit dem unnennbaren Geheimnis und die Erfahrungen dieses Einswerdens hängen zutiefst mit der Erfahrung des Gottes-in-mir zusammen. Die eigene Identität wird, so ist die Erfahrung jedenfalls im christlichen Bereich, bei dem Einswerden in dem geliebten und liebenden Du Gottes nicht aufgehoben, sondern letztbegründet. Ich und Du verbinden sich im göttlich-menschlichen Einssein – nach christlicher Hoffnung eine Bestimmung für jeden Menschen „im Himmel“ (bei-/durch-/mit-/in-Gott-Sein). Und diese Letztbestimmung ist schon jetzt, wenn auch begrenzt und vorläufig, zugänglich. Nicht nur Mystiker in allen Religionen sprechen in den Bildern ihrer jeweiligen Kultur davon. Auch Paulus, der davon durch eigene Erfahrung weiß, spricht im Römerbrief im Kontext von Glaube und Taufe darüber (s. Röm 6–8). Und das berühmte, schon oben zitierte Wort von Karl Rahner ("Der Fromme von morgen wird ein Mystiker sein, einer der etwas erfahren hat, oder er wird nicht mehr sein“) zielt wohl in die gleiche Richtung.

So weit hergeholt scheint mir das auch gar nicht zu sein. Denn es hat sich im Religiösen einiges verändert. Bisher war dieser „Gott-in-mir“ im Abendland nur wenigen „Außenseitern“ zugänglich. Mystiker und „solche Leute“, die aufforderten, Gott in sich selbst zu suchen, waren seltsame und verdächtige Leute. Die Kirche tat sich schwer mit ihnen und sie sich mit der Kirche. Heute spüren zunehmend Menschen, die in den traditionellen und objektivierten religiösen Denkformen keine Heimat mehr finden können, dass verschiedene asiatische Religionen einen Zugang zu dem „Gott-innen“ versprechen. Meditation, Yoga, Zen werden nicht nur als Moden betrieben! Ihre Wege entsprechen einer tiefen Sehnsucht nach der zentralen Mitte in uns selbst und über diese hinaus in das Geheimnis. Und auch im Christlichen wird der Faden zwischen Selbsterkenntnis, dem Weg nach innen und der Gotteserkenntnis neu gesponnen.

Gott alles in allem – alles kann zur Erfahrung Gottes werden

Doch wie sieht eine „Mystik“ des 21. Jahrhunderts aus? Zunächst scheint mir eine große Offenheit da zu sein, sich selbst zu erkennen – der alte Spruch von Delphi! – und in sich hinabsteigend die eigene Mitte zu suchen. Wie weit wird man kommen? „Gott" wartet am tiefsten Grund – so versprechen es die Mystiker. Und wenn man diesen Grund gefunden hat, so sagen sie, dann ist Gott alles in allem, alles in Gott und Gott in allem. Außen und innen sind nur noch zwei Weisen, die uns Menschen entsprechen, wenn wir dem Einen in allem begegnen. Dies gilt gerade im täglichen Leben, in einer Mystik des Alltags. In der vertrauenden und hoffnungsvollen Gewissheit, dass der geheimnisvolle Gott gegenwärtig ist, kann ich Erfahrungen machen: in der Natur, mit Menschen und Tieren und mit mir selbst. Alles kann zur Erfahrung der „Nähe" Gottes, zum Ort der Gottesbegegnung werden. Gerade in der Begegnung mit dem Mitmenschen wird zur erfahrenen Wirklichkeit, was Jesus den Weltenrichter bei Matthäus 25,31 sagen lässt: „Was ihr für einen meiner geringsten Brüder getan habt, das habt ihr mir getan".

Das Suchen nach dem tiefsten Grund

Es ist gläubige Gewissheit nicht nur bei Mystikern, dass sich auf dem Weg ins tiefste Innere des eigenen Selbst eine Tür öffnen kann hin zu dem Geheimnis, das mich selbst ermöglicht und trägt. Der Mensch „weiß" irgendwie um seinen geheimnisvollen Grund, er ahnt ihn, wie viele Zeugnisse in der Literatur belegen. Die menschliche Würde ist letztlich darin begründet. Nicht selten findet sich säkular das Bild des Brunnens, in den man hinabsteigt und auf dessen Grund man sich in einem anderen Sein vorfindet. In verschiedenen Märchen z.B. findet man Spuren dieser Tiefenerfahrung, und in Psychologie und Psychoanalyse ist sie Thema. Auch die schon erwähnte Sehnsucht nach einem Einswerden mit dem Unbegreiflichen drückt dies aus. Ein Suchen nach der Mitte kennzeichnet den Menschen, der wach geworden ist und sich aufgemacht hat, eine Sehnsucht nach dem eigenen Urgrund, in dem das Gespaltensein aufhört. In unserer globalisierten Welt erfahren wir von vielen Wegen und Techniken in den unterschiedlichen Kulturen der Völker, mit denen dieses Ziel angestrebt wird. Nicht wenige Menschen bemühen sich darum. Auch das Christentum kann aus seinen Traditionen Hilfen anbieten, manche Schätze müssen nach dem großen Vergessen der Neuzeit erst wieder gehoben werden. Sich selbst finden! – Gott finden?

Nach „innen" beten? – Wie geht das im Alltag?

Ein Weg und eine Hilfe kann das Beten sein. Meist ist es nach „außen" gerichtet, d.h. vom Subjekt des Beters auf das gegenüber stehende Du

Gottes, das er in Anbetung, Lob, Dank und Bitte anspricht. Die Schönheit, Wichtigkeit und Problematik dieses Betens ist hinlänglich bekannt, ich brauche darauf hier nicht näher einzugehen.

Beten kann aber als meditatives Beten auch ganz anders sein. Es kann eine kreisende Bewegung annehmen, bei der es nicht mehr auf Worte und Inhalte ankommt, sondern darauf, in sich selbst/vor Gott zur Ruhe zu kommen, zu sich zu kommen, da zu sein, hinzuhören, sich zu versenken, ... : Gegenwart erleben, mit sich sein, zu sich nach Hause kommen, sich vergessen im „Beten nach innen“! Es kann dabei passieren, dass Ich und Du beglückend ineinanderfließen. Hier kommen zu Recht die Worte an ihre Grenze.

Noch auf eine andere, eher alltäglich mögliche Form des inneren Gesprächs oder, wenn man so will, des inneren „Betens“ möchte ich aufmerksam machen. Dieser Weg ist sicher im traditionellen christlichen Kontext etwas ungewohnt, man würde es normalerweise gar nicht „beten“ nennen.

Es ist nicht schwer festzustellen, dass *menschliches Denken in einem hohen Grad dialogisch* ist. „Ich gehe mit mir zu Rate“, „halte Selbstgespräche“, „denke bei mir“... So fasst die Sprache das innere Gespräch in Worte. Es gilt dabei im Selbstgespräch zu unterscheiden zwischen dem Dialog mit meinem „inklusiven“ Du – das Du gehört zu mir selbst und ist nicht von mir getrennt – und einem Dialog mit einem vorgestellten Gegenüber-Du, das von mir getrennt ist; diese zweite Form von Dialog bemüht sich, die Trennung zu dem Gegenüber-Du durch das innere Wort zu überbrücken, indem man zu dem vorgestellten Du hinspricht.

Der Dialog mit sich selbst, mit dem „inklusiven“ Du, gilt für große Bereiche des Nachdenkens, soweit es nicht unmittelbar um Sachprobleme geht. Und das meditative Nachdenken und Selbstgespräch kann stiller werden und tiefer und tiefer führen; es erfährt sich, wenn es einem geschenkt wird, zuweilen umfangen und irgendwie aufgehoben. So kann dieses meditierende Nachdenken, dieses Mit-sich-zu-Rate-gehen eine Weise des Begegnens und des Betens werden. Das Du des GottesGeistes/Gottes ist aufgehoben in meinem „Selbstgespräch“ – das kann völlig wort- und vorstellungslos sein –, es ist in dem inklusiven Dialog-Du meiner selbst einfach dabei. Ob ich dieses dann mit der Vorstellung Du verbinde oder nicht, ist ohne Bedeutung, da die Trennung aufgehoben ist.

Ich möchte dieses Beten aber gar nicht so hoch ansetzen oder formal an etwas binden, sondern denke an das Nachdenken bzw. ein „Sprechen“ (bis hin zum Schweigen) in mir über mich selbst, ein stilles Hinhören auf meine Angelegenheiten und Probleme, ein Umfangen anderer, die mir Sorgen bereiten oder um die ich mich sorge. Damit meine ich nicht ein egozentrisches Kreisen um mich selbst und meine Angelegenheiten! Es gibt auch ein Nachdenken und Wahrnehmen, das beglückende Erkenntnisse und staunendes Erfahren von Wahrheit und Schönheit gebiert. Man könnte die Beispiele weiter ausdehnen, bunt wie das Leben und das Denken der Menschen ist. Wenn ich mich dabei grundsätzlich in der Gegenwart Gottes „weiß", in der der GottesGeist da ist wie die Luft, die mich umgibt und mich atmen lässt, warum sollte das nicht ein „Beten ohne Unterlass" sein, von dem Paulus spricht? Denn wenn Gott die tiefste Mitte des Menschen ist – die biblischen Bilder „Bild Gottes", „Kind Gottes", „Sohn (Tochter) Gottes" (s. die entsprechenden Kapitel) weisen darauf hin – dann kann ich nie aus dieser innersten Beziehung, die mich ausmacht, herausfallen. Sie gehört genuin zu mir. Warum nur ist es für uns so schwer, zu diesem selbstverständlichen Miteinander mit dem Gottes-Geist/mit Gott zu gelangen? Denn es ist Erfahrung von vielen Menschen in allen Religionen: Wer sich auf den Weg zu sich selbst aufgemacht hat, der kann zuweilen diese seine Mitte beglückend als Ich-Du-Begegnung erleben und damit den alles umfassenden geheimnisvollen Urgrund spüren. So kann ich hin und wieder, darin aufgehoben, in all meiner Brüchigkeit auch selbst Teil des Gebetes werden. Dies ist ohne zusätzliche Worte möglich, wenn ich „im Angesicht Gottes" bzw. mit Gott (in mir, neben mir, über mir ...) lebe; mein Leben selbst, mein Erwachen und Aufstehen, mein Essen und Trinken, das Arbeiten und Ruhen, jede Begegnung mit anderen Menschen oder der Natur, jedes Stillewerden und Zu-sich-selbst-Kommen kann so zum Gebet werden, ohne dass ich mit Worten bete. Einfacher gesagt: Ich lebe in der „Nähe" oder besser mit dem GottesGeist und fühle mich umfangen und wohl. Ein bisschen Himmel ist das schon!

Freilich bedarf auch diese „Alltagsform" des inneren Betens immer wieder der bewussten Zeit des geformten Betens, damit sie sich nicht verliert. Es ist, wie wenn zwei Menschen liebend zusammenleben. Man weiß um einander und freut sich der gegenseitigen Nähe, man lebt innerlich verbunden miteinander. Es ist dann aber auch selbstverständlich, dass man sich zwischendrin immer wieder bewusst für einander Zeit nimmt, miteinander spricht, explizit für einander da ist.

Deshalb scheint es mir heute von außerordentlicher Wichtigkeit zu sein – vielleicht ist es für den vielfältig bedrohten Menschen sogar überlebenswichtig –, die Dimension des „nach innen" zu entdecken. Denn Glaube und Beten, ja, das Leben „nach außen“ allein sind wie ein Baum, der keine tiefen Wurzeln hat. Er erscheint mächtig, verdorrt aber und fällt in den Stürmen gerade des heutigen Lebens, wenn er nicht aus dem geheimnisvollen Grund der Geist- oder Gottesbeziehung „von innen“ getränkt wird.

Eine Geist-Theologie hat natürlich ihre Auswirkungen auf die traditionellen Themen des Glaubens und der Theologie. Hier muss wohl etliches neu bedacht und neu gefasst werden, wenn es für die Menschen unserer Zeit noch einen Sinn haben soll. Es wird auch Fundamentales zu hinterfragen sein. Die folgenden Kapitel sind ein Versuch, einige für den Glauben wesentliche Themen anzudenken unter der Voraussetzung, dass Gott Geist ist. Damit sollen nicht fertige Lösungen suggeriert werden, sondern es wird angeregt, intensiv alles zu hinterfragen und Wege zu erkunden, die mit den ursprünglichen Anliegen Jesu zu tun haben und tragfähig für einen Glauben in unserer Zeit sind. Damit steht auch die Art, wie traditionell Theologie getrieben wird, in Frage.

Theologie und Lehramt angesichts einer Geist-Theologie

Die absoluten und ewigen Wahrheiten der Kirche

Man muss natürlich darüber nachdenken, wie unter den Voraussetzungen einer Geist-Theologie der Glaube heute ausgesagt werden kann. Manche der bisherigen Lehraussagen gehen einfach nicht mehr, da sie – nach heutigem Erkenntnisstand – auf definitiv falschen Voraussetzungen beruhen, anderes muss neu bedacht werden. Wenn ich daher zur Theologie einige Anmerkungen mache, so nehme ich damit nicht alle Bereiche in den Blick. Denn die Theologie gliedert sich in ganz unterschiedliche Fächer, die nach je eigenen fachspezifischen Methoden in unterschiedlicher Weise hervorragend arbeiten. In den meisten Fächern hat sich in den letzten 60 Jahren viel entwickelt, obwohl das Lehramt der Kirche nach wie vor reglementierend einzugreifen suchte und mit Sanktionen drohte, wenn die Forschenden allzu frei ihre Ergebnisse veröffentlichten.

Meine Absicht ist es vielmehr, einige Grundtendenzen aufzuzeigen, die mir fragwürdig erscheinen, und denkbare Lösungen anzuregen. Das kann am besten bei den theologischen „Kernfächern“, der systematischen Theologie geschehen. Ich beschränke mich daher auf diese Fächer, d.h. die Dogmatik, die Fundamentaltheologie und Moraltheologie, *soweit sie noch im klassischen Sinn arbeiten*, da sie unmittelbar mit dem kirchlichen Lehramt zusammenhängen. Im Verbund mit dem Lehramt der Kirche stecken sie den Rahmen ab, in dem die anderen Disziplinen arbeiten können. Ich bin mir natürlich bewusst, dass mein im Folgenden zu pauschales Vorgehen zwar Grundsätzliches anspricht, viele Lehrstuhlinhaber aber nicht mehr trifft. Denn fachintern sind die Probleme längst bekannt und werden je nach persönlicher Einstellung unterschiedlich angegangen. Daher kommt im Folgenden vor allem die Arbeitsweise des Lehramtes selbst in den Blick.

Worum geht es in der traditionellen systematischen Theologie bzw. dem Lehramt der Kirche? Es sind die ewigen Wahrheiten, Werte und Normen, die in der „unveränderlichen kirchlichen Lehre“ vorliegen. Diese „immer währende und unveränderliche“ Lehre der Kirche wird (innerkirchlich) völlig geschichtslos gedacht und als irrtumslos und allgemein gültig angesehen. Die Quellen, auf die man sich beruft, sind die geoffenbarten Heiligen Schriften und die Tradition der Kirche seit 2000 Jahren, also „Schrift und Tradition". Die von der Kirche erkannten Wahrheiten sind deduktiv gewonnen und gelten unwiderruflich, da sich die Kirche auf die Offenbarung Gottes und den Beistand des Heiligen Geistes beruft. Es geht also zentral um die gesamte Glaubens- und Sittenlehre der Kirche.

Ein gutes Beispiel, wie in diesem Denken absolute Normen und Wahrheiten vorausgesetzt und behauptet werden und letztlich auch die Gewissensentscheidung ausgehebelt wird, liefert ein Brief von vier Kardinälen an Papst Franziskus vom 14.11.2016, der für die Öffentlichkeit gedacht war. Da hier unser Problem bestens illustriert wird, möchte ich Ihnen einige Sätze daraus nicht vorenthalten. Die Kardinäle wählten zwar die Form der Anfrage (dubia), dahinter stehen indes feste Behauptungen und Ziele. Inhaltlich geht es um die eventuelle Zulassung wiederverheirateter Geschiedener zur Kommunion in bestimmten Situationen, die von den Schreibern unter Berufung auf die Heilige Schrift und die traditionelle Lehre der Kirche strikt abgelehnt wird. Hier ein kleiner Auszug, dessen Sprache allein schon viel verrät:

„2. Ist nach dem nachsynodalen Apostolischen Schreiben „Amoris laetitia" (Nr. 304) [gemeint ist das Lehrschreiben von Papst Franziskus] die auf die Heilige Schrift und die Tradition der Kirche gegründete Lehre der Enzyklika „Veritatis Splendor" (Nr. 79) des heiligen Johannes Paul II. über die Existenz *absoluter moralischer Normen,* die ohne Ausnahme gelten und in sich schlechte Handlungen verbieten, noch gültig?"

„5. Soll man nach „Amoris laetitia" (Nr. 303) die auf die Heilige Schrift und die Tradition der Kirche gegründete Lehre der Enzyklika „Veritatis Splendor" (Nr. 56) des heiligen Johannes Paul II. für weiterhin gültig halten, die eine kreative Interpretation der Rolle des Gewissens ausschließt und bekräftigt, dass das *Gewissen niemals dazu autorisiert* ist, *Ausnahmen von den absoluten moralischen Normen zu legitimieren*, welche Handlungen, die durch ihr Objekt in sich schlecht sind, verbieten?"

Wie man unschwer sehen kann, darf es über diese Normen nach Ansicht der Kardinäle nicht einmal eine Diskussion geben; sie stehen absolut und unverrückbar für immer fest. Veränderungen oder Reformen sind somit völlig ausgeschlossen.

Wie kommt es zu diesem Denken in absoluten Normen und Wahrheiten?

Die bisherige Theologie ist wesentlich geprägt von der griechischen Philosophie, insbesondere von Plato und dem Platonismus. Hier sind die Wahrheiten und Werte in ihren Urbildern ewig und unveränderlich und daher geschichtslos gültig. „Verchristlicht" findet sich das Reich der ewigen Ideen in Gott. In Verbindung mit der Offenbarung, so die Überzeugung der Kirche, können diese Wahrheiten unter Beihilfe des Heiligen Geistes erkannt und zu verbindlichen irrtumslosen Wahrheiten für das Gottesvolk erklärt werden. So ergibt sich eine absolut wahre, unveränderliche und für alle verbindliche Lehre der Kirche.

Dass menschliche Erkenntnis prinzipiell begrenzt und geschichtlich bedingt ist, kommt hier nicht vor. Manchmal hat es sogar den Anschein, als ob Gott ein Erkenntnisobjekt wäre, das durch theologische Analyse in Gesetze und Dogmen gefasst werden kann. Die Gotteslehre z.B. mit dem „Wissen" über die Eigenschaften Gottes bis hin zu den inneren Beziehungen der Dreifaltigkeit füllt viele Seiten einer Dogmatik. Man fragt sich zu Recht: Woher weiß man das alles? Und für die Moral gelten absolut verbindliche Normen, die, so die Begründung, von Gott entweder direkt geoffenbart oder in die Natur hineingelegt sind, aus der sie, unter Mitwirken des Heiligen Geistes, irrtumslos erkannt werden können. Da sie aus dem Willen Gottes hervorgehen, sind sie absolut gültig. Man sieht: Es wird prinzipiell von oben nach unten gedacht, gerade als ob man über Gott stünde, ihn quasi von oben her betrachtete und von dem erkannten Willen Gottes herunter auf die irdische Wirklichkeit schließen könnte. Und das mit absoluter Sicherheit! Eigentlich sollte man wissen, dass das nicht geht, denn wer, sei er auch noch so gescheit, kennt schon den „Willen Gottes"?

Gottesvorstellungen – die Ursache falscher Fragen

Kein Wunder, dass es, wenn man so genau über Gott Bescheid weiß, dabei auch zu falschen Fragestellungen kommt, die über Jahrhunderte selbst große Geister beschäftigten, wie zum Beispiel die Fragen, wie sich göttliche Vorsehung und menschliche Freiheit, Glaube und Naturwissenschaften oder Schöpfung und Evolution vereinbaren lassen – als ob es sich jeweils um gleichartige Gegenstände auf der gleichen Erkenntnisebene handelte. Vor allem aber stecken dahinter letztlich unreflektierte anthropomorphe Gottesvorstellungen, was prinzipiell übersehen wird.

Man dachte von oben nach unten und machte sich große Gedanken, weil das Unten nicht zu dem (vorgestellten) Oben passte und, koste es, was es wolle, angepasst werden musste. Ich denke auch an die über die Konfessionen hinaus strittige Frage bezüglich der Eucharistie, die ihren Anlass in der für Menschen prinzipiell nicht beantwortbaren und daher unsinnigen Frage hat, ob oder wie wohl Christus im Brot und im Wein verborgen drinnen sei. Wie „dinglich“ wird hier eigentlich das Göttliche vorgestellt?

Die Fachsprache verhindert Einsicht; Glaube wird zu Gehorsam

Zudem entwickelte die Theologie und dementsprechend das Lehramt, aufbauend auf der griechischen Philosophie, eine eigene Denkweise und Fachsprache, die den Fachleuten und Insidern (Klerikern und Theologen) geläufig ist, vom Volk aber letztlich nicht verstanden wird. Doch bestimmte Ergebnisse dieser Theologie wurden von der Kirchenführung als Glaubensinhalte mit dem Nachdruck der Macht für verbindlich erklärt und als Glaubenssätze durchgesetzt. Deshalb wurde aus dem freien Glauben an Gott ein Gehorsam gegenüber der kirchlichen Lehre. So hieß es im Tauflied bis 1975: „Fest soll mein Taufbund immer stehn, ich will die Kirche hören. Sie soll mich allzeit gläubig sehn und folgsam ihren Lehren.“ Was nun, wenn die Grundlage dieser Lehre, nämlich die griechische Philosophie, ihre alleinige Geltung verliert und damit alles in Frage gestellt wird? Und wenn die Menschen ihren Verstand gebrauchen und kritisch nachfragen? Es scheint, dass wir heute diesen Punkt erreicht haben. Wie könnte es weiter gehen?

„Gott arbeitet unten“

Der neue Ort der Theologie muss die Lebenswelt des Menschen sein

Was für eine Theologie ist heute noch möglich? Ich erinnere mich an eine Karikatur, die mich sehr beeindruckt hat. Ein Journalist kommt zu Petrus ans Himmelstor und möchte den lieben Gott interviewen. Petrus antwortet darauf, der Chef sei nicht im Himmel zu finden, denn *„Gott arbeitet unten“.* Das sollte, so meine ich, dann auch der Ort der Theologie sein. Eine moderne Theologie sollte genau dort nach Gott suchen, wo er, wenn überhaupt, zu finden ist: auf der Erde, unter und in den Menschen und im ganzen Kosmos – wo sonst? Wenn der GottesGeist allgegenwärtig ist, so sind überall Spuren von ihm zu finden und manchmal ist er ganz nah – Jahwe (der „Ich-bin-da“)!

Der Grund für diese „neue“ Theologie ist hochtheologisch. Hinter den bisherigen Aussagen und Lehren standen relativ feste anthropomorphe Vorstellungen von Gott, z.B. ein Gott, der alles vorhersieht oder ein Gott, der erschafft, oder ein Gott, der zur Genugtuung für die Sünde der Menschen seinen Sohn opfert u.a. Was geschieht, wenn man die Gottesbilder wegnimmt, die die stillschweigend vorausgesetzte Grundlage für die jeweilige Fragestellung, den Denkprozess und das Ergebnis in der kirchlichen Lehre sind? Eine Geist-Theologie, die ohne diese Voraussetzungen, d.h. bildlos arbeitet, muss „unten“ bleiben und den Geist dort suchen, wo etwas von ihm zu erfahren ist – es gibt keinen anderen „Ort“, etwa oben „im Himmel“ oder sonst wo, wo er zu erfahren wäre. Sie nimmt also in der Überzeugung, dass der GottesGeist da ist und wirkt, das in den Blick, was wahrzunehmen ist, nämlich den Menschen und seine Welt, die sich in ständiger Entwicklung befinden. Hinzu kommen die Fragen und Erfahrungen der Menschen und die mündlichen und schriftlichen Zeugnisse seiner Gottesbegegnungen. Dieser Neuansatz hat gravierende Folgen, da damit auch allen objektivierenden und verabsolutierenden Neigungen der Boden entzogen wird. Die Theologie wird hinfort immer vorläufig und offen für weitere Entwicklungen sein müssen, aber dicht an den Erfahrungen der Menschen und dem Wirken des GottesGeistes.

Nötig ist dazu freilich ein grundlegender Positionswechsel hin zu dem Standort des heutigen Menschen. Ähnlich wie in der modernen Physik kann es heute nicht mehr darum gehen, absolute „objektive“ Aussagen machen zu wollen[23]. Das geht einfach erkenntnistheoretisch nicht mehr. Denn wir wissen heute: Wahrheit findet sich nur in Verbindung mit dem Menschen und seiner Erkenntnis – der Mensch muss also immer mitgedacht werden. Sie ist daher begrenzt und bruchstückhaft, immer ergänzungsbedürftig und überholbar, nach vorne offen zu Korrektur und weiterer Erkenntnis. Wahrheitserkenntnis ist für den Menschen also nicht absolut und objektiv möglich, sondern immer begrenzte menschliche Erkenntnis; den Begriff „objektiv“ gibt es nur innerhalb eines Systems unter definierten Voraussetzungen – eine sprachliche Einigung unter den Menschen.

---

[23] Dazu einiges am Schluss des Gesamtkapitels unter: Ein Wechsel des „Weltbildes“...

Eine Theologie von oben nach unten, ein Schließen von „objektiven Wahrheiten“, also von Gott auf den Menschen und auf die Schöpfung, ist, wie gesagt, geistesgeschichtlich und erkenntnistheoretisch nicht mehr möglich, mag man dafür auch noch so viel „Heiligen Geist“ für sich vereinnahmen! Für die Theologie gilt diese säkulare Erkenntnis in gleicher Weise wie für alle anderen Wissensgebiete.

Mittelpunkt und Ausgangspunkt müssen also die Erfahrungen des Menschen sein. Von daher gilt es, all das, was auf den Menschen zukommt, nach Gott zu hinterfragen und das, was sich an Erfahrungen zeigt, zu sichten. Von da aus wird man weiter denken und fragen, d.h. wirklich Basistheologie betreiben. Und hier zeigt sich, was und wie und ob überhaupt Gott in den Blick kommt. Dies ist im Übrigen ziemlich nah an der „Methode“ der Bibel, wie sich leicht zeigen lässt; die Psalmen, viele Erzählungen des AT oder Geschichten in den Evangelien erzählen davon. So greift z.B. Jesus aus einer bestimmten Situation heraus eine Frage auf und führt weiter: „Mit dem Himmelreich ist es wie mit einem Mann, der... “ – und er erzählt eine Erfahrung, die allen aus ihrem Alltag bekannt ist.

Die Theologie wird gleichsam vom spekulativen Himmel herabgeholt auf den realen Boden des menschlichen Alltags, von dem sie sich aufrichten und „nach oben“ blicken kann. Ohne dieses Geerdetsein der Reflexion und Spekulation – auch die wird es weiter geben, da es zum Menschen gehört, sich über das Feststellbare hinaus Gedanken zu machen – kann es keine Glaubwürdigkeit mehr geben. Und die Verständlichkeit hängt davon ab, ob der Mensch mit seinen Erfahrungen, seinem Vorwissen und seiner Sprache dabei wesentlich vorkommt. Es ist eine Theologie, die, anders als die bisherige Lehrtradition, vom Menschen ausgeht und im Bogen der Reflexion und des Erkannten wieder zum Menschen zurückkehrt.

Theologie am Beispiel Evolution und Schöpfung[24]

Um es ganz banal in einem Beispiel zu fassen: Es geht einfach nicht mehr beim Thema Evolution und Schöpfung, dass man die Bibel hernimmt und dann, weil man besonders nah an der Moderne sein will, mit Hilfe der Quantentheorie o.ä. versucht, den biblischen Gott noch irgendwo unterzubringen, von den banaleren Versuchen ganz abgesehen, das Schöpfungswerk irgendwie mit der Bibel zu synchronisieren. Auch die Theo-

[24] Vgl. dazu oben das Kapitel „Schöpfung und Evolution“.

rie vom großen Designer nimmt das gegenwärtige Wissen nicht wirklich ernst, wobei obendrein theologisch zu fragen ist, ob man es da überhaupt mit dem biblischen Gott zu tun hat. Man kann nicht mehr von einem fiktiven Gottesbild ausgehen und von daher auf die Welt schließen!

Ausgangspunkt muss vielmehr und unter allen Umständen das Fragen und Wissen in der heutigen Zeit sein, hier zum Beispiel gegenwärtig die Urknalltheorie und Evolutionstheorie der Naturwissenschaften. Und dann kann man weiterfragen: Da das nach unserem heutigem Wissen so ist, was bedeutet das für den Glauben? Genauso haben es die Schriftsteller im Alten Testament getan, als es darum ging, den Glauben an den einen (Schöpfer-)Gott im damals modernsten Weltbild, dem babylonischen, zu bekennen, s. Gen 1.1ff. Glaube formuliert sich vielfach in Erzählungen. So wurde die Schöpfungserzählung in Verbindung mit dem neuesten Weltwissen der damaligen Zeit umerzählt; es kam etwas ganz anderes heraus als bei der viel älteren Erzählung aus der Nomadenzeit, Gen 2,4b ff. Aber gerade dadurch konnte der Kern, nämlich dass alles sein Dasein Gott verdanke, in der neuen Zeit glaubwürdig weitergesagt werden.

So ist es heute an der Zeit, in die „Erzählung" von der Schöpfung alles moderne Wissen einzubringen und die Schöpfung aus dem Wissen der heutigen Zeit heraus neu zu erzählen. Denn wenn man die Glaubens-Sache selbst, nämlich dass Gott der Urgrund von allem ist, bewahren will, muss man diesen Glauben mit dem Wissen und Weltbild der jeweiligen Zeit verbinden und das dann in Sprache fassen. Nur so findet die Botschaft zum Menschen und kann für den Menschen ein glaubwürdiger Wegweiser zu Gott sein. Eine Geist-Theologie hätte mit diesem Thema überhaupt keine Probleme, da für diese der GottesGeist ohnehin der geistige Grund der Welt ist (übrigens auch nach alter christlicher Überzeugung – warum hat man das nur vergessen?) und er sich daher selbstverständlich auch in der Evolution ausdrückt.

In einer Theologie „unten" sind keine absoluten Aussagen mehr möglich

Noch einmal aus einer anderen Perspektive: Kann man überhaupt absolut von Gott sprechen? Oder müsste man sich nicht vielmehr bescheiden und nur von bezeugten oder erfahrenen „Begegnungen" mit Gott sprechen? Die Antwort einer Geist-Theologie ist eindeutig. Denn von ihr her ergibt sich, dass man zunächst vom Menschen in seinen persönlichen und geschichtlichen Kategorien und seiner Lebens- und Glaubenserfahrung sprechen muss. Mit diesem Ansatz ergibt sich notwendigerweise eine Theologie, die sich von unten nach oben bewegt.

Sicher hatten die fest gefügten absoluten Dogmen und Normen ihre geschichtliche Bedeutung. Sie entstanden unter bestimmten Voraussetzungen und wurden und werden kirchenpolitisch, wie bekannt ist, als absolute göttliche Wahrheiten verstanden. Die Argumente der Amtskirche, die diese absoluten Lehren heute rechtfertigen sollen, stammen aus einer anderen Zeit und entstanden unter anderen Denkvoraussetzungen als den heute geltenden. Sie sind als menschliche Konstrukte zu erkennen, die in einer bestimmten Zeit Überzeugungskraft besaßen (siehe die Lehren von der direkten Offenbarung Gottes, der Irrtumslosigkeit des Lehramtes usw.). Erkenntnistheoretisch ist es, wie gesagt, heute definitiv nicht mehr möglich, absolute Aussagen zu machen, weder über Gott noch über den Glauben noch über sittliche Normen.

Die systematische Theologie und das Lehramt müssen daher aus ihrem Kopfstand erlöst und auf die Beine des Lebens gestellt werden. Dies bedeutet auch, dass man sich von der Fiktion einer statischen Welt, in der alles vorgegeben ist, löst. Wir leben in einer sich entwickelnden Welt, und auch die Menschheit ist in ständiger Entwicklung; dies ist von der Theologie und dem Lehramt endlich als Tatsache zur Kenntnis zu nehmen. In der sich entwickelnden Geschichte zeigt sich der GottesGeist. Die traditionellen Glaubensinhalte sind daher zu hinterfragen und die Glaubensaussagen als geschichtlicher Ausdruck des Glaubens zu erkennen. Das bedeutet keine Abwertung früherer „Wahrheiten“ und Erkenntnisse, denn alles hatte zu seiner Zeit seine Gültigkeit und seinen Wert. Es bedeutet vielmehr, unter den geänderten Bedingungen die biblische Glaubensbotschaft erneut mit dem Menschen zu verknüpfen, der in einer sich verändernden Welt lebt und als Kind seiner Zeit sich nach dem Unendlichen ausstreckt. Das läuft nicht auf einen Relativismus hinaus, wie Benedikt XVI. meinte, sondern nimmt die Vielschichtigkeit und die Vielfalt des Glaubens im Leben und Denken der Menschen, die „unterwegs“ sind, ernst. Dies muss sich in der Theologie und in der Lehre der Kirche niederschlagen!

Dazu gehört auch, dass manche Glaubensaussagen für manche unwichtig werden; anderes wird dringlich und einiges wird (wieder) neu erkannt. Glaube ist, genauso wie das Leben, nicht auf einen Zustand fixiert, und sei er dogmatisch noch so strikt behauptet, sondern Teil des sich entwickelnden Lebens. Manches stirbt dabei ab, und neue Erkenntnisse streben mit Macht zum Licht. Die heutige kirchliche Szene ist in der Führungsetage weitgehend besetzt von Amtsinhabern und Theologen, deren Ausbildung, Macht und geistige Heimat in der Vergangenheit gründet und die deshalb an der Tradition festhalten. Dies soll kein Vorwurf sein, denn in der vorgegebenen Ungleichzeitigkeit darf es durchaus ein Nebeneinander ungleichzeitiger Gleichzeitigkeit geben. Und ein tolerantes Nebeneinander und Miteinander könnte befruchtend für alle sein.

Schwierig wird es nur dann, wenn die Menschen, die in der Gegenwart verankert sind, von der Institution Kirche gehindert werden, ihren Glauben unbehindert zu leben. Und hier wäre der Platz der neuen Theologie: „Unten" in einer sich entwickelnden Welt an der Seite der suchenden und fragenden Menschen, den Blick nach „oben", das heißt zu Gott hin geöffnet. Indem man alles säkulare Wissen voraussetzt, ist dann mit den Mitteln der Theologie zu fragen, was das alles, in Verbindung mit der Schrift, für den Glauben bedeutet und was darüber hinaus der Mensch erkennen und erhoffen kann.

Theologie muss sich für alle Kulturen öffnen

Was natürlich nicht fehlen darf, ist ein Blick über den kulturellen Tellerrand Europas hinaus. Schon in Europa ist es heute schwer, eine einheitliche Theologie zu treiben. Unterschiedlichste philosophische und theologische Strömungen kennzeichnen die Gegenwart. In verschiedenen Gruppen wird Glaube und Religion unterschiedlich erlebt und praktiziert. Das reicht von vortridentinischer Theologie bis zu einer Theologie, die das zweite Vaticanum in die Zukunft hinein weiterentwickeln möchte. Kirche und Welt sind weit voneinander getrennt, wenn auch in Deutschland noch staatskirchliche Reste vorhanden sind. Globales Vernetztsein steht neben dem Bedürfnis, im kleinsten Lebensraum der Pfarrei möglichst wenig zu verändern. Ungleichzeitigkeit ist allgegenwärtig spürbar. In der Theologie geht es meiner Ansicht nach derzeit darum, in großer Bescheidenheit die Krise wahrzunehmen und sie als Anlass zu nehmen, den bisherigen theologischen Bestand auf seine Zukunftsfähigkeit hin zu überprüfen und die Möglichkeiten auszuloten, die sich durch die globalen Einflüsse neu auftun. An vielen Lehrstühlen geschieht das auch schon.

Was das Christentum bisher prägte, war die griechisch-hellenistisch-römische Geisteswelt. Diese lieferte die Sprache und die gedanklichen Mittel, die Botschaft Jesu in die damalige Welt zu inkulturieren. Und dies gelang vollständig. Die gesamte Sprache und theologische Gedankenwelt der Kirche ist bis heute durch diese Kultur bestimmt[25]. Umgekehrt formte dieses so inkulturierte Christentum die geistigen Grundlagen Europas, so dass Europa bis heute auf den Wurzeln der Antike in Verbindung mit dem hellenisierten Christentum fußt. Die ursprünglich jüdischen Ansätze wurden kaum rezipiert, die Kenntnisse des Judentums spielten bei der Interpretation der heiligen Schriften kaum eine Rolle. Zu tief war der Graben zwischen den beiden Religionen. Kurz, das Christentum ist zutiefst europäisch geprägt, und durch Missionierung wurde dieses europäische Christentum in alle Welt exportiert. Ansätze von Inkulturation in andere Kulturen wurden bisher von Rom strikt unterbunden. Man identifizierte das Christentum mit der gewachsenen europäischen Form. Ein anderes Christentum sollte und durfte es nicht geben.

Heute wird im Zuge der Globalisierung langsam begriffen, dass auch andere Völker großartige Kulturen hervorgebracht haben, die durchaus geeignet sind, die christliche Urbotschaft mit ihren Mitteln zu erschließen und sie neu, ihrer Kultur entsprechend, zu formulieren. Das heißt für heute: Will die Kirche wirklich katholisch (alle umfassend) sein, so muss sie auch alle Völker und Kulturen umfassen und wirklich weltweit werden. Man muss endlich Abschied nehmen von dem europäisch-kirchlichen Monopolanspruch, allein die biblische Überlieferung richtig zu interpretieren und allein die „Wahrheit“ endgültig gefunden und in Dogmen formuliert zu haben. Bei aller Berufung auf den „Heiligen Geist“, welche Anmaßung steckt in diesem Anspruch!

Erlaubt sei die faszinierende Vision einer wirklich katholisch (alle umfassend) gewordenen Theologie und Kirche, in die alle Völker und Kulturen gleich den Weisen aus dem Morgenland ihre Schätze einbringen! Und jede, wie z.B. eine genuin indische Theologie, wird dann aus dem Reichtum ihrer Kultur schöpfend die biblische Überlieferung neu auf ihre Weise interpretieren und ihre Erkenntnisse für die eigene Art, Christ zu sein, formulieren. Eine Theologie des GottesGeistes zum Beispiel dürfte in der indischen Kultur vermutlich besser gelingen als dies je im alten Europa gelang. Vergleichbares geschähe in Afrika, in China, Lateinamerika oder sonstwo auf der Erde. Auch die säkularen Glaubens- und Lebensentwürfe sollte man nicht ausschließen. Welche Fülle theologischer Erkenntnisse und Wege könnte in die Scheunen der Kirche eingefahren werden! Es wäre nicht mehr wie bisher nur eine theologische Einheitsfrucht aus Europa,

---

[25] Weiteres davon gegen Ende des Buches im Kapitel: Die Inkulturation des frühen Christentums . . .

sondern die Theologien aller Kulturen würden zum Reichtum aller beitragen. Denn in der universalen Kirche würde ein lebhafter, vorbehaltloser Austausch beginnen, wodurch alle ihren eigenen Glauben viel tiefer und umfassender entdecken könnten. Es wäre eine bunte Vielfalt, wie sie, so meine ich, dem GottesGeist wohl gefallen würde, der noch nie ein Geist der Einfalt war.

Bei einer solchen weltweiten Art, dezentralisiert theologische Wege zu erkunden, entfiele auch der geistesgeschichtlich überholte, in der Kirche aber noch vitale Anspruch, allein die ganze Wahrheit zu besitzen – von einigen Wahrheitssplittern außerhalb der Kirche abgesehen, wie man inzwischen großzügig zugesteht. Es würde begriffen, dass Wahrheit wie unter normalen Menschen auch in der Kirche nicht anders zu haben ist als im Diskurs, d.h. im „Streit“ miteinander. Welch spannender theologischer Diskurs geschähe da in einer globalisierten Welt, in der technisch schon lange die Grenzen überwunden und Menschen in aller Welt miteinander vernetzt sind!

Das würde für die systematische Theologie noch einen weiteren Schritt über den bisherigen traditionellen Schatten hinaus bedeuten: Es ginge nicht mehr darum, ein Nischendasein zu führen im Bemühen, ein in die Jahre gekommenes Lehrgebäude abzusichern, sondern es bedeutete theologisches Engagement zur Überwindung der Zweiteilung von Kirche und Welt, von Glaube und Leben, von kirchlicher Lehre und Volksfrömmigkeit, von klerikalen Amtsträgern und Laien, von institutioneller Macht und Gehorsam der Gläubigen, von Privilegierten und den Armen und Diskriminierten am Rande. Schließlich wird man sich fragen müssen, welchen konkreten Beitrag die Theologie nicht nur für den Glauben im praktischen Leben, sondern auch für das Überleben der Menschheit und den Frieden in der Welt leisten kann. Derartige Theologie könnte „Salz der Erde“ und „Licht auf dem Berge“ für eine Menschheit sein, die sich hoch gefährdet weiß und dringend nach Halt und Orientierung sucht. Wenn Theologie und Kirche – ohne zu bevormunden! – ihren Beitrag dazu einbringen und Hilfe zum Leben leisten, dann sind sie wohl nahe am Auftrag Jesu. Und über die Zukunft einer solch vielfältigen lebensbezogenen Theologie bräuchte man sich keine Sorgen zu machen; sie ist dringend nötig und wäre hochwillkommen!

Nachtrag, der einen „säkularen“ Grund dafür liefert, dass es eine neue Theologie geben muss:

Ein Wechsel des „Weltbildes“ ist geistesgeschichtlich überfällig

Geistesgeschichtlich geschah in der Zeit um 1900 eine geradezu dramatische Wende in der Erkenntnis der Wirklichkeit, deren Einsichten grundlegend für alle Bereiche der Wissenschaft wurden und irreversibel sind. Die Wende geschah dort, wo man es am wenigsten erwartete, nämlich in der klassischen Naturwissenschaft. Das bisher festgefügte Weltbild der Physik veränderte sich grundlegend. So kann man, wenn man es genau nimmt, nach Heisenberg heute nicht einmal mehr von einem physikalischen Weltbild sprechen, sondern nur noch von einem Naturbild.

In der klassischen Physik glaubte man bis dahin, endgültige objektive Aussagen über die ganze Welt machen zu können. Bei einer entsprechend umfassenden Intelligenz wäre es nach Laplace (zu Beginn des 19. Jahrhunderts) grundsätzlich möglich, alles, was in Zukunft geschehen würde, vorherzusagen. Es war in diesem Denken alles streng kausal durch die Naturgesetze festgelegt, die Welt war objektiv erfassbar.

Die Erkenntnisse der Physik in der Zeit um 1900 stürzten jedoch das Weltbild der klassischen Physik um. Ist das Licht Welle oder Teilchen oder beides zugleich, was sich logisch ausschließt? Schon die Fragestellung ist nicht der Physik angemessen, denn was Licht wirklich ist, ist, so die heutige Ansicht, eine Frage philosophischer Spekulation und nicht der Physik. Was dann? Unter bestimmten Voraussetzungen erscheint das Licht als Welle, unter anderen als Teilchen. Das beschreibt die Physik in mathematischer Sprache, alles andere (Welle, Teilchen, Atom, Elektron ...) sind Bilder, die nicht wirklich zutreffen. In der Quantenphysik ist nichts mehr so festgelegt, wie man das bisher dachte. Die logischen Schlüsse und Vorstellungen der klassischen Physik gelten dort nicht mehr unumschränkt, selbst das Kausalitätsprinzip ist mal wirksam, mal nicht.

Es stellte sich heraus, dass Quantenprozesse prinzipiell nicht vorhersehbar und ebensowenig objektiv beschreibbar sind, da der Mensch durch seine Versuchsanordnung die Ergebnisse grundsätzlich beeinflusst. Die Ergebnisse beschreiben daher nicht nur naturwissenschaftliche Fakten, sondern zugleich auch das Verhältnis des Menschen zu der beobachteten Natur. Es stellte sich heraus: Erkenntnis geschieht erst dadurch, dass der Mensch bestimmte Fragen stellt, Versuche anstellt und beobachtet. In dem Rahmen, den er selbst setzt, bekommt der Mensch Antworten; durch seine Fragestellung und Versuchsanordnung beeinflusst er das Ergebnis und ist daher in das Ergebnis integriert. Veröffentlicht er ein Ergebnis, muss er daher immer die Versuchsanordnung mit angeben. Das, was wir als objektiv ansehen, ist nur objektiv innerhalb eines bestimmten, vom Menschen festgelegten Systems. Um es noch einmal kurz zu sagen (im Blick auf unser Thema): *Der Mensch (Beobachter) muss immer mit einbezogen werden. Er ist selbst ein Bestandteil des Erkenntnisvorgangs und des Ergebnisses.* Und was herauskommt, ist unsere Vorstellung von der Natur, ein „Naturbild". Bei anderen Fragestellungen und Versuchsanordnungen könnte durchaus ein anderes Ergebnis herausspringen, wie dies ja auch bei dem Wechsel vom Weltbild der klassischen Physik zur modernen Physik geschah.

In der Theologie ist geistesgeschichtlich ein analoger Wechsel des „Weltbildes" angesagt, der dem entspricht, eine kopernikanische Wende, die seit 100 Jahren überfällig ist! Um es genau zu sagen: Es geht nicht um eine kosmetische oder pastoralpädagogische Veränderung. Der „Ort der Theologie" wird grundlegend gewechselt. Denn *es muss die Welt der (scheinbar) objektiven Aussagen aufgegeben und bei jeder Aussage über Gott, über den Menschen und über die Welt immer der Mensch mit einbezogen werden.* Das ist eine grundlegende Wende gegenüber einer fast 2000-jährigen Theologie! Denn das heißt, dass die Theologie unter der Voraussetzung, dass der GottesGeist immer und überall da ist, zunächst vom jeweiligen Menschen und seiner Beziehung zu Gott ausgehen muss, bevor man versucht, eine Aussage über Gott zu formulieren. Was herauskommt, kann kein objektives Gottesbild mehr sein, sondern eine Fülle von Gotteserfahrungen und ein „Gott für/mit/in uns", verwoben mit dem Menschen – und dazu noch, nimmt man die Erfahrungen und die Schrift ernst, ganz anders und ungreifbar, nicht festlegbar, aber auf den Menschen bezogen. – Und wenn man genau hinsieht: Das ist ganz nah dem Gott der Bibel und weniger dem, den die systematische Theologie und die Kirche bisher lehrte.

Eine Zwischenbilanz

Wir sollten uns hier mal zurücklehnen und das Revue passieren lassen, was wir bis jetzt bedacht haben:

- Es gibt nur eine Wirklichkeit. Wir Menschen sind eine Erscheinungsform der Wirklichkeit.
- Wir stellen Fragen und machen Erfahrungen mit der Wirklichkeit. Menschliche Erkenntnis und menschliches Wissen, die daraus gewonnen werden, sind begrenzt, vorläufig und überholbar. Sie drängen darauf, weiter entwickelt zu werden (Fortschritt im Erkenntnisprozess).
- Entsprechend unseren Erkenntnissen teilen wir die Wirklichkeit ein, z.B. in Subjekt und Objekt, Geist und Materie und entwerfen Systeme. Dies besagt nicht, dass die Wirklichkeit so ist. Es verrät vielmehr, dass unser Denken so ist und dass wir unsere Erkenntnisse so ordnen. Über die Wirklichkeit können wir nicht unabhängig vom erkennenden Menschen sprechen. Wir müssen das berücksichtigen!
- Unsere Sinne vermitteln uns Erfahrungen mit der materiellen Wirklichkeit. Es stellt sich heraus, dass in dieser und um diese oder hinter dieser eine umfassende nichtmaterielle Wirklichkeit wirksam ist. Sie ist offensichtlich die Grundstrukur und damit der Urgrund der gesamten Wirklichkeit. Diesen nannte die Philosophie Geist, die Theologie Gott.
- Wir können von Gott nicht mehr so denken und sprechen wie bisher. Nach der Götterdämmerung aller Gottesbilder stehen wir wieder dem absoluten Geheimnis gegenüber.
- Wenn wir in dem bildlosen Symbolbegriff „Geist“ dieses Geheimnis ansprechen, nehmen wir das 1. Gebot ernst, ohne „Gott“ irgendwie definieren zu wollen. Zugleich eröffnet er die Möglichkeit, von den „Wirkungen“ des göttlichen Urgrundes zu sprechen, die wir erfahren können. Diese „Aus-strahlung“ aus dem göttlichen Geheimnis nennen wir „GottesGeist“. Nur von ihm können wir sprechen, da wir mit ihm Erfahrungen in der Wirklichkeit machen können. Dieser GottesGeist ist auch „personal“ zu denken, d.h. es ist eine dialogische Beziehung zu ihm hin und in uns mit ihm möglich.
- Der Geist/GottesGeist ist – entgegen allen bisherigen anthropomorphen Vorstellungen! – nicht etwas, das zur Materie hinzukommt, das sozusagen von außen hineinwirkt, sondern er gehört essentiell zur Materie und damit auch zum Menschen, da er deren Grundlage ist. Es

zeigt sich, dass die materielle Wirklichkeit eine Erscheinungsform des Geistes ist. Zudem ist feststellbar, dass es Entwicklung in der gesamten Wirklichkeit gibt, was Rückschlüsse auf den Geist und den GottesGeist zulässt.

- Aussagen, die Eingriffe Gottes in die Welt „von außen" behaupten, gehören der mythischen Weltdeutung an, in der Gott anthropomorph gedacht wird, oder sie sind subjektive Interpretationen des Menschen zu bestimmten „natürlichen" Vorgängen, die ihn persönlich betreffen.
- Im Menschen ist der Geist sich seiner selbst bewußt geworden; wie weit das für Pflanze und Tier gilt, wissen wir nicht. Da der Geist im Menschen an die Materie gebunden ist, ist seine Erkenntnisfähigkeit, da er nicht reiner Geist ist, eingeschränkt und dazu geschichtlich/kulturell/individuell/sozial etc. bedingt. Erkenntnis geschieht, wenn man von Erfahrungen, also „von unten" ausgeht und dann Schlüsse daraus zieht (induktive Methode). Absolute Erkenntnis der Wahrheit kann es für einen endlichen Menschen prinzipiell nicht geben. Das gilt auch für Theologie und Lehramt.
- Eine Geist-Theologie, in der wirklich ernst damit gemacht wird, dass Gott „absoluter Geist" ist (soweit man von Gott überhaupt eine Aussage machen kann), erzwingt für uns heute ein radikales Umdenken in vielen Bereichen des Glaubens und der Tradition. Ohne etwas von dem, was überkommen ist, gering zu achten, ist in der Kirche eine grundlegende Korrektur des gesamten theologischen und strukturellen „Überbaus" und eine erneute Orientierung am Jesus-Ereignis unumgänglich, wenn das Christentum seinen Auftrag erfüllen und den Menschen heute die biblische frohe Botschaft weitersagen will.

In den folgenden Kapiteln wird versucht, die bisherigen Erkenntnisse bei einigen wichtigen Themen des Glaubens exemplarisch umzusetzen.

Offenbarung – wie ist das zu verstehen?

Die Offenbarungszeugnisse in der Hl. Schrift und wie es dazu kam

Darüber, was mit Offenbarung gemeint ist, geben Lexikonartikel und Wikipedia hinreichend Auskunft. Es genügt hier die ganz allgemeine Feststellung: Als Offenbarung versteht man üblicherweise, dass Gott sich einem Menschen oder einem Volk gezeigt oder mitgeteilt hat. Weiterhin wird der Begriff auch in dem Sinn gebraucht, dass sich Gott in den Heiligen Schriften (Bibel, Koran) unmittelbar mitgeteilt hat. Diese „geoffenbarten" Schriften gelten daher als heilig und als Wort Gottes.

Beide Offenbarungsbegriffe haben natürlich miteinander zu tun. Denn in den geoffenbarten Schriften finden sich zahlreiche Zeugnisse von persönlichen Erfahrungen mit Gott (Offenbarungen Gottes), man denke an Abraham, Moses und die Propheten, im Neuen Testament an Paulus und vor allem an Jesus. Doch Vorsicht! Was wir in den Schriften vorliegen haben, ist nicht die Erfahrung selbst, sondern das verarbeitete Zeugnis von ihr.

Wie geschieht Offenbarung?

Daher sind einige Überlegungen angebracht, unter welchen Bedingungen Offenbarung geschieht und wie das Zeugnis davon in der Folgezeit bis hin zur schriftlichen Abfassung verarbeitet wurde.

- Die Menschen, denen Gott sich mitgeteilt hat, – denken wir z.B. an Moses – sind natürlich endliche Menschen. Sie sind Kinder einer bestimmten Zeit, weisen individuell und psychisch typische Persönlichkeitsstrukturen auf und gehören soziologisch einer bestimmten Gruppe an. Dies alles prägt ihr Denken, Fühlen und Wollen. So bestimmt und begrenzt erleben sie alle Situationen ihres Lebens, auch ihre Erfahrung(en) mit Gott.
- Ein Grundsatz der Theologie heißt: Gott offenbart sich dem Menschen gemäß, d.h. „menschlich" und nicht absolut. (Dieses sogenannte Inkarnationsprinzip greift im Bild auf die Menschwerdung Gottes in Jesus Christus zurück, „in der Gott in allem das Menschsein annahm".) Tatsächlich lässt sich feststellen, dass jede Gottesoffenbarung menschliche (d.h. anthropomorphe), geschichtliche und situative Züge trägt und

individuell auf eine bestimmte Person bezogen ist. Sie ist daher vielfältig in das Menschsein einbezogen und mit ihm verwoben. Denn Gott hat sich, so das Zeugnis, in einer bestimmten Situation einer bestimmten Person gezeigt. Eine absolute Aussage über Gott können wir daher nicht erwarten; die Zeugnisse der Gottesoffenbarungen sind dementsprechend vielfältig, manchmal auch widersprüchlich.

- Trotz dieser sehr unterschiedlichen Erfahrungen und Perspektiven finden sich in den Zeugnissen offensichtlich „Konstanten“, die zeigen, dass es sich um denselben Gott handelt, der sich jeweils geoffenbart hat. Diese Konstanten sind in gewisser Weise das Kriterium dafür, dass es sich um eine echte Offenbarung handelt. Man kann dabei auch eine Entwicklung des Gottesbildes von frühen, sehr anthropomorphen Aussagen hin zu einer eher geistigen Gottesvorstellung feststellen.
- Ein Kriterium für die Echtheit der erfahrenen Offenbarung ist weiterhin, dass sich der Erfahrende verändert. Es bleibt nicht mehr alles so wie vorher. Oft ist die Erfahrung auch mit einem Auftrag verbunden.

Soweit die eher allgemeinen Vorüberlegungen.

Der Weg von der Erfahrung bis zur Niederschrift

Wie steht es nun mit den Zeugnissen der Offenbarung in der Heiligen Schrift? Das eben Gesagte gilt auch hier. Hinzu kommt, dass, wie wir heute wissen, von der Offenbarung bis hin zu der endgültigen Niederschrift, wie wir sie in der Heiligen Schrift vorfinden, viele Schritte lagen. Wir haben also in keinem Fall die Originaloffenbarung vor uns. Sehen wir uns die Schritte von der Offenbarung bis zur Niederschrift an:

- Schon der, dem sich Gott mitgeteilt hat, denkt darüber nach, was ihm passiert ist, und versucht dies in seine Persönlichkeit zu integrieren. Er macht sich also selbst ein Bild davon, „verarbeitet“ das Geschehene.
- Wenn er das, was er erfahren hat, anderen mitteilen will, so wird er das in seiner Sprache und in seinen Bildern tun. Dem Adressaten entsprechend wird er einiges weglassen und anderes verdeutlichen.
- Die Hörer werden selbst nur das, was sie verstehen können (und wollen), aufnehmen. Dieses Verstandene wird von ihnen interpretiert und weitergegeben.
- In der Folgezeit findet in der religiösen Gemeinschaft ein umfassender Interpretationsprozess des Überlieferten statt. Unterschiedliche Offenbarungserfahrungen werden miteinander verglichen, zueinander in Beziehung gesetzt, ergänzt und ihre Bedeutung für die Gegenwart her-

vorgehoben. Manches, was nicht passt, wird auch weggelassen. Eigene Fragen und Glaubenseinstellungen der Redaktoren fließen mit ein. Viele beteiligen sich daran, vor allem Priester und Theologen. So geschieht ein permanenter Reflexions- und Interpretationsprozess, bis es schließlich zur endgültigen Niederschrift kommt. Wir haben also vielfältig interpretierte Erzählungen vor uns; das Originalzeugnis ist uns nicht mehr zugänglich.
- Die niedergeschriebene Bibel bleibt aber ein lebendiges Buch. Wie die Urerfahrungen, zum Beispiel von Abraham und Moses, in spätere Erfahrungen und Interpretationen eingebettet wurden, so geschieht auch heute noch ein Interpretationsprozess beim Lesen, Hören und Auslegen der Heiligen Schrift. Daher können sich auch heutige einzelne und Gruppen in Teilen der Offenbarung wiedererkennen, wie z.B. das arme Volk in Lateinamerika sich in der Exodusgeschichte wiedererkennt. In der Vergegenwärtigung der damaligen Erfahrung interpretieren sie ihren Glauben und ihren Lebenszusammenhang neu. So ist die Bibel ein vitales Buch, das auch heute anregen und verändern kann.

Damit nicht genug. Es geht noch einmal um die Offenbarung Gottes, aber unter einem ganz anderen Blickwinkel. Und da wird in der Tat manches strittig sein.

Die Heiligen Schriften – geoffenbart und inspiriert?

Offenbarung im weiten und im engeren Sinn

Wenn man von Offenbarung spricht, dann kann man das in einem weiten Sinn und in einem engeren Sinn tun. Der Begriff ist freilich nicht ganz so festgelegt, wie wir meinen. Geschichtlich zeigt sich, dass er vielschichtig gebraucht wurde und eine permanente Entwicklung erfuhr, worauf ich aber nicht eingehen möchte. Zunächst in aller Kürze, in welchem Sinn der Begriff heute meist gebraucht wird:

Offenbarung in weiten Sinn kann in der Natur, in jeder Blume, in der gesamten Schöpfung geschehen, und unter den Menschen kann jedes gute Wort zu einer „Offenbarung" werden. Der Gläubige sieht in und hinter der sinnenhaften Realität Gott am Werk; so kann er ihn in der Schöpfung sozusagen indirekt erfahren.

Bei Offenbarung im engeren Sinne wird auf die vielfältigen Zeugnisse verwiesen, nach denen Gott sich selbst mitgeteilt, bzw. „gezeigt" hat; sie sind vor allem in den heiligen Büchern, aber auch in Heiligenviten u.a. niedergelegt.

Im engsten Sinne gelten die heiligen Bücher (Bibel, Koran ...) als die Offenbarung Gottes schlechthin. Der Koran zum Beispiel gilt gläubigen Muslimen als direkte und unmittelbare Offenbarung Gottes und ist daher Wort für Wort heilig und absolut und unumstößlich zu beachten. Was wir selten bedenken: Für die Bibel galt das Gleiche bis vor kurzer Zeit, und in Teilen der Christenheit gilt sie immer noch wortwörtlich als unmittelbare Gottesoffenbarung.

Von Gott geoffenbart, von Menschen geschrieben – Wie geht das zusammen?

Man hatte natürlich das Problem, dass es sich ja um Bücher handelte, die von Menschen geschrieben waren; daran kam man nicht vorbei. Wie konnten sie da Zeugnisse göttlicher Selbstmitteilung sein? Deshalb wurde, um die Autorität der Bibel in Gott zu verankern, die Lehre von der Inspiration, der direkten Eingebung durch den Heiligen Geist, entwickelt. Damit begründete die Glaubensgemeinschaft den Wahrheits- und Absolutheitsanspruch der geoffenbarten Heiligen Schriften, die ja die Fundamente ihres Glaubens sind, in der direkten Selbstmitteilung Gottes. Grundlegend für diese Lehre ist daher, dass der Inhalt der Schrift unmittelbar auf Gott zurückgeht und daher das Geoffenbarte „Wort des lebendigen Gottes" ist. Da die Schrift aus Gott selbst kommt, sind ihre Worte und Inhalte sakrosankt und damit unantastbar, unveränderbar und unmittelbar zu glauben. Die Art und Weise, in der sich Gott unmittelbar mitgeteilt haben soll, wird dann unterschiedlich gesehen.

Dass Menschen am Werk waren, wird zwar nicht geleugnet, aber deren Bedeutung wird herabgesetzt. Sie werden gleichsam zu „Schreibwerkzeugen" Gottes. Wie das zu verstehen ist? Wir kennen frühere künstlerische Darstellungen, in denen ein Engel (oder eine Taube/Heiliger Geist) dem Evangelisten das Evangelium Wort für Wort ins Ohr diktiert. Dieser Vorstellung entspricht die *Verbalinspirationstheorie*; sie behauptet, dass *jedes Wort* der Bibel von Gott bzw. dem Heiligen Geist eingegeben wurde und daher unmittelbar wahr und zu glauben sei. Etwas weiter geht die *Realinspirationstheorie.* Bei dieser werden von Gott inspirierte Sachverhalte und Geschehnisse in menschliche Worte gefasst, ohne dass sie wörtlich diktiert wurden; der Inhalt gilt aber als göttlich inspiriert.

In der Lehre der katholischen Kirche wurde/wird bis in jüngste Zeit die Inspirationslehre in dem Sinn vertreten, dass die Verfasser der Heiligen Schriften unmittelbar vom Heiligen Geist inspiriert wurden und dass daraus die Irrtumslosigkeit der Heiligen Schrift folge.

Diese Lehraussage hält freilich keiner kritischen Analyse stand, wenn man die Schriften genauer ansieht. Denn dass weder die Verbal- noch die Realinspirationstheorie zu halten ist, zeigt schon ein oberflächlicher kritischer Blick auf die Bibel. Es lässt sich leicht erweisen, dass hier viele zeitbedingte und durch Inhalte späterer Bücher der Bibel überholte Ansichten und Theologien vorliegen, ich denke da z. B. an die Veränderungen des Gottesbildes. Ein Stammesgott oder ein Kriegsgott im altorientalischen Sinn, der das Abschlachten eines Volkes samt Frauen und Kindern befiehlt, kann keine zeitlos inspirierte Offenbarung sein, auch wenn der Autor dies als Befehl Gottes ausgibt (1 Sam. 15,1ff.). Die „Irrtümer" sind so zahlreich, dass sie jedem kritischen Leser auffallen und nicht nachgewiesen werden müssen. Und eklatante Widersprüche finden sich selbst in den paulinischen Schriften, in denen auch recht zeitbedingte jüdische und hellenistische Sitten (z. B. zur Rolle der Frau) als maßgebend – wie die Tradition behauptet: für alle Zeit gültig, da inspiriert! – vorgetragen werden. Wie heillos sich einzelne Stellen der paulinischen und anderer Schriften bis heute, durchaus entgegen der Intention Jesu, auswirken, erfahren wir in der Kirche leidvoll.

Ja, man könnte sogar zu dem Urteil kommen: Wenn man bestimmte Gottesbilder, ethische und kultische Weisungen u.a. in der Bibel als „Gottes Wort" ernst nähme, müsste man schon aus Gründen der Menschenrechte den Glauben an diesen Gott aufkündigen. Dies geschieht leider nicht selten, wenn Menschen ohne theologische Kenntnisse die ganze Bibel kritisch lesen. Die meisten Katholiken kennen freilich die Bibel nicht; die Kirche behauptet einerseits weiterhin die Irrtumslosigkeit und Inspiriertheit der ganzen Heiligen Schrift, in der Praxis aber selektiert sie sorgfältig und setzt klugerweise nur das den Kirchgängern vor, was sie als glaubensfördernd ansieht oder was ihren Zwecken dient (z.B. patriarchales Familienbild, bestimmte Ethik etc.). Durch diese „Zensur" kann sie die Inspirations-Ideologie aufrecht erhalten, ohne sich tieferen Fragen stellen zu müssen.

Die Begriffe „Inspiration" und „Offenbarung" sind neu zu interpretieren

Es ist daher der Schluss erlaubt: Bei kritischer Sichtung lässt sich heute weder das Faktum einer Inspiration noch der Offenbarungsbegriff so, wie er von der Tradition und dem Lehramt der Kirche noch weitgehend verwendet wird, halten. Wenn mit diesen Begriffen aber etwas Wahres angedeutet ist – und ich bin überzeugt, dass es so ist – dann braucht das eine ganz andere theologische Grundlage. Diese muss von der Erfahrung des Menschen ausgehen und über diese Brücke die Wahrheit des mitgeteilten Wortes erschließen. Eine Theologie des GottesGeistes könnte hier möglicherweise eine auch für heutige Menschen schlüssige Lösung anbieten.

Wie ein solches Offenbarungsmodell aussehen könnte, sei hier skizzenhaft angedeutet: Wenn es so ist, dass der GottesGeist in jedem Menschen „wohnt" und in ihm verborgen wirkt, so geschehen notwendigerweise vielfältige „kleine" Offenbarungen (Sich-Zeigen des GottesGeistes/Gottes) tagaus tagein in Gedanken, Worten und Werken des Menschen, soweit dieser auch nur ansatzweise aus seiner zentralen Mitte lebt. Normalerweise bleiben diese „Offenbarungen" unidentifiziert, von Glaubenden werden sie manchmal als „gute Eingebungen" oder Ähnliches gedeutet oder im Gefühl als Nähe Gottes erspürt.

Es gibt allerdings auch nicht wenige Menschen, die durch ihre Lebenserfahrung, durch „Gnade" oder „einfach so" mit ihrer Mitte/mit Gott in unmittelbare Verbindung gekommen sind. Sie wurden so in vielfältiger Weise der „Offenbarungen" des GottesGeistes in sich selbst, in der Begegnung mit anderen Menschen, beim Lesen und Beten, im Arbeiten oder Ruhen, im Hören und Nachsinnen, kurz, in ihrem Leben gewiss. Sie können daher durch ihr Vorbild oder auf andere Weise Zeugnis von ihren Erfahrungen mit dem nahen Gott geben. So kennen alle Religionen derartige Menschen, die fähig wurden („Berufungserlebnis"), aus ihrer göttlichen Mitte heraus zu „strahlen" und andere in ihre Gottesbeziehung mit einzubeziehen (Charismatiker, Propheten, Apostel, Sufis etc.). Aus dieser ihrer Gotteserfahrung wurden andere, die sich davon ansprechen ließen, fähig, sich selbst und ihre Welt neu zu sehen und neu zu interpretieren. Sie gelangten zum Glauben und erlebten im besten Falle selbst die gegenwärtige Wirksamkeit des GottesGeistes. Dieser Vorgang schimmert z.B. sehr deutlich in den ersten Kapiteln der Apostelgeschichte durch. Innen und außen sind nicht mehr unterscheidbar. Die Geisterfahrung überkommt sie quasi „von außen“ und als Geistträger glühen sie von innen (Umkehr der Herzen, Begeisterung...). Die biblische Sprache, die den Schwerpunkt entsprechend der prophetischen Tradition (Joel u.a.) auf das Handeln Gottes legt (Gott außen und oben, s. Gottesbild), beschreibt dies dementsprechend als Geistsendung und Empfangen des Geistes.

„Offenbarung“ Gottes in der Heiligen Schrift und im heutigen Alltag

Ein solch anderes Verständnis von Offenbarung und Inspiration interpretiert Offenbarung daher nicht mehr als Mitteilung von Worten oder Realien, sondern als ein erlebtes Sich-Zeigen Gottes, also als unmittelbar erfahrene Selbstmitteilung des GottesGeistes in Situationen, Sachverhalten oder Worten. Inspiration wird dadurch zu einem ganz persönlichen Erlebnis. Dies gilt für die biblisch bezeugten Ereignisse genauso wie es für ein heute mögliches Geschehen gilt. Für uns Heutige kann dieses Inspiriertwerden auch im Lesen/Hören der Heiligen Schrift geschehen. Denn der Glaubende/Leser/Hörer/Erfahrende fühlt sich persönlich durch ein Wort, einen Text, im Erlebnis einer Situation ... durch Gott angesprochen. Dabei hat die Bibel eine besondere Bedeutung. Denn als Buch der Glaubensgemeinschaft überliefert sie ursprüngliche Zeugnisse von dem erfahrenen Handeln Gottes an Menschen und von Lebenserfahrungen angesichts des geglaubten Gottes. Diese Zeugnisse wurden, wie bekannt ist, von den Autoren der Bibel in ihrer Welt- und Lebenssicht und ihrer „Theologie“ gedeutet und überliefert. So ging diese Überlieferung als Heilige Schrift in den Glaubensschatz des Volkes Israel und später (erweitert) der Christengemeinden ein, die darin ihre eigenen religiösen Fragen und Erfahrungen spiegelten. Maßgebend ist für Christen dabei besonders die Person Jesu, in dessen Leben, Wirken, Sterben und Auferweckung sich – so das Zeugnis der Schrift und ihr Glaube – Gott am deutlichsten selbst mitgeteilt hat.

Was ist daraus für den Umgang mit der Bibel[26] zu folgern?

Es ist offenkundig und unter Theologen heute allgemein akzeptiert, dass in der Bibel „Gottes Wort“ und „Menschenwort“ aufs Engste miteinander verbunden sind, genauer, dass sich Gottes Wort im Menschenwort vorfindet und finden lässt. Zur theologischen Begründung wird, wie schon erwähnt, auf die Inkarnation (Menschwerdung Gottes) verwiesen. Sieht man aber genauer hin, so ist unübersehbar, dass sich für den heutigen Leser/Hörer über weite Strecken nur „Menschenwort“ finden lässt und nicht wenige Stellen mit dem Gott Jesu und den jesuanischen Grundanliegen unvereinbar sind. Es gibt in der Schrift vieles und allzu vieles, was „Christum nicht treibet“ (M. Luther), wo Gottes Wort nicht „drin ist“, sondern sich u.a. auch recht menschliche Bedürfnisse zeigen (sogar Hass, Rache, Vereinnahmungen Gottes etc.).

[26] Die Bibel ist, wie wir heute wissen, kein einheitliches Werk. Ihre 72 Bücher tragen sehr unterschiedliche literarische Züge; die meisten Bücher sind auch in sich uneinheitlich. Von geschichtlichen Berichten, rechtlichen Vorschriften, Legenden, Sagen und Märchen reichen sie über prophetische Zeugnisse, Lieder und Weisheitslehren bis hin zu Evangelien und Briefen, womit durchaus nicht alles angesprochen ist. Vielfach nehmen in den Texten Menschen (Autoren) mit ihren Lebens- und Glaubenserfahrungen Stellung zu dem Erlebten und Erfahrenen und interpretieren ihre Wirklichkeit und die Überlieferung aus ihrem Glauben heraus entsprechend den Einsichten ihrer Zeit und Kultur. Fast alle Werke, besonders die des Alten Testaments, wurden von Späteren vielfach überarbeitet und neu interpretiert. Als die kirchliche Glaubensgemeinschaft gegen Ende des 4. Jahrhunderts n.Chr. diese Bücher im Kanon der Heiligen Schriften festhielt, fixierte sie deren Redaktionsstand zu diesem Zeitpunkt als endgültig und unveränderlich. Es wurde der Kanon der Heiligen Schrift gebildet, der fortan der Bezugspunkt und Maßstab des Glaubens, die „norma normans“ war. Seitdem gilt das Gesamt des Kanons, unsere Bibel, als Offenbarung Gottes, also als „Wort Gottes“. Die wissenschaftliche Textkritik hat die Bedingungen der Entstehung der biblischen Bücher herausgearbeitet. Als hochkomplexe Texte beinhalten sie entsprechend ihrem zeitgeschichtlichen Kontext und den persönlichen Vorstellungen ihrer Schriftsteller nicht wenige Widersprüche und Irrtümer. Daher wurden und werden selbst in den Kirchen und Konfessionen in der Praxis bestimmte Passagen bevorzugt und andere als ungeeignete Schriftstellen völlig ausgeblendet. Für wieder andere Texte werden zuhauf Uminterpretation dargeboten, um sie an das Glaubenssystem anzupassen. Trotzdem hat die Bibel ungeachtet aller menschlichen Schwächen, die sich finden, als Zeugnis des Glaubens sowohl für das Judentum wie auch, um das NT erweitert, für das Christentum grundlegende Bedeutung. Sie ist die Heilige Schrift schlechthin und gilt als Zeugnis der Offenbarung(en) Gottes; sie ist Grundlage des Glaubens und – das ist wichtig! – stetes Korrektiv der Glaubenstradition.

Unter diesen Voraussetzungen könnte man daher, so meine ich, mit der Bibel etwa so umgehen: Man geht davon aus, dass Inspiration und Offenbarung nicht im engen Sinn gegenständlich in den Worten und Inhalten der Hl. Schrift fixiert und vorgegeben sind, sondern dass sie sich im persönlichen Erleben und je neu in vielfältigen Situationen und im Lesen der Hl. Schrift ereignen. Man weiß auch, dass die Bibel zwar vor ca. 2000 bis 3000 Jahren entstanden ist und viele „Offenbarungen" enthält, die über die Zeiten hin gültig sind, aber auch Menschliches und allzu Menschliches, fremde Erzählweisen und Sitten, Vorstellungen und Bräuche, Gesetze und Anordnungen. Es muss daher nicht beunruhigen, wenn man Gott dort nicht überall findet. Vieles kann man dann ruhig liegen lassen, denn Gottes „Wort" ist nicht in Buchstaben, Wörter, Sätze und Kapitel gegossen und damit verfügbar. Aber man wird auch Worte und Texte entdecken, bei denen es einem warm wird ums Herz, und es kann sein, wenn der Geist es will, dass man hier oder dort überraschend merkt: ‚Da bin ich gemeint, da spricht der Gott Jesu zu mir. Und das ist mir wichtig, zum Leben wichtig!' So hat die Urkirche ausgewählt, und so machen es viele Glaubende intuitiv bis heute ungeachtet der sperrigen Inspirationslehre der Kirche. Denn wenn man sich darauf einlässt, merkt man sehr bald: Es lohnt sich, in der Bibel, aber nicht nur dort, auf Gott-Entdeckungstour zu gehen und sich inspirieren zu lassen von den lebendigen „Offenbarungen" Gottes in der Heiligen Schrift und im heutigen Alltag.

Die dunkle Seite Gottes

Theodizee – die Rechtfertigung Gottes und das Böse in der Welt

Der Glaube an einen guten Gott stößt angesichts des Leids an seine Grenze

Wir erleben in der Welt und im eigenen Leben nicht nur Gutes, sondern vielfältig physisches und psychisches Leid, Krankheit, sinnlosen Tod, Gewalt und Vernichtung (verursacht durch Menschen oder Naturgewalten), Hass und Terror und sinnloses Quälen. Die Nachrichten sind voll davon. Besonders schlimm ist es, wenn es einen selbst trifft. Wie sollen wir all das Böse, das geschieht, mit dem Bild eines guten Gottes vereinbaren? Das Theodizeeproblem[27] ist wohl so alt wie die Menschheit selbst. Mit all unserem Fragen und Klagen stoßen wir auf eine Grenze, die unüberwindlich scheint. Was hat es auf sich mit der dunklen Seite Gottes?

Die indische Religion spricht in ihren Bildern ganz offen davon, dass das Böse etwas mit Gott zu tun hat. So ist der Gott Shiva nicht nur der Gott des schöpferischen Werdens und des sich vielfältig entfaltenden Lebens, sondern gleichzeitig auch des Vergehens, der Vernichtung und Zerstörung. Der stetige Wandel im Weltenkreislauf und das Auf und Ab im Leben werden abgebildet in dem schicksalhaften Tanz des Gottes. Ebenso bildet zuweilen die weibliche Partnerin des Gottes, die Shakti, wie Kali oder Durga, die „negative Seite“ der Gottheit ab. So ist das Böse und Negative, das man in der Natur und im Leben erfährt, in die Religion integriert. Man weiß, dass es mit der Gottheit zu tun hat und damit zum Leben gehört.

Auch im frühen Judentum war man überzeugt, dass alles von Gott kommt, so Leben und Tod, Sieg und Niederlage im Kampf, Gutes und Böses, Liebe und Hass, Wohl und Wehe. Mit der prägenden Erfahrung des rettenden und lebensspendenden Gottes im Exodus und in der weiteren Geschichte wurde die positive Seite Gottes, die man erfahren hatte, wichtiger und schließlich entscheidend. Es war der gute Gott, der Herr seines Volkes, von dem man alles Gute erwartete. Von ihm erhoffte man sich Rettung und Heil in allen Gefahren des Lebens, Wohlergehen und

---

[27] In der Theodizeefrage geht es um eine philosophische und/oder theologische Rechtfertigung Gottes angesichts der Übel und des Bösen in der Welt.

Frieden, kurz seine Gnade zu einem glücklichen und gelingenden Leben. Denn, so glaubte man, sein Segen garantiere Heil für sein Volk und langes Leben, Reichtum und Zukunft in vielen Nachkommen für den, der ihm anhing.

Doch die Erfahrungen im Leben deckten sich nicht mit dieser Vorstellung. Unglück, Leid und Tod und vielerlei Übel trafen Gerechte und Ungerechte, und Missernten, Unglück und Niederlagen das Volk Israel, das sich als sein erwähltes Volk ansah. Wie konnte man das mit dem guten und zugewandten Gott zusammenbringen? Man suchte Lösungen dafür zu finden. So geschah eine Uminterpretation der Vorstellungen hin zu der Theologie, die wir heute noch kennen: Es ist die Schuld des Menschen, beziehungsweise des Volkes, die den Zorn Gottes hervorruft und das Eingreifen Gottes nötig macht. Aufgrund des Bundesbruchs des Volkes und der einzelnen, da man die Gebote nicht hielt und zu fremden Göttern abfiel, ist Gott gezwungen, zu strafen und Leid als Erziehungsmittel einzusetzen, damit es zu einer Besserung und Rückkehr zu ihm kommt (so die deuteronomistische Theologie[28]). Dabei wird von Gott die Brücke zum Menschen trotz aller Schuld und Strafe nie ganz abgebrochen; er bleibt der gnädige und verzeihende Herr, der im Letzten eigentlich Heil und Zukunft für den Menschen ermöglichen will.

Wenn aber keine Schuld vorlag und Leid unverdient den Menschen traf, so glaubte man nicht selten, dass Gott den Menschen auf die Probe stelle. Dies geht zuweilen so weit, dass in frommen Erzählungen und Sprichwörtern davon die Rede ist, dass Gott den besonders liebe, den er durch auferlegte Leiden prüfe. Man dachte auch an eine Schuld der Vorfahren, die Gott bis ins dritte oder vierte Geschlecht räche[29].

Weitere Lösungsversuche finden sich in der Spätzeit des Judentums und dann besonders im Christentum: Es sind die widergöttlichen Mächte, Dämonen und Teufel, die das Böse in der Welt verursachen. Die Gefahr eines gewissen Dualismus, also einer Gegenmacht zu dem guten Gott, wird hier in Kauf genommen.

---

28 Die Schriftsteller des deuteronomistischen Geschichtswerks versuchen zu zeigen, dass das Unheil in der Geschichte des Volkes Israel, insbesondere die Zerstörung Jerusalems 586 v. Chr., durch die Sünde und den Bundesbruch der Könige und des Volkes selbst verschuldet sei.

29 Siehe 2 Mose 20,5–6: „Denn ich bin der HERR, dein Gott, ein eifersüchtiger Gott: Ich suche die Schuld der Väter an den Kindern heim, an der dritten und vierten Generation, bei denen, die mich hassen; doch ich erweise Tausenden meine Huld bei denen, die mich lieben und meine Gebote bewahren."

Gott wird so entlastet und der Mensch belastet, und der Mensch hinwiederum wird teilentlastet, wenn nicht nur er, sondern auch der Teufel schuld ist am Bösen. Man spürte aber, dass auch diese Antworten im Letzten nicht aufgingen, wie die Geschichte Hiobs zeigt, in der das thematisiert wird. Sie lässt die Frage nach dem Warum im Verweis auf die Größe Gottes letztlich unbeantwortet offen.

Wenn heute gefragt wird, ob Gott wirklich das Blut seines sündenlosen Sohnes am Kreuz brauchte, um die Sünden der Menschen zu löschen und seiner Gerechtigkeit Genüge zu tun, so wird im Allerheiligsten der christlichen Religion wie auch sonst die alte Frage nach dem ungerechten Leid des Unschuldigen gestellt. Es wird deutlich, dass die alten Erklärungsmodelle bei kritischer Nachfrage in gewandelten Verhältnissen nicht mehr taugen und die Gottesvorstellung dahinter höchst fragwürdig ist. Sie sind angesichts der leidvollen Realität in der Welt unglaubwürdig geworden. Wir stehen heute wieder ganz ungeschützt vor der Urfrage: Was hat Gott mit dem Dunklen in der Welt zu tun, wenn alles seine letzte Ursache in ihm hat? Kann ich diesem Gott vertrauen? Wir werden die Theodizee-Frage ebenso wenig los wie die Frage nach all dem, was Leben psychisch und physisch einschränkt, demoliert und zerstört. Wie geht das zusammen mit dem guten und liebenden Gott? Eine überzeugende Antwort habe ich nirgends gefunden. Die bisherigen Entlastungsversuche können nicht mehr überzeugen. Was dann?

Kann das Böse dualistisch erklärt werden?

Tatsächlich können wir – ein Erfordernis intellektueller Redlichkeit – bei dem vorliegenden Faktum eines abgrundtiefen Bösen nicht umhin, ein dualistisches Modell für dessen Erklärung alternativ zu einem monotheistischen Lösungsversuch zuzulassen. Denn entweder sieht man den Ursprung in der einen Gottheit, die als Einheit gedacht wird und unbegreiflich eine dunkle Seite beinhaltet, oder man stellt der guten Gottheit ein böses Prinzip entgegen.

„In der dualistischen Weltsicht besteht die Wirklichkeit aus zwei Sphären, die einander absolut entgegengesetzt sind. Dabei werden nicht nur zwei Welten, sondern auch zwei ewige Gottheiten als Schöpfer unterschieden, die diese Welten hervorgebracht haben. Einer unsichtbaren, geistigen Welt steht die sichtbare, materielle Welt gegenüber. Häufig wird auch eine Welt des Lichts von einer Welt der Finsternis unterschieden. Die unsichtbare geistige Welt ist die Schöpfung eines guten Gottes, während die materielle Welt auf das Wirken eines bösen Gottes zurückgeht." – soweit in Wikipedia s.v. Dualismus. Hier zeigt sich neben den antagonistischen göttlichen Prinzipien ein Dualismus zwischen dem positiven Geistigen und dem negativen Materiellen, der zweifellos in die christliche Religionsgeschichte und Lebensauffassung (über Manichäismus[30] und Gnosis[31]) hineinwirkte und bis heute wirksam ist.

Da wir, wie dargelegt, über Gott selbst nichts aussagen können, wohl aber über die „darunter liegende" Ebene des GottesGeistes nachdenken, mit der wir Erfahrungen machen können, so müsste man in einer dualistischen Betrachtung für diese Ebene ein böses Prinzip annehmen, das seinen Grund in der höchsten Ebene hat. Dieses müsste als gleichrangiges geistiges Gegenprinzip zum guten GottesGeist gedacht werden. Eine derartige dualistische Lösung findet sich schon in alter Zeit z.B. in der persischen Zarathustra-Religion, dem Parsismus.

Im Judentum und Christentum und in fast allen Erlösungsreligionen erkennt man eine Unterordnung des bösen Prinzips unter die göttliche Allmacht. Kritisch ist dabei anzumerken, dass dabei einesteils Gott selbst mit dem Bösen letztlich doch zusammengedacht werden muss, anderenteils erscheint mir die Rede vom Engelsturz, vom Teufel und den dämonischen Mächten eine anthropomorphe Verharmlosung des grundsätzlich Bösen zu sein. Man macht sich das Böse vorstellbar und glaubt dadurch, irgendwie mit dem Bösen umgehen zu können.

Wenn man jedoch das Böse wirklich ernst nimmt, muss man, so das dualistische Denken, eine gottgleiche geistige Macht postulieren, die abgrundtief Böses bewirkt und exzessiv alles Gute und Leben-Fördernde, das in ihren Wirkkreis gerät, hasst und schließlich alles Lebendige und Gute pervertiert und zu zerstören sucht. Man denkt da unwillkürlich an die bestialischen Grausamkeiten in den KZs und in den unzähligen KZ-

---

[30] Manichäismus: Eine Offenbarungsreligion der Spätantike, gegründet von dem Perser Mani (216 – ca.276 n.Chr.). Sie ist gekennzeichnet durch einen strengen Dualismus von Licht und Finsternis, Gut und Böse. Wenn der Manichäismus auch vom Christentum bekämpft wurde, fanden doch bestimmte Ideen Eingang in die christliche Religion, so auch seine Leib- und Sexualfeindlichkeit.

[31] Gnosis bezeichnet unterschiedliche dualistische religiöse Strömungen des 2. und 3. Jahrhunderts n.Chr., darunter auch christliche Gnostiker. Erlösung geschieht in der Gnosis durch Erkenntnis. Es geht darum, die Einbindung in die (böse) materielle Welt zu erkennen und sich davon zu befreien, um zu dem lichten guten Gott zurückzukehren. Dieser sendet, um den Menschen zu helfen, seinen „Sohn" (den Erlöser), der den Menschen den Weg der Erkenntnis weist, der zur Erlösung führt.

gleichen Straflagern heute. Man kann auch die kalte, berechnende Grausamkeit der zahllosen Schreibtischtäter dazurechnen, die das Quälen und Morden im kalten bürokratischen Akt perfektioniert haben.

In einem dualistischen Modell wäre das böse Geistprinzip ein echter Gegenspieler des guten Geistes. Es geht bei dem ewigen Kampf beider Prinzipien um alles, um Sieg und Niederlage in kosmischer Dimension, um Gut und Böse. Es geht um die Macht, tödlichen Hass und tödliche Zerstörung des dunklen Gottes, und auf der anderen Seite steht die Macht des lichten Gottes, die Leben, Liebe und Glück ermöglicht. Was wir an Gutem und Bösen erleben, hat in den beiden Mächten seine Ursache. Der Mensch steht zwischen beiden und muss sich in seiner Freiheit zwischen beiden entscheiden. Es geht für ihn darum, wem er sich anheim gibt, wem er vertraut, wem es sich überlässt. Beide, der gute wie auch der böse Geist haben Zugang zum Herzen des Menschen. Die Auseinandersetzung findet also dort statt und zeigt sich in „Gedanken, Worten und Werken". Wenn der gute Geist, der Geist des Lichtes, im Herzen des Menschen Wohnung nimmt, kann der Mensch „Bild Gottes", ein „Engel" unter den Menschen werden, ein Erlöster, der seine zeitliche und, wenn er die irdische Bindung an den Körper abgestreift hat, seine ewige Heimstatt bei dem guten Gott findet. Oder das böse Prinzip ergreift vom Menschen Besitz. Übernimmt es in ihm die Regie, kann der Mensch, besessen vom Bösen, zu einem wahren Teufel werden. Man denkt da an manche Menschen, die für ihre Mitmenschen zu einer Personifikation des Bösen wurden. Sie gehören, wie es scheint, dieser bösen Macht an, das positiv Göttliche scheint bei ihnen völlig ausgeschlossen zu sein, ihr Inneres ist ganz erfüllt vom Bösen. Abgrundtiefe Bosheit und Grausamkeit werden so erklärlich.

Die Erfahrung lehrt, dass bei den meisten Menschen vieles unentschieden ist, manchmal findet sich in einem ein „guter" oder „böser" Geist oder Wille, oder es ist eine Tendenz zum Guten oder Bösen auszumachen. Bei anderen sehen wir viel Böses und es bleibt nur die Hoffnung, dass das Gute sich letztlich doch als das Stärkere erweist.

So ist festzustellen: Das dualistische Modell nimmt Leid, Hass und Zerstörung sehr ernst und erfasst so die Realität, wie wir sie kennen. Manches, vor allem abgrundtiefe teuflische Bosheit, die anderen Menschen wahrhaft die Hölle auf Erden bereitet, und sinnloses Leid erscheinen plausibler erklärt als in der monotheistischen Lösung. Doch genau besehen denken wir auch dieses Böse aus dem Kontrast zum Guten. Das Gute scheint für uns Menschen der eigentliche Maßstab zu sein, an dem wir uns ausrichten – jeder prüfe das an sich selbst! Auf dieses hoffen wir, danach sehnen wir uns, gegen alles Böse und Negative lehnen wir uns auf. Denn der Mensch ist innerlich so sehr auf die Entfaltung des Lebens, d.h. zum Guten hin angelegt, dass er trotz aller theoretischen Überlegungen und negativen Erfahrung in der Praxis doch dem guten Gott die höhere Macht zuschreibt. Auf diesen vertraut er trotz aller teuflischen Mächte, die ihn von außen und innen bedrohen. So hat sich bei allen Ungereimtheiten und Schwierigkeiten das monotheistische Modell mit dem Vertrauen auf einen guten Gott, der stärker ist als alles Böse, durchgesetzt. Doch damit ist noch lange nicht alles gelöst. Denn die alte Frage fällt uns erneut in aller Schwere auf die Füße: Ist Gott nicht doch schuld an allem?

Die Theodizeefrage stellt sich mit unabweisbarer Dringlichkeit

Bleiben wir konsequent bei dem, was wir Menschen erfahren und wissen können, und stellen wir auch demütig fest, was wir nicht erfassen können, da unsere Sicht so eingeschränkt und behindert ist, dass wir den Nebel nicht durchdringen können! Was wir erleben, ist das Böse, Ungerechtigkeit und Krieg, Leid, Folter und Qual, Hunger, Übel, Schmerzen, Krankheit und Tod und alles, was damit zusammenhängt. Das Leben der Menschen ist damit unsäglich belastet, in vielen Regionen der Welt sogar in unbeschreiblichem Maß. Man kann es manchmal fast nicht mehr ertragen, von diesem Leid auch nur in den Nachrichten zu hören und Bilder davon zu sehen. Und besonders bei den unschuldig Geschundenen wird das Leid zur Anklage gegen Gott; es ist himmelschreiend! Sicher, vieles ist von Menschen verursacht, vieles aber auch nicht. Und, was wir nicht erfahren, ist, warum das prinzipiell in der Welt so ist, warum die Schöpfung so gebaut ist, dass das Leben der Menschen so belastet und bedroht ist. Und schließlich, warum der Mensch so beschaffen ist, dass er unbegreiflich Böses verursachen und sogar andere Menschen auf alle erdenkliche Weise bestialisch foltern und quälen kann. Ein Hinweis auf die Gesetze der Evolution (Überleben der Stärkeren, bzw. der besser Angepassten, das Lebensprinzip des Fressens und Gefressenwerdens etc.) ist keine hinreichende Antwort und würde auch da auf eine Rückfrage an Gott hinauslaufen, warum er das so „gewollt" hat.

Alles ist Zufall – ist das eine gute Antwort?

Viele glauben heute, dass alles zufällig so ist, wie es ist und zufällig kommt, wie es kommt. Das klingt ganz einfach und naheliegend, ist aber, wie ich meine, in unserem Zusammenhang ein ungeheuerlicher Gedanke mit dramatischen Folgen! Denn wer nach Auschwitz an Gott verzweifelt, diesen aufgibt und angesichts des ungeheuren sinnlosen Bösen nun behauptet, es sei halt der Zufall, der die Welt regiere, und deshalb geschehe alles, wie es zufällig zufalle, bietet nicht nur keine vernünftige Antwort, sondern macht dadurch, so meine ich, die Sache nur noch schlimmer. Was leichtsinnig dahingesagt sein mag und wie ein Wissen um eine Lösung klingt, hat immense Auswirkungen.

Mit dem Begriff Zufall ist das nämlich so eine Sache. Eigentlich müsste man erklären, man wisse keinen Grund für das Geschehen. Das will man aber nicht zugeben, vielmehr verschleiert man sein Nichtwissen mit dem Begriff Zufall. Diesen bläst man zu einer quasi-mythologischen Gestalt auf: Der Zufall teile den Menschen willkürlich alles, wie er wolle, zu. Und so komme dann halt, was einem gerade geschieht.

Im Altertum waren die Schicksalsgöttinen, die das Los den Menschen und Göttern zuwerfen, oder die unberechenbare Fortuna noch eingebettet in eine übergeordnete göttliche Weltordnung. Diese ist in der Moderne abhanden gekommen; übrig blieb nur die Kälte des leeren Alls. Daher ist das, was wir heute unter Zufall verstehen, ein Kind des Nichts. Denn da es keine grundlegende Sinnordnung mehr gibt, kommt er aus dem Nichts und ist selbst ein reines Nichts. Er kann daher auch nichts erklären oder zuteilen. Und alles, was „zufällig" in der Welt vor sich geht, ist reine Sinnlosigkeit, sonst nichts.

Doch warum wird mit dem „Zufall" die Sache noch schlimmer? Solange man sich an Gott reibt und mit dem Theodizeeproblem herumschlägt, bleibt immerhin noch eine, vielleicht nur winzige Hoffnung, dass das geschehene Böse letztlich doch noch in einem letzten höheren Sinn aufgehoben ist, auch wenn es uns unmöglich ist, diesen herauszufinden. Wer nun Gott und eine letzte sinnvolle Ordnung aufgibt und allein auf den Zufall setzt, schreibt damit all das, was an Fürchterlichem geschieht, endgültig und unveränderlich fest. Man muss das ganz klar sehen: Es haben dann die, die verbrecherisch auf Kosten anderer leben, die Menschen ausbeuten, morden, foltern, quälen ... letztlich recht, wenn sie dadurch oben schwimmen. Und die Geschundenen und zu Tode Gequälten bleiben endgültig die Gelackmeierten der eigenen Lebensgeschichte wie der Weltgeschichte. Jeder Mensch und jedes Schicksal ist und war dann nichts als eine Nullnummer des Zufalls ohne jeglichen Sinn und Wert, sonst ganz und gar nichts.

Ob sich dieses Erklärmodell nach Auschwitz besser aushalten lässt? Ich meine: Gerade nach Auschwitz und den anderen Ungeheuerlichkeiten der jüngeren Geschichte muss man aus Gründen der praktischen Vernunft, wenn etwas übrig bleiben soll von der Würde des Menschen und dem Postulat eines sinnvollen Lebens, eine letzte geistige Ordnung oder Instanz fordern, die einen alles umgreifenden Sinn garantiert. Doch genau das festzuhalten, ist für uns Menschen in unserer Bedrängnis alles andere als leicht, da es oft allem Augenschein widerstreitet.

Die dunkle Seite Gottes

Das Dunkle in Gott und unsere Sehnsucht nach Glück

Wir müssen daher auch von der dunklen Seite Gottes sprechen! Denn unter der Annahme, dass es einen letzten Urgrund der Welt gibt – wir nennen ihn Gott –, aus dem alles Daseiende hervorgegangen ist und hervorgeht, kommt man nicht umhin, diesen auch als letzte Ursache von all dem auszumachen, was wir Menschen als Leid, Elend und qualvollen Tod erleben. Wir können es drehen und wenden, wie wir wollen, es bleibt das Faktum, dass die Schöpfung und das menschliche Leben neben all dem Schönen, Guten und Lebensfreundlichen zutiefst auch von Grausamkeit, Qual, Elend und sinnlos ungerechtem Leiden und Sterben gekennzeichnet ist. Jeder wohlwollenden Verharmlosung wie, dass es die beste aller möglichen Welten sei, in der wir leben (Leibniz), widerspricht vehement das grausame Leiden jedes einzelnen Opfers – und der Opfer sind allzu viele; ihr Schicksal schreit zum Himmel, im wahrsten Sinn des Wortes!

Angesichts der Fakten müssen wir, wohl wissend, dass unsere Erkenntnis der „Wege Gottes" sehr begrenzt ist, Gott dafür haftbar machen. Man kommt nicht umhin, Gott und das Böse zusammen zu denken, auch wenn wir nicht wissen können, wie beides zueinander gehört. ER ist – nach aller menschlichen(!) Logik – dafür verantwortlich. Und das ist mehr als die Theodizeefrage stellen! Es ist die undenkbare dunkle Seite Gottes, auf die wir hier stoßen. Wir können sie nicht mehr leugnen oder weiter tabuisieren, wie das bisher vielfältig geschah. Und keiner kommt an dieser dunklen Seite Gottes vorbei angesichts des unermesslichen Elends in der Welt, mag er selbst auch im Großen und Ganzen bisher „zufällig" ein behütetes Leben geführt haben. Man braucht darüber nicht weiter zu theoretisieren und theologisieren, die Realität ist über alle Maßen schrecklich und lässt in unvorstellbare Abgründe blicken!

Doch wir sollten angesichts der Fakten, so meine ich, keine Theologie der dunklen Seite Gottes entwickeln. Das hat einen ganz praktischen Grund. Denn ein solches Nachdenken und Sprechen über den „dunklen" Gott ist nicht nur sinnlos, sondern auch wenig hilfreich: sinnlos, weil angesichts unserer begrenzten Erkenntnisfähigkeit uns sowohl die Einsicht wie auch jegliches Verstehen der göttlichen Dimension fehlt – wir können das Geheimnis auch nicht ansatzweise durchdringen – und wenig hilfreich, denn ein Nachdenken über die dunkle Seite Gottes verhilft auch nicht im geringsten dazu, das Leben in seinen negativen Seiten besser annehmen und bestehen zu können. Ein solcher Blick auf die dunkle Bedrohung und den Abgrund schwächt und lässt eher verzweifeln als dass er zu leben hilft. Was uns als Menschen bleibt, ist ein Aufschreien, Klagen und Anklagen. Und damit ist der Mensch, der solches tut, so meine ich, mehr im Recht als alle, die relativieren, was immer geschieht, es umdeuten und kleinzureden suchen.

Wohl wissend um die dunkle Seite Gottes, plädiere ich dafür, diese im Dunklen zu belassen und auf die helle, menschenfreundliche „Seite" Gottes zuzugehen, die zu leben hilft, und sich an dem guten und liebenden Gott festzumachen. Dabei sind wir in guter Gesellschaft, denn alle großen Religionen taten dies und tun es.

Es ist wohl kollektive Erfahrung der Menschheit, dass das Festhalten an einem guten und menschenfreundlichen Gott, gerade wenn man die dunkle Seite des Lebens hautnah erfährt, die denkbar größten Kräfte freisetzt, nicht nur, um die Angst im Leben zu mindern, sondern auch einem schweren Schicksal noch einen – wenn auch verborgenen – Sinn abzugewinnen und es durchzustehen, ohne zu verzweifeln und sich selbst zu verlieren. Es ist daher sinnvoll, die dunkle Seite Gottes mit unseren begrenzten Mitteln nicht ausloten zu wollen und, indem man auf eine Theologie der dunklen Seite Gottes verzichtet, sich auf das/den zu konzentrieren, was/der zu leben hilft. Sehen wir da genauer hin!

So erleben wir, dass der Mensch unbedingt nach Glück und Erlösung strebt. Kann er das nicht auf Erden erlangen, erwartet er es von einem Leben nach dem Tod. Doch schon auf Erden will er möglichst viel davon haben; nicht nur der Kapitalismus und die Werbeindustrie, auch die Religionen und Lebensphilosophien leben davon, dass der Mensch immer darauf ansprechbar ist. Doch die Erfahrung zeigt auch, dass das Glück, das auf der Erfüllung von Wünschen beruht, nur sehr kurzfristig ist und nicht satt, sondern hungriger macht. Philosophen sind deshalb seit alter Zeit vorsichtiger und versprechen länger währendes Glück eher im geistiges Genuss. Kurz, der Mensch kann und will nicht ohne Hoffnung auf ein erfülltes und glückliches Leben leben. Er weiß: Müsste er aufhören zu hoffen, könnte er nicht mehr leben und müsste verzweifeln. Schließlich übersteigt die Erwartung auf nie endendes Glück und gelingendes Leben jede irdische Erfüllungsmöglichkeit. So verbindet der Mensch seine Sehnsucht mit den Begriffen „Himmel" und „Leben bei Gott", wo er die endgültige Erfüllung erwartet.

Könnte man hier vorsichtig anfragen, ob diese ursprüngliche Sehnsucht auf Heil und Glück, die in allen Menschen wohnt, nicht ein Hinweis darauf sein könnte, dass die geistige und göttliche Dimension so beschaffen ist und dass der Mensch in seinem Geist, trotz aller Einschränkung, eine unerklärliche Ahnung davon hat, dass es dort die Erfüllung seiner tiefen Sehnsüchte geben wird? Plato würde vermutlich sagen, dass das, trotz des „Trinkens aus dem Strom des Vergessens", eine Erinnerung aus dem vorgeburtlichen Aufenthalt seiner Seele im Reich des Geistes sei, die der Mensch tief in sich trage. Ähnlich würden wohl diejenigen sprechen, die mit einer Reinkarnation rechnen. Ob diese Ahnung wahr ist?

Freilich, mehr als eine Hoffnung ist uns nicht möglich, aber auch nicht weniger. Denn wenn wir ohne Hoffnung leben müssten, wäre angesichts des übermäßigen Leides in der Welt letztlich alles erbärmlich und sinnlos. Wir müssten, wenn wir konsequent sind, in Verzweiflung enden. Da hilft auch kein existenzialistischer Heroismus.

Für den Menschen kann es prinzipiell keine Antwort auf die Theodizeefrage geben

Ungeachtet unserer tief sitzenden Hoffnung ist es offenkundig, dass wir bei der Frage nach dem Leid und der Frage, was Gott damit zu tun habe, angesichts des übergroßen Leides scheitern. Wir finden keine befriedigende Antwort. Die Frage und Anklage bleibt, wir können und werden keine Lösung finden. Das gilt nicht nur für jeden einzelnen, sondern diese Grenze gehört offensichtlich zu den Bedingungen des Menschseins. Denn wir können, wie wir merken, über die Sphären des Geistes nur wenig wissen, da unser menschlicher Geist, solange er in den Körper eingebunden ist, nur sehr beschränkte Einsicht hat und nicht die Klarheit des reinen Geistes besitzt. Das ist der Menschheit schon sehr früh aufgegangen und alle philosophischen Systeme wissen darum; die daraus resultierenden Erklärmodelle für diese Erfahrung sind verschieden. Auch für Menschen, die spirituell schon ein Stück weit „aufgestiegen" sind, bleibt trotz mancher Einsicht ein unendliches Nichtwissen, um das gerade sie besonders gut wissen.

Eine Vergleichsgeschichte möge das Problem unseres prinzipiellen Nicht-wissen-Könnens verdeutlichen: Nehmen wir an, wir haben vor uns eine zweidimensionale Fläche (Ausdehnung in Länge und Breite ohne Höhe und Tiefe). Darauf legen wir zunächst einen Ring, dann ein kreisrunde Scheibe, dann einen schweren Topf, dessen runder Boden zunächst aufsetzt und im Folgenden durchbricht, dann eine Kugel, die zuerst punktförmig aufsetzt, dann in einem immer größer werdenden Loch bis zum größten Umfang durchbricht. Wir beobachten das und wissen, warum sich auf der Fläche mal ein Kreis, mal eine Kreisfläche abbildet, dann ein rundes Loch entsteht und schließlich, warum ein Loch entsteht, das sich von einem Punkt zum kreisrunden Loch wandelt. Man könnte weitere Gegenstände nehmen. Das alles zu verstehen, macht uns keine Schwierigkeiten, wir sehen und durchschauen ja den Vorgang und die Gegebenheiten. Denn wir existieren in demselben dreidimensionalen Raum, genauer der vierdimensionalen Raumzeit, in der dies geschieht. Die Dreidimensionalität des Raumes, der wir angehören, prägt unser Erleben und Erkennen. Wir können auch niedrigere Dimensionen wahrnehmen und sie uns vorstellen, also die erste Dimension (eine Linie) und die zweite Dimension (eine Fläche), denn sie sind aufgehoben in unseren drei Dimensionen. Es klappt ohne jegliche Probleme. Wenn wir uns freilich eine höhere Raumdimension, also eine fünfte oder sechste vorstellen wollten – die soll es laut diverser physikalischer Theorien geben –, versagt unsere Wahrnehmung und unsere Intuition völlig. Wir können sie weder erkennen noch sie uns vorstellen, geschweige denn erfassen, was dort geschieht. Und wir werden nichts von den Vorgängen verstehen, die aus einer höheren Dimension unseren dreidimensionalen Raum beeinflussen.

Die Analogie zu unserem Problem? Nehmen wir an, es gäbe Wesen, die gleich intelligent wären wie wir, aber nicht dreidimensional bzw. vierdimensional, sondern, wie ein Farbklecks auf Papier, als zweidimensionale Wesen in der Fläche existierten. Diese könnten die dritte Dimension weder erleben noch sie sich in irgendwelchen Vorstellungen ausdenken. Es überstiege ihr Vermögen ganz und gar wie uns die Vorstellung einer 5. oder 6. Raumdimension. Wie würden sie die oben beschriebenen Ereignisse erleben und interpretieren?

Warum sich da völlig unvorhersehbar eine kreisförmige Linie bildet, dann plötzlich eine dunkle Kreisfläche, daraufhin eine Kreisfläche, die dann plötzlich fehlt, und schließlich, warum unerwartet sukzessive von einem Punkt bis zum Kreis Fläche abhanden kommt? Die Bewohner der Zweidimensionalität würden das alles erleben, sich vermutlich heftig gestört und bedroht fühlen und sich tausend Fragen stellen. Es wäre ihnen aber völlig unmöglich, irgendeine vernünftige Antwort zu finden, warum und wie da eine Linie, eine Kreisfläche, ein Loch oder anderes entsteht und ihr Leben beeinflusst. Sie würden Theorien aufstellen, vermutlich Überzeugungen formulieren und Glaubenskämpfe ausfechten. Man würde wohl auch ahnen, dass es tiefere Ursachen gibt, doch was wirklich die Ursachen sind und wie alles zusammenhängt, ist völlig unbegreiflich und wird es immer sein. Erst wenn diesen Wesen ein Aufstieg, besser eine Verwandlung zu dreidimensionalen Wesen gelingen würde, wäre plötzlich alles sonnenklar.

Vergleiche mögen hinken, aber sie zeigen einiges auf. Denn so in etwa geht es wohl uns, wenn wir angesichts des erfahrenen Leids die Fragen stellen müssen, die wir in unserer raumzeitlichen Ordnung prinzipiell nicht beantworten können. Denn die Antworten, wenn es solche überhaupt gibt, finden sich erst in der geistigen bzw. göttlichen Dimension, die „dimensional" unendlich verschiedener von der unseren ist als im Beispiel die Unterschiede von der zweiten zur dritten Dimension. Wir ahnen, dass in der göttlichen Dimension die gesuchten Antworten zu finden sind, manchmal dringen von dieser schon in Erlebnissen, Visionen und Offenbarungen Hoffnungsfunken durch. Doch erst, wenn wir einst diesem Bereich angehören, werden uns die Augen aufgehen und wir werden erkennen, welchen Sinn es hat mit dem Leid, dem Bösen, dem vielfachen Tod und all den bedrohenden und tödlichen Mächten in der Welt, was es auf sich hat mit dem Irrtum und Fanatismus, wohin Hass und Feindschaft, das Fressen und Gefressenwerden gehören und das, was uns in unserer irdischen Begrenztheit als die dunkle Seite Gottes erscheint angesichts eines guten und liebenden Gottes. Auf diese Erkenntnis hin richtet sich unsere feste Erwartung und Hoffnung.

Es geht letztlich darum, wie wir Gott begegnen können

Es geht dabei nicht nur um die drängende Frage, was es mit dem Leid von uns Menschen auf sich hat, sondern es geht auch entschieden um unser Verhältnis zu Gott selbst. Ist er ein gefühlloser, rachedürstender und grausamer Gott, vor dem wir Angst haben und den wir gnädig stimmen müssen, oder der gütige und liebende „Vater“, der die ganze Schöpfung aus Liebe hervorgebracht hat und jeden Einzelnen liebt? Können wir ihm alle unsere Fragen und Zweifel anvertrauen in der Hoffnung, dass es eine gute Antwort gibt, von der wir leben können? Weise Menschen, die schon im Leben sehr weit und Gott näher gekommen sind, machen uns Mut zu einer positiven Antwort.

Es gibt gute Gründe, an dem liebenden Gott Jesu festzuhalten

Dazu einige unterschiedliche Gedanken: (Die Reihenfolge der Gedanken begründet keine Wertung)

Das Zeugnis der Religionen

In die Religionen sind viele Erfahrungen, Hoffnungen und Sehnsüchte der Menschheit eingegangen. Sie zeigen alle eine vorwiegend positive Gottheit, die zu leben hilft und Hoffnung und Zukunft verheißt. Die dunklen Seiten der Gottheit/en, die Angst machen, werden möglichst zurückgedrängt; man sucht sie mit Kult, Opfern und Riten zu befrieden (so z.B. im Christlichen mit der Vergegenwärtigung des Kreuzes-Opfers in der Messe). Die Hochreligionen sind allesamt Erlösungsreligionen. Sie zeigen Wege auf, wie der Mensch aus Schuld, irdischem Elend und Todesverfallenheit hin zur endgültigen Erfüllung bei Gott gelangen kann. Es ist eine Gewissheit da, dass es diese Erlösung bei Gott (oder was dafür steht), d.h. im „Himmel“ (in der Dimension Gottes) geben wird. In manchen Religionen, so auch im Christentum, fängt diese Erlösung schon ansatzweise hier auf Erden an, da Gott sich dem Menschen in seiner Gnade erlösend zuwendet; man muss sich nur voll und ganz diesem Gott anvertrauen. Dann kann einem eigentlich auch schon hier auf Erden nichts mehr passieren. So schreibt Paulus im Römerbrief 8,31ff. eindrucksvoll: „Was ergibt sich nun, wenn wir das alles bedenken? Ist Gott für uns, wer ist dann gegen uns? Er hat seinen eigenen Sohn nicht verschont, sondern ihn für uns alle hingegeben – wie sollte er uns mit ihm nicht alles schenken? Wer kann die Auserwählten Gottes anklagen? Gott ist es, der gerecht macht. Wer kann sie verurteilen? Christus Jesus, der gestorben ist, mehr noch: der auferweckt worden ist, sitzt zur Rechten Gottes und tritt für uns ein. Was kann uns scheiden von der Liebe Christi? Bedrängnis oder Not oder Verfolgung, Hunger oder Kälte, Gefahr oder Schwert? In der Schrift steht: Um deinetwillen sind wir den ganzen Tag dem Tod ausgesetzt; wir werden behandelt wie Schafe, die man zum Schlachten bestimmt hat. Doch all das überwinden wir durch den, der uns geliebt hat. Denn ich bin gewiss: Weder Tod noch Leben, weder Engel noch Mächte, weder Gegenwärtiges noch Zukünftiges, weder Gewalten der Höhe oder Tiefe noch irgendeine andere Kreatur können uns scheiden von der Liebe Gottes, die in Christus Jesus ist, unserem Herrn."

Die Lebenserfahrung

Der Glaube an Gott kann jedoch zutiefst erschüttert werden, wenn großes Leid und Unglück in ein Leben einbrechen. Nichts stimmt dann mehr und allen vermeintlichen Sicherheiten ist der Boden entzogen. Der Mensch fühlt sich völlig dem Schicksal ausgesetzt und von Gott im Stich gelassen. Es kommt zur Lebenskrise, in der es darum geht, ob man angesichts des leidvollen Zustands innerlich überlebt oder ob man in eine unausweichliche Depression fällt und aufgibt. Nicht nur Viktor Frankl (Begründer der Logotherapie), der vier Konzentrationslager überlebt hat, sondern unzählige Menschen haben in der langen Geschichte der Menschheit die Erfahrung gemacht, dass ein Festhalten an einem letzten Sinn, beziehungsweise an Gott, unglaubliche Kräfte im Menschen freisetzt, so dass er den Kampf gegen das Leiden aufnehmen kann, als Mensch bei sich bleibt und nicht scheitert, selbst wenn es das Leben kostet. Es scheint nach aller Erfahrung keine stärkere psychische Kraft zu geben als das Vertrauen auf Gott, oder, um es allgemeiner zu sagen, als das Sich-Festmachen in der (Leben spendenden) Dimension des Geistes. Was könnte sonst im Leben, wenn es wirklich eng wird und hart auf hart geht, Kraft und Mut geben, das Leiden anzunehmen und mit ihm auf je eigene Weise fertig zu werden?

Das Zeugnis der Philosophie

Wie die Religionen, so sucht auch die Philosophie auf die für den Menschen wesentlichen Probleme Leid und Tod einzugehen und Hilfe für ein gelingendes Leben zu geben. Sie tut das mit rationalen Mitteln. Zentrale Frage ist, ob es angesichts des Leidens und Sterbens und der Vergänglichkeit von allem überhaupt einen vernünftigen tragenden Sinn gibt, der auch die kurzfristigen Ziele, die ich mir selbst setzen kann, umfasst und trägt. Wenn es diesen Sinn nicht gäbe, wäre alles letztlich sinnlos, jedes ethische Verhalten wäre beliebig und es wäre reine Geschmacksache, wie ich lebe und wann ich dem ein Ende setze.

Von fast allen Philosophien (außer einigen im 19. und 20. Jahrhundert) wird gegenüber der nihilistischen Bedrohung ein letzter Sinn behauptet und, soweit möglich, begründet. Dieser letzte Sinn hätte keine Begründung, wenn es nicht eine übergeordnete geistige Dimension gäbe, in der und durch die letztlich alles „in Ordnung“ kommen kann. Nur wenn dieser letzte Sinngrund angenommen wird, können Welt und Geschichte und das eigene Leben bejaht werden. Davon ausgehend, versuchen viele philosophische Schulen auch praktische Lebenshilfe für den Umgang mit Leid und Tod zu geben. Vieles davon, besonders aus der Stoa, ist in das Christentum aufgenommen worden.

Das Grundvertrauen, dass doch alles gut ist

Im Menschen selbst liegt eine ursprüngliche Tendenz, Gutes zu erwarten. So ist er ein hoffnungsvoller „Optimist“. Ob es ihm gut geht oder schlecht, er hofft immer, dass es ihm besser gehen wird. Ohne Hoffnung kann er nicht leben. Er hat in sich ein Urbild, dass das Leben schön ist und gelingen kann. Woher er das nur hat? Die Realität der Welt zeigt ganz anderes und widerspricht dem heftig. Doch fast alle Menschen, auch die nicht religiös verankerten, haben intuitiv ein tiefes Vertrauen, dass die Welt letztlich gegen allen Augenschein doch in Ordnung ist und es gut ist zu leben. Mit dieser Einstellung kann der Mensch leben und, wenn es sein muss, auch ohne Verzweiflung sterben. So versucht er auch mit dem Leiden umzugehen und es möglichst zu überwinden. Er hält es nicht für etwas Endgültiges. Nur in Momenten der Verzweiflung weiß er nicht mehr weiter und ist hochgradig gefährdet. Er hofft normalerweise sogar über den Tod hinaus. Es ist daher zu fragen, ob nicht auch ein Mensch, der erklärt, mit dem Tod sei alles aus, im Innersten nicht doch noch ein verdrängtes Fünkchen Hoffnung übrig hat, dass es doch anders kommen könnte.

Das Zeugnis von Menschen, die einen gewissen Zugang zu der Dimension des Geistes zu haben scheinen – s. dazu auch das Kapitel „Antennen für den Geist“

Da sind auch Menschen, die sich besonders ausgestreckt haben nach der geistigen Dimension. Diese war ihnen wichtiger geworden als all das, was sich vor ihren Augen abspielte. Diese Menschen, Männer und Frauen, gibt es in allen Völkern seit frühesten Zeiten. Aus welcher Quelle konnten sie schöpfen? Woher hatten sie ihren Mut, ihre Kraft und ihre unzerstörbare Hoffnung? Ein tiefes Urvertrauen, erwachsen aus der Beziehung zum geistigen Urgrund, zeichnete sie aus. Man hatte den Eindruck, dass sie tiefer „sehen" konnten als die normalen Menschen. Festgemacht an der geistigen/göttlichen Sphäre, vermochten sie auch in schwierigsten Lebensumständen und tödlicher Bedrohung ein für sie selbst und andere fruchtbares Leben zu führen und sogar weitgehend angstfrei vor dem Sterben zu sein. Ich denke da an Sokrates, Dag Hammarskjöld, Mahatma Gandhi, Martin Luther King, Dietrich Bonhoeffer und andere weise und „heilige" Menschen in allen Völkern.

Besonders in außerordentlichen Situationen scheint für manche die trennende Wand zur geistigen Dimension hin durchlässig zu werden; wir sprachen davon schon im Kapitel „Antennen für den Geist". So wird von dem sterbenden Stephanus berichtet (Apg 7,55): „Er aber, voll heiligen Geistes, sah auf zum Himmel und sah die Herrlichkeit Gottes, und Jesus stehen zur Rechten Gottes und sprach: Siehe, ich sehe den Himmel offen und den Menschensohn zur Rechten Gottes stehen." Hinter dem literarisch geformten Bericht könnte ein Erleben stehen, das dem ähnlich ist, was von einigen Menschen in Todesnähe auch anderweitig bezeugt wird. Diese „himmelnahen" Erfahrungen, die gleichsam einen Blick in die göttliche Dimension öffnen, sind, soweit ich das übersehe, alle lebenserweiternd, überwältigend positiv und mit außerordentlichen Glücksgefühlen verbunden.

In unserem Zusammenhang fallen mir auch die Mystiker ein, denn ihre Erfahrung des Göttlichen zeigt durchgehend einen unfassbar liebenden und dementsprechend den Menschen zugeneigten Gott, der nicht nur auf den Menschen zukommt, sondern in der Mitte des Menschen „wohnt". Die Seele, das Ich, ist aufgehoben in einem umfassenden Dialog mit dem liebenden und geliebten Gott. Diese liebende Vereinigung wird als höchstes Glück erlebt. Alles Sehnen geht dahin, dass dies immer und ewig so sein soll. Und dieser heil machende Gott lässt sich auch jetzt schon hier, den Alltag erfüllend, erfahren (s. Meister Eckhart, Gertrud von Helfta, Mechthild von Magdeburg u.a.).

Für unsere Ausgangsfrage heißt das: Leid und Tod und das, was die Menschen bedrückt, werden nicht abgewertet, aber sie bekommen vor dem Hintergrund der geistigen bzw. göttlichen Dimension, die man erfahren hat, einen anderen Platz und eine andere Wertigkeit. Zugleich wird die (erfahrene) Gewissheit ausgedrückt, dass Gott – „die Dimension Gottes" – alle Vorstellungen von Glück und Heil so sehr übersteigt, dass sie für uns Menschen in unvorstellbarer Weise die Vollendung aller Sehnsucht ist. Und diese Erfüllung ist uns nicht nur verheißen, sondern kann im jetzigen Leben hin und wieder sozusagen als Vorgeschmack schon ansatzweise erfahren werden. So schreibt Gertrud von Helfta in geradezu dichterischen Sprachbildern in ihren Exercitia spiritualia (Gott und Liebe sind gleichgesetzt). Ex 5,30: „O Liebe: dich zu schauen, ist, im Geist aus mir in Gott zu entrücken. Dir anzuhangen, ist, mit Gott vermählt zu werden in hochzeitlichem Bunde. O meiner Seele höchstes heiteres Licht und herrlichst strahlender Morgen: eia, werde endlich in mir Tag und lass mir so licht werden, dass ich in deinem Lichte schaue das Licht, und dass durch dich sich wandelt meine Nacht in Tag. O mein liebster Morgen, alles, was du nicht bist, das mag ich aus Lieb zu deiner Liebe gleichsam für nichts erachten und für nichtig. Eia, suche mich auf am Morgen schon, wenn es licht wird, dass ich in dich ganz und gar umgewandelt werde gleich sofort." Oder Ex 6,72: „Eia, o Gott, meine heilige süße Wonne, du, dehne aus mein Herz in dich, und meine Seele mache weit, dass alle Gefäße meines Inneren erfüllt werden von deiner Glorie."[32]

Nebenbei: In den asiatischen mystischen Erfahrungen geht es, soweit ich sehe, eher um ein Erlöschen des eigenen Ich mit all seinen Strebungen und ein totales Aufgehen in der Gottheit. Darin beruht das ersehnte Glück und die Erlösung vom Leid und den leidvoll erfahrenen Wiedergeburten. Das, was man irdisch im Leben noch erfährt, hat für den, der jetzt schon der Erlösung nahe ist, letztlich keine wirkliche Realität mehr. Ich vermute, dass in diese Bilder die im asiatischen Denken eher pessimistische Deutung von Materie, Welt und Leben eingegangen ist.

Das Vertrauen auf den Gott Jesu

Und da ist dieser Gott des Jesus von Nazareth. Mit wenigen Worten ist sein Bild nicht zu umfassen; daher hier im Blick auf unser Thema nur einige wenige Gedanken (später mehr davon).

Lange wurde das Bild des Gottes, von dem Jesus sprach und mit dem und aus dem er lebte, verdunkelt. Denn schon bald, seit den frühesten Tagen der Kirche, überlagerten Gottesbilder aus dem Alten Testament und der heidnischen Umgebung das Gottesbild Jesu. Die Folgen waren gravierend; sie wirken bis heute. So gab und gibt es, um nur ein Moment herauszugreifen, ein Schwanken zwischen der Furcht vor dem gewaltigen und unberechenbaren Gott und dem Hoffen auf seine Gnade. Als im

[32] In: S. Ringler, Gertrud von Helfta, Exercitia spiritualia. Buchverlag O. Humberg, S. 131 (V,30) und 167 (VI,72)

Spätmittelalter die Angst vor der strafenden Gerechtigkeit des unerbittlichen Richters übermächtig wurde, gab es für den Gläubigen fast keine Hoffnung mehr. Seit Luther hellte sich das Bild wieder auf, so dass man wieder vertrauen konnte, doch die Angst hielt sich bis in die fünfziger Jahre des 20. Jahrhunderts. Heute sind wir – fast vergessend die Andersartigkeit und Göttlichkeit Gottes – wieder nahe am Gottesbild Jesu, das uns einen zwar unbegreiflichen, aber unfassbar menschenfreundlichen Gott zeigt, der die Menschen in einer Weise liebt, die alle Hoffnungen und Erwartungen übersteigt.

In Bildern und Gleichnissen erzählt Jesus von seinem Gott, der allen Menschen sein Heil, das heißt Leben in unermesslicher Fülle schenken will und gerade die Kleinen und Ausgestoßenen, die Sünder und die, die am Rande stehen und im Leben zu kurz kommen, mit besonderer Liebe umfasst. Seine Liebe ist vorbehaltlos und bedingungslos, wie der Samariter dem unter die Räuber Gefallenen – einfach so – wieder zu leben hilft, oder der Vater seinen verlorenen Sohn – einfach so – in die Arme schließt, ohne ihm ein Schuldbekenntnis oder Besserungsgelöbnis abzuverlangen, wie man es eigentlich erwarten würde. Bei diesem Gott brauchen wir keine Vorleistungen wie Opfer, Gebete, Bußübungen, Ablässe und korrektes Wohlverhalten zu erbringen, um ihn gnädig zu stimmen. Wir können uns ihm einfach anvertrauen, uns in seine Arme werfen und dürfen sicher sein, dass er uns auffängt und trägt.

Dazu verkündet Jesus eine „Herrschaft Gottes“, die alle weltlichen Herrschaftsvorstellungen auf den Kopf stellt und einen vorbehaltlosen, liebenden Dienst an allen und für alle meint, wozu auch wir als „Gottes Kinder“ aufgerufen sind. Diese Botschaft lässt sich nicht vom Leben Jesu trennen, in dem genau dies aufscheint: der selbstverständliche Dienst an all denen, denen er begegnet, und eine Liebe, die auch das Leiden und Sterben in Kauf nimmt. Gerade in Jesus wurde so die Liebe Gottes deutlich: Eine Liebe nicht vom göttlichen Oben oder von außen her, sondern ein Leben mit uns und in uns und durch jeden von uns, und eine Liebe, die nicht nur empathisch mitempfindet, sondern eine Liebe, die tiefer geht, in der Gott selbst betroffen ist, sogar in der Folterkammer und im peinigenden Sterben am Kreuz: Denn „Amen, ich sage euch: Was ihr für einen meiner geringsten Brüder getan habt, das habt ihr mir getan.“ (Mt 25,40) – so der Weltenrichter, der in Jesus und jedem seiner Ebenbilder (s. das Kapitel „Bild Gottes“) selbst unmittelbar gegenwärtig ist – ein Gott also, der im innersten Innern jedes Menschen „wohnt“ und selbst betroffen ist. Man kann wohl gar nicht anders: man muss diesen Gott um seiner selbst willen so richtig lieb haben und man darf es auch. (Weiteres aus etwas anderer Perspektive im Kapitel „Das Jesusereignis".)

Mit diesem GottesGeist im Herzen können wir, so die Botschaft, wie Jesus durch alle Höhen und Tiefen des Lebens gehen. Scheint er uns fern wie am Ölberg oder am Kreuz, so ist er nur „zu nah", als dass wir ihn noch als Gegenüber sehen könnten: „Mein Gott, mein Gott, warum hast du mich verlassen?" (Mk 15,34). An diesem Gott hält Jesus fest, er bleibt sein Gott, auch wenn er sich von ihm abgrundtief verlassen fühlt. Ja, das können wir heute sagen: Gott selbst ist betroffen, er leidet selbst in diesem leidenden Jesus wie in den vielen anderen Leidenden bis heute.

Dieser Gott, so die Botschaft von Jesu Leben, Tod und Auferstehung, ist in jedem Fall da, auch in der vermeintlichen Gottesferne des Leidens und Sterbens und über den Tod hinaus! Es gibt also gegen allen Augenschein keinen Ort der Sinnlosigkeit und der Gott-losigkeit, in der alles zum Verzweifeln wäre. An diesem Gott dürfen wir uns wie Jesus auch in Angst, Not und Verlassenheit festhalten. Denn das Leben, das er schenkt, ist so unendlich wie seine Liebe und er selbst. Da sind dann irdisches Leiden und Sterben und alle Theodizeefragen für uns zwar weiter empörend, letztlich aber, so dürfen wir gewiss sein, nur vorläufige Stationen, ein schmerzhafter Durchgang zu einer großen Sinnhaftigkeit, die wir jetzt noch nicht begreifen. Jesu Leben und Sterben und seine Auferstehung, d.h. die Botschaft von der umfassenden und endgültigen Liebe Gottes, machen Mut, auf diesen Gott zu vertrauen und alle Hoffnung auf ihn zu setzen. Denn er allein kann jetzt und auf ewig Leben und Sinn schenken und garantieren.

Mit dem Vertrauen auf diesen Gott Jesu stehen wir in einer langen Tradition von Menschen, die sich in schwierigsten Situationen auf Ihn verlassen haben. Sie lernten so, ihr Leben, Leiden und Sterben anzunehmen und, wenn es nötig war, zu ertragen und, soweit möglich, menschlich zu bestehen.

Es bleibt uns gar nichts anderes übrig, wenn wir nicht verzweifeln wollen

Aber auch ohne diesen festen Glaubenshintergrund bleibt uns so, wie wir sind mit all unseren Zweifeln und unserem Nichtwissen, wenn es ums Ganze geht, eigentlich gar nichts anderes übrig als uns an die lichte, liebende Seite Gottes zu klammern und an dem „guten Gott" gegen allen Augenschein festzuhalten. Das gebietet allein schon die praktische Vernunft. Denn nur so können wir die Angst klein halten und uns über die Welt und das Dasein freuen und ja zu unserem Leben sagen. „Die Wette" von Pascal[33] lässt grüßen! Und wir können schließlich auch im „dunklen Tal", wenn das Leben sehr schwer fällt und unerträglich wird, noch irgendwie sinnvoll und vertrauend hoffen und möglicherweise das Sterben bestehen, ohne selbst daran kaputt zu gehen. ER ist die stärkste Kraft, an die wir uns halten können, wenn es um alles geht und alle anderen Tröstungen versagen. Ich staune, wenn ich daran denke, welch schweres Schicksal einige meiner Vorfahren im Vertrauen auf diesen guten Gott gemeistert haben. Und viele in allen Religionen haben das so geschafft!

Die Alternative wäre: Wenn mit dem Tod alles aus ist, würde dies rückwirkend alle Sinnhaftigkeiten im Leben entwerten und jedes Leiden und Sterben wäre dann endgültig hoffnungslos sinnlos; es wäre in der Tat zum Verzweifeln! Und wir könnten nicht einmal die Klage und Anklage an Gott richten, von dem wir doch irgendwann eine Sinn stiftende Antwort erhoffen.

Kurz gesagt: Wenn wir irgendwie sinnvoll leben wollen, bleibt uns gar nichts anderes übrig als gegen allen Zweifel und alle Anfechtung an einem letzten Sinn, d.h. an einem guten und liebenden Gott festzuhalten. Die Alternative ist im wahrsten Sinn des Wortes gnadenlos.

Die Verborgenheit Gottes

Auch für die, die ungeachtet aller dunklen Erfahrungen und Fragen an Gott festhalten, ist das nicht immer leicht. Denn man kann Gott nicht begreifen und fassen und wir geraten, wie das Theodizeeproblem zeigt, schmerzhaft an unsere Grenzen. Wir sind Menschen – ER ist Gott; ER ist prinzipiell unbegreiflich anders als jegliche menschliche Vorstellung. Deshalb ist ER für uns verborgen und das in mehrfacher Hinsicht, und doch, glauben wir der Bibel, in seiner Verborgenheit uns „näher", als wir uns das vorstellen können. Was hat es auf sich mit dieser Verborgenheit Gottes?

Die prinzipielle Verborgenheit Gottes

Wenn wir von der Verborgenheit Gottes sprechen, meinen wir damit etwas anderes als die dunkle Seite Gottes. Hier geht es um das Verborgensein Gottes, das in unterschiedlicher Weise erlebt wird.

[33] Pascal geht davon aus, dass weder der Gläubige noch der Ungläubige die Existenz oder Nichtexistenz Gottes beweisen können. Beide können irren. Angesichts dessen sei es die bessere Wette, an Gott zu glauben, weil der für die Lebensqualität zu erwartende Gewinn für den Gläubigen, auch wenn er sich irrte, größer sei als für den Ungläubigen.

Da ist zum einen die prinzipielle Verborgenheit Gottes. Gott selbst ist weder denkbar noch vorstellbar noch können wir etwas Vernünftiges über ihn denken und sagen. Er ist das Urgeheimnis schlechthin. Das Wort Gott kann, wir haben schon darauf hingewiesen, nicht mehr als auf diesen unsagbaren Urgrund hinweisen, ist also nicht mehr als ein Symbol für das Geheimnis, das uns prinzipiell verborgen ist. Wir können es nicht durchdringen.

Dieses grundsätzliche Nicht-Erkennen Gottes hält der Mensch, wie wir wissen, nicht aus; er füllt es mit Bildern und Vorstellungen. Wir haben schon davon gesprochen und wissen, was passiert, wenn wir diese Verborgenheit Gottes und unser Nichtwissen mit Vorstellungen füllen; die Menschheit hat es zu allen Zeiten getan. Das Geheimnis wird verstellt von diesen Vorstellungen und Bildern, die wir für die Wahrheit halten. Hinzu kommen vermeintliches „Offenbarungswissen" und die Spekulationen von Theologen, Priestern, Gläubigen und Atheisten. Nicht nur die Dogmengeschichte und unzählige Bücher sind voll davon; auch der „normale" Gläubige füllt die Leerstelle. Zum Missbrauch für alle möglichen Interessen ist von da kein weiter Weg, wie die Menschheitsgeschichte zeigt. Aber all das haben wir schon oben angesprochen. Es bleibt also dabei, „dass wir nichts Rechtes wissen können ... " (J.W.von Goethe, Faust), genauer: nahezu gar nichts wissen können. Und jedes Erschaffen von Bildern kann brandgefährlich werden!

Wohin theologische Spekulation führen kann, mag das Beispiel Martin Luthers zeigen. Martin Luther unterscheidet (in seiner Schrift „De servo arbitrio") die Offenbarung Gottes in Jesus, dem Mensch gewordenen und gekreuzigten Wort Gottes, und den absolut verborgenen Gott, den deus ipse, der nur aus und in sich selbst ist. Die erste Verborgenheit, dafür hat er Belege der heiligen Schrift, zeigt sich im geschichtlichen Jesus. In diesem ist nichts von der Herrlichkeit Gottes zu sehen. Hinzu kommt das Ärgernis das Leidens und Sterbens Jesu am Kreuz. Gottes Weisheit zeigt sich in der Torheit des Kreuzes, wie Paulus das formuliert hat. Gerade in dieser Verborgenheit ist Gott dem Menschen erlösend und befreiend – rechtfertigend – nah, wenn auch in unerwarteter Weise.

Eine ganz andere Verborgenheit ist für Martin Luther die zweite: Es ist die Verborgenheit des deus absconditus, des absolut verborgenen Gottes, dessen Wille und Macht unbegreiflich und erschreckend sind. Er bleibt auch nach der Offenbarung im absoluten Dunkel. In der Spekulation über die Vorherbestimmung (providentia dei), die damals viele Theologen beschäftigte, und in der Auslegung anderer Bibelstellen kommt Martin Luther zu dem Schluss, dass dieser verborgene Gott entgegen dem geoffenbarten, den Menschen rechtfertigenden Gott Jesu, der den Tod des Sünders nicht will, in seinem unerforschlichen Willen den größten Teil der Menschheit zum Verderben vorherbestimmt hat[34]. Diesen Gott fürchtet Martin Luther, mit ihm wird er nicht fertig, gerade wie wenn zwei „Willen" in Gott zwischen Gnade und Zorn uneins wären. Wir sehen an diesem Beispiel: Zu dieser absoluten Verborgenheit Gottes gehört zwar auch die dunkle Seite Gottes oder was man dafür hält, doch alles Nachdenken und Spekulieren darüber geht von menschlichen Prämissen aus – hier die augustinisch-mittelalterliche Erlösungstheologie – und führt zwangsläufig in die Irre.

Uns Heutigen scheint nicht mehr unter dem Gedanken der Vorherbestimmung, sondern in der Erfahrung der Welt in ihren fürchterlichen Seiten eigentlich nichts anderes übrig zu bleiben als eine generelle Bestreitung Gottes. Dann bleibt aber nur noch die Endgültigkeit der Schrecken der Welt und das Versinken von allem im Nichts der Sinnlosigkeit übrig – „das wär's dann gewesen" –, oder wir halten daran fest: Es ist ein letzter verborgener Gott dafür verantwortlich, ohne dass er in der Welt konkret zu sehen ist. Hier ist auch die dunkle Seite Gottes im Blick, von der wir oben gesprochen haben. Die prinzipielle Verborgenheit Gottes erreicht hier im Leid der Welt absolute Dunkelheit. Kein Verstehen des Menschen kann hier auch nur einen einzigen erhellenden Funken erkennen. Es bleibt das klagende „warum?" Der dunkle Gott bleibt dunkel.

Die sekundäre Verborgenheit Gottes

Etwas weniger dunkel ist der Bereich des GottesGeistes, den wir die „Außenseite" Gottes genannt haben. Hier durchströmt der GottesGeist, wenn auch in fundamental verborgener Weise – wir möchten sie die sekundäre Verborgenheit nennen – alles, was ist, da er dessen Urgrund ist. So trägt die ganze Schöpfung seine „Handschrift", oder besser: sie ist „Ausdruck" des GottesGeistes. *Er ist die verborgene Mitte allen Seins; man „sieht" ihn nicht*. Doch für den, der ihn da sucht, sind Gotteserfahrungen unterschiedlichster Art möglich. Auch wenn im Glauben ein Bewusstsein der Unbegreiflichkeit und des absoluten Geheimnisses Gottes da ist, wird

---

34 „Sic non vult mortem peccatoris, verbo scilicet, vult autem illam voluntate illa imperscrutabili": So will er, nämlich in seinem (Mensch gewordenen) Wort, nicht den Tod des Sünders, doch er will ihn (sc. den Tod des Sünders) in jenem unerforschlichen Willen. (lat. Text in: O. Clemens, Luthers Werke in Auswahl III, S. 178)

doch Seine Nähe empfunden, und es besteht eine gewisse Vertrautheit im Umgang und im Gebet, in der Hoffnung auf ihn und in der Zuwendung zu ihm.

Kam beim Theodizeeproblem vor allem die Negativseite der Wirklichkeit zur Sprache, da hier der Mensch in seiner Not und seinem Gefährdetsein besonders nach der Tiefendimension der Wirklichkeit fragt, so kommt nun auch zum Vorschein: Es gibt auch das Schöne und Beglückende, das gelingende Leben und die Liebe, all das, was wir „himmlisch" nennen. Daher ist auch das festzuhalten: Dieser Gott ist – ebenso verborgen wie die „dunkle Seite" Gottes – Ursprung allen Lebens, aller Freude und allen Glücks und es lohnt sich, wie wir oben besprochen haben, ihn allüberall zu entdecken und an ihm auch in dunklen Tagen festzuhalten, wie Jesus an ihm festgehalten hat.

Gottes Verborgenheit im Erleben seiner „Abwesenheit"

Anders als bei der Feststellung der prinzipiellen Verborgenheit Gottes wird von Menschen, die an Gott glauben und ihn in guten Zeiten als nah erlebt haben, oft die verzweifelte Frage gestellt, warum Gott gerade dann, wenn man ihn am meisten bräuchte, sich dem Menschen entzieht und nicht da ist. Viele haben in ihrem Leben schon diese subjektive Seite der „sekundären" Verborgenheit Gottes erlebt. Der bisher sicher scheinende Zugang zu Gott ist unterbrochen, scheinbar verbirgt sich Gott, er schweigt, ist „abwesend". Gerade für gläubige Menschen, die in vertrauender und vertrauter Nähe zu Gott ihr Leben bisher geführt haben, ist das besonders schlimm. Sie können ihn nicht mehr finden, ihr Gebet geht ins Leere, sie fühlen sich von Gott im Stich gelassen. Ja, von Gott verlassen, wie sie meinen, geraten sie zusammen mit der Lebenskrise in eine tiefe Glaubenskrise. ‚War nicht alles Täuschung und behalten nicht die Recht, die meinen, es gebe gar keinen Gott? Wo ist Gott? So viele leben gut, ohne an ihn zu glauben, und gerade solche Leute beherrschen und genießen die Welt ohne Schaden! Warum geht es mir so übel?'

In den heiligen Schriften der Bibel finden sich erstaunlich viele, die diese Erfahrung der „Abwesenheit" Gottes gemacht haben und sie beklagen: Propheten, besonders Jeremias und die Autoren der Klagelieder, der leidende Gottesknecht bei Isaias und schließlich Jesus in der Dunkelheit seines Leidens und Sterbens sind geradezu „Fachleute" in der Erfahrung der Gottesferne. Für diese Menschen, die ihn bisher in ihrem Leben sehr nah erlebt hatten, war sein Fernbleiben, seine Abwesenheit besonders drängend und schmerzlich. Man denke auch an die „dunkle Nacht" des Johannes vom Kreuz[35].

Woran wir uns zu selten und nur schwer erinnern: Gegen alle menschliche Erwartungen und Anfragen, gegen alle Vorstellungen einerseits von Gottes Herrlichkeit und Macht und andererseits seines vermuteten Nichtdaseins steht die tiefgreifende christliche Erfahrung: Gott ist oft genau dort, wo er nach unseren menschlichen Maßstäben abwesend erscheint. Gerade in der scheinbar größten Abwesenheit und Gottesferne ist Gott am unmittelbarsten gegenwärtig. Die ursprünglichste christliche Botschaft behauptet nichts weniger, als dass Gott sich im Leiden und Sterben Jesu am Kreuz unmittelbar gezeigt hat. Da war, da ist Gott da! Für „normal" religiöse Menschen eine Absurdität zum Quadrat! Das geht nicht: Gott, der Weltenschöpfer und -herrscher, im Gottessohn am Kreuz! Paulus (1 Kor 1,18ff. u.a.) und die ersten Christen wussten um die Schwierigkeit, diese „Torheit" zu verkünden. Es wurde von da aus auch das Ungeheuerliche begriffen: ER ist in jedem Leidenden und Unglücklichen, ja auch in jeder „gescheiterten" Existenz da, genau hier können wir IHM begegnen. Dort, wo er am fernsten erscheint, zeigt sich Gott in verborgener Nähe – im leidenden Menschen und vermutlich auch in der leidenden Kreatur; über letzteres wurde noch zu wenig nachgedacht. Seine scheinbare Abwesenheit vermittelt seine größte Nähe.

In seinem Roman „Die Nacht zu begraben, Elischa" erzählt der jüdische Schriftsteller Elie Wiesel, der selbst das Konzentrationslager überlebt hat, wie im Lager Buna drei jüdische Häftlinge, darunter ein Kind, im Beisein der anderen Häftlinge am Galgen aufgehängt wurden. „Die drei Verurteilten stiegen zusammen auf ihre Stühle. Drei Hälse wurden zu gleicher Zeit in die Schlingen eingeführt. „Es lebe die Freiheit!", riefen die beiden Erwachsenen. Das Kind schwieg. „Wo ist Gott, wo ist er?", fragte jemand hinter mir. Auf ein Zeichen des Lagerchefs kippten die Stühle um. Dann begann der Vorbeimarsch. Die beiden Erwachsenen lebten nicht mehr... Aber der dritte Strick hing nicht reglos: der leichte Knabe lebte noch... Mehr als eine halbe Stunde hing er so und kämpfte vor unseren Augen zwischen Leben und Sterben seinen Todeskampf... Hinter mir hörte ich denselben Mann fragen: „Wo ist Gott?" Und ich hörte eine Stimme in mir antworten: „Wo ist er? Dort – dort hängt er, am Galgen ..."[36]

[35] Spanischer Mystiker des 16. Jahrhunderts, Zeitgenosse von Theresia von Avila

[36] Elie Wiesel, Die Nacht zu begraben, Elischa. S. 93

Diese ganz persönliche Erkenntnis in dieser extremen Situation klingt für uns ebenso absurd wie die Verkündigung des Todes des Gottessohnes Jesus am Kreuz. Wir haben uns nur daran gewöhnt und dadurch die Anstößigkeit vergessen. So gab es in den ersten Jahrhunderten gar keine Darstellung des Gekreuzigten und dann, wenn überhaupt, bis in die Gotik nur den königlichen Sieger am Kreuz. Man „wusste", dass das eigentlich nicht ging, dass der geglaubte Gottessohn qualvoll leidend am Kreuz starb.

Gott „begegnet" möglicherweise gerade dort, wo wir ihn nicht erwarten

Damit stoßen wir wieder auf die grundsätzliche Frage: Sind es nicht unsere Vorstellungen von Gott, die ihn uns als nah erscheinen lassen, solange er in unseren Gottesbildern zu unserer Lebens- und Welterfahrung und unseren Glaubensvorstellungen passt? Und sind es nicht genau diese unsere Vorstellungen von Gott, die uns hindern, ihn in einer geänderten Lebens- und Weltumgebung, besonders wenn Unheil einbricht und uns Unrecht geschieht, noch zu erkennen? Unsere Vorstellungen bleiben hartnäckig die alten und schieben sich wie eine Wand zwischen uns und Gott, der in der neuen Situation so überraschend anders da ist, dass wir ihn nicht mehr erkennen können – im Gegenteil, er scheint nicht mehr da zu sein. Der innere Erwartungshorizont ist immer noch auf den Ort gerichtet, wo Gott einstmals „sichtbar" war. Nun ist die Stelle leer, der Suchstrahl geht ins Nichts. Der Blick müsste nun weiter wandern, doch es fällt uns schwer, die alten Denk- und Glaubensmuster, die so lieb und vertraut sind, aufzugeben und Gott in den veränderten Lebensumständen und in der Realität des Vorgegebenen in tastender Unsicherheit zu suchen, neu zu lernen, wie Glauben an IHN jetzt aussieht. Denn Gott, der „Ich bin da" des biblischen Zeugnisses, lässt sich meist nicht ein Leben lang im vorgestellten Himmel eines immer gleichen Glaubens oder gar Kinderglaubens erfahren, sondern nur in der realen, sich stetig verändernden Welt und im wirklichen Leben mit all seinen Licht- und Schattenseiten, mit seinen Höhen und Tiefen und gerade auch an seinen dunkelsten Stellen. Da müssen wir IHN in seinen vielen Verborgenheiten suchen; anders geht Glaube nicht, wenn er in Gottes Nähe gelebt werden will.

Dazu fällt mir die folgende Predigt ein; ich habe sie vor Jahren gehört und will sie ungekürzt und unverändert, wie sie mir anvertraut wurde, wiedergeben:

„Der letzte Film, in dem Heinz Rühmann mitgespielt hat, heißt: ‚Ein Zug nach Manhattan.' Die Geschichte des Films geht so: Ein Kantor einer jüdischen Gemeinde in New York hat im Laufe seines Lebens so viel Leid und Not gesehen, dass er den Glauben an Gott verliert. Darum kann er im Gottesdienst auch nicht mehr die Rolle des Kantors wahrnehmen. Die Gemeinde ist bestürzt. Sie kann es nicht glauben, dass ihr beliebter Vorsänger von solchen Zweifeln an Gott befallen ist. Darum schicken sie ihn zu einem berühmten Rabbi nach Manhattan, der ihn wieder zum Glauben an Gott führen soll.

So macht sich der Kantor auf den Weg. Da er sich im U-Bahn-Netz nicht auskennt, erkundigt er sich bei dem Stationsvorsteher nach dem Zug nach Manhattan und steigt ein. Der Zug ist fast leer, nur eine Frau ist im Wagen. Während der Fahrt steht diese Frau auf, öffnet das Fenster und will sich in selbstmörderischer Absicht aus dem Fenster stürzen. Der Kantor springt hinzu und hält sie zurück. Er redet ihr zu und hindert sie an ihrem Vorhaben. Am nächsten Bahnhof muss er feststellen, dass er nicht im Zug nach Manhattan, sondern nach Brooklyn war.

Enttäuscht und bestärkt in seinem Zweifel an Gott geht er nach Hause. Die Gemeinde schickt ihn ein zweites Mal zu dem Rabbi. Wieder erkundigt sich der Kantor nach dem richtigen Zug nach Manhattan, steigt ein und findet sich wiederum in einem fast leeren Zug. Nur ein Mann sitzt im Wagen. Er sieht traurig vor sich hin. Der Kantor geht auf ihn zu und unterhält sich mit ihm. Er erfährt, dass dieser Mann in den Wirren des Krieges seine Frau aus den Augen verloren hat. Er erkundigt sich nach dem Namen des Mannes. Erstaunt stellt er fest, dass er in seiner Gemeinde eine Frau gleichen Namens kennt. Er führt den Mann zu dieser Frau und siehe: Der Mann findet seine vermisste Ehefrau wieder.

Nachdenklich über die Güte Gottes geht der Kantor zum U-Bahnhof und will sich bei dem Stationsvorsteher bedanken. Er findet ihn nicht mehr. In tiefer Nachdenklichkeit, verwundert über die Wege Gottes, ermutigt zu neuem Glauben, spricht der Kantor am Ende des Films den merkwürdigen Satz: „Gott begegnet uns in den seltsamsten Gewändern und an den seltsamsten Orten." Und dieser Satz ist die Hauptaussage des ganzen Filmes.

Wenn auch unsere Lebenswege sehr verschieden sind, vielleicht fällt es Ihnen gar nicht schwer, diesem Satz zuzustimmen: „Gott begegnet uns in den seltsamsten Gewändern und an den seltsamsten Orten." Ich denke an jemanden, der Gott in dem dunklen Gewand der Krankheit begegnet ist. Er war zunächst völlig aus der Bahn geworfen, total verunsichert und in seinem Glauben auf die Probe gestellt. Aber im Laufe der Jahre stellte sich dann die tiefe Einsicht ein, dass sein Leben einen ganz anderen Sinn, mehr Gelassenheit und sogar eine neue Geborgenheit in Gott bekommen hatte. Und er sagte: „Heute weiß ich, dass das wie ein Fingerzeig Gottes war." Ein anderer mag Gott begegnet sein in der Gestalt des Menschen, der sein Lebensgefährte wurde. Da wusste er plötzlich: Das ist der Mensch, der mir zugedacht ist. Und vielleicht wagt heute manches Ehepaar zu bekennen: Dass wir uns gefunden haben, das war nicht Zufall, das war Gottes Fügung. Nicht alle Ehepaare werden es so ausdrücken, aber bei einigen ist es sicherlich so, dass sie sich von Gott mit dem anderen beschenkt wissen. Ein anderer mag sich in Schuld verstrickt haben, die er zwar nach außen nicht zeigt, die aber innerlich an ihm nagt und ihn nicht loslässt. Irgendwann begegnet er einem Menschen, in dessen Nähe so viel Vertrauen entsteht, dass er den Mut bekommt, sich zu öffnen, zu erzählen und herzugeben, was ihn bedrückt. Es kommt soweit, dass sich im Gespräch löst, was unlösbar schien. Er gewinnt den Mut, seine Schuld vor Gott hin zu tragen und um Vergebung zu bitten. Er weiß sich beschenkt, er weiß auf einmal neu, was Gnade ist. Denn er hat sie leibhaft erfahren. „Gott begegnet uns in den seltsamsten Gewändern und an den seltsamsten Orten."

Das kann ein Wort aus einer Predigt sein, das jemanden plötzlich trifft, es kann ein Mensch sein, der Hilfe braucht, eine Situation, die angepackt sein will; es kann dieses oder jenes sein, das einem im Nachhinein das Gefühl gibt: Da war Gott im Spiel. Was zunächst überhaupt nicht nach Gott aussah, das erwies sich hinterher als eine Begegnung Gottes mit dem Menschen. Bei Abraham waren es drei Männer, die vorbei gehen wollten. Abraham lud sie zu Tisch ein. Ihm begegnet Gott in diesen drei Männern. Bei Mose war es die seltsame Erscheinung eines brennenden und doch nicht verbrennenden Dornbusches. Bei dem jüdischen Kantor waren es zwei sonderbare Begegnungen in der U-Bahn, in denen er die Führung Gottes wahrnahm. Ich weiß nicht, welche Gewänder und welche Orte Ihnen einfallen, die Ihnen eine Ahnung von Gottes Wirklichkeit gegeben haben. Aber sicherlich könnte der eine oder andere, wenn wir jetzt darüber reden könnten, von Erfahrungen berichten, wie er in seinem Leben, ähnlich wie der Kantor, Gott erfahren hat... Gott erkennen in den seltsamsten Gewändern und an den seltsamsten Orten, darin besteht das Abenteuer des Glaubens, ein Abenteuer, das unser Leben so wertvoll und lebendig macht." Soweit die Predigt von Pfarrer Karl Heinz Hoffmann, die er mir auf meine Bitte hin überlassen hat.

Können wir also hoffen, den verborgenen Gott zu finden, auch und gerade dann, wenn wir uns von ihm verlassen fühlen? Vielfältige Erfahrungen von einzelnen Menschen zeigen, dass sie gerade in größter Not und Bedrängnis und besonders, wenn der scheinbar tiefste Punkt der Ausweglosigkeit erreicht und alles zum Verzweifeln war, oft völlig überraschend Tröstung, neue Kraft, Halt und den Mut zu neuer „Auferstehung" erhalten haben. Nach dem Verlust aller Sicherheiten und Hoffnungen, sozusagen nackt geworden, gerieten sie in Kontakt mit einer tiefer liegenden Wirklichkeit, aus der sie neue Lebenskraft bekamen. Die Psychologie weiß von solchen Tiefenerfahrungen. – Ich möchte hier auch auf das Buch des blinden J. Lusseyrant, Das wiedergefundene Licht, verweisen. – Es sind Erfahrungen mitten im Leben und nicht selten gerade dann, wenn man an seine leidvollen Abgründe gerät.

Ein anderer Zugang zu dem verborgenen Gott wird heute offenbar für Menschen erlebbar, die sich auf die weltweite Leid- und Unterdrückungsgeschichte der Menschheit einlassen. Wo bleibt Gott, wenn ein völlig enthemmter Finanzkapitalismus, selbst nahezu unfassbar, mit wirtschaftlicher, politischer und militärischer Macht und Gewalt die Welt und Menschen bis zum Letzten ausplündert und die Schwachen der Erde millionenfach erpresst und umbringt? Hier scheint Gott völlig abwesend zu sein. Ja, er wurde offensichtlich durch Geld- und Profitmaximierung ersetzt. Dieser Götze wird verehrt und gefeiert, ihm bringt man die Hekatomben an Opfern dieses Systems dar. Wo ist da ER zu finden?

Der Suchstrahl betroffenen Fragens trifft auf diese reale Welt, so wie sie ist, und entdeckt auch in ihr unerwartet den verborgenen Gott. Denn sensibel für die himmelschreiende Gewalt- und Leidgeschichte und betroffen davon formulieren Menschen in Lateinamerika die christliche Urerfahrung für ihre Situation neu: Gott ist gerade dort, wo er als besonders abwesend empfunden wird, nämlich „im Antlitz ans Kreuz geschlagener Völker". Wie im gekreuzigten Jesus zeigt sich Gott in den Armen, Schwachen, Unterdrückten, Vergewaltigten, Niedergeknüppelten und Gefolterten – biblisch gesprochen: in seinem leidenden Volk. Hier ist ER – verborgen – anwesend, hier kann man ihm begegnen.

Wenn man also auf diesem Weg Gott begegnen und von diesem Gott glaubwürdig sprechen will, muss man sich auf die Menschen einlassen, die unter der Realität des Bösen, des Leids und aller todbringenden Mächte in der Welt unterzugehen drohen. In diesen Menschen erfährt man die Nähe des Gottes Jesu – sie werden zu Brüdern und Schwestern, in denen Gott verborgen da ist. Im daraus folgenden Engagement gegen das strukturelle Böse für eine gerechtere Welt wird, wie im biblischen Vorbild, Gott als befreiender Gott erkannt, der sein Volk aus der Sklaverei führt und Leben ermöglicht. Mit dieser Erfahrung im Rücken scheint es, dass wir das „Reich Gottes", zu dem Jesus uns einlädt, und Gottes Nähe nicht billiger bekommen können als – und das ist gut biblisch – im Miteinander, und das besonders mit denen, die am Rande leben, den Leidenden, und denen, um die sich sonst niemand kümmert.

Noch von einer anderen Verborgenheit möchte ich sprechen, nämlich der

Verborgenheit im Menschen

„wir: deine verstecke", so beschreibt Kurt Marti in seinem Gedicht „großer gott klein"[37] das Miteinander von Mensch und Gott. Fällt es schon schwer, den Gott-„außen", den Gott, der in unserer Vorstellung uns gegenüber steht, zu entdecken, um wieviel schwerer scheint es zu sein, Gott in sich selbst zu finden. Aber gerade das ist entscheidend, denn es geht um uns selbst und unsere eigene Mitte.

Nicht erst in einer Geist-Theologie, sondern in alter christlicher Überlieferung ist festgeschrieben, dass Gott der innerste Kern all dessen ist, was es gibt. Für unsere menschliche Erkenntnis allerdings – Sie erinnern sich an die Darlegungen oben – bieten sich alle Bereiche der Wirklichkeit so dar, als wenn sie eigenständig und ohne diesen Tiefengrund wären, so die Natur mit ihren Gesetzen und der Mensch und die Tiere in je eigener Struktur. Weder der Kosmos noch irgendetwas von dem, was wir mit unseren Sinnen erkennen, lässt unmittelbar den geistig-göttlichen Urgrund erkennen. Der göttliche Seinsgrund ist verborgen. Der menschliche Geist kann davon etwas erahnen, es nötigt ihn aber nichts zu einem Schluss auf die innere, göttliche Wirklichkeit. Dies gilt auch für das Selbstbild des Menschen: nichts nötigt ihn, auf einen göttlichen Kern in sich zu schließen. Er kann sich und seine Identität völlig säkular bestimmen. Dazu gibt es unterschiedliche Entwürfe vom rein biologistischen Menschenbild des „höheren Affen" bis zum „Geistträger"- was immer da man darunter versteht –, der sich selbst in seinem Leben von allem Körperhaften befreien und zu einer höheren, rein geistigen Existenz entwickeln muss, wenn er zur Erlösung (Vollkommenheit) gelangen will. Gott kommt da nicht unbe-

[37] in: Kurt Marti, abendland. Luchterhand 3. Aufl. 1981 S. 82

dingt vor, geschweige denn, dass er in die Definition des Menschen und der Natur mit einbezogen werden müsste. Gott ist so verborgen, dass man offensichtlich ohne ihn auskommt.

Das Übersehen des göttlichen Grundes reicht bis in das Verhalten der Christen und der Kirche. Denn wenn man davon ausgeht, dass der GottesGeist der innerste Wesenskern der gesamten Wirklichkeit und damit jedes Menschen ist – was alte kirchliche Lehre ist –, dann ist es erstaunlich, wie wenig diese Erkenntnis im Christentum umgesetzt wurde. Bilder der Heiligen Schrift wie Ebenbild Gottes, Söhne und Töchter Gottes, Brüder in Christus sowie Hinweise, dass der Geist Gottes in jedem, zumindest in den Getauften wohnt (Paulus) und Gott betroffen ist, wie immer wir mit Mitmenschen umgehen (Mt 25), blieben vielfach unbeachtet. Denn zu allen Zeiten bis heute haben Christen aller Rangstufen (Päpste, Bischöfe, Kleriker, Mönche, Nonnen und Laien ohne Unterschied) andere Christen und sonstige Menschen – nach der Heiligen Schrift alle Kinder Gottes, der in ihnen wohnt – ihrer Würde beraubt und sie geknechtet, ausgebeutet und missbraucht, gequält, getötet und ermordet. Kriege wurden im Namen Gottes gegen Menschenbrüder geführt und, wenn es gut ging, wurde das Christentum auch noch mit Feuer und Schwert ausgebreitet.

Es zeigt sich: Gott, der Gott-innen in jedem Menschen ist offensichtlich auch für Christen und die Kirche so verborgen, dass schon ein Bewusstsein davon nahezu fehlt, geschweige, dass allgemein Folgerungen daraus gezogen werden. Trotz allen Christentums konnten die profanen, sogenannten „menschlichen" Interessen selbst der höchsten kirchlichen Würdenträger alle Hinweise und Weisungen der Bibel überdecken und damit nichtig machen. In anderen Religionen ist das nicht anders. Einige wenige, meist Außenseiter wie Franz von Assisi, wussten um die Würde auch der Schwachen und Ausgestoßenen und dienten ihnen so, wie wenn Gott ihnen begegnete. Sie hatten ein inneres Wissen um die Gegenwart Gottes in jedem Menschen, besonders den Notleidenden. Auch die Martinslegende und andere Legenden erzählen exemplarisch davon.

Dieses überdeckte und weitgehend verlorene Wissen von Gottes Gegenwart in allem, besonders in jedem Menschen, bringt eine in diesem Buch angedachte Geist-Theologie wieder zur Sprache. Und das ist bitter nötig, denn *hier geht es um nichts weniger als um die Mitte christlicher Gottesbegegnung und aller Gottes- und Nächstenliebe, und „nebenbei" damit auch um die Würde und den Wert jedes einzelnen Menschen.*

Besonders wichtig wird diese Gewissheit, wenn es um die eigene, ganz persönliche Spiritualität geht, also meine Gottesbeziehung, die nicht getrennt werden kann von meinem Verhältnis zu mir selbst und meiner Beziehung zur Welt. – Die „Welt“ kann ja kein getrennter eigener Bereich sein, wenn Gott alles in allem ist. – Gott suchen bedeutet dann, zu sich selbst zu kommen, hinab zu steigen in die Tiefe des eigenes Selbst bis zur Quelle allen Lebens. Je tiefer man sich hier auf den einlässt, der im Innersten ruft, je weiter man die Tür zu dieser Wirklichkeit öffnet, desto mehr gewinnt man auch sich selbst, so das Zeugnis vieler, die sich auf diesen Weg gemacht haben. Gott gehört dann zu mir, und umgekehrt, ich gehöre zu Gott. Und ich merke, dass das bei jedem Menschen prinzipiell so ist. So kann es wichtig für mich werden, stetig, soweit das menschenmöglich ist, mit IHM und aus SEINEM Geist zu leben, ungeachtet aller Einbrüche und Abbrüche, die bei uns unvollkommenen Menschen dazu gehören. Und von daher ist es auch kein weiter Weg, andere Menschen als Brüder und Schwestern im Herrn wahrzunehmen und in der Welt, sei es in der Natur, im Beruf, im Alltag oder im Fest die Gegenwart des GottesGeistes zu spüren. Die biblischen Stellen wie: „Ich bin der Weg und die Wahrheit und das Leben“ Joh 14,6, und ähnlich: Joh 6,47 „Amen, amen, ich sage euch: Wer glaubt, hat das ewige Leben“ bekommen nun eine ganz andere Färbung, weil erlebt wird: Wer Gott gefunden hat und aus Gott lebt, findet schon jetzt eine Qualität des Lebens, die auch vom Tod nicht bedroht werden kann, da sie in Gott verankert ist.

Manche, die sich dieser „Sache“, das heißt des Seins in Gott, sicher geworden sind, haben es uns vorgelebt. „Angedockt“ an der Sphäre des GottesGeistes wurden sie zu Zeugen des Glaubens und der Nächstenliebe, zu Menschen, die am „Reich Gottes“ mitbauten, an einer Welt von Brüdern und Schwestern – „Gottes Kindern“ –, in der jeder in Würde leben kann.

Es besteht kein Zweifel: Das ist Aufgabe nicht einzelner Auserwählter, sondern aller Christen von Anfang an! Wann werden wir endlich den in uns und allen anderen Menschen verborgenen Gott „sehen“ und so beginnen, aus der Gewissheit der Gegenwart des GottesGeistes zu leben und wahrhaft „Christen“, d.h. wirklich Jünger Jesu zu werden? Und wann wird endlich die Kirche begreifen, dass es nicht darauf ankommt, die „Wahrheit“ und die „wahre Lehre“ zu verteidigen, die Rechtgläubigkeit zu prüfen und die Moral zu kontrollieren und damit vielfältig Macht auszuüben, sondern dem GottesGeist Raum zu geben und danach zu streben, in der Nachfolge Jesu für alle ein Leben in Verbindung mit Gott zu ermöglichen, das in Würde und in der verheißenen Fülle gelebt werden kann, so dass davon schon etwas im irdischen Leben erfahrbar wird?

Wenn Gott in jedem wohnt, wie kann es da „Gottlosigkeit" und Bosheit geben?

Wenn es so ist, wir wiederholen es, was die Kirche zu allen Zeiten geglaubt hat, dass Gott der innerste Kern von allem und daher auch jedes einzelnen Menschen ist, so berühren wir eines der tiefsten Geheimnisse der Schöpfung. Wie kann es sein, dass sich Gott so verbirgt, dass ER, dieser innerste Wesenskern des Menschen, dem Menschen selbst und jedem anderen so verborgen ist? Wie kann es sein, dass der Mensch in vielfältiger Weise unvollkommen ist, obwohl Gott die Mitte seines Seins ist? Und wie kann es sein, dass der Mensch sich selbst verfehlen, lügen und betrügen, und in jeder Weise in Gedanken, Worten und Werken voller Bosheit und Hass sein kann? Besonders dramatisch wird die Frage dann, wenn ein Mensch in absoluter „Gottlosigkeit", wie es scheint, andere Menschen und Tiere nicht nur tötet, sondern dazu noch grausamste Bosheiten, Folterungen und Quälereien ersinnt. „Wo bleibt da Gott?" – nicht nur der Gott-außen, nein noch schlimmer, der Gott-„innen" im Menschen? Lässt sich sonst schon in keiner Weise das Geheimnis des Bösen angesichts eines guten Gottes irgendwie fassen, wie viel weniger die Bosheit des Menschen, wenn Gott „im Herzen des Menschen" wohnt. Im Naturerleben kann man trotz aller Brutalität im Kampf um das Überleben noch irgendwie sinnvoll einen „Schöpfer" erahnen. Doch angesichts menschlicher Bosheit ist dies nicht mehr möglich. Denn wenn man solch Böses bedenkt oder es sogar an sich selbst erlebt, sperrt sich alles, eine Gegenwart Gottes anzunehmen. Waren Hitler, Stalin, Mao und die vielen kleinen und großen Peiniger und Mörder der Menschheitsgeschichte von Gott verlassen? Geht das überhaupt? Und wenn es nicht geht, wo ist dann Gott?

Versuche, das Böse im Menschen zu erklären – die Lehre von der Erbschuld

Man versuchte natürlich Erklärungen dafür zu finden, warum die Menschen zwar gut geschaffen, aber doch auch böse sind und schuldig werden. Ein Gedanke war der einer Ursünde/Erbsünde, die in der Anfangszeit die Menschheit fundamental verdorben habe und dauerhafte Gottesferne bewirke – eine Lösung, um Gott zu entschuldigen und den Menschen zu belasten. Sie sei von dem Urvater Adam begangen worden – im Patriarchat ist nur der Mann rechtsfähig –, aber eigentlich sei Eva schuld daran gewesen (die Schlange interessierte da weniger), denn Eva habe den armen (etwas einfältigen) Adam verführt. Gott habe daraufhin die Stammeltern wie ein Gutsherr aus seinem Paradies vertrieben, d.h. den Umgang mit ihnen abgebrochen und sie aus seiner Nähe entfernt. Die Folge der Schuld sei also die Vertreibung aus dem Paradies und ein hartes Leben auf Erden voller Mühe und Leid, das von da an alle Menschen, Adams Nachkommen und damit Erben der Schuld, führen müssen. Erst durch die Erlösungstat des Gottessohnes Jesus Christus, sein Sterben am Kreuz, sei die Schuld bezahlt worden. Dadurch habe Gott die Möglichkeit eröffnet, von dieser Urschuld/Erbschuld wieder frei zu werden, wenn man glaubt und sich taufen lässt.

Dieses Erklärmodell, das hier etwas vereinfacht wiedergegeben wurde, verdanken wir vor allem Augustinus; es wurde in der Folgezeit ausgebaut und schließlich dogmatisiert. Dabei wurden die Schriftstellen, die zur Begründung dienten, zweckdienlich (um-)gedeutet. In der Adam-Christus-Parallele im Römerbrief Kapitel 5 und 1 Kor 15,21–28 ist für Paulus der Sündenfall Adams nicht das, worauf er hinaus will; er übernimmt einfach Ansichten über Adams Sündenfall, die in seiner Zeit im Umlauf waren, und spitzt sie noch zu. Denn es geht ihm in Wirklichkeit um das Preisen und die Verherrlichung der Erlösungstat Christi, die er in großzügiger Schwarzweißzeichnung von der dunklen Vorgeschichte abhebt; diese konnte nicht dunkel und schlimm genug gezeichnet werden, damit die Erlösungstat umso größer und strahlender erscheine. Die Sünde Adams ist also gar nicht „Lehrinhalt“, von einer Erbschuld ist ohnehin nicht die Rede. Die zweite Quelle, die Paradiesesgeschichte in Genesis 3, ist eine mythologische Erzählung, die in einer aitiologischen[38] Legende das Phänomen menschlicher Schuld und der schwierigen Daseinsbedingungen des Menschen zur Sprache bringt. Die inhaltliche Mitteilung über den Menschen, d.h. das, worauf die Geschichte hinaus will, ist, dass der Mensch zu jeder Zeit (also auch heute) von Natur aus geneigt ist, in Versuchung zu fallen und schuldig zu werden. Das gehöre zum Menschsein dazu, wie das ja zu allen Zeiten auch so erlebt wurde, und das habe auch etwas mit seiner gestörten Beziehung zu Gott zu tun, so der Aussageinhalt der Geschichte. Sie zu einem historischen Geschehen in der Frühzeit zu machen, missversteht gründlich die literarische Art der Erzählung. Das genügte eigentlich schon, um die „Erbsündenlehre“ in Frage zu stellen. Nach

[38] Eine sinnstiftende Herkunftserzählung, die gegenwärtige Gegebenheiten durch Vorkommnisse in der mythischen Vergangenheit erklärt.

dem heutigen Wissen über die Anfänge der Menschheit ist eine solche Konstruktion ohnehin völlig unhaltbar.

Die „Erbschuld"-Theologie (eigentlich: peccatum originale – Ursprungsschuld) setzt eine Vorstellung von Gott voraus, die wenig göttlich, dafür aber sehr menschlich ist. Gott steht hier dem Menschen gegenüber als ein Herr, der das Vergehen von Abhängigen streng ahndet, und die Sünde wird allein als Tat des Menschen begriffen, die zu einer Wesensveränderung führte: er wurde zum Sünder, der nun zu allem fähig ist. In der Kirchengeschichte sind die Folgen dieser Erbschuld-Lehre – eine Theologie des Textmissverstehens und des Textmissbrauchs – erschütternd; man denke neben vielen persönlichen Schicksalen nur an die Zweiteilung der Menschheit in die heidnische, sündhafte Menschheit und demgegenüber die höherwertige, erlöste, da von Schuld befreite Christenheit – die Folgen dieser Zweiteilung entnehme man den Geschichtsbüchern! Man erinnere sich auch an die Ängste und Schuldgefühle der Eltern von Kindern, die ungetauft starben, und die Abwertung und Demütigung der Frauen, alle „Evastöchter" – Eva war ja die Mutter der Sünde! –, die gut zur ideologischen Sicherung des Patriarchats passte.

Einige neuere theologische Erbschulddeutungen entschärfen die dogmatischen Vorgaben, indem sie davon sprechen, dass jeder Mensch in die Schuldgeschichte der Menschheit hineingeboren wird und von dieser geprägt ist, ob er will oder nicht. Das stimmt zweifelsohne, ist aber weit entfernt von der Erbsündenlehre der Kirche, an der immer noch festgehalten wird.

Wie wäre es, statt dessen – gut biblisch – von einer ursprünglichen und wesensmäßigen Gottebenbildlichkeit und Gotteskindschaft auszugehen, ohne dass der Mensch durch eine mythische Schuld von Anfang an verdorben wäre? Und dass mitbedacht würde, dass Gott die verborgene Mitte des Menschen ist? Nicht nur das Gottesbild würde sich erheblich ändern, sondern es müsste auch in der theologischen Anthropologie vieles neu überdacht werden; die ganze Schuld- und Erlösungstheologie bekäme eine völlig andere Ausrichtung, die dann auch unsere wirklichen Erfahrungen widerspiegeln könnte. Vielleicht würde man auch überzeugender zu einem den Menschen liebenden Gott gelangen, der nicht von vornherein, noch ehe ein menschliches Leben richtig startet, diesem eine, wie auch immer gedachte, Schuld aufdrückt.

Dazu noch einige hingeworfenen Gedanken: Nicht geklärt wird in dieser Theologie, warum Gott nicht da war im Menschen, der doch noch nicht gesündigt hatte und daher angeblich eine unmittelbare Gottesbeziehung hatte. Wenn ER da war, wie konnte der Mensch da sündigen? Wenn ER da gewesen ist und der Mensch sündigte, wäre da nicht Gott in gleicher Weise schuld am Sündenfall? Wie kann er dann strafen? Des weiteren: Ist beim Sündenfall oder nach dem Sündenfall Gott nicht mehr im Menschen? Das kann nicht sein, da der GottesGeist omnipräsent und grundlegend für jeden Menschen ist. Es zeigt sich schon an diesen locker angedachten Gedanken: Bei der traditionellen Erbsündenlehre passt nichts wirklich zusammen.

Grundsätzlich lässt sich sagen: Nicht ernst genommen wird bei dieser Erbschuldlehre – unter der Voraussetzung der Gegenwart des GottesGeistes im Menschen – erstens das verborgene Dasein Gottes im Menschen und zweitens, dass die Freiheit des Menschen zum Bösen von Anbeginn an zum Wesen des Menschen gehört, wie die mythische Erzählung von Kain und die reale Menschheitsgeschichte verdeutlichen. Und drittens: Auch die Erbsündenlehre erklärt menschliche Bosheit und abgrundtiefe Schlechtigkeit, die schlimmsten Formen des Bösen, nicht.

Da es in diesem Abschnitt darum geht, wie menschliche Bosheit angesichts der Einwohnung Gottes überhaupt möglich sein kann, ist es überflüssig, auf „Das sogenannte Böse" (K. Lorenz) biologistischer und sozialdarwinistischer Theorien, die das Böse im Menschen mit seinem aggressiven Überlebenstrieb erklären, zu sprechen zu kommen. Auch hier werden zwar Aspekte des „Bösen" dargestellt und zu erklären versucht, nicht aber sinnlose zerstörerische Bosheit, und Gott bleibt außer Betracht.

Näher zu unserer Überlegung steht das indische Modell, nämlich dass das Karma, das durch die Entscheidungen des Menschen zum Guten oder Bösen selbst erworben wurde, den Zugang zum göttlichen Funken in sich, dem Atman, verstelle und so die Rückkehr des Atman ins Brahman – das Göttliche schlechthin – verhindere. Erlösung ist dann das Abtragen aller Karma-Schuld durch ein moralisch gutes Leben in vielen Wiedergeburten und damit die Rückkehr ins Brahman. Der Mensch kann aber auch durch schuldhaftes Verhalten in niedrigere Wiedergeburten absinken.

Der Mensch kann ein Teufel werden, aber auch ein Heiliger

Um es kurz zu sagen: Kein Dogma und keine theologische Spekulation kann bei dem Problem des Bösen und noch weniger der Bosheit, die im Menschen sitzt, angesichts eines guten Gottes eine vernünftige Lösung aufzeigen. Der GottesGeist-„in mir" scheint so sehr „in der Tiefe" verborgen zu sein, dass alles Menschliche und Unmenschliche durch den Menschen, wenn er abgekoppelt ist von seiner göttlichen Mitte, in seiner Freiheit geschehen kann. So kann ein Mensch, der sich von seinem Lebensgrund völlig getrennt hat und sich selbst absolut setzt, zu einem wahren Teufel und zur Hölle für andere werden. Dies zeigt sich in der Menschheitsgeschichte seit frühesten Zeiten. Warum Gott (anthropomorph gesprochen) es so „eingerichtet" hat, dass der Mensch eine solche Freiheit hat und zu solch einem Monster werden kann, wissen wir nicht und werden es, solange wir auf Erden leben, nicht wissen. Damit müssen wir uns bescheiden – Bescheidenheit ist hier eine erzwungene Tugend. Zugleich lehrt aber auch die Erfahrung und der Glaube in allen Religionen, dass ER für keinen unzugänglich ist, also vom Menschen auch wieder „gefunden" werden kann.

Fragen stellend überlegen wir und malen eine Bildgeschichte, die das Geheimnis der Verborgenheit Gottes im Menschen noch einmal erzählerisch zur Sprache bringen will. Dabei nehmen wir die erfahrene Wirklichkeit des Bösen im Menschen ernst und wollen die Hoffnung auf die Gegenwart des Gottes-„in-mir" nicht aufgeben. Eine Erklärung will sie nicht bieten. Es mag wohl eher eine Art Hoffnungsgeschichte sein:

Wir stellen uns vor, dass der GottesGeist, wie in einer Märchenerzählung, im Menschen gleichsam in der innersten verschlossenen Kammer eines verzauberten Schlosses west, scheinbar ohne Einfluss auf das Geschehen im unerlösten Leben des Menschen im übrigen Schloss und außerhalb von diesem. Dort liegt und bewegt sich alles schattenhaft im Nebelhaften. Das geringe Licht lässt nicht immer klar unterscheiden, ob etwas richtig oder falsch, gut oder böse ist; die Täuschungen und Selbsttäuschungen sind zu mächtig. Zuweilen erscheint sogar das Gute falsch und das Böse richtig zu sein. Wie beim Helden im Märchen wäre es nun die Aufgabe des Menschen, die er in seinem Leben zu lösen hat, trotz aller Verwirrungen und Schwierigkeiten, aller Versuchungen und allen Schuldigwerdens, zu der innersten Kammer seines Geheimnisses, zu seinem göttlichen „Funken" vorzudringen, der die verborgene Mitte seiner Person ist. Dort nur findet er seinen Lebensquell, entdeckt sein eigentliches Lebenslicht und gewinnt so Glück und Erlösung, Heil und intensives, nie endendes Leben. Jede Hinwendung zum Guten bringt ihn näher dorthin, jedes Böse entfernt ihn mehr, ja vielleicht so sehr, dass er im Bösen versinken und damit sich und Gott gänzlich verfehlen kann. Doch er hat auch „Helfer" auf seinem Weg, Menschen, denen er begegnet, Erlebnisse ... Schließlich: Gott selbst begleitet ihn, verborgen in vielerlei Gestalten „in den seltsamsten Gewändern und an den seltsamsten Orten".

Dieses „Märchen“ erklärt nichts, schon gar nicht das Böse im Menschen, doch es zeigt einen Weg, der gegangen werden kann, um das Abgetrenntsein vom Lebensgrund zu überwinden und heil und ganz zu werden. Und diesen Weg gehen in der Tat viele, Christen wie Nichtchristen, Menschen aller Religionen, schließlich alle, die irgendwie heil und ganz zu werden suchen.

Was für diese Weggeschichte sprechen kann? Alle Religionen und die Träume vieler Menschen wissen um diesen verborgenen Lebensquell, der in der „Tiefe“ zu finden ist, und erzählen von Menschen, die zu ihm vorgedrungen sind: von Weisen und Mystikern und Heiligen, von großen Liebenden und Gottsuchern, von Menschen, die diesen in sich selbst gefundenen GottesGeist nicht mehr losgelassen haben und kostete es ihr irdisches Leben. Einer davon war Jesus von Nazareth.

Jesus von Nazareth, „auferstanden von den Toten"

Das Jesusereignis und der Gott Jesu

(Vergleiche dazu oben das Kapitel: Das Vertrauen auf den Gott Jesu) Wenn man von Jesus von Nazareth spricht, dann muss man vor allem von seinem Gott sprechen. Denn Jesu Leben ist geprägt von einer außerordentlichen, unglaublich tiefen Beziehung zu diesem Gott. Aus dieser lebte er, wirkte und starb er. Doch das war nicht das Ende; nach seinem Tod wurde Jesus von seinen Jüngern und anderen als lebend erfahren; sie bezeugten: Er ist auferstanden von den Toten, genauer: Gott ließ ihn nicht im Tod untergehen, sondern er hat ihn zu neuem, endgültigem Leben auferweckt. Er lebt und ist, um es mit heutigen Worten zu sagen, eingegangen in die alles umfassende und allzeit gegenwärtige Dimension Gottes und ist so mitten unter uns. Diese Erfahrung und das Zeugnis davon hatte Folgen bis heute: ohne sie gäbe es kein Christentum.

Was war nun diesem Jesus in seinem Leben wichtig? Nie ging es Jesus um sich selbst, um Erfolge oder Anerkennung, immer ging es ihm um Gott, den er Vater nennt. Das macht der Evangelist Matthäus in der Versuchungsgeschichte (Mt 4,1ff.) exemplarisch deutlich. Nur ER allein ist ihm wichtig und maßgebend. In prophetischer Weise verkündet er den Gott, den er erfahren hat und der Mitte seines Lebens war. Seine zentrale Botschaft war aufrüttelnd, nämlich dass Gott seine Herrschaft unter den Menschen begonnen habe: „ Die Zeit ist erfüllt, das Reich Gottes ist nahe, kehrt um und glaubt an die frohe Botschaft," so in Mk 1,15. Wie diese „Herrschaft" Gottes aussieht, zeigte Jesus im Umgang mit den Menschen, besonders den Armen, Kranken, Schwachen und Diskriminierten, so Mt 11,5: „Blinde sehen, Lahme gehen, Aussätzige werden rein, Taube hören, Tote werden auferweckt, den Armen wird die frohe Botschaft verkündigt." Und Gott sei, so predigte er, den Menschen so nah und liebe sie so sehr wie ein gütiger Vater. Und wir könnten ihn, den heiligen und unfassbaren Gott, als Vater ansprechen und um alles bitten.

Nach dem Erleben seines Todes und dessen, wofür es keine angemessene Vorstellung gibt, das wir Auferstehung nennen, war seinen Jüngern klar, dass das, was Jesus gepredigt und getan hatte, von Gott bestätigt worden war. Und mehr noch: Durch sein ganzes Leben und Wirken und Sterben, ja in ihm selbst zeigte sich mehr als in allen Menschen vor ihm, so ging ihnen auf, eine unfassbare Liebe Gottes zu uns Menschen. In Jesus haben wir erlebt, so bekannten sie, wie Gott zu uns steht, ja in ihm war Gott selbst unter uns da. Das Geheimnis des sichtbaren Jesus von Nazareth ist das Geheimnis des unsichtbaren Gottes.

Seitdem wurde klar, und das verändert das Bild von Gott radikal: In unfassbarer Weise teilt dieser Gott so, wie in diesem Jesus, das Los jedes einzelnen Menschen in aller Freude und allem Leid bis in den schlimmsten Tod hinein, ja er ist selbst davon betroffen, so Mt 25,40: „Was ihr für einen meiner geringsten Brüder getan habt, das habt ihr mir getan" und noch einmal Mt 25,45: „Amen, ich sage euch: Was ihr für einen dieser Geringsten nicht getan habt, das habt ihr auch mir nicht getan." Das gilt für den Gott Jesu ganz real und nicht nur in bildhaftem oder übertragenem Sinn, wie das bisher meist interpretiert wurde. Näher kann niemand dem Menschen sein als der GottesGeist, der im innersten verborgenen Zentrum jedes Menschen „wohnt" und nicht von ihm getrennt werden kann. In jedem ist Gott/der GottesGeist gegenwärtig (s. dazu die Überlegungen zu „Bild Gottes") und in Jesus wurde das in außerordentlicher Weise erfahrbar. Jesus machte selbst vor und bestärkte mit Worten, dass es im „Reich Gottes" keine Rangunterschiede gibt, weil alle Brüder und Schwestern sind, vielmehr noch, dass der „Höchste" der Diener aller sei und dass die, die ihm nachfolgen wollten, genauso wie er ihren Mitmenschen „die Füße waschen" müssten. Er selbst lebte das bis zum Tod am Kreuz vor. Dies sei die Art, wie Gott mit uns umgehe und wie er, Jesus, seinen Gott und Auftrag verstehe. So wie er mit und aus diesem Gott lebe, sollten auch seine Jünger leben; das sei wahre Nachfolge. Da geschehe „Reich Gottes" und da sei er (der Auferstandene) mitten unter ihnen (Mt 18,20).

In der nachkonstantinischen Zeit vergaß man im feierlichen Bejubeln des vergöttlichten Christus fast ganz, dass dessen Nachfolge nicht in der gold- und weihrauchgeschwängerten kultischen Feier des „Herrn und Erlösers" in erhabenen und künstlerisch vollendeten Kirchenbauten besteht, sondern im demütigen Dienst an den Mitmenschen in all ihren Sorgen und Nöten. Jesus, der mittellose Wanderprediger, würde sich wohl sehr wundern, wenn er in einen feierlichen Gottesdienst in einem hohen Dom geriete und erlebte, wie seine „Nachfolger" in prächtigen Gewändern „göttliche" Liturgie feierten. Fühlte er sich verstanden? Was haben wir in einer langen Tradition aus ihm und seinem prophetischen Anliegen gemacht?!

Wenn man das Jesusereignis ernst nimmt, so ist der Gott Jesu ein unendlich gütiger und liebender Gott, der uns aus unseren Verstrickungen (auch „von aller Schuld“, wie es früher hieß) befreit und Leben ermöglicht und das sogar über den Tod hinaus; er teilt zuinnerst unser Leben. Seine Liebe ist für uns Menschen ganz und gar unbegreiflich, ja er selbst ist reine Liebe. In der bedingungslosen Hingabe Jesu wurde diese Liebe Gottes erlebbar, die sogar den Tod durchmisst und endgültiges und unvorstellbares Leben in Gott gewinnt. Keiner ist daher Gott unwichtig, alle sind, ohne dass wir uns das recht vorstellen können, seine Söhne und Töchter, wie es dieser Jesus in außerordentlichem Maß war. „Denn welche ER (Gott) zuvor erkannt hat, die hat ER auch zuvor bestimmt, dem Bilde seines Sohnes gleichförmig zu sein, damit er der Erstgeborene sei unter vielen Brüdern“ (Röm 8,29). Denn „er (Jesus Christus) ist das Bild des unsichtbaren Gottes, der Erstgeborene aller Schöpfung“ (Kol 1,15) und wir sind seine Brüder und Schwestern, da der gleiche GottesGeist, der gleiche Gott in uns wohnt, so Röm 8,11: „Wenn aber der Geist dessen in euch wohnt, der Jesus von den Toten auferweckt hat, dann wird er, der Christus von den Toten auferweckt hat, auch eure sterblichen Leiber lebendig machen, durch seinen Geist, der in euch wohnt.“ Paulus entfaltet diese Erkenntnis besonders im Kapitel 8 des Römerbriefs, aber auch sonst an vielen Stellen seiner Briefe.

So geht für einen, der das entdeckt hat, kein Weg an Jesus vorbei, wenn er Gott sucht und sich ihm zuwendet. Denn im Menschen Jesus ist ER in besonderer Weise unter uns Menschen da gewesen und erfahrbar geworden. Jesus war „durchsichtig“ auf IHN hin.

Sollte das, was für Jesus gilt, nicht für uns alle, jeden SEINER Söhne und und jede SEINER Töchter, gelten, wenngleich wir leider weniger „durchsichtig“ auf IHN hin sind? Wie oft haben wir Christen weder Jesus noch seinen Gott im Blick, und Nachfolge ist oft nicht mehr als ein gutbürgerliches Leben mit religiöser Hintergrundmusik und gelegentlichen Wohltaten, wobei wir uns sogar recht gut und rechtschaffen vorkommen.

Wenn man über Jesus spricht, kommt man nicht umhin, über die Auferstehung zu sprechen. Das war schon gleich nach seinem Tod so, als die Jünger anderen von Jesus zu erzählen begannen. Die Auferstehung Jesu war ihre entscheidende und ihr Leben verändernde Erfahrung, mehr noch als alles, was sie vorher mit ihm erlebt hatten. Aus dieser Erfahrung verstanden sie besser, was es mit Jesus auf sich hatte und wie sein Gott sein musste, für den er alles gab – so das Zeugnis der Jünger und der folgenden Jüngergenerationen. Freilich ist das Phänomen Auferstehung

im Prinzip unfassbar, die Geschichte des Abstreitens, dass es so etwas gibt, ist genauso lang wie die Verkündigung dieser „Unmöglichkeit“. Da alles schon bedacht ist, kann dazu wohl nicht gut etwas Neues gesagt werden. Man kann das Thema aber von einer anderen Seite angehen. Schauen wir einmal, ob aus einer Geist-Theologie vielleicht noch einiges in anderer Weise gesehen werden kann. Es ist einen Versuch wert.
Der folgende Abschnitt ist vor einiger Zeit als Aufsatz zu gegebener Gelegenheit entstanden; ich übernehme ihn nahezu unverändert.

Auferstehung in einer Theologie des Geistes – angedacht

1.0 Denkvoraussetzungen für unser Thema

1.1 In unserem Denken und in vielen unserer Redeweisen finden sich noch die alten *Deutungsmuster eines dreistöckigen Weltbildes.* Sie sind meist auch unreflektierter Hintergrund des theologischen Denkens und traditioneller theologischer Aussagen. Diese sind daher, da wir die Welt heute anders wahrnehmen, zu hinterfragen. Ohne dieses alte Weltbild sind neue Denkansätze möglich und nötig. Dies gilt auch für unser Problem.

1.2 Wir erinnern uns: Nach allen Erfahrungen und deren philosophischer Reflexion sind Geist und Materie qualitativ unterschiedlich, doch in gewisser Weise aufeinander bezogen: Materie gewinnt Gestalt durch den Geist (z.B. durch Naturgesetze, künstlerische Tätigkeit ...). Ohne Geist (Information) kann Materie nicht existieren. Umgekehrt scheint – nach alter Tradition und Erfahrung – Geist durchaus ohne Materie sein zu können; Geist ist also tragend und umfassend und in allen Bereichen der Wirklichkeit gegenwärtig. Dies gilt es auf unser Thema anzuwenden.

1.3 Das heißt konkret: *Geist ist im Menschen präsent,* unabhängig von seinem Intellekt und anderen Fähigkeiten. Er gehört zur Grundstruktur des Menschen, ist seine Mitte hinter allen biochemischen Prozessen und intellektuellen Leistungen. Zu allen Zeiten war die Gewissheit da, dass der Geist/die Geistseele eines Menschen sich von der Materie trennen kann und weiterlebt. Dieses Wissen wurde in unterschiedlichen Interpretamenten ausgedrückt: Unsterblichkeit des Geistes bzw. der Seele, Fortleben nach dem Tod, Seelenwanderung und Wiedergeburt, Auferstehung der Toten ... Überlieferungen dieser Art sind in allen Völkern vorhanden; sie drücken sich im Kult um die Toten aus. Die Trennung von der Materie wird vielfach als Befreiung der Seele, als Erlösung angesehen.

2.0 Auferstehung der Toten?

2.1 Was ist dann mit den „Verstorbenen"? Schon im Leben in der Dimension des Geistes verwurzelt – das gilt für jeden Menschen –, leben sie nun ohne die Gebundenheit an die Materie in der raum- und zeitlosen Dimension des Geistes, sind also allgegenwärtig. Sie leben, christlich gesprochen, bei Gott. In allen Völkern gibt es vielfältige Erfahrungen mit diesen lebenden Verstorbenen. Die Totenkulte spiegeln in je eigener Weise diese Erfahrungen wider. Die Beschreibung von Begegnungen mit diesen „Jenseitigen" ist unterschiedlich (Erscheinung, Traum, Vision, Begegnung, Sprechen mit ...). Gemeinsam ist, dass es sich bei den Erfahrenden um ganzheitliche, d.h. um personale Erlebnisse handelt. Und gemeinsam ist ebenso bei allen Zeugnissen, dass die körperlosen „Geister" der Verstorbenen *personal identisch mit den zuvor Lebenden* sind.

2.2 Freilich sind Erfahrungen mit der Dimension des Geistes und des GottesGeistes nicht „alltäglich". Es scheint, dass es Menschen gibt, die besonders dafür begabt sind, für andere wird die „Trennwand" zwischen Diesseits und Jenseits in außergewöhnlichen Situationen durchlässig, und wieder andere erreichen die Befähigung dazu durch langjährige Übung und religiöse Praktiken. Für manche geschieht der Durchbruch auch völlig überraschend und verwirrend (s. die Apostel an Ostern, Paulus u.a.).

2.3 Fest steht, dass jeder, der eine solche Erfahrung gemacht hat, die *Gewissheit dieser Erfahrung* hat. Er weiß, dass der Begegnende lebt und er ihm begegnet ist, dass Kommunikation möglich ist, dass der „Verstorbene" da ist, und er lässt sich das in keiner Weise ausreden und wegerklären. Gleiches gilt auch für „unmittelbare" Gotteserfahrungen.

2.4 Fest steht auch, dass in unserer spätneuzeitlichen Kultur derartige Erfahrungen höchst tabuisiert sind und daher gemeinhin nicht erzählt werden, da man nicht als Spinner angesehen werden möchte. Gute Seelsorger wissen darum. Für andere Kulturen ist dieser Bereich selbstverständliche Lebenswirklichkeit, z.B. in der Ahnenverehrung in Afrika. Es steht zu vermuten, dass hier auch die Fähigkeiten des Menschen stärker entwickelt sind, diesen Bereich wahrzunehmen und mit den Jenseitigen zu kommunizieren.

2.5 Es scheint nach den Zeugnissen festzustehen, dass nicht nur für Menschen die „Trennwand“ zuweilen durchlässig wird, sondern dass diese auch von „drüben“ in unterschiedlicher Weise durchbrochen werden kann, dass die „Verstorbenen“ sich also bemerkbar machen können.

3.0 Auferstehung Jesu?

3.1 Wird unter Berücksichtigung des bisher Gesagten nicht eine Interpretation der Auferstehungserfahrung der Jünger möglich, die sich deutlich von der subjektivistischen Visionshypothese und neueren psychologischen Deutungen unterscheidet? In diesen Interpretationen wird eindeutig und allein von der psychischen Aktivität des menschlichen Subjektes ausgegangen, das angeblich diese Erfahrung gemacht hat. Es wird festgestellt, dass diese „Wahrnehmungen“ von dessen eigener Psyche hervorgebracht wurden und damit letztlich als rein innerpsychische Vorgänge, d.h. Einbildungen ohne Realitätswert zu erklären sind.

3.2 Das Sehen des Auferstandenen hingegen, wie es hinter den biblischen Bildern erkennbar wird, scheint von anderer Qualität zu sein als ein rein subjektiver innerpsychischer Vorgang. Das Wort „ophthä“ bei Paulus (1 Kor 15,5ff.) zeigt den Doppelaspekt: „Er ließ sich sehen“, und: „er wurde gesehen“. Könnte hier ein Erleben analog dem Erfahren von Begegnung mit „Verstorbenen“ vorliegen? Vieles spricht dafür. Denn die in den Evangelien bezeugten Erfahrungen der Jünger und die des Paulus (1 Kor 15) zeigen, dass die „Trennwand“ von der Dimension des Auferstandenen her (d.h. aus der Dimension des GottesGeistes) durchbrochen wurde – möglicherweise erleichtert durch die Extremsituation der Jünger nach der Kreuzigung, anders hingegen bei Paulus und wohl auch den „500“ Jüngern (1 Kor 15,1ff.). Die *Qualität und Intensität der Erfahrung* verursachte jedenfalls bei allen eine fundamentale Lebensveränderung. Darin und in den Zeugnissen wird deutlich, dass sie des Erfahrenen *absolut gewiss* waren: „Wir haben den Herrn gesehen, der Herr lebt!“ Dieses Wissen bestimmte hinfort ihr Leben und blieb auch in Verfolgung und tödlicher Bedrohung gewiss.

3.3 Daraus folgt: Wenn Jesus gestorben und „auferstanden“ ist, also in der Dimension des GottesGeistes, d.h. Gottes lebt, dann ist er zu jeder Zeit mitten unter uns und auch heute prinzipiell erfahrbar. Das wird in unterschiedlicher Weise bezeugt und christlich geglaubt. Nicht nur in der Liturgie spricht man selbstverständlich von seiner Gegenwart, auch die Kirchengeschichte ist voll von Erscheinungsgeschichten, die man freilich unterschiedlich bewerten kann.

4.0 Zusammenfassung und Folgerung

4.1 Wenn man „Geist“ nicht grundsätzlich leugnet und die Dimension des Geistes als eine Dimension des GottesGeistes gelten lässt, dann ist prinzipiell der Tod nur das materielle Ende. Ein Leben in der Dimension des (Gottes)Geistes, traditionell „Leben bei Gott“, ist wesentlicher, dogmatisch fixierter Teil christlicher Hoffnung. Bei jedem Begräbnis wird diese Glaubensgewissheit als selbstverständlicher Trost formuliert. Ebenso werden Begegnungen mit „Verstorbenen“, die der jenseitigen Dimension angehören, vielfältig bezeugt.

4.2 Wenn dies alles nicht falsch ist, was sollte dann das Problem bei der Auferstehung Jesu sein, bei dem, nach Überzeugung der Jünger und dann auch nach allgemein christlicher Überzeugung, der GottesGeist schon im diesseitigen Leben in außerordentlicher Weise erfahrbar war? Sollte Jesus, lebend bei/in Gott, sich aus der Dimension Gottes/des GottesGeistes nicht „zeigen“ können? Braucht man unter diesen Voraussetzungen noch all die gescheiten innerpsychischen Erklärungen, mit denen man sich am Zeugnis der Schrift vorbeidrückt?

4.3 Bei allen Überlegungen zu der Botschaft von der Auferweckung/Auferstehung Jesu gilt es indes festzuhalten, dass es letztlich nicht darum geht, das eine oder andere davon noch genauer zu erkennen oder zu wissen, näherhin dem neugierigen Intellekt Genüge zu leisten, mag eine gute Antwort auch noch so sehr befriedigen. Vielmehr geht es ganz grundsätzlich um eine persönliche Entscheidung, die meine gesamte Existenz betrifft, nämlich: Traue ich dem Gott Jesu, meinem Gott, zu, dass er in seiner göttlichen Lebensfülle nicht nur die letzte Ursache des gesamten Universums und Quelle jeglichen Lebens ist, sondern dass er auch in unfassbarer Weise jedem Menschen zuinnerst gegenwärtig ist und ihn unbegreiflich liebt? Und vertraue ich ganz persönlich darauf, dass er in seiner göttlichen Lebensmacht alle lebensmindernden und Leben zerstörenden Mächte in meinem Leben und in meinem Tod überwinden und mir Leben in grenzenloser Fülle schenken kann?

Das, was bei Jesus exemplarisch deutlich wird, gilt für jeden von uns: Wer sich an diesem Gott des Lebens festmacht, gewinnt das Leben selbst. Er lebt in Gott und Gott in ihm – schon jetzt und für alle Zeit und Ewigkeit. Davon erzählen auch – komplementär zu den Bildbegriffen Auferweckung und Auferstehung – die biblischen Bilder von der Neuschöpfung und der Wiedergeburt/Neugeburt in das Leben aus und in Gott, dazu die fundamentale Zeichenhandlung der Taufe. Bei all dem geht es in gleicher Weise wie bei der Auferstehung darum, dass Gott mit seiner Lebensmacht den Tod und alle tödlichen Mächte unwiderruflich überwindet und den in seine göttliche Lebensfülle hineinnimmt, der sich ihm anheimgibt. Auferstehung ist daher mehr als ein einmaliges Hinübergerettetwerden aus dem Tod ins ewige Leben bei Gott; sie ist schon jetzt im Hier und Heute ein vielfältiges und immer neues Auferstehen hinein ins Leben Gottes und ein Leben aus der göttlichen Lebenskraft. Dass wir das in unserem irdischen Leben nur wenig erfassen und begreifen können, ändert nichts an der Sachlage: Wer zu Gott gehört, hat Teil am Leben Gottes. Darauf kommt es an, dazu sind wir gerufen.

5.0 Was geschieht mit uns nach dem Tod, wenn sich Geist/Seele und Körper trennen?

5.1 Ein langes philosophisches und theologisches Ringen kennzeichnete die Zeit des gesamten Mittelalters in der Auseinandersetzung mit Plato und Aristoteles darüber, was es mit dem Geist auf sich habe und in welcher Verbindung der Menschengeist zum reinen Geist/göttlichen Geist stehe. Diese jahrhundertelange Auseinandersetzung kann hier nicht thematisiert werden. Interessant ist in unserem Zusammenhang aber die Frage, was mit dem Menschengeist im Tod geschieht: Kehrt er wieder in den Weltengeist/Gottesgeist zurück und geht in diesem auf, so dass es kein individuelles Fortleben im „Himmel“ gibt, oder gibt es die Möglichkeit, die Individualität auch dort zu wahren? Gegen die zweite Möglichkeit sprach 1. das Prinzip, dass der göttliche Geist das absolut Eine sei, welches jede Vielheit ausschließe, und 2., dass Individualität dadurch entstehe, dass der Geist sich mit der Materie verbinde. Wenn der Geist sich von der Materie löse, so kehre er logischerweise in die große Einheit des Weltengeistes zurück; die Individualität gehe verloren. In Indien gibt es die Vorstellung, dass, wie ein Wassertropfen ins Meer gelangt und dort unter Verlust seines

Eigenseins aufgeht, so die Seele ins Brahman/das All-Eine zurückkehre.
Meiner Meinung nach liegen dem zwei „Denkfehler" zugrunde: Zum ersten: Die Vorstellung, dass der Weltengeist/Gott das absolut Eine sei, das jede Vielfalt ausschließe, ist eine Definition, die von philosophischen Denkvoraussetzungen abhängt. Empirische Belege kann es dafür per se nicht geben. Es ist daher zu fragen: Warum sollte der absolute Geist als das All-Eine, alles Umfassende, nicht auch alle Vielheit und alle Entwicklungen in sich einschließen, die es im Universum gibt? Diese Vielheit ist für uns, entsprechend unserer Wahrnehmung, ja deutlich sichtbar und greifbar. Wenn dies keine prinzipielle Täuschung ist, muss also diese Vielheit auch im Göttlichen/in Gott angelegt sein, aus dem alles hervorgeht. Einheit und Vielfalt schließen sich daher nicht aus, sondern fallen in dem Ur-Einen/in Gott zusammen (coincidentia oppositorum, das Zusammenfallen der Gegensätze, so Nikolaus Cusanus). Einheit und Vielheit wird ja auf theologischer Ebene auch in der „Drei-Einigkeit" mitgedacht.
Zum zweiten ist zu fragen, ob Individualität nur in der Verbindung von Geist und Materie besteht. Zunächst sieht es so aus, denn der Geist drückt sich in sehr unterschiedlichen Körpern aus; jeder Mensch sieht anders aus, gibt sich anders, nimmt anders wahr und denkt und handelt verschieden von anderen. Seine Individualität entsteht durch das Zusammenwirken von Körper und Geist. Dies macht den Menschen einmalig und unverwechselbar zum Individuum. Ist damit schon alles gesagt? Mir scheint ein wesentlicher Aspekt zu fehlen. Denn im Altertum und Mittelalter fehlte ein Begriff, den wir in dieser inhaltlichen Fülle erst heute besitzen, nämlich der der menschlichen Person. Wenn wir heute von Person und personaler Mitte sprechen, so betonen wir die Einheit der Person und denken nicht an eine Zusammensetzung von Geist und Körper, die vor oder in der Geburt irgendwann geschehen sein soll. Im Zusammenwirken von Körper und personaler Mitte entfaltet sich die individuelle Person. Alles, was im Leben zusammenkommt, wird von dieser personalen Mitte her gestaltet, wie sie umgekehrt von all den Lebenserfahrungen geprägt wird. Es ist ein ständiger Prozess der Entwicklung. So entsteht eine einmalige Person, die in allen Wechselfällen des Lebens erhalten bleibt, auch bei körperlichen und geistigen Einschränkungen. Im Falle der Demenz ist sie von außen kaum mehr zu erkennen, ohne dass dadurch – darin ist man sich (noch?) einig – ihr Personsein und ihre personale Würde

verloren geht. Geht nun der Körper verloren, so werden zwar die körperlichen Verbindungen abgeschnitten, aber die „Geistseele“ bleibt als Person in ihrer Einmaligkeit, die mit ihrem Leben und mit ihrer Entwicklung zusammenhängt, erhalten, wie die Nahtoderfahrungen oder die Begegnungen mit „Verstorbenen“ zeigen. Bei aller Verschiedenheit, Widersprüchlichkeit und Offenheit der Bilder der biblischen Auferstehungszeugnisse ist allen gemeinsam und wesentlich, dass der erlebte auferstandene Jesus *personal identisch* mit dem Jesus von Nazareth war.

6.0 Auferstehung des Leibes?

6.1 Wenn man in früheren Zeiten von der Auferstehung des „Leibes“ sprach, so wollte man damit absichern, dass es sich im Fortlebenden nicht nur um eine Seele oder einen Geist oder ein Gespenst handelt, die nichts oder wenig mit dem verstorbenen Menschen zu tun haben. Da man den Begriff Person in unserer heutigen Bedeutung noch nicht kannte und daher nicht von personaler Identität sprechen konnte, wollte man, wenn man von einigen recht körperhaften Vorstellungen absieht, mit „Leib“ die Kontinuität zwischen dem Verstorbenen und dem nun im Jenseits Lebenden sichern. Im Himmel, also im Leben bei/mit/in dem göttlichen Einen wird also, wenn das Überlegte stimmt, vermutlich eine bunte Fülle von individuellen Personen in intensivstem gemeinschaftlichen Leben (auch die soziale Dimension gehört zur menschlichen Person!) leben, dessen alles umfassende „Mitte“ Gott ist. Genau das ist ja der Kern christlicher Hoffnung. Indes, jede genauere Vorstellung davon verbietet sich angesichts der Unvorstellbarkeit des göttlichen Lebens.

Dazu noch einige weitere Gedanken, die ich nicht unbesprochen lassen möchte.

Nicht Grabesruhe, sondern Leben in Überfülle

Kult, Rituale und liturgische Formen haben oft eine lange und altehrwürdige Geschichte und auch heute noch eine eigene Kraft, die von den Gläubigen gespürt wird, so dass sie ihr Denken und Fühlen leitet. Diese Formen werden in der Glaubensgemeinschaft als Erbe vorgefunden und an die nächsten Generationen weitergereicht. Ihre Wirkungen können heilsam sein; man fühlt sich aufgehoben und getragen im Strom des gemeinsamen Glaubens. Doch was ist, wenn sich die Zeiten und Menschen grundlegend wandeln? Kann man da noch gedankenlos weitertradieren und -praktizieren, was früheren Generationen wichtig war und zu leben half? Nehmen wir ein zentrales Gebet am Grab:

V: O Herr, gib ihm (ihr, ihnen) und allen Verstorbenen
die ewige Ruhe.
A: Und das ewige Licht leuchte ihm (ihr, ihnen).
V: Lass ihn/sie ruhen in Frieden.
A: Amen.

Dies wird bei allen Beerdigungen am Grab – alles vorherige zusammenfassend – gebetet, d.h. es wird von Gott erfleht, dass er ewige Ruhe und Frieden gewähre. Dies geschieht in einer ausgesprochen emotionalen Schlüsselsituation für die trauernden Angehörigen und Freunde des Verstorbenen. Es müsste sich hier eigentlich zeigen, was der christliche Glaube an Hoffnung und Zukunftsperspektive über den Tod hinaus den Menschen anzubieten hat.

Zu fragen ist daher: Ist dieses abschließende und alles einschließende Gebet am Grab wirklich der Extrakt christlicher Hoffnung, nämlich eine Ruhe, die ewig währt? Man sollte sich genau überlegen, was man da implizit verkündet! Dazu einige Gedanken:

Dass das altvertraute Gebet so gesprochen wird, hat wohl einen doppelten Grund. Die Quelle für das „requiem aeternam dona eis, domine" (Herr, gib ihnen die ewige Ruhe!) und „lux perpetua luceat eis" (das ewige Licht leuchte ihnen) in der Totenmesse und am Grab ist das 4. Esra-Buch, eine spätjüdische Apokalypse aus der Zeit um 100 n. Chr. Dort finden sich die Formulierungen „requiem aeternitatis dabit vobis" (er wird euch die Ruhe der Ewigkeit geben) und „quia lux perpetua lucebit vobis per aeternitatem temporis" (denn das ewige Licht wird euch leuchten durch die Ewigkeit der Zeit). Diese Gedanken gefielen; sie wurden übernommen und leicht verändert zu einem Gebet für die Verstorbenen umformuliert, wie es bis heute in der Liturgie feststeht. Doch warum diese Gedanken überhaupt übernommen wurden und über die Jahrhunderte hinweg weiter Geltung hatten, hat wohl einen inneren Grund, einen „Sitz im Leben" der Gläubigen. Dieser mag wohl so oder ähnlich gewesen sein:

In früheren Zeiten war das Leben der meisten Gläubigen kurz, häufig geprägt von Not und Pein, ein beständiger Kampf gegen Hunger und

Krankheit und oft ein verzweifeltes Ringen ums Überleben. Und am Ewigkeitshorizont wetterleuchtete die Angst vor dem Fegefeuer und vor den drohenden Höllenqualen. Man fühlte, dass man vor dem strengen Richter nicht bestehen konnte. Wie schrecklich hallte das „Dies irae, dies illa ... “ in den hohen Domen:

> Dies irae dies illa,
> Solvet saeclum in favilla:
> Teste David cum Sibylla.
>   Quantus tremor est futurus,
>   Quando iudex est venturus,
>   Cuncta stricte discussurus!
>
> ...
>
> Tag des Zornes, Tag der Zähren!
> Wirst die Welt in Asche kehren,
> wie Sibyll‘ und David lehren.
>   Welch ein Graus wird sein und Zagen,
>   Wenn der Richter kommt, mit Fragen
>   Streng zu prüfen alle Klagen!
> Laut wird die Posaune klingen,
> Durch der Erde Gräber dringen,
> Alle hin zum Throne zwingen.
>   Schaudernd sehen Tod und Leben
>   Sich die Kreatur erheben
>   Rechenschaft dem Herrn zu geben.
> Und ein Buch wird aufgeschlagen,
> Treu darin ist eingetragen
> Jede Schuld aus Erdentagen.
>   Sitzt der Richter dann zu richten,
>   Wird sich das Verborgne lichten;
>   Nichts kann vor der Strafe flüchten.
> Weh! Was werd ich Armer sagen?
> Welchen Anwalt mir erfragen,
> Wenn Gerechte selbst verzagen? ...
>
> (1. Str. übersetzt von U. Bomm, sonst aus Wikipedia)

Auf den Gedanken, am Leben Gottes in der Gemeinschaft der Heiligen teilnehmen zu können, wären die meisten damals nicht so schnell gekommen. So war das Höchste, was man erwarten konnte, ein Ausruhen vom Kampf und die Erwartung, endlich Ruhe und Frieden zu bekommen, all das, was das Leben nicht zu bieten hatte und nur Gott schenken konnte. Schon das war ein Stück vom Paradies, das man erhoffte, und darum betete man für die Verstorbenen, darauf hin lebte man selbst, und damit tröstet man sich und andere über den Verlust: ‚Der Tote ist ja jetzt gut aufgehoben. Er hat das leidvolle Leben überstanden; er hat nun endlich Ruhe und Frieden.' In diesem Sinn spendet man sich auch heute noch Trost, wenn der Verschiedene zuletzt schwer leiden musste. Man muss dazu nicht einmal gläubig sein.

Es mag bei der Ausbildung des Gebetes auch der Gedanke an eine Grabesruhe bis zum „Jüngsten Gericht" mitgespielt haben. Dieses Motiv wird aber zur ewigen Ruhe unter dem ewigen Licht (also 2x ewig!) umgebogen, womit jede Vorläufigkeit bis zum Endgericht entfällt. Auch gibt es keinerlei expliziten Hinweis in dem Gebet auf die Auferstehung und ein ewiges Leben. Es bleibt also für den Verstorbenen nicht mehr als: Ruhe und Frieden – Amen!

Die Mystiker wussten es besser. Sie hatten schon in ihrem Leben den liebenden und Leben spendenden Gott erfahren. So erwarteten sie übervolles Leben, wenn sie zuinnigst verbunden wären mit Gott, der selbst die Liebe ist, die unvorstellbares Leben in Gemeinschaft ermöglicht. Die Kirche hielt, wie bekannt ist, nicht viel von diesen Mystikern, ja sie machte ihnen das Leben schwer und unterdrückte, soweit möglich, deren Botschaft; diese bekam deshalb keine Bedeutung für die kirchliche Lehre und das Leben der „kleinen Leute", auch nicht am Grabe.

Heute stehen wir an einem anderen historischen Ort. Für die meisten Menschen in den Industriestaaten gibt es nicht mehr den Kampf ums nackte Überleben. „Das Leben ist kurz, genieße es!" heißt es von allen Seiten in der Werbung, in den Medien und bei den vielfältigen Konsumangeboten unserer Wohlstandsgesellschaft. Wir testen aus, was das Leben zu bieten hat und wünschen ein möglichst intensives Leben, ja zuweilen darüber hinaus ab und zu noch einen besonderen Kick. Und dann stehen wir am Grab eines vertrauten und geliebten Menschen. Ist da Ruhe und Frieden etwas, das als verheißungsvolles Ziel ersehnt wird und die Hinterbliebenen tröstet? Hat die Kirche nicht mehr zu bieten als eine Friedhofsruhe, die in ihrem ewigen Ausmaß eher abschreckend ist für viele heutige Menschen, die vorwiegend am Leben interessiert sind? „... und das ewige Licht leuchte ihnen": Erinnert das nicht mehr an das sparsam flackernde „ewige Licht" in den Kirchen und auf den Gräbern als an die explodierende Licht- und Lebensfülle Gottes? „... lass sie ruhen in Frieden“: Frieden ist etwas Schönes und ein hoher Wert, aber am Grab nur Ruhe und Frieden? Ist das alles, was Gott zu bieten hat? Man muss das Gebet mit heutigen Ohren hören!

Die Botschaft des neuen Testamentes und der Mystiker bietet da schon andere Qualitäten! Da ist von intensivem Leben die Rede, das nicht beschreibbar ist, von der Liebe Gottes, die uns in sich aufnimmt und unvorstellbares Glück ermöglicht, vom himmlischen Hochzeitsmahl und der Herrlichkeit, die uns bei Gott erwartet, von einer neuen Schöpfung, die in ihrer Qualität nicht einmal erträumbar ist. Leben wird nicht mehr in irdischer Spardosis gelebt werden, sondern explodiert in göttlicher Lebensüberfülle. Viele Osterlieder künden jubelnd von diesem neuen Leben: „Christ ist erstanden, von der Marter alle; des solln wir alle froh sein, Christ will unser Trost sein, Kyrieleis. Seit dass erstanden ist, freut sich alles, was da ist... “ „Verklärt ist alles Leid der Welt, des Todes Dunkel ist erhellt. Der Herr erstand in Gottes Macht, hat neues Leben uns gebracht.“ Denn der Auferstandene ist der erste seiner Brüder und Schwestern (1 Kor 15,20ff., Röm 6,3ff., Röm 8,28ff. u.a.). Er lebt das, was wir erhoffen dürfen: Leben in überwältigender Fülle in der Dimension Gottes.
Wenn das so ist, warum beten wir dann nicht am Grab:

> „Gott gebe dir Anteil an seinem unfassbaren göttlichen Leben,
> das allezeit neu ist und nie enden wird,
> Er sei für dich die lichtvolle Mitte gemeinschaftlichen Lebens mit allen, die dir lieb sind,
> mit denen, die vor dir zu ihm eingegangen sind und die in Zukunft zu ihm kommen.
> Und er lasse dich aufblühen in seinem Frieden, der alles umfasst,
> seinem Schalom, der göttliches Leben ermöglicht. Amen!“

Wäre das nicht die alte christliche Urbotschaft, aufgegriffen und am Grab verkündet für heutige Menschen, die Leben suchen und dem Tod hilflos gegenüberstehen? Ewige Grabesruhe? „Nein, wir verkünden, wie es in der Schrift steht, was kein Auge gesehen und kein Ohr gehört hat, was in keines Menschen Herz gedrungen ist, was Gott denen bereitet hat, die ihn lieben“ (1 Kor 2,9).

Jesus Christus, Gottes Sohn?

Die Entwicklung bis zur dogmatischen Formulierung

„Glauben Christen wirklich, dass dieser Jesus von Nazareth Gottes Sohn ist?“, so wird heute gefragt. Für Christen, so scheint es, ist bisher unumstritten, was in Konstantinopel im Jahre 381 im Glaubensbekenntnis formuliert wurde. Dieses Bekenntnis gilt als Fundament des christlichen Glaubens durch alle Zeiten hindurch:

„... Und an den einen Herrn Jesus Christus, Gottes eingeborenen Sohn, aus dem Vater geboren vor aller Zeit: Gott von Gott, Licht vom Licht, wahrer Gott vom wahren Gott, gezeugt, nicht geschaffen, eines Wesens mit dem Vater; durch ihn ist alles geschaffen.

Für uns Menschen und zu unserem Heil ist er vom Himmel gekommen, hat Fleisch angenommen durch den Heiligen Geist von der Jungfrau Maria und ist Mensch geworden. Er wurde für uns gekreuzigt unter Pontius Pilatus, hat gelitten und ist begraben worden, ist am dritten Tage auferstanden nach der Schrift und aufgefahren in den Himmel. Er sitzt zur Rechten des Vaters und wird wiederkommen in Herrlichkeit, zu richten die Lebenden und die Toten; seiner Herrschaft wird kein Ende sein.“ ...

„... Gott von Gott, Licht vom Licht, wahrer Gott vom wahren Gott ... “ Das sind starke Worte, da gibt es nichts zu rütteln und zu deuteln. Alle Abweichungen davon wurden und werden auch heute verurteilt, und wer das nicht glaubte, wurde aus der Kirche ausgeschlossen, anathema sit („er sei ausgeschlossen!“)! Nach wie vor wird dieses Glaubensbekenntnis in den Gottesdiensten gebetet; es ist verbindlich für die Christen über die Konfessionsgrenzen hinweg.

Aber wie kam es zu diesem Glauben? War dieses Glaubensbekenntnis zur Gottessohnschaft Christi schon von Anfang an, zumindest inhaltlich, da?

Es lohnt sich, dieser Frage genauer nachzugehen. Tatsächlich war es ein langer Weg der Christologie – des Nachdenkens und der Ausgestaltung einer Lehre über Jesus Christus –, bis die Dogmen endgültig formuliert wurden. Die ganze Entwicklung bis dahin ist sehr komplex und nicht so schnell abzuhandeln; es gibt bekanntlich unzählige Schriften darüber. Ich kann hier nur einige Gedanken, die mir wesentlich erscheinen, ansprechen.

Der Glaube der Urkirche

Zunächst muss man mit der frühen Zeit des Christentums anfangen, also mit dem Glauben der Apostel und der ersten Christen, der sich, schon ein Stück weit entwickelt, in den Evangelien niedergeschlagen hat. Diese wurden ab dem Jahre 70 niedergeschrieben. Dazu käme noch Paulus. Von diesem haben wir die frühesten Zeugnisse.

Und was zeigt sich da? Es findet sich bei den Jüngern und bei Paulus zunächst einmal der gleiche Glaube an den einen Gott Israels, wie ihn Jesus hatte. Dazu kam die Erfahrung und das Zeugnis, dass Gott diesen Jesus mit all dem, was dieser gesagt und getan hatte, nach dessen schrecklichem und unerklärlichem Tod am Kreuz voll bestätigte, indem er ihn von den Toten auferweckt hat. Sie bekannten daher wie Petrus in Apg 2,22ff.: „Israeliten, hört diese Worte: Jesus, den Nazoräer, den Gott vor euch beglaubigt hat durch machtvolle Taten, Wunder und Zeichen, die er durch ihn in eurer Mitte getan hat, wie ihr selbst wisst – ihn, der nach Gottes beschlossenem Willen und Vorauswissen hingegeben wurde, habt ihr durch die Hand von Gesetzlosen ans Kreuz geschlagen und umgebracht. Gott aber hat ihn von den Wehen des Todes befreit und auferweckt; denn es war unmöglich, dass er vom Tod festgehalten wurde", und weiter 2,32f.: „Diesen Jesus hat Gott auferweckt, dafür sind wir alle Zeugen. Nachdem er durch die rechte Hand Gottes erhöht worden war und vom Vater den verheißenen Heiligen Geist empfangen hatte, hat er ihn ausgegossen, wie ihr seht und hört."

In diesen und anderen Texten zeigt sich, dass die, die zum Glauben gefunden hatten, sich natürlich Gedanken machten, wie dieser Jesus, den Gott auferweckt hat, zu Gott stand und wie sein Tod begriffen werden konnte. Um sich klar darüber zu werden und den neuen Glauben zu rechtfertigen, suchte man Texte in der Heiligen Schrift, also im Alten Testament, die mit dem irdisch erlebten und dem auferstandenen Jesus zu tun haben konnten, und man fand sie zahlreich. So kam man zu unterschiedlichen Aussagen wie: Er war der Knecht Gottes nach Isaias – er war mehr als alle Propheten – er war der geweissagte Endzeitprophet – er war der Messias, der Christos – er war der endzeitliche Menschensohn nach Daniel – er war, im Gegenüber zu dem göttlichen Kaiser-Kyrios (s. Lk 2,1ff.), wohl auch in Anlehnung an den alttestamentlichen Gott-Kyrios, der Kyrios, der Herr – er war der Sohn Gottes, was im alttestamentlichen Kontext seine besondere Beauftragung und Erwählung durch Gott umschreibt, also nicht das, was wir heute darunter verstehen. All diese Bezeichnungen hatten ihre Berechtigung, aber keine passte so, dass sie das Geheimnis des gekreuzigten und auferstandenen Reich-Gottes-Verkünders ganz traf.

Führend scheint die Bezeichnung Messias, griechisch Christos, lateinisch Christus, gewesen zu sein. Mit diesem Titel wird der auferstandene Jesus im NT am häufigsten angesprochen. Offensichtlich wurde diese Bezeichnung schon recht früh verwendet. Christos, verwandt mit dem Menschensohn des Propheten Daniel, bezeichnete nun zwar den erhöhten Herrn, war aber noch keineswegs identisch mit dem „Sohn Gottes" im klassischen Sinn des späteren Dogmas. Er gehörte noch auf die Seite der Menschen, wenn er auch bei Gott war.

– - –

Ein kleiner Exkurs soll das verdeutlichen:

Jesus, der Christus – ein Exkurs zur Begriffsklärung

Mal sagen wir Jesus, mal Christus (die lateinische Form des griechischen Christos, der Gesalbte), mal Jesus Christus. Jesus und Christus werden von uns oft synonym gebraucht oder manchmal wie Vor- und Nachname zusammengesetzt. Was versteckt sich dahinter? Das lässt sich einfach sagen: Jesus ist der Name des historischen Jesus von Nazareth, Christos ist die nachösterliche Bezeichnung für den Auferstandenen, ein Titel, der ihm beigegeben wurde und zugleich eine Art Bekenntnis war: Er ist der von Gott Auserwählte, der Gesalbte, der die „endzeitliche" Herrschaft Gottes errichtet.

Christos ist in der Septuaginta (Übersetzung des hebräisch-aramäischen Alten Testaments in die griechische Sprache um 250 v.Chr.) die griechische Übersetzung des hebräischen Wortes Messias. Was beinhaltet dieser Ausdruck?

Zunächst war in der jüdischen Geschichte der Messias der Erwählte und Gesalbte Gottes. Dies kam vor allem bei der Krönung eines Königs in einer entsprechenden Zeremonie zum Ausdruck. In der jüdischen Tradition war die Krönung ein religiöser Vorgang. Der König war durch die Salbung der von Gott Erwählte und Beauftragte.

Die Könige entsprachen oft dieser Erwählung nicht. Die harte Kritik in den geschichtlichen Büchern des Alten Testamentes an ihrem gottlosen Verhalten zeigt dies. So veränderte sich der Titel im Laufe der Zeit zu einem Hoffnungsbild der Propheten, nämlich dass Gott in der Endzeit der Geschichte selbst seine Herrschaft beginnt, indem er einen Messias sendet. Dieser wird die Herrschaft Gottes errichten, ein Reich der Gerechtigkeit und des Friedens, des Schalom Gottes (Friede und umfassendes Heil, siehe Is 9,1–6). Auf diesem Gesandten ruht der Geist Gottes (Is 11,1–10). Ältere Texte wurden im Laufe der Zeit auf diesen zukünftigen Heilsbringer umgedeutet.

Für Jesus war nach seiner Auferstehung dieser Titel besonders geeignet, denn Jesus hatte zu Lebzeiten den Beginn der endzeitlichen Herrschaft Gottes verkündet und seine Zuhörer aufgefordert, sich auf seine Botschaft einzulassen und die Einladung Gottes anzunehmen. Nach Ostern dienten die Vorstellungen und prophetischen Weissagungen vom Messias/Christos neben anderen Titeln (s.o.) dazu, das Geschehene und Erfahrene zu deuten. Messias/Christos wurde zum bevorzugten Interpretationsbegriff, im Neuen Testament kommt der Titel Christos 531mal vor. Mit den prophetischen Weissagungen vielfältig belegt, wird von den Jüngern bekannt: Dieser Jesus ist der verheißene Messias aus dem Geschlecht Davids (daher Bethlehem als Geburtsort), der Retter Israels, siehe Micha 5,1.

Doch anders als in der traditionellen Messiasvorstellung, die keinen leidenden Messias kennt, wird damit nun auch der Tod Jesu verbunden. Besonders bei Paulus, aber auch in den Evangelien ist daher Jesus der Christos, der durch sein Leiden und seinen Tod die Menschheit erlöst hat und am Ende der Zeit wiederkommen wird. Paulus hat kaum einen Blick für den historischen Jesus, er kannte ihn nicht, und er scheint ihn auch nicht weiter interessiert zu haben. Vielmehr verkündet er, von seinem Damaskuserlebnis ausgehend, den Auferstandenen als den Christos, den Herrn und Erlöser. Denn so hatte er ihn erfahren.

Es dürfte wohl allgemein so gewesen sein, dass in den hellenistischen Gemeinden der historische Jesus nur eine geringe Rolle spielte. Es ist der auferstandene Christos, der von Gott gesandte „göttliche"- dazu entwickelt es sich immer mehr – Heilsbringer, der Retter und Erlöser, der verehrt wird. Im Glauben an diesen entscheidet sich das persönliche Heil, das von Gott durch ihn geschenkt wird. Entsprechend diesem Glauben an den Christos wurden die Jesus-Gläubigen wohl in Antiochia zum ersten Mal „Christen" genannt. Der Titel Christos wurde in der Folgezeit zum Namen Jesus Christos.

In der weiteren Zeit nach der Abfassung der Evangelien wurde der Messias, der bisher entsprechend den alttestamentlichen Vorgaben noch als Mensch gedacht wurde, in der Glaubensvorstellung immer mehr in die Nähe Gottes gerückt und schließlich – viel später – im hellenistischen

Umfeld als Sohn Gottes mit Gott wesensgleich. Ab dem Konzil von Nizäa (325) hieß das Bekenntnis: Jesus ist der Christos, der wesensgleiche Sohn Gottes. Und das gilt bis heute so.

Nun zurück zu unseren Überlegungen zu „Sohn Gottes"

– - –

„Sohn Gottes" – der christliche Glaube in der hellenistischen Welt

Wir sehen: Zur Zeit der Abfassung der biblischen Bücher war die Deutung der Jesus-Erfahrung noch durchaus in der Schwebe. Das änderte sich in der Folgezeit. Denn die Verkündigung der christlichen Botschaft traf auf den Raum hellenistischer Kultur, in der Götter und Gottessöhne gar nicht so rar gesät waren und auch der Kaiser im Staatskult ganz selbstverständlich als Gott verehrt wurde. Und so kam es, wie es kommen musste: In dieser hellenistischen Kultur bekam das Attribut „Sohn Gottes" einen ganz anderen Klang, als es ihn im jüdischen Denken und Glauben hatte.

Frühe Ansätze sehen wir schon im Johannes-Evangelium. Dieses hat nicht mehr wie die Synoptiker[39] den irdischen Jesus im Blick, sondern reflektiert schon ganz den Christos, den Auferstandenen, in einer Sprache, die an die hellenistische Gnosis erinnert. Und da dieser Auferstandene schon ganz im Bereich Gottes ist, ist er schon ganz nah an Gott, so nah, dass er gleichsam schon göttliche Eigenschaften erhält. Er, der Sohn, und der Vater sind eins.

Das scheint auf den ersten Blick gar nicht mehr so weit zu sein bis zur Formulierung der ontologischen (wesensmäßigen) Sohnschaft, wie das im Konzil in Nizäa geschah. Aber es meint diesen Inhalt noch nicht. Doch diese ersten Ansätze dienten in der Folgezeit dazu, die Christologie in Richtung einer ontologischen Sohnschaft zu entwickeln und diese vorwiegend (bis heute) mit dem Johannes-Evangelium zu begründen. Denn die Sprache und die Denkweise des Johannes kamen aus dem hellenistischen Kulturkreis und entsprachen den Bildern und Erwartungen, die man von Gott und dem Gottessohn in dieser Kultur hatte. So konnte sich diese Theologie, die zunächst nur einem kleinen Kreis zugänglich war, wohl von Ephesus aus, einem religiösen Zentrum der damaligen Welt, wohin

[39] Matthäus, Markus und Lukas werden als Synoptiker bezeichnet; sie sind zeitlich früher als das Johannesevangelium.

es vermutlich die Johannesgemeinde verschlagen hatte, weltgeschichtlich erfolgreich durchsetzen.

Die stärker judenchristlich gesonnenen Gemeinden dachten da anders, da für sie Gott ein einziger war und niemand neben ihm stand (Ex 20,3: „Du sollst neben mir keine anderen Götter haben!“). Der Titel „Gottessohn“ bedeutete, wie schon festgestellt, eher eine Erwählung und eine Funktion im Auftrag Gottes und beschrieb keinesfalls eine göttliche Wesenheit. „Gott ist einer, und einer ist Mittler zwischen Gott und Menschen, der *Mensch* Christus Jesus, der sich selbst gab als Lösegeld für alle“, wie es bei Paulus in 1 Timotheus 2,5 noch heißt. So sagten schließlich die hellenistischen Christen ebenso wie die Judenchristen „Sohn Gottes“, meinten aber etwas grundsätzlich Verschiedenes damit.

In Nizäa hat sich dann nach heftigen Auseinandersetzungen endgültig die hellenistisch-christlich geprägte Theologie gegenüber der jüdisch-christlichen Theologie durchgesetzt. Übrigens, die westliche Kirche war daran nahezu nicht beteiligt. Arius und andere, die ein vermittelndes Modell vorschlugen (z.B. Adoptivsohn Gottes), wurden zurückgewiesen. Der Begriff Sohn Gottes wurde nun ontologisch verstanden, also „eines Wesens mit dem Vater“. Jesus Christus war damit Gott gleich. Die griechische Philosophie, insbesondere der Neuplatonismus, hatten dazu die Mittel geliefert. Und in Konstantinopel kam es 381 zu obigem Glaubensbekenntnis: „Gott von Gott, Licht vom Lichte ... “

Für Judenchristen war das vermutlich unerträglich, aber diese spielten zu dieser Zeit in den Führungspositionen der Kirche keine Rolle mehr. Ich vermute, Petrus hätte 3 Jahrhunderte zuvor wohl sofort die Schlüssel für die Kirche zurückgegeben, wenn er seinen geliebten Jesus Christus völlig gleichrangig und wesensgleich mit Gott hätte verehren und anbeten sollen. Denn eines ist klar: Ein echter Monotheismus, wie er für Juden und Judenchristen selbstverständlich war, hält diese wesensgleiche Gottessohnschaft nur schwer aus.

Das Dogma von der Trinität – eine Folge der Sohnschaft

(Weiteres zur Trinitätslehre unten in den entsprechenden Kapiteln)
Dieses Dogma hatte natürlich Auswirkungen auf das Nachdenken über Gott. Für hellenistische Christen war es durchaus naheliegend, Jesus als Sohn Gottes zu denken, und man hatte die philosophischen Mittel, die Ungereimtheiten einigermaßen zu beseitigen. Vor allem war es wichtig, trotz des „Sohnes Gottes“ den Gedanken der Einheit Gottes festzuhal-

ten. Eine dem entsprechende Theologie wurde formuliert und bekam im Trinitätsdogma die Gestalt, die bis heute gilt. Man merkt freilich an den schwierigen Formulierungen, dass das keine einfache Sache war, einerseits am Monotheismus festzuhalten und doch einen zweiten Gott daneben zu stellen, der zwar in allem Gott gleich war, aber doch ein wenig anders. Und dennoch seien beide ein einziger Gott! Den Geist brauchte man als dritte Gottheit, denn in der symbolischen Dreiheit ist wieder die Einheit Gottes erkennbar.

Ganz nebenbei: Wer hat das je richtig verstanden, ein Gott in drei Hypostasen? (Ich nehme lieber den griechischen Begriff, denn der lateinische Begriff „persona" und die deutsche Übersetzung mit „Person" bringen noch weitere erschwerende und von dem Gemeinten wegführende Vorstellungen ins Spiel.) Und macht dieses Dogma nicht auch heute das Gespräch mit den anderen abrahamitischen Religionen[40] schon im Ansatz fast unmöglich? Doch davon später mehr.

Wie oben schon angedeutet, suchte Arius zu jener Zeit den urchristlichen Monotheismus zu retten, indem er behauptete, der Sohn sei zwar auch Gott, aber dem Vater nachgeordnet, sozusagen sein Adoptivsohn, was im römischen Denken völlige Rechtsgleichheit beinhaltete. Arius wurde zum Häretiker erklärt und alle „Arianer" mit ihm. Das Konzil von Nizäa war ja vom Kaiser gerade deshalb einberufen worden, weil er nur einen einzigen christlichen Glauben in seinem Reich haben wollte. Und er und seine Nachfolger sorgten in der Folgezeit dafür, dass andersdenkende Christen es nicht leicht hatten. Glaube wurde seit dieser Zeit immer mehr eine Sache der Lehre, also der „Orthodoxie", d.h. des Bekenntnisses des rechten Glaubens, durch das man dazugehörte oder ausgeschlossen wurde. Auf die von Jesus geforderte „Orthopraxie", das rechte christliche Verhalten, legte man oft nicht genauso viel Wert.

Die Entfaltung der Christologie

In gleicher Weise „Gott und Mensch"

Das Dogma hat aber weitere Konsequenzen. Das Neue Testament spricht davon, dass Jesus Mensch war. Nun war aber dogmatisch definiert, dass er auch von Ewigkeit her Gott war. Naheliegend ist daher die Frage, wie

[40] Judentum, Christentum und Islam sind durch Abraham, den Stammvater des Glaubens an *einen* Gott, verbunden.

sich in dem irdischen Jesus die göttliche und die menschliche Natur zueinander verhielten. Es gab da sehr unterschiedliche Ansichten. Die einen neigten eher dazu, zu erklären, dass Jesus mehr Mensch als Gott war; unbeantwortet bleibt hier unter anderem allerdings die Frage, ob es überhaupt denkbar ist, dass sich die göttliche Natur so der menschlichen Natur unterordnen konnte, dass sie gleichsam zweitrangig war. Andere behaupteten, dass die göttliche Natur entsprechend ihrer Göttlichkeit alles durchdringen musste, so dass Jesus als verborgener Gott unter den Menschen lebte; das Menschsein sei eher eine Art Verkleidung gewesen. Ungelöst bleibt hier die Frage, wie Jesus da überhaupt menschlich fühlen und leiden konnte. Die ganze Erlösungslehre stand bei beiden Antworten in Frage.

Es ist klar: Dies alles führte zu starken Auseinandersetzungen, die nicht gerade christlich-liebevoll mit gegenseitigen Verurteilungen, Vertreibungen, Absetzungen von Bischöfen, einer Schlägerei auf einem Konzil und ähnlichem anderen ausgetragen wurden. Man schenkte sich nichts. Schließlich wurde im Jahr 451 in Chalcedon festgelegt, dass beide Naturen, die göttliche und die menschliche „unvermischt und ungetrennt" in Jesus da gewesen seien.

Bei all den theologischen Behauptungen und Spitzfindigkeiten bei der Ausbildung der Lehre fragt man sich aus heutiger, etwas aufgeklärter Sicht wohl zurecht skeptisch, woher die Theologen und Kirchenführer das damals alles so genau wussten. Auf den vielbeschworenen Heiligen Geist darf man da wohl nicht all das schieben, was man selbst zusammengedacht und durchgesetzt hat. Leider diente in der Kirche in der Folgezeit bis heute die Berufung auf den Heiligen Geist dazu, die menschlichen Konstrukte/Dogmen sakrosankt und damit unangreifbar zu machen und Menschen, die anders denken, wegen Unglaube und Häresie auszuschließen.

Und noch etwas gilt es festzuhalten: Ab da stand das Tor weit offen, über den Gottmenschen, der ja als Mensch vorstellbar und in die Einheit der göttlichen Dreifaltigkeit eingeschrieben war, Gott selbst anthropomorph, d.h. menschengestaltig zu denken und darzustellen. Der Mensch neigt ohnehin dazu. Zunächst aber hatte man auch da noch mit dem Blick auf das 1. Gebot eine gewisse Scheu. So wurde anfänglich nur der göttliche Christus in Stellvertretung Gottes bildlich dargestellt, z.B. in der Gestalt des Pantokrators (Allherrscher). Doch dann folgten in der Geschichte, wie bekannt ist, immer bedenkenloser Darstellungen Gottes in Menschengestalt (Vater, Schöpfer, alter weiser Mann etc.), so, wie wir sie bis heute kennen. Die Folgen dieses Irrweges haben wir oben hinreichend beschrieben.

Aus dem Verkünder wird der Verkündigte

Wäre noch anzumerken: Wenn nicht mehr der irdische Jesus mit seiner Botschaft vom Reich Gottes im Mittelpunkt stand, sondern der auferstandene Christus, der Gottessohn, so lag es nahe, dass es nicht mehr in erster Linie um seine Botschaft ging, sondern dass der Gottessohn selbst in den Mittelpunkt gerückt und Gegenstand göttlicher Verehrung wurde. Das veränderte alles. Was mit Paulus angefangen hatte, war nun zum Abschluss gekommen: Aus dem Verkündiger war endgültig der Verkündigte geworden. Und das ist bis heute so. Die Botschaft vom Reich Gottes und ihre gesellschaftsverändernden Implikationen hat man darüber zeitweise fast vergessen. „Christus König aller Zeit, heute und in Ewigkeit." Damit konnte man ganz gut die Bergpredigt vergessen und für und mit einem solchen König wohlgemut zu Felde ziehen und Siege (der Herrschenden) feiern.

Dies alles sollte man allerdings nicht zu einseitig sehen. Das Christentum hatte immer mehrere Spielarten und Strömungen, und wenn etwas verdreht oder missbraucht werden kann, heißt das nicht, dass die Sache selbst schlecht ist. Man darf nicht vergessen, dass dieser Glaube den Menschen der damaligen Zeit eine ihnen angemessene Form der Gottesverehrung bot. So waren ihnen Gott und Jesus Christus nahe. So haben sie christlich geglaubt, gelebt und konnten für diesen Glauben sogar ihr Leben hingeben. Und diese Form des Glaubens gab bis heute unzähligen Menschen Lebenssinn, Halt und Trost. Das heißt aber nicht, dass wir heute angesichts völlig veränderter Verhältnisse alles beim Alten lassen und die Fragen von heute mit den Antworten von gestern abspeisen können.

Präexistenz[41] – ein Schließen von der Zukunft zurück in die Vergangenheit

Doch bleiben wir noch ein wenig bei den Auswirkungen der dogmatischen Aussagen, denn aus der Formulierung „Sohn Gottes" ergaben sich noch weitere Folgerungen. Eine davon ist die Lehre von der Präexistenz des Gottessohnes. Wie kam es nun dazu?

---

41 Präexistenz meint das Sein Jesu Christi von Ewigkeit her bei/in Gott vor seinem irdischen Leben

Schon früh wurde, wie wir gesehen haben und was nahe lag, im hellenistischen Kulturraum, vor allen Dingen in Kleinasien und Ägypten, über den auferstandenen Christus nachgedacht, wer und was er eigentlich war und welchen „Ort" er als Auferstandener nun hat. Es war klar, dass er nun im Himmel, also im Bereich Gottes war. In der frommen Betrachtung wurde er ganz nah neben Gott gesetzt und, wie aufgezeigt, zunehmend als Sohn Gottes mit göttlichen Qualitäten verehrt. Mit ihm und seiner Verkündigung, mit seiner Auferstehung und Himmelfahrt hatte, so war man sicher, die eschatologische (endzeitliche) Zukunft, die Heilszeit Gottes, bereits begonnen.

Jesus Christus wurde daher für die hellenistischen Gläubigen zum von Gott gesandten Gottessohn, denn nur ein göttlicher Heiland und Erlöser konnte die Menschen von Schuld befreien und den Weg zum endzeitlichen Heil und Leben bei Gott öffnen. Doch noch war ungeklärt, woher dieser Jesus Christus letztlich kam und was Gottes Sohn letztlich meinte. Man wollte noch Tieferes um ihn wissen.

Hellenistische Philosophie und gnostische Strömungen lieferten genügend Interpretationsmaterial zum weiteren Erfassen des Christusgeheimnisses. So konnte – der erste Schluss – Christus nicht erst nach seinem Tod göttliche Eigenschaften bekommen, sondern er musste sie schon in seinem Leben gehabt haben – die Seelenlehre platonischer und neuplatonischer Philosophie stand hier Pate. Wie das mit seiner Menschheit zusammen zu denken war, war damals noch ungeklärt. Und wie – im Bild gesprochen – die Sonne bzw. der Sonnengott nicht erst im Zenit aufgeht, um dann im Bogen des Tageslaufs am Abend in die göttlichen Gefilde zurückzukehren, sondern schon am Morgen von dort her kommen musste, so wurde dieses Bild auf Christus übertragen. Oder in einem noch passenderen Bild: Er kam von oben von Gott, weilte eine Zeit lang auf der Erde, und kehrte wieder in das göttliche Dasein zurück. Auch für diese theologischen Entwürfe lieferten griechische Seelenlehre und die gnostische Erlösergestalt[42], die aus der göttlichen Ewigkeit herabsteigt, um den Menschen den Weg zur Erlösung aufzuzeigen, die Vorstellungsmodelle. Denn wenn der auferstandene Christus der Sohn Gottes ist und bei Gott ist, so muss er auch von Gott hergekommen sein, gnostisch: herabgestiegen sein: Er kam von oben, weilte in seinem irdischen Leben hier auf der Erde, und stieg wieder auf zum Vater, so im Konzilstext (s.o.): Er ist „vom Himmel herabgestiegen (descendit de caelis), hat Fleisch angenommen

---

[42] s. oben die Anmerkung zur Gnosis

... und ist Mensch geworden. Er wurde für uns gekreuzigt unter Pontius Pilatus, hat gelitten und ist begraben worden, ist am dritten Tage auferstanden nach der Schrift und aufgefahren in den Himmel ... “ oder bei Paulus (Phil 2,6ff.): „Er war Gott gleich, hielt aber nicht daran fest, wie Gott zu sein, sondern er entäußerte sich und wurde wie ein Sklave und den Menschen gleich“ bis hinein in Leiden und Tod.

Darin unterscheidet sich der christliche Erlöser von der gnostischen Erlösergestalt, die keinen leidenden Erlöser kennt. Vielmehr wurde dieser vor seinem Tod hinweggenommen und stieg, ohne Leid erfahren zu haben, wieder in den göttlichen Bereich auf. Mohammed kannte wohl diese Version christlicher Gnosis, siehe Sure 4 im Koran. Und noch etwas: Das Johannes-Evangelium zeigt zwar am Kreuz einen souveränen, hoheitlichen Christus, der nicht wirklich leidet, aber im Unterschied zur Gnosis stirbt er tatsächlich. Um dies gegenüber christlichen Gnostikern festzuhalten, bringt der Evangelist die Lanze eines Soldaten ins Spiel, mit der der Gestorbene durchbohrt wird.

Fassen wir also zusammen: Die Lehre von der Präexistenz musste sich fast zwangsläufig in diesem Kulturkreis entwickeln, wenn man überzeugt war, dass der Auferstandene der Christus, der Sohn Gottes war, der, angetan mit göttlicher Hoheit, in der Herrlichkeit Gottes des Vaters lebt. Denn unter diesen Denkvoraussetzungen wurde der Bogen göttlichen Daseins von dem nachösterlich erhöhten Christus, der bei/in Gott war, gleichsam zurück bis in den göttlichen Beginn durchgezogen. Er war auch da schon in Gott. Und war es alle Zeit dazwischen auch in seinem irdischen Leben: „Im Anfang war das Wort, und das Wort war bei Gott, und das Wort war Gott. Im Anfang war es bei Gott ... Und das Wort ist Fleisch geworden und hat unter uns gewohnt und wir haben seine Herrlichkeit gesehen, die Herrlichkeit des einzigen Sohnes vom Vater, voll Gnade und Wahrheit.“ (Joh im 1. Kap.). Es ging gar nicht anders.

Nicht nur bei Johannes, sondern auch in dem oben schon erwähnten Paulusbrief wurde das schon sehr früh in einem wohl vorpaulinischen Hymnus ausgedrückt, der im 2. Kapitel, Vers 6–11 des Philipperbriefs steht – in einem Hymnus konnte man über den Verehrten ungeschützt alles sagen, wenn es diesen nur ehrte – (hier jetzt vollständig): „Er war Gott gleich, hielt aber nicht daran fest, wie Gott zu sein, sondern er entäußerte sich und wurde wie ein Sklave und den Menschen gleich. Sein Leben war das eines Menschen; er erniedrigte sich und war gehorsam bis zum Tod, bis zum Tod am Kreuz. Darum hat ihn Gott über alle erhöht und ihm den Namen verliehen, der größer ist als alle Namen, damit alle im Himmel, auf der Erde und unter der Erde ihre Knie beugen vor dem Namen Jesu und jeder Mund bekennt: «Jesus Christus ist der Herr» – zur Ehre Gottes, des Vaters."

Anders als der Hymnus thematisiert freilich der Prolog des Johannes-Evangeliums die Präexistenz in einer Sprache und in Bildern, die an gnostische Philosophie und Theologie angelehnt sind. Bis zur dogmatischen Festlegung der Präexistenzlehre war von da freilich noch ein weiter Weg. Dieser musste – in sich logisch – parallel dazu gegangen werden, wie Christus immer mehr ontologisch (wesensmäßig) als Gottes Sohn in einem Gott-gleichen Sein verstanden wurde. Und da Gott ohne Anfang und Ende, also als ewig gedacht werden musste, so galt das auch für den Gottes-Sohn. So kam es schließlich zu den Formulierungen im Glaubensbekenntnis: „... Gottes eingeborenen Sohn, aus dem Vater geboren vor aller Zeit: Gott von Gott, Licht vom Licht, wahrer Gott vom wahren Gott, gezeugt, nicht geschaffen, eines Wesens mit dem Vater; durch ihn ist alles geschaffen ... ist er vom Himmel herabgestiegen[43], hat Fleisch angenommen ... und ist Mensch geworden. Er wurde für uns gekreuzigt... , hat gelitten und ist begraben worden," und, um den Bogen zu vervollständigen: Er „ist am dritten Tage auferstanden nach der Schrift und aufgefahren in den Himmel. Er sitzt zur Rechten des Vaters und wird wiederkommen in Herrlichkeit ... "

Noch ein kleiner „Nachtrag": Interessant ist in diesem Zusammenhang auch die Beobachtung, dass in der frühen christlichen Zeit der Sprachgebrauch zwischen „er ist auferweckt worden" und „er ist auferstanden" schwankte. Hier wird die Entwicklung der Christologie noch einmal schlagartig deutlich. Denn zunächst war im Apostelzeugnis, wie die Apostelgeschichte zeigt, davon die Rede, dass Gott Jesus von den Toten „auferweckt" hat. Gott ist es also, der die Macht des Todes überwindet. Das ist auch bei Paulus unbestritten so. (Bei manchen Formulierungen im NT, wo von Auferstehung gesprochen wird, muss man berücksichtigen, dass „er ist auferstanden" unterschiedlich verstanden werden kann, nämlich: er ist auferstanden, weil er *von Gott auferweckt* wurde, oder weil er *selbst* die Macht dazu hatte. Wie es jeweils gemeint ist, kann man nur aus dem Kontext erschließen, der bei Paulus eindeutig ist.) Doch in der Folgezeit veränderte sich die Vorstellung angesichts der zunehmenden Vergöttlichung Jesu. Es verschob sich das Bild zu: „Er ist auferstanden" und das souverän aus *eigener* göttlicher Machtvollkommenheit. So ist die-

---

43 Die neue Übersetzung „gekommen" trifft das „descendit" nicht mehr.

se Vorstellung dann in das Glaubensbekenntnis, in die Liturgie und unsere Osterlieder eingeflossen. Und ebenso kam es bei der „Himmelfahrt“: Bei Lukas (Lk 24,51: „Und während er sie segnete, verließ er sie und wurde zum Himmel emporgehoben“) und im Philipperbrief (s.o.) ist es noch Gott, der ihn erhöht, im Glaubensbekenntnis und unserer Glaubensvorstellung fährt er selbst zum Himmel auf.

Die heilsgeschichtliche Dreifaltigkeit

Man könnte natürlich fragen: Warum brauchte es überhaupt die Lehre von einem Sohn Gottes? Warum kam man nicht auf die Idee, dass Gott selbst in Jesus Mensch geworden ist? Es heißt doch heute (auch wenn das dogmatisch eher auf den Sohn gemünzt ist) in Liturgie und Weihnachtsliedern: Gott wurde Mensch!

Genau das ist tatsächlich die Alternative, die schon sehr früh in einem „heilsgeschichtlichen“ Modell entwickelt wurde. Dieses lag der judenchristlichen Tradition viel näher. Hier geht man nicht davon aus, dass man absolute Aussagen über Gott, Gottes Sohn und den Heiligen Geist machen könnte. Vielmehr ging man von religiösen Erfahrungen aus, die Menschen gemacht hatten und die in der Bibel bezeugt sind, und bedachte – unter der Voraussetzung natürlich, dass Gott sich geoffenbart hat – wie Gott sich den Menschen gezeigt hat. So kam man zu Aussagen wie:

Gott hat sich als Gott für das Volk Israel und für die Völker gezeigt, als der, der die Welt erschaffen hat und Herr der Geschichte ist, als Gott der Armen und Bedrängten ... , kurz: Es ist Gott (der Vater/Schöpfer ...) selbst, der sich immer wieder gezeigt hat.

Überwältigt von der Jesuserfahrung und da insbesondere von der Ostererfahrung, wurde in der Reflexion all des Erfahrenen deutlich, dass sich in Jesus von Nazareth Gott selbst in einmaliger Weise gezeigt hat. So wurde bekannt: In diesem Jesus und in seinem Schicksal wurde deutlich, wie Gott zu uns steht und was für ein Gott er für uns ist. So kam es schließlich zu der Überzeugung: In diesem Jesus von Nazareth ist uns Gott selbst begegnet. Jesus war so in besonderer Weise „Sohn“ Gottes.

„Bekehrt“ durch die Erfahrung des Auferstandenen fingen die Jünger an, ein neues Leben in dem Stil, den Jesus vorgelebt hatte, zu führen. Begeistert stellten sie fest, dass sie dabei nicht allein gelassen wurden, sondern dass der Auferstandene für sie gegenwärtig war, mit ihnen am Morgen aufstand, tagsüber in ihren Gedanken, Worten und Werken da war, und auch in der Nacht sie nicht verließ, wie Matthäus (Mt 28,20)

Jesus sagen lässt: „Seid gewiss: Ich bin bei euch alle Tage bis zum Ende der Welt." Sie versuchten, aus seinem Geist zu leben und merkten, dass sein Geist, das heißt er selbst, tatsächlich in ihnen anwesend war, sie begleitete und begeisterte, sie anspornte und in Traurigkeit und Gefahr tröstete.

So wurde klar: Gott, der sich in Jesus in einmaliger Weise gezeigt hat, zeigt sich in ihrem/unserem Leben durch seinen „Geist", der ebenso der Geist Jesu ist und auch unser Geist sein will, – dem GottesGeist, der wirkt und lebendig macht.

Hier hat man auch eine Dreifaltigkeit, aber nicht eine, bei der man zu wissen glaubt, wie das genau mit dem inneren Wesen Gottes ist und wie drei göttliche Personen miteinander kommunizieren und verbunden sind, und wie sie drei und doch ein einziger Gott sind. Man spricht zwar genauso von Gott Vater, Sohn Gottes und Heiligem Geist, aber dabei sagt man sehr viel bescheidener nicht mehr, als was die Erfahrung der Gläubigen hergibt, nämlich: Gott hat sich für uns gezeigt in der Schöpfung und Geschichte, besonders in der seines Volkes Israel, dann in Leben, Tod und der Auferweckung Jesu Christi, der daher zutiefst Gottes „Sohn" war, und im „Heiligen Geist", dem GottesGeist, der zu allen Zeiten gegenwärtig und wirksam ist und den wir spüren können.

Eigentlich schade, dass sich diese Theologie nicht durchgesetzt hat. Diese läge uns Heutigen viel näher, da unsere Denkprämissen nicht mehr ausschließlich von der griechischen Philosophie bestimmt sind. Und es wäre viel Leid und Feindschaft in dem geschichtlichen „Kampf um die Wahrheit" vermieden worden. Freilich ist dieses theologische Denken auch nie ganz verloren gegangen und zeigt sich heute wieder deutlicher in gewissen Formulierungen der Theologie und der Liturgie.

Man muss freilich auch sagen: Es kam nicht von ungefähr, dass sich die griechisch-hellenistische Philosophie und Theologie mit Ihren Fragestellungen und Antworten durchgesetzt hat. Denn nicht einige wenige Theologen, auch die kleinen Leute dachten damals so und suchten das Christusereignis in den Vorstellungsmöglichkeiten, die sie hatten, für sich zu begreifen. Nicht nur für die „Großkopfeten", sondern auch für die einfachen Leute waren diese Fragen wichtig, wie zeitgenössische Quellen berichten.

Der Erfolg dieser Inkulturation des Christentums in die hellenistische Kultur, d.h. fast die gesamte damals bekannte Welt, war jedenfalls überwältigend. Nicht nur den Menschen damals wurde es so möglich, christlich zu glauben, sondern das hielt fast 2000 Jahre vor, da die griechisch-hellenistische Kultur das Abendland bis heute geprägt hat. Erst seit der Aufklärung und im allgemeinen Bewusstsein seit Mitte des 20. Jahrhunderts bröckelt dieses griechisch-hellenistische Lehrgebäude. Nicht wenige Christen sind noch in diesem zuhause und fühlen sich dort gut aufgehoben. Aber viele andere sind heimatlos geworden und stellen nun erneut ihre Fragen genauso, wie es die Menschen damals in ihrer Kultur getan haben. Man muss sich, so zeigt es das Vorbild von damals und so meine ich auch, mit der Bibel im Rucksack aufmachen zu neuer Gottesbegegnung. Ob da noch all die Fragen und Antworten wichtig sind, die damals die Leute in Konstantinopel in heißen Diskussionen zu lösen suchten und für ihre Kultur gelöst haben?

Gottes „Sohn“ und „Ebenbild“ – unser Bruder und Herr

„Sohn“ des Vaters – „Sohn Gottes“

Bevor wir das Thema „Sohn Gottes“ noch weiter verfolgen, scheint es mir sinnvoll zu sein, etwas genauer zu klären, worüber wir überhaupt reden, wenn wir „Sohn“ sagen:

Damit meinen wir zunächst einmal, dass ein bestimmter Junge/Mann von einem bestimmten Mann, seinem Vater, gezeugt worden und er daher sein Sohn ist[44]. Es kann aber genauso sein, dass er Sohn geworden ist durch einen Rechtsakt, z.B. durch Adoption. Damit haben wir zunächst die biologische oder rechtliche Seite der Sohnschaft in den Blick bekommen. Es gibt auch eine Art geistiger Eltern- und Sohnschaft, wo dieser Ausdruck im übertragenen Sinn gebraucht wird. Das muss hier nicht näher geklärt werden.

Ein wenig anders ist der Blickwinkel, wenn wir von einem sagen: „Er ist ganz der Sohn seines Vaters“. In diesem Fall haben wir eine feste Vorstellung vom Vater und vergleichen das Auftreten, das Verhalten, die Eigenschaften und das Aussehen des Sohnes mit dem Eindruck, den wir vom Vater haben. Wenn da einiges übereinstimmt, sagen wir: Ja, er ist genauso wie sein Vater, er ist „ganz der Vater“. Hier beschreibt der Begriff Sohn vor allem Eigenschaften und Verhaltensweisen, die er gemeinsam mit seinem Vater hat oder nach unserem Eindruck zu haben scheint.

Wenn wir theologisch vom Sohn Gottes reden wollen, so müssen wir erst einmal genau hinsehen, was Sohn in dem jeweiligen Zusammenhang

44 Natürlich wird das Sohnsein von beiden Eltern begründet. In unserem Zusammenhang ist es allerdings sinnvoll, sich auf das Vater-Sohn-Verhältnis zu beschränken.

genau meint. Das ist gar nicht so klar, denn von Gott haben wir keinen sinnenhaften Eindruck; wir wissen weder, wie er aussieht, noch welche Eigenschaften er genau hat. Wir müssen uns also erst ein Bild von Gott machen, damit wir von daher das Sohnsein eines Menschen oder eines Gottes konstatieren können. Bei den griechischen Göttern war das relativ leicht, denn die Vorstellungen von den Göttern und Göttersöhnen waren den menschlichen Verhältnissen entnommen. So konnte die Sohnschaft genetisch abgeleitet werden, wenn einer z.B. von Zeus gezeugt war; sie konnte auch verliehen werden in einem Akt der Vergöttlichung, oder man erkannte bestimmte göttliche Eigenschaften und schloss daraus, dass dieser Mensch Sohn eines Gottes sein musste. Es ging also recht irdisch zu, genauso wie bei uns.

Unter den Menschen nannten sich bestimmte Herrscher „Söhne Gottes“, so der Pharao in Ägypten, und leiteten davon vor allem ihre Sonderstellung über alle übrigen Menschen und ihre Herrschaftsrechte und -ansprüche ab. Klar ist, dass dahinter ein Gottesbild steht, das Macht und Herrlichkeit als höchste göttliche Eigenschaften beinhaltet.

In Israel, dem „Volk Gottes“ des Alten Testaments, fehlte eine Vorstellung von Gott, sie war sogar strikt im ersten Gebot verboten. Trotzdem verband man mit dem Denken an Gott natürlich Macht und Herrlichkeit und vieles andere, das man für göttlich hielt. Das ließ sich nicht vermeiden, aber man wusste immer um die Fragwürdigkeit dieses Tuns. Doch wurden keine Menschen und Könige im Blick auf ihre Macht und Regierungsgewalt Söhne Gottes genannt. Es gab kein sakrales Königtum, keinen Gottessohn-König wie bei den umgebenden Völkern. Das 1. Gebot tat seine Wirkung.

Vielmehr wurde der Titel „Sohn Gottes“ nur von Gott selbst verliehen, indem er jemanden dazu erwählte. Das konnten einzelne sein oder das ganze Volk. Wenn das Volk als Sohn Gottes benannt wird, so drückt das einesteils seine Erwählung und Heiligung durch Gott aus und ist andererseits appellatives Sprechen, das die Erfüllung der göttlichen Gebote und des „Bundesversprechens“ einfordert. Denn bei den Erwählten wollte Gott anwesend sein. Und Jahwe, der „Ich-bin-da“, war besonders gegenwärtig, wenn man seine Gebote hielt.

In der späten Zeit des AT beklagte man zunächst, dass keine unmittelbaren Gotteserfahrungen wie bei Moses und den Propheten mehr stattfanden. Schließlich wurde man sich klar darüber – und das ist eine Leistung höchster Abstraktion und Vergeistigung im Umfeld sehr konkreter Götterbilder – dass Gott in seinen Geboten real gegenwärtig ist und so seine lebensspendende Nähe schenkt. Wenn also ein Mensch SEINEN Willen tut und nach SEINEN Geboten lebt, dann lebt er in SEINEM Geist, oder von Gott aus gesehen, dann ist sein Geist/ER selbst in ihm gegenwärtig. Man erkennt den „Sohn“ daran, dass er aus dem Geist Gottes lebt und damit den Willen „des Vaters“/Gottes erfüllt. So heißt es bei Isaias 42,1: „Seht, das ist mein Knecht, den ich stütze; das ist mein Erwählter, an ihm finde ich Gefallen. Ich habe meinen Geist auf ihn gelegt ... “. Dieser Isaiastext benutzt eine Art Adoptionsformel für die Erwählung zur Gottes-Sohnschaft, die sich genauer in Ps 2,7 findet: „Mein Sohn bist du. Heute habe ich dich gezeugt.“ Auf diese Formel wird in der Berufungsgeschichte Jesu bei der Taufe im Jordan zurückgegriffen: Mk 1,11: „Du bist mein geliebter Sohn, an dir habe ich Gefallen gefunden.“ Im vorhergehenden Vers war der GottesGeist, wie in Is 42,1, auf Jesus herabgekommen und hatte ihn damit zum Sohn erwählt, so Mk 1,10: „Und als er aus dem Wasser stieg, sah er, dass der Himmel sich öffnete und der Geist wie eine Taube auf ihn herabkam.“ Die Adoptionsformel in Mk 1,11 bestätigt also die Sohnschaft.

Die Evangelisten zeigen in ihren Evangelien, und das war auch der Inhalt der nachösterlichen Verkündigung: Dieser Jesus von Nazareth ist der „Sohn Gottes“ schlechthin, denn er erfüllte den Auftrag und Willen Gottes wie kein anderer, denn in ihm war Gottes Geist da und wurde in seiner Gegenwart spürbar wie bei keinem Propheten zuvor. Denn er lebte ausschließlich aus dem Geist Gottes bis zum Tod am Kreuz. Er war in seinem Leben ganz „Sohn Gottes“ wie kein anderer vorher und nachher, denn auf ihm ruhte „der Geist Gottes“; er wurde von Gott bestätigt dadurch, dass er ihn auferweckte. Diese Gegenwart des GottesGeistes merkten die Jünger schon zu seinen Lebzeiten (Mt 7,29: „ denn er lehrte sie wie einer, der (göttliche) Vollmacht hat, und nicht wie ihre Schriftgelehrten“) und sie folgten ihm, und nach seiner Auferstehung war es sonnenklar: Er ist wirklich „Gottes Sohn“. Das sollte man aber keinesfalls schon so wie in Nizäa verstehen!

„Bild Gottes“ – was oder wer ist das?

Nach dem bisher Gesagten kann also der Begriff Sohn Gottes mit recht unterschiedlichen Inhalten gefüllt sein. Er ist eine Metapher, die im Bild „Sohn Gottes“ etwas letztlich Unsagbares zum Ausdruck bringt, nämlich die Gegenwart Gottes in Jesus von Nazareth. Je nachdem, von welcher Seite und mit welchen Denkvoraussetzungen man das betrachtet, kommt man zu bestimmten Ergebnissen. Diese gehen, wie wir gesehen haben, in die Vorstellung ein, was man mit dem Begriff „Sohn Gottes" meint. Doch lassen wir das im Moment mal auf sich beruhen; versuchen wir noch einen anderen Zugang im Nachdenken über Jesus, nämlich über „Bild Gottes", eine Metapher, die von der Bibel angeboten wird!

So wird im Kolosserbrief Jesus Christus „Bild[45] Gottes" genannt, Kol 1,15: „Er ist Bild des unsichtbaren Gottes, der Erstgeborene der ganzen Schöpfung." Auf diese Weise scheint mir im NT das Christusgeheimnis noch einmal anders zur Sprache gebracht zu werden.

Bei „Bild Gottes" erinnert man sich freilich zunächst an den Text in Gen 1,26.27, wo es heißt: „Dann sprach Gott: Lasst uns Menschen machen als unser Abbild, uns ähnlich. Sie sollen herrschen über die Fische des Meeres, über die Vögel des Himmels, über das Vieh, über die ganze Erde und über alle Kriechtiere auf dem Land. Gott schuf also den Menschen als sein Abbild; als Abbild Gottes schuf er ihn. Als Mann und Frau schuf er sie." Und was meint da Bild Gottes?

Dahinter steckt eine andere Vorstellung, als wir sie gemeinhin mit Bild verbinden. Im Orient kannte man Götterbilder und Bilder/Skulpturen der Herrscher. Vor den Herrscherbildern musste man Steuern zahlen und sich vor ihnen zu Boden werfen, um dem Herrscher zu huldigen (Proskynesis). Wehe, wenn einer das verweigerte! Dann traf ihn die Strafe des Missachteten recht real. Denn im Bild, so die Vorstellung, war der Dargestellte gegenwärtig, ihn hieß es zu achten und zu ehren. Für Götterbilder galt dies ohnehin. Im Bild ist also der Dargestellte wirklich da. Ein bisschen kennen wir das ja auch noch, wenn z.B. ein Jugendlicher das Bild seiner Freundin anderen zeigt. Wenn diese nicht achtsam damit umgehen, gibt es Zoff, denn das Bild ist da mehr als ein Stück Papier.

Das trifft schon fast das, was in der Bibel gemeint ist. Jeder Mensch, jeder Mann und jede Frau ist „Bild Gottes". Das heißt in dem Denken der biblischen Autoren in Analogie zu den Götter- und Herrscherbildern: In jedem Menschen ist Gott da. Der Mensch ist der Repräsentant Gottes in der Schöpfung, ja mehr, in ihm ist Gott gegenwärtig. Das hat in der biblischen Erzählung zur Folge, dass der Mensch den Auftrag hat, an Gottes Stelle in der Schöpfung das Schöpfungswerk Gottes weiterzuführen, so Gen 1,26: „... Sie sollen herrschen über die Fische des Meeres, über die Vögel des Himmels, über das Vieh, über die ganze Erde und über alle Kriechtiere auf dem Land." Dabei meint herrschen nicht das, was wir

[45] Es finden sich für Kol und Gen je nach Übersetzung: Bild, Abbild, Ebenbild

in der Neuzeit daraus gemacht haben, sondern, wie in Gen 2 formuliert und wir das heute wieder verstehen, die Erde zu hüten und zu bebauen (Gen 2,15: „Gott, der Herr, nahm also den Menschen und setzte ihn in den Garten von Eden, damit er ihn bebaue und hüte."), also wie Gott Leben zu ermöglichen und zu schützen.

So verstanden ist also der Mensch „Bild Gottes". In ihm, sozusagen in seinem innersten Kern ist Gott bzw. der GottesGeist verborgen gegenwärtig in der Schöpfung. Das begründet letztlich seine Würde; kein Mensch oder System kann sie ihm nehmen. Man bekommt es ganz real mit Gott zu tun, wenn man die Würde eines Menschen missachtet!

Doch wir wissen auch, dass wir Menschen nur sehr unvollkommen Gottes Ebenbild hier auf der Erde sind. Davon erzählen nicht nur die Sündenfall-Geschichte und viele andere Geschichten in der Bibel, sondern wir erfahren das täglich. Wir sind nur sehr unzureichend Gottes „Bild", sollten es aber sein, denn das gehört zu unserem „schöpfungsgemäßen" Wesen, ob wir das wahrhaben wollen oder nicht. Auch wer das verweigert, bleibt doch im Innersten „Bild Gottes", das dann allerdings reichlich entstellt und u.U. gar nicht mehr erkennbar ist. Andere verwirklichen dieses Bild-Gottes-Sein in ihrem Leben, so gut es ihnen möglich ist; diese verbreiten etwas von dem Licht Gottes in der Welt. Deshalb nennt man einige von ihnen Heilige; und man ist sich gewiss, dass man bei ihnen etwas vom Licht Gottes sieht – deshalb der Heiligenschein.

Damit haben wir, glaube ich, den Schlüssel zum Verständnis der Kolosserbrief-Aussage. Hier wird von Christus nichts weniger gesagt, als dass er definitiv das Bild Gottes schlechthin ist. Das, was wir alle sein sollten und nicht oder unvollkommen sind, das war und ist Jesus Christus in vollkommener Weise. Er ist das Ebenbild des Vaters, die Erfüllung des Bildseins, so wie der Mensch im „Schöpfungsgedanken" Gottes gemeint war bzw. ist. In ihm ist daher die Gegenwart Gottes erfahrbar wie in keinem Menschen sonst: „Denn Gott wollte mit seiner ganzen Fülle in ihm wohnen ... " (Kol 1,19). Die Jünger erkannten: Wenn man Jesus begegnet, kann man den unsichtbaren Gott erkennen, man „sieht" den Vater. Das spürten die Jünger, vollständig begriffen sie es erst nach der Auferstehung. Auch wir können den „Vater" erkennen, wenn wir Jesus Christus, dem „Ebenbild" begegnen. Dies wird hymnisch im Kolosserbrief gefeiert – ein Hymnus, der wohl aus der frühchristlichen Liturgie stammt –, in dem

Christus im Lobpreis sogar in den „Schöpfungs- und Erlösungsgedanken" Gottes einbezogen wird. Hier der gesamte Hymnus Kol 1,15–20[46]: (Die Einleitung dazu Kol 1,12–14: „Dankt dem Vater mit Freude! Er hat euch fähig gemacht, Anteil zu haben am Los der Heiligen, die im Licht sind. Er hat uns der Macht der Finsternis entrissen und aufgenommen in das Reich seines geliebten Sohnes. Durch ihn haben wir die Erlösung, die Vergebung der Sünden.")

> „Er ist Bild des unsichtbaren Gottes,
> der Erstgeborene der ganzen Schöpfung.
> Denn in ihm wurde alles erschaffen
> im Himmel und auf Erden, das Sichtbare und das Unsichtbare,
> Throne und Herrschaften, Mächte und Gewalten;
> alles ist durch ihn und auf ihn hin erschaffen.
> Er ist vor aller Schöpfung,
> und in ihm hat alles Bestand.
> Er ist das Haupt,
> der Leib aber ist die Kirche.
> Er ist der Ursprung, der Erstgeborene der Toten;
> so hat er in allem den Vorrang.
> Denn Gott wollte mit seiner ganzen Fülle in ihm wohnen,
> um durch ihn alles auf ihn hin zu versöhnen.
> Alles im Himmel und auf Erden wollte er zu Christus führen,
> der Friede gestiftet hat am Kreuz durch sein Blut."

Das erinnert stark an das, was wir oben über „Sohn Gottes" gesagt haben. „Bild Gottes" und „Sohn Gottes" sind zwei Weisen, die Gegenwart

---

[46] Der Hymnus ist ein überschwänglicher Preis Gottes, der sich in Christus geoffenbart hat. Die Schlüssel zum Verständnis des Textes sind der Begriff „Bild" und der Satz: „Denn Gott wollte in seiner ganzen Fülle in ihm wohnen." Es gilt daher: Im Bild/Ebenbild (Christus) begegnet uns das Urbild (Gott) „in seiner ganzen Fülle" als der, der alles erschaffen, uns der Finsternis entrissen und uns erlöst hat (s. V. 12–14). Denn im Bild „sehen" wir das Urbild Gott, der in ihm anwesend ist (in ihm „wohnt"). So sind alle „Werke" Gottes von Ewigkeit her auch im Ebenbild Christus gegenwärtig. Wenn daher Christus, das sichtbare Ebenbild, der „Sohn", gepriesen wird, wird in diesem der unsichtbare Gott gepriesen. – Geprägt von den Dogmen der ersten Konzilien über die Gottes-Sohnschaft stand dann der Gottessohn selbst im Mittelpunkt. Der Gedanke des Ebenbildseins wurde nicht mehr wahrgenommen und die Prädikate für Gott im Hymnus („Werke" und „Eigenschaften" Gottes) wurden weitgehend dem göttlichen Sohn selbst zugeschrieben (Präexistenz, Anteil an der Schöpfung, Erlösung ...).

Gottes bzw. des GottesGeistes zunächst in Jesus, dann aber auch in jedem Menschen zur Sprache zu bringen. Sind wir dann alle Söhne und Töchter Gottes, da wir Gottes Bild sind?

Es gibt keine andere Antwort: Genau das sind wir entsprechend dem biblischen Zeugnis. Aber bleiben wir zunächst noch einmal bei dem Begriff „Bild Gottes". Die biblische Sprache und das biblische Denken sind davon geprägt, dass Gott „außen", also ein Gegenüber des Menschen ist. Anders war das damals nicht vorstellbar. Gott spricht oder handelt, der Mensch antwortet oder antwortet nicht. Wenn man die Perspektive ändert und davon ausgeht, wie es schon vielfach bedacht ist und wir es in der Geist-Theologie tun, dass Gott die innerste Mitte des Menschen ist, dann sieht die Sache noch etwas anders aus. Im Dasein des Menschen, in seinem Denken und Handeln ist dann Gott wirklich gegenwärtig; Gott „handelt" somit im Menschen und durch ihn.

Wir können noch einen Schritt zurück tun und das Geheimnis der Gegenwart Gottes in jedem Menschen auf einer umfassenderen Ebene, sozusagen von „außen" vor aller Theologie bedenken: *Philosophisch* betrachtet, könnte man nämlich sagen, dass alles, was da ist, kontingentes (bedingtes) Dasein[47] ist. Es ist nicht notwendig da, sondern hängt von Bedingungen ab, die es ermöglichen. Die Reihe jedes Daseienden, das bedingt ist und das selbst wieder Bedingung ist für anderes, kann man zeitlich und logisch zurückverfolgen bis zum denkbaren Anfang von allem. Weiter zurück können wir nicht. Hier erfolgt notwendigerweise der Umschlag: Dass überhaupt etwas da ist, setzt voraus, dass es etwas Seiendes gibt, das durch nichts bedingt ist. Es muss sein Sein in sich selbst haben, ist also dementsprechend reines Sein. Daraus folgt, dass alles, was da ist, entliehenes Sein von diesem in sich selbst ruhenden absoluten Sein ist. Dieses reine Sein wird oft mit Gott gleichgesetzt. Es steckt also in jedem Daseienden etwas von dem göttlichen Sein, sonst wäre es nicht da.

Wenn man das nun *theologisch* ausdrückt, so ist der GottesGeist in allem, was da ist, grundlegend gegenwärtig, es ist in diesem eine „Energie", ein „Funke", etwas von dem Sein Gottes, das sein Dasein ermöglicht. Das gilt für die gesamte Natur und damit auch für den Menschen. *Der GottesGeist ist daher nicht etwas, das zur „Welt" und zur menschlichen Geistseele hinzukommt, sondern er gehört originär dazu.* Für den Menschen

[47] siehe dazu auch den entsprechenden „Gottesbeweis" (Kontingenzbeweis), an den sich unsere Darstellung anlehnt.

heißt das: Der Mensch besitzt in seinem innersten Kern etwas Göttliches, genauer: der GottesGeist ist der innerste Kern und tragende Grund jedes Menschen, sonst gäbe es ihn nicht. Damit wäre in der bildhaften Sprache, denn eine andere Sprache ist hier nicht möglich, der Mensch Bild Gottes oder Kind Gottes, d.h. Sohn bzw. Tochter Gottes.

Zu fragen ist daher: Kann man damit die Bilder, die von Jesus Christus im Glauben bekannt werden, vor allem „Sohn Gottes", übertragen auf jeden Menschen?

Genau das tun Paulus und auf andere Weise die Evangelien. Die Evangelien sprechen immer wieder von Gott als Vater (Jesus spricht in gleicher Weise von „mein Vater" und „euer Vater"), was bedeutet, dass wir Gottes Kinder sind, und Paulus spricht immer wieder von der Gottes-Kindschaft (s. z.B. Eph 1,5; Röm 8,15; Röm 9,4 u.a.) zu der wir berufen sind. Wir halten aber noch einmal fest: Die Sprache der Bibel sieht Gott immer als Gegenüber und „von außen" Handelnden. Nur wenn vom Geist Gottes die Rede ist, wird die Brücke geschlagen zu dem Gott-in-uns, nämlich dass der GottesGeist in das Herz des Menschen kommt und die Gaben des Geistes bewirkt (s. 1 Kor 12,1ff. u.a.). Da wird deutlich, dass der GottesGeist/Gott von innen heraus im Menschen und durch ihn denkt und handelt. Dies zeigt sich z.B. in 2 Kor 4,6: „Denn Gott, der sprach: Aus Finsternis soll Licht aufleuchten! Er ist in unseren Herzen aufgeleuchtet, damit aufstrahlt die Erkenntnis des göttlichen Glanzes auf dem Antlitz Christi", ebenso auch in einem anderen Bild bei Paulus in Gal 2,20: „Nicht mehr ich lebe, sondern Christus lebt in mir."

Paulus wird nicht müde, von dem zu reden, was mit dem Menschen passiert, der zum Glauben gekommen ist. Er gehört nun zu Gott. In Jesus Christus hat Gott seine rettende Tat vollbracht. Er ist der erste unter Brüdern und Schwestern. So sind wir als seine Geschwister Gottes Söhne und Töchter und Erben des Gottesreiches, so Gal 4,6.7: „Als aber die Zeit erfüllt war, sandte Gott seinen Sohn, geboren von einer Frau und dem Gesetz unterstellt, damit er die freikaufe, die unter dem Gesetz stehen, und damit wir die Sohnschaft erlangen. Weil ihr aber Söhne seid, sandte Gott den Geist seines Sohnes in unsere Herzen, den Geist, der ruft: Abba, Vater. Daher bist du nicht mehr Sklave, sondern Sohn; bist du aber Sohn, dann auch Erbe, Erbe durch Gott."

Im Römerbrief zeigt Paulus im Zusammenhang mit der Taufe, dass wir vom Tod ins Leben übergegangen sind, oder mit anderen Worten: aus der Ferne von Gott in das Leben Gottes aufgenommen wurden. Nun lebt der Geist Christi, der der Geist Gottes ist, in uns, so Röm 8,9–11 und

Röm 8,14–17: „Denn die sich vom Geist Gottes leiten lassen, sind Kinder Gottes. Denn ihr habt nicht einen Geist der Knechtschaft empfangen, so dass ihr immer noch Furcht haben müsstet, sondern ihr habt den Geist der Kindschaft empfangen, in dem wir rufen: Abba, Vater! Der Geist selber bezeugt unserem Geist, dass wir Kinder Gottes sind. Sind wir aber Kinder, dann auch Erben; Erben Gottes und Miterben Christi, wenn wir mit ihm leiden, um mit ihm auch verherrlicht zu werden“ und Röm 8,27–29: „Der die Herzen erforscht, weiß, was die Absicht des Geistes ist. Denn er tritt so, wie Gott es will, für die Heiligen ein. Wir wissen aber, dass denen, die Gott lieben, alles zum Guten gereicht, denen, die gemäß seinem Ratschluss berufen sind; denn diejenigen, die er im Voraus erkannt hat, hat er auch im Voraus dazu bestimmt, an Wesen und Gestalt seines Sohnes teilzuhaben, damit dieser der Erstgeborene unter vielen Brüdern sei.“

Mit dem überwältigenden Damaskuserlebnis im Hintergrund kommt bei Paulus der Geist von Gott her sozusagen von außen in den Menschen. Dies ergänzend müsste man heute von einer Geist-Theologie her hinzufügen: *Der GottesGeist, der im Menschen schon immer verborgen da ist, wird von dem, der zu glauben beginnt, als seine eigene Mitte entdeckt: er bekommt Zugang zu seinem göttlichen Grund und beginnt, aus ihm zu leben.* Jedenfalls gilt für Paulus und für uns in der Geist-Theologie noch deutlicher: Durch diesen GottesGeist, der in uns „wohnt“, bekommen wir nicht nur Orientierung im Leben und die Verheißung ewigen Lebens, sondern wir haben es schon; denn von innen betrachtet: Da wir diesen GottesGeist bzw. Gott in uns haben, gehören wir zu Gott und sind schon jetzt am (ewigen) Leben Gottes angeschlossen.

Damit ist genau das gemeint, was die Metapher Sohn Gottes aussagen möchte. Von daher scheint es mir zwingend geboten, dass wir mit dem Gottes-Sohn Jesus Christus unsere Sohnschaft/Tochterschaft verbinden. Jesus Christus ist derjenige, in dem das verwirklicht ist, was Gott mit uns allen „vorhat“, genauer, in uns allen durch seine Gegenwart wirkt. Denn wir sind nicht nur Gegenüber Gottes, sondern Gott ist in uns. Im innersten Innern verschwimmen die Grenzen zwischen Gott und Mensch.

Damit rede ich allerdings keiner Vergöttlichung des Menschen das Wort. Denn in unserem Erdendasein sind wir meist nur unzulänglich mit dem göttlichen Lebensquell in unserer Mitte verbunden. Auch das gehört zu unserem Menschsein. Und außerdem ist all unser Denken und Sprechen hierüber begrenzt, da es mit Gott zu tun hat. Und da gilt immer: Gott ist grundsätzlich anders und unfassbar für all unser Denken und Sprechen, jedes Wort und jeder Vergleich ist unangemessen. In den Grenzbereichen Gott-Mensch bleibt somit jedes Denken und Sprechen, so auch hier, bildhaft und vorläufig, auch wenn es sich auf biblische Zeugnisse berufen kann.

Zum weiteren möchte ich auch die Jesus-Christus-Gestalt nicht irgendwie einebnen auf „unser Niveau". In ihm ist Gott uns, so lehrt es der christliche Glaube, in einmaliger Weise begegnet. In ihm haben wir das erkannt, was überhaupt von Gott erkennbar ist, und an und bei ihm können wir uns orientieren hin zu dem Gott „außer-uns und in-uns", der für uns Weg, Wahrheit und Leben, kurz unsere Mitte ist – nicht erst nach dem Tod, sondern jetzt schon.

So ist Jesus Christus in besonderer Weise Sohn Gottes und Ebenbild Gottes. Und in diese großen Bilder passen alle ontologischen, heilsgeschichtlichen und anderen Zugänge hinein, die Menschen je gefunden haben. Auch hier gilt: Man darf nicht vergessen, dass alle Überlegungen und Denkmodelle über den göttlichen Bereich den Horizont des Menschen prinzipiell übersteigen, und dass auch die Kirche nur menschliche und zeitgeschichtliche Mittel hat, wenn sie Dogmen festsetzt. Doch gleich, welcher Weg einem wichtig und richtig erscheint: Wesentlich ist, dass wir in Jesus, dem Christus, Gottes „gewahr" werden, zu dem er uns führt, und der in ihm uns begegnet ist. Daher sprechen wir in der Liturgie: „Durch ihn und mit ihm und in ihm ist Dir, Gott, allmächtiger Vater, in der Einheit des Heiligen Geistes alle Herrlichkeit und Ehre jetzt und in Ewigkeit!"

Und es ist nach dem Gesagten auch richtig und wahr, was bisher meist vergessen wurde, dass auch jeder von uns im innersten Sein „an Wesen und Gestalt seines Sohnes" teilhat und genauso Gottes Ebenbild und Gottes Sohn oder Tochter ist, so Röm 8,29: ... „denn alle, die er (Gott) im voraus erkannt hat, hat er auch im voraus dazu bestimmt, an Wesen und Gestalt seines Sohnes teilzuhaben, damit dieser der Erstgeborene von vielen Brüdern sei." Mehr geht eigentlich nicht! *Was wir also potentiell durch Gottes „Einwohnung" ohnehin sind, sollen wir in unserem Leben aktuell werden. Wir sollen das werden, was wir sind, Sohn oder Tochter Gottes.* Durch unser Leben soll Gottes Gegenwart hervortreten und erfahrbar werden. Durch uns kann dann, wie bei Jesus, der „Vater", der in uns „wohnt", in unserem Leben sichtbar werden, so dass ER durch uns und mit uns und in uns erkannt und verherrlicht wird.

Anbetung Gottes in Jesus Christus

Vom „Sohn" und „Ebenbild" zu Gott

Was ist nun nach all dem Gesagten davon zu halten, dass Jesus auch heute noch als Gott angebetet und verherrlicht wird? Auf den ersten Blick sieht es so aus, als sollte mit dieser Frage geprüft werden, ob man die dogmatisch vorgegebene ontologische Version der Kirche für wahr hält oder ob man „ein Ketzer" ist. Es geht aber um die Sache selbst, denn wenn ich richtig sehe, gebührt nur Gott allein die Anbetung. Alles andere wäre eine Art Vielgötterei. So ähnlich werfen das ja die anderen Religionen dem Christentum vor. Einfach ist das Problem wirklich nicht, die Komplexität des Dreifaltigkeitsdogmas ist hinlänglich bekannt. Aber ich will versuchen, auf einer anderen Ebene zu antworten.

Unbestritten ist, dass nur Gott allein Anbetung gebührt. Davon gehen wir aus. Aber Anbetung Gottes geschieht nicht im abstrakten Raum. Wir beten Gott als „Person" an, nicht als abstraktes Es. Mit Person verbinden sich freilich immer Vorstellungen. Wir brauchen Bilder, wenn wir an Gott denken und ihn anbeten wollen, wir können als Menschen nicht anders. Und diese Gottesbilder sind ja zahlreich, wie sie sich Menschen zu allen Zeiten ausgedacht haben.

Damit wären wir auch wieder bei der Metapher „Bild Gottes". Es war tatsächlich so im Orient und auch sonst unter den Völkern, dass nicht das Götterbild angebetet wurde, sondern derjenige, der im Götterbild anwesend war. Und so ist es auch in unserem Fall, nur haben wir Christen ein lebendiges „Bild Gottes", nämlich Jesus von Nazareth. In diesem Jesus war Gott so anwesend, dass man seine Gegenwart spürte. Und da Gott diesen Jesus bestätigte durch die Auferweckung, war klar, dass er in Jesus wirklich erkennbar war. So nannte man den Auferstandenen zu Recht Ebenbild des Vaters und Sohn Gottes. Je mehr er im hellenistischen Umfeld, wie gezeigt, zu dem mit dem Vater wesensgleichen Sohn Gottes wurde, desto mehr wuchs seine Anbetung als Gott neben und mit Gott.

Diese Anbetung lässt sich auch heute rechtfertigen, doch unter den heutigen Prämissen verschieben sich Akzent und Inhalt. Denn da der Auferstandene ungetrennt von Gott in der einen Wirklichkeit Gottes lebt, also eins ist mit Gott, ist es durchaus berechtigt, in dem „verherrlichten Jesus" Gott selbst anzubeten. Denn:

> Es ist genau der unvorstellbare Gott, der im Bild des Vaters angebetet wird.

Und ebenso ist es genau der unvorstellbare Gott, der im Bild des Sohnes angebetet wird.
Und ebenso ist es genau der unvorstellbare Gott, der im Bild des Heiligen Geistes oder GottesGeistes gegenwärtig ist und angebetet wird.

Es sind also Bilder von Gott, nämlich „Vater“, „Sohn“ und „Geist“ und einige weitere, in denen der eine Gott aufscheint und angebetet wird. Bei frommen Christen weiß man oft nicht genau, wer gemeint ist, wenn sie von Gott reden, ob von Gott Sohn oder Gott Vater. Die Bilder sind in einander übergegangen. Wenn freilich einige der Bilder mit ihren früheren Inhalten für den einen oder anderen oder ganze Gruppen heute nicht mehr tauglich sind oder sie auf eines der Bilder verzichten, weil sie sich direkt an den „Chef“ wenden wollen, so sei das ihnen unbenommen. Auch Bilder haben ihre Zeit und ihr Verfallsdatum, da wir geschichtliche Wesen sind. Ich jedenfalls will im Moment auf keines verzichten, denn sie sind für mich verschiedene Weisen der Annäherung an Gott bzw. der Gottesbegegnung, die mit ihnen zum Ausdruck kommen. Es mag sich jede Zeit und jeder Gläubige in den Bildern ausdrücken und sie mit den Inhalten füllen, die für ihn vertretbar und hilfreich sind, wenn und solange sie zu Gott führen.

Das Trinitätsdogma ist da auch nur eine Form unter vielen. Doch die wesentliche Grundlage für die unterschiedlichen Formen der Deutung und Verehrung ist: Es ist immer der eine Gott, der angebetet wird, gleichgültig ob wir Gott Vater oder Sohn Gottes oder Heiliger Geist oder Dreifaltigkeit sagen.

Es ist darüber hinaus sogar anzunehmen, dass, wenn wir eines Menschen Würde achten und ihn ehren, dass gerade da Gott, der in ihm „wohnt“, in besonderer Weise geehrt wird. Dieser Gedanke ist zwar in der Theologie ungewöhnlich, man findet ihn aber gelegentlich. Genau genommen trifft er die Realität, wenn wir davon ausgehen, dass Gott in jedem Menschen gegenwärtig ist. *Dann ist der Dienst am Menschen vielleicht sogar der eigentliche Gottesdienst und die unmittelbarste Form der Anbetung Gottes.* Viele biblische Belege sprechen dafür, wir haben darüber schon gesprochen.

Ich möchte aber noch einmal einen Blick auf die Liturgie werfen und auf das zurückkommen, was wir vorhin angesprochen haben. Wir haben festgestellt: Das nizäno-konstantinopolitanische Glaubensbekenntnis hatte Folgen. Jesus Christus war ab da unbestritten „Sohn Gottes, eines Wesens mit dem Vater, Gott von Gott... “. Wir sind Erben dieser Geschichte. Nach Chalcedon pendelte in den Jahrhunderten die Würdigung Jesu Christi zwischen Gottheit und Menschheit. Mal war eher das Gott-Sein, mal eher das Mensch-Sein wichtig. Seit dem 19. Jahrhundert bis in die Mitte des 20. Jahrhunderts war jedenfalls in der katholischen Kirche die Gottheit Jesu zentrales Anliegen der Verehrung und Anbetung, man sieht es dem Kult und den Kirchen aus dieser Zeit heute noch an. Sein Menschsein und seine Botschaft vom Reich Gottes spielten, überstrahlt vom Glanz der Gottheit, nur eine sekundäre Rolle. Heute hingegen finden wir schon häufig sogar in der Liturgie, wenn sie etwas freier gestaltet wird, die Anrede „unser Bruder und Herr". Dies wäre noch 1950 undenkbar gewesen. Jesus wird heute vielfach nicht mehr weit oben im Goldglanz himmlischer Herrlichkeit gesucht. Er ist vielmehr unser brüderlicher Begleiter auf unserem mühsamen Weg durch die Zeit, und zugleich Maßstab und Orientierung – „unser Herr" – auf dem Weg zu Gott, der in ihm uns erschienen ist. Da hat sich etwas gewaltig geändert! Wir erleben diesen Umbruch in der Praxis. Dieser kommt nicht von ungefähr und hat nichts mit Glaubensverlust o.ä. zu tun, wie Fundamentalisten und manche Amtsträger meinen. Denn dahinter steht der geistesgeschichtliche Umbruch; die Ära des griechisch-hellenistischen Denkens geht zu Ende. Damit wird der ontologisch gedachte „Sohn Gottes", ein Ergebnis dieses Denkens, wieder frag – würdig, das heißt, wir müssen wieder neu fragen und suchen, welche Rolle Jesus im Verhältnis zu Gott und für unsere Suche nach Gott spielt. Wir sind da ja eben einigen Spuren nachgegangen.

Aber geht es da heute noch, ich komme auf die Frage zurück, die liturgischen Texte und all die Lieder und Gebete, die Gottes Sohn preisen, einfach unverändert zu lassen und sie so weiter zu gebrauchen wie bisher?

Glaubensbilder sind wie offene Gefäße; jede Zeit muss sie neu füllen

Wir erinnern uns an das, was wir über die relevanten Bilder gesagt haben: Vater, Sohn und Geist sind jeweils keine „so ist es" – Aussagen, also die Feststellung eines Faktums durch einen Begriff. Vielmehr sind es Bilder, die jede Zeit neu betrachten und interpretieren muss, das heißt, sie muss sie mit den Inhalten füllen, die ihrer Erkenntnis und spekulativen Fantasie entsprechen. Durch diese Neuinterpretation bleiben die Bilder lebendig oder anders ausgedrückt, sie haben den Menschen etwas zu sagen. Was, das muss sich dann jeweils neu herausstellen, keine kirchliche Behörde kann das verordnen.

In diesem Sinn, also als Bilder, kann man meiner Meinung nach die bisherigen Liturgien, Titel, Glaubensformeln, Gebete und Lieder zunächst mal so belassen, wie sie sind, und sie weiter gebrauchen. Sie sind wie offene Gefäße. Sie können mit den Gedanken und Inhalten gefüllt werden, die für uns heute wichtig und entscheidend sind. Nichts muss „abgeschafft“ werden, alles kann weiter bestehen, – solange, und das ist die entscheidende Einschränkung, man es mit Inhalten füllen kann.

Manche Gefäße werden sich daher als unbrauchbar herausstellen und sich mit der Zeit von selbst überleben, weil sie für Glauben und Leben nicht mehr taugen. Sie haben einfach keinen Bezug und keine Bedeutung mehr zum Leben der Menschen. Sie sind sozusagen ins Archiv abgewandert und werden nur noch von Spezialisten bewundert. Anderes verwendet man weiter aus nostalgisch-romantischen Gründen, ähnlich wie z.B. „Stille Nacht ... “ oder bestimmte Formen des Gottesdienstes. Wieder andere „Relikte“ aus früheren Zeiten haben, wie alte Erbstücke in Familien und Adelshäusern, noch die Bedeutung, dass durch sie die Verbindung zu den früheren Generationen wach gehalten wird. Daneben finden sich heute schon großartige neue liturgische Texte und Lieder, die in unserer Sprache und unseren Bildern sprechen. Seit dem Konzil ist weltweit da viel herangewachsen, das es wieder zu entdecken gilt.

Das heißt also für die Liturgie: Wenn sich die christliche Gemeinde zum Gottesdienst trifft, erfahren wir im gemeinsamen Singen, Beten und Bekennen der alten und neuen Texte ein Gefühl der Zusammengehörigkeit nicht nur mit den gegenwärtigen Mitchristen, sondern auch mit dem Glauben aller früheren Gläubigen, *ohne dass wir jedes Wort einzeln unterschreiben müssten und wollten.* Denn die Gemeinschaft im Glauben mit allen heutigen und früheren Christen macht einen Teil unserer Identität als Christen und christliche Gemeinde aus.

Bei allem aber, und das gilt besonders für die liturgische Feier, dürfen wir nicht vergessen, dass wir geschichtliche Wesen, also als Menschen begrenzt und Kinder unserer Zeit sind, und dass man in unserer Generation mehr denn je zuvor „Ungleichzeitigkeit“ erlebt. Was für manche noch richtig, hoch wichtig und aktuell ist, ist für andere völlig überholt und abgetan. Wir brauchen da viel Toleranz in der Kirche, sogar mehr als sonst im bürgerlichen Leben, weil es hier scheinbar „ums Ganze“, um „die Wahrheit“ geht. Und nicht wenige „oben“ in den Ämtern der Kirche wie „unten“ im „Fußvolk“ verwechseln Wahrheit mit Rechthabenwollen (gleich ob es um neue oder alte „Erkenntnisse“ geht) oder mit einem Festhalten an dem, was schon immer geglaubt wurde und Lehre der Kirche ist.

Jesus Christus, der Erlöser von Sünde und Tod?

Wie kam es zu dieser Lehre?

Kommen wir noch zu einem weiteren Aspekt: Ganz eng mit dem „Gottessohn“ hängt auch die Lehre von der Erlösung der Menschen zusammen. Auch da ändert sich gegenwärtig viel: Erlösung und Erlöser sind heute im Unterschied zu früher keine selbstverständlichen Begriffe mehr, wenngleich sie im übertragenen Sinn durchaus auch säkular gebraucht werden. Aber gar Erlösung von Sünde, Hölle, Tod und Teufel? Wer will heute noch davon erlöst werden? Viele haben da ihre Schwierigkeiten, zumal das Sündenbewusstsein im Unterschied zu früher nicht mehr allzu drängend ist. Das traditionelle Grundthema der Kirche scheint heute wohl ziemlich out zu sein, auch unter Christen. Gehen wir der Sache nach!

Wenn man die Evangelien zur Hand nimmt, so wird man erstaunt feststellen, dass *Jesu Predigt vom Reich Gottes vermutlich überhaupt keine Botschaft von der Erlösung von Sünde und Tod beinhaltete.* Die älteste, noch aramäische Quelle der Evangelien – in der Sprache Jesu! – enthält nichts davon. Das sollte man festhalten und dreimal unterstreichen! Vielmehr machte Jesus durch sein Wort und sein Verhalten deutlich: Gott schenkt bedingungslos sein Heil denen, die sich ihm anvertrauen. Und das jetzt schon.

Nach dem Tod Jesu war es freilich für die ersten Christen nicht leicht, seinen Tod in irgendeiner Weise als sinnvoll zu verstehen. Der Kreuzestod des Gottgesandten, für den sie ihn hielten, musste erklärt werden. Man fragte: War dieser Tod sinnlos und einfach passiert, weil etwas schief gelaufen war? Oder war die Sache Jesu vielleicht gar nicht die Sache Gottes, war er gar nicht der von Gott gesandte Messias? Oder gibt es eine andere vernünftige Erklärung? Angriffe von Gegnern und Zweifel in den eigenen Reihen verlangten nach einer Antwort. Man durchsuchte deshalb die heiligen Schriften des jüdischen Volkes und wurde fündig: Man griff besonders auf die Gottesknechtslieder des Isaias zurück. Wichtig wurde vor allem der Text Is 53,1ff., den ich ganz wiedergebe:

„Wer hat unserer Kunde geglaubt? Der Arm des Herrn – wem wurde er offenbar? Vor seinen Augen wuchs er auf wie ein junger Spross, wie ein Wurzeltrieb aus trockenem Boden. Er hatte keine schöne und edle Gestalt, so dass wir ihn anschauen mochten. Er sah nicht so aus, dass wir Gefallen fanden an ihm. Er wurde verachtet und von den Menschen gemieden, ein Mann voller Schmerzen, mit Krankheit vertraut. Wie einer, vor dem man das Gesicht verhüllt, war er verachtet; wir schätzten ihn nicht. Aber er hat unsere Krankheit getragen und unsere Schmerzen auf sich geladen. Wir meinten, er sei von Gott geschlagen, von ihm getroffen und gebeugt. Doch er wurde durchbohrt wegen unserer Verbrechen, wegen unserer Sünden zermalmt. Zu unserem Heil lag die Strafe auf ihm, durch seine Wunden sind wir geheilt. Wir hatten uns alle verirrt wie Schafe, jeder ging für sich seinen Weg. Doch der Herr lud auf ihn die Schuld von uns allen. Er wurde misshandelt und niedergedrückt, aber er tat seinen Mund nicht auf. Wie ein Lamm, das man zum Schlachten führt, und wie ein Schaf angesichts seiner Scherer, so tat auch er seinen Mund nicht auf. Durch Haft und Gericht wurde er dahingerafft, doch wen kümmerte sein Geschick? Er wurde vom Land der Lebenden abgeschnitten und wegen der Verbrechen seines Volkes zu Tode getroffen. Bei den Ruchlosen gab man ihm sein Grab, bei den Verbrechern seine Ruhestätte, obwohl er kein Unrecht getan hat und kein trügerisches Wort in seinem Mund war. Doch der Herr fand Gefallen an seinem zerschlagenen (Knecht), er rettete den, der sein Leben als Sühnopfer hingab. Er wird Nachkommen sehen und lange leben. Der Plan des Herrn wird durch ihn gelingen. Nachdem er so vieles ertrug, erblickt er das Licht. Er sättigt sich an Erkenntnis. Mein Knecht, der gerechte, macht die vielen gerecht; er lädt ihre Schuld auf sich. Deshalb gebe ich ihm seinen Anteil unter den Großen, und mit den Mächtigen teilt er die Beute, weil er sein Leben dem Tod preisgab und sich unter die Verbrecher rechnen ließ. Denn er trug die Sünden von vielen und trat für die Schuldigen ein.“

Wir kennen die Lesung aus der Karfreitagsliturgie. Durch diese und andere Stellen des AT wurde den Jesus-Jüngern bewusst: Dieser Jesus ist der „Gottesknecht“, der durch sein Leiden die Schuld aller getragen hat. Vorausgesetzt ist dabei ein hohes Sündenbewusstsein in der damaligen jüdischen Bevölkerung, das die ersten Christen mitbrachten: ein Leiden an dem Schuldigsein vor Gott und eine ausdifferenzierte Sühnetheologie. So kamen auch die alttestamentlichen Sühneopfer am Tempel und die Theologie des Sündenbocks, der stellvertretend für die Schuld des Volkes sein Leben verliert, in den Blick. Es konnte so gezeigt werden: Jesus ist das „Lamm Gottes, das hinweg nimmt die Sünden der Welt“. Denn er, der Unschuldige, nahm, dem Willen Gottes entsprechend, die Sünden aller auf sich, um sie zu entsühnen. In der nachösterlichen Predigt wurde daher immer wieder betont, dass Jesu Tod „gemäß der Schrift" geschah, wie die Apostelgeschichte in den ersten Kapiteln zeigt.

So wurde deutlich gemacht, dass Jesu Tod kein Zeichen dafür ist, dass sein Leben und seine Botschaft ohne göttliche Legitimation geschahen, sondern im Gegenteil, dass der Tod Jesu im „Willen" Gottes begründet war, so Apg 2,22–24: „Israeliten, hört diese Worte: Jesus, den Nazoräer, einen Mann, den Gott vor euch beglaubigt hat durch Machttaten, Wunder und Zeichen, die er durch ihn in eurer Mitte getan hat, wie ihr selbst wisst, ihn, der nach Gottes beschlossenem Willen und Vorauswissen hingegeben wurde, habt ihr durch die Hand von Gesetzlosen ans Kreuz geschlagen und umgebracht. Gott aber hat ihn von den Wehen des Todes befreit und auferweckt." Man wurde sich darüber klar: Jesus gab, „gemäß der Schrift" (1 Kor 15,3 u.a.), die es vielfältig bezeugt, sein Leben als Sühneopfer für die vielen dahin. Dieses Motiv wurde dann auch in die ab dem Jahre 70 entstandenen Evangelien eingebracht, während die ältere Quelle Q es offensichtlich noch nicht kannte (s.o.).

Dazu kam die Theologie des Paulus. Paulus, der als Rabbinenschüler selbst zutiefst geprägt war von der Sündentheologie des Judentums, sieht in dem Auferstandenen ganz den Christus und Erlöser. Für ihn ist der Kreuzestod die große Entsühnung der Menschheit. Wie alle in Adam gesündigt haben, so wurden alle dadurch, dass Gott uns durch den Tod seines Sohnes gerecht gemacht hat, gerettet (siehe dazu Röm 3,23; Röm 5,1ff. u.a.). In der Gegenüberstellung Adam – Christus (Röm 5,12ff.) zeigt Paulus auf, dass alle Menschen unter dem Diktat der Sünde stehen und als Folge der Sünde dem Tod verfallen sind. Auch die, die unter dem Gesetz stehen, das auserwählte Volk der Juden, sind nicht besser dran, denn das Gesetz, das man unmöglich halten kann, verschärft die Situation zusätzlich, indem es die Sünde bewusst und offenkundig macht.

Dem stellt Paulus die Tat Gottes, die alle rechtfertigt, gegenüber. Denn durch den Kreuzestod Jesu Christi wurde die Macht der Sünde gebrochen und das Heil Gottes allen Menschen zugänglich gemacht, so 1 Kor 5,7: „Denn als unser Paschalamm ist Christus geopfert worden." und Eph 1,7: „In ihm haben wir die Erlösung durch sein Blut, die Vergebung der Sünden nach dem Reichtum seiner Gnade."

Paulus hatte begriffen: Nicht mehr mit Sühneopfern, Gebeten und dem peniblen Halten des Gesetzes muss man sich bemühen, die Gnade Gottes zu erlangen. Alle derartigen Leistungen sind völlig unzulängliche Versuche, da der Mensch weiter im Machtbereich von Sünde und Tod bleibt. Erst durch den Tod und die Auferstehung Jesu Christi ist diese

Macht endgültig gebrochen, denn er gab sein Leben für das Leben aller. Er ist der Erlöser schlechthin, durch seinen Sühnetod sind wir sogar in überschwänglichem Maß gerechtfertigt. Denn keine Sünde ist nunmehr so groß, dass sie nicht vergeben würde. Diese Erlösung hat zudem kosmische Ausmaße, denn auch die Natur „seufzt" danach, in die Erlösung einbezogen zu werden, s. Röm 8,19ff. So ist Jesus Christus der Mittler zu Gott. Wer an ihn glaubt, gewinnt das neue endgültige Leben, das Gott schenkt. In der Taufe wird das symbolisch vollzogen.

Folgewirkungen dieser Erlösungslehre

Einige Jahrhunderte später verschärfte sich allerdings mit der Erbsündenlehre des Augustinus die Schuldsituation des Menschen noch einmal, und das kräftig. Wir sprachen schon davon. Danach wird jeder Mensch mit der von Adam ererbten Schuld geboren und ist daher von vornherein verloren. Denn jeder, der nicht getauft ist, verfällt der Hölle. Nur wer glaubt und sich taufen lässt, dem wird diese Schuld abgewaschen, und der Mensch steht rein vor Gott. In der Folgezeit bekam daher die Taufe als sakrale Kulthandlung eine geradezu magische Bedeutung, denn sie bewirkt die Tilgung der Sünde und öffnet die Tür zum Heil und Leben Gottes. So wird auch die Taufe von Kleinkindern unbedingte Voraussetzung dafür, dass das Kind vor der Hölle gerettet wird. Später milderte die Theologie das ab, indem sie den limbus puerorum erfand, eine Art freudlosen „Wartesaal" bis zum Jüngsten Gericht für ungetaufte Kinder, während die Getauften sich schon heiter der ewigen Seligkeit erfreuen konnten.

Noch eine andere Folge hatte die Sühneopfer-Theologie. Die christlichen Gemeinden mit ihrem Jesus-Christus-Glauben lebten im Umfeld des jüdischen Glaubens und der heidnischen Religionen. Diese hatten Kultorte und Tempel, eine Priesterschaft, einen differenzierten Opferkult und kultische Feste mit feierlichem Opfermahl. All das konnten die christlichen Gemeinden nicht bieten, was sicher nicht einfach war für Neuchristen. Was konnte man dagegen setzen?

Eigentlich nichts Gleichartiges, nur etwas ganz anderes: Das gemeinsame Mahlhalten in Erinnerung an die Mahlgemeinschaften Jesu, die typisch waren für ihn: alle, ob hoch oder niedrig, Sünder oder Gerechter, Armer oder Reicher, Frau oder Mann, Sklave oder Freier waren eingeladen. In einer Welt, die von Macht und Herrschaft geprägt war, feierten Jesus und dann die christliche Gemeinde herrschaftsfrei ohne ein Oben und Unten im gemeinsamen Mahl ihren Gott: „Nur einer ist euer Vater, der im

Himmel“ (Mt 23,9). „Ihr alle aber seid Brüder [und Schwestern]“ (Mt 23,8). Das bedeutete in Zusammenhang mit der Reich-Gottes-Botschaft Jesu: Alle sind von Gott geliebt, es gibt keinen Unterschied, alle sind gleich – eine absolute Provokation in der damaligen Gesellschaft! Wo das realisiert wird, ist der Himmel – Gott – ganz nah, ja schon irgendwie mitten unter uns. In diesem Sinn feierten die Christen als eine Gemeinschaft von Gleichen das eucharistische Mahl, in dem man den Auferstandenen gegenwärtig glaubte (sie „brachen in ihren Häusern das Brot und hielten miteinander Mahl in Freude ... “ Apg 2,46). Und sie zeigten ihre gemeinschaftliche Jesus-Jüngerschaft in der täglichen Sorge für einander. Dazu kamen Lesungen aus den Heiligen Schriften des jüdischen Volkes und gemeinsames Beten, siehe Apostelgeschichte 2,41–46 und 4,32–35.

Für einen Menschen, der ganz natürlich von seinen Sinnen bestimmt ist, war das nicht viel im Vergleich zu den sinnenfreudigen heidnischen Kulten. Viele Neubekehrte werden daher wohl wieder abgesprungen sein oder haben versucht, beides miteinander zu vereinbaren. Die Versuchung dazu spürt man in den Korintherbriefen.

Dann kam aber eine Entwicklung, die die Mahlfeier entgegen ihrem ursprünglichen Inhalt veränderte; sie wurde entscheidend für die Kirche bis heute. Ab dem zweiten Jahrhundert festigten sich nämlich langsam die Ämter, insbesondere das Leitungsamt, das zu Pauli Zeiten noch keine besondere Rolle gespielt hatte; die anderen Charismen (Geistesgaben) waren zunächst wichtiger gewesen. Der Episkopos bzw. der Presbyter/die Presbyter[48] wurden nun auch Leiter der Mahlfeier. Gleichzeitig wurde das Mahl stärker kultisch geformt. Es wurde mit dem Kreuzestod Jesu, der als Sühnetod verstanden wurde, enger verknüpft. (In den sogenannten Einsetzungsworten findet sich erstmalig bei Matthäus „zur Vergebung der Sünden“ Mt 26,28.) Unter dem Einfluss der heidnischen Religionen und des Alten Testaments konnte daher der Opfergedanke in das Mahl Einzug halten. Und unter dem gleichen Einfluss wurde der Amtsträger zum Kultpriester (griechisch hiereus, lateinisch sacerdos), der das Opfer darbrachte. Von da an entwickelte sich, wobei noch andere Momente mitwirkten, im Laufe der Zeit auch in der Kirche wieder eine Klassengesellschaft mit einem Oben und Unten, mit Amtsträgern, die Macht haben und alles bestimmen und Laien, die nichts zu sagen haben. Der Klerikalismus

[48] Zunächst unterschiedliche Bezeichnungen für die Träger des gleichen Leitungsamtes. Später ergaben sich daraus die Amtstitel Bischof und Priester mit unterschiedlichen Funktionen.

mit seiner Abwertung der Laien, die Sakralisierung des Amtes und die hierarchische Ämter- und Machtstruktur in der Kirche nahmen hier ihren Anfang. Seit Konstantin verfestigten sich in Anlehnung an die staatlichen Ämter die Strukturen. Ob diese Entwicklung im Sinne Jesu und der ersten Jüngergemeinschaften war? Das gesamte Neue Testament jedenfalls lehnt (bis auf einige der späten Briefe) das Priesteramt noch strikt ab; ich denke da besonders an den Hebräerbrief, der in einer Zeit geschrieben wurde, als die Entwicklung zum Priestertum schon drohte.

Im Gottesdienst war nun der Weg nicht mehr weit zum „Mess-Opfer“, das der Priester „rite“, d.h. dem Ritus gemäß – er hatte das nötige Wissen zur „Wandlung“ der Gaben! – darbrachte, mit all der Theologie und all den Formulierungen, die um den Opfergedanken kreisen. Das prägt bis heute die Liturgie und hat sich auch nicht geändert trotz der Wiederentdeckung des Mahlgedankens und trotz aller Fragen bezüglich des „Opfertodes“ Jesu, die (erst?) heute in dieser Schärfe gestellt werden, und trotz der berechtigten Rückfrage nach dem Gottesbild, das hier zugrunde liegt.

Man muss leider hinzufügen: Andere Interpretationen des Kreuzestodes Jesu, die es in der Urkirche gab, haben sich nicht durchgesetzt. Sie sind aber nicht ganz verloren gegangen, einige wurden wieder neu entdeckt. In den Ostkirchen und bei verschiedenen Mystikern spielt, was zunächst überraschen mag, zum Beispiel der Kreuzestod Jesu als Sühne- und Opfertod keine große Rolle. Der christliche Glaube war nie nur eine Einbahnstraße, wie der oberflächliche Eindruck der verfassten Kirche es nahelegt!

– - –

Hier möchte ich einen kleinen Aufsatz einschieben, den ich einmal spontan nach einer Tagung über Gertrud von Helfta geschrieben habe. Er kann wohl einiges verdeutlichen.

Kreuzestod – Sühnetod – Opfertod? – ein Exkurs

I. Für das Christentum war der Kreuzestod Jesu von Anfang an ein Problem, das nach einer Lösung verlangte. Schon im neuen Testament finden sich Deutungsansätze, die keineswegs einheitlich sind. Weitere unterschiedliche Erklärmodelle entstanden bis heute. In unserer Zeit sind jedoch die traditionellen Deutungsmuster unserer christlichen Kirchen

höchst fragwürdig geworden. Vorstellungen wie „Opfertod“ oder „Sühnetod für unsere Sünden“ sind für viele unverständlich oder gar schwer erträglich geworden. Denn es verbindet sich damit die Frage nach dem Gottesbild, z.B.: Was ist das für ein Gott, der seinen (unschuldigen) Sohn für die Vergehen anderer ans Messer liefert, damit er sich selbst in seiner Gerechtigkeitsvorstellung zufrieden stellen kann? Und: Ist das der Gott, von dem Jesus kündet? Weiterhin ist das Sünden- und Schuldempfinden heute ein anderes als in früheren Zeiten und weit weg von dem des Spätmittelalters, das die gemeinsame Denkvoraussetzung der heute noch gültigen theologischen Antworten der katholischen und evangelischen Kirche ist.
Vielleicht kann ein Blick zurück weiterhelfen.

II. Kreuz und Rechtfertigung bzw. Erlösung – Erklärmodelle

1. In der Ostkirche

Die Inkarnation, die Menschwerdung Gottes, ist das eigentliche Erlösungsgeschehen. Gott neigt sich dem Menschen zu. Dies ist das große erlösende Wunder der göttlichen Gnade. Das Kreuz erscheint daher überstrahlt vom Goldglanz des göttlichen Sieges über Hölle und Tod in der Auferstehung.

2. In der Westkirche

2.1 Im Früh- und Hochmittelalter

Der Gedanke der Gerechtigkeit spielt eine wesentliche Rolle. Der Kreuzestod wird daher als Ausgleich/Sühne für die durch Schuld ins verderbliche und tödliche Ungleichgewicht geratene Weltordnung gedeutet; durch diesen stellt Gott die von ihm und in ihm garantierte Ordnung wieder her. In der Vorstellung und den Darstellungen dieser Zeit wird der Sieg des göttlichen Königs am Kreuz über Sünde, Tod und die höllischen Mächte gefeiert.

2.2 Im Spätmittelalter

Der Gerechtigkeitsgedanke wird verschärft durch ein Gottesbild, das ihn als strengen Richter vorstellt, und eine daraus resultierende grassierende Sündenangst. Diese führt zu der qualvollen Frage: „Wie kriege ich (armer, die Hölle verdienender Sünder) einen gnädigen Gott?“ Zeitgleich werden Marter und menschliches Leiden und Sterben Jesu meditiert. Zwei Wege der Lösung werden beschritten:

1. Leiden und Tod Christi am Kreuz bringen zwar grundsätzlich Erlösung von Sünde und Schuld. Unklar bleibt aber weiter, ob das ausreicht, um mich angesichts meiner Schuld vor den Höllenstrafen zu schützen, da nur wenige dem Zorn Gottes entgehen und gerettet werden.
   Zudem bleiben, selbst wenn ich durch das Blut Christi Verzeihung meiner Sünden erlange, noch die Sündenstrafen. Frage: Wie kann ich die Sündenstrafen mindern oder besser, sie ganz vermeiden? Ablass, gute Werke, Stiftungen, (zuweilen extreme) Bußübungen und andere Verdienste sollten hier helfen. Der spätmittelalterliche Mensch aber hatte weiter Angst (s. die Vita M. Luthers).
2. Eine große Befreiung brachte (unter den gleichen Prämissen) die Entdeckung Martin Luthers: Gottes Gerechtigkeit ist ganz anders; nicht wir müssen uns vor Gott gerecht machen, sondern Gott selbst macht uns gerecht, er erlöst uns ganz und umfassend durch das Leiden und den Kreuzestod seines Sohnes. „Für uns gestorben!" Dadurch werden wir, wenn wir dies im Glauben annehmen, gerechtfertigt; es braucht keine weitere Leistung unsererseits als das Vertrauen in Gottes Rechtfertigung.
   So steht das Kreuz im absoluten Mittelpunkt des Erlösungsgeschehens: „Im Kreuz ist Heil, im Kreuz ist Leben, im Kreuz ist Hoffnung" (ein altes Lied).

3. Bei Gertrud von Helfta

Überraschenderweise taucht um 1300 bei Gertrud von Helfta ein Lösungsansatz auf, der keineswegs auf den mittelalterlichen – und uns heute verloren gegangenen! – Prämissen der traditionellen katholischen und evangelischen Lösungen beruht. Er kann uns daher vielleicht weiterhelfen, zumal unser Gottesbild sich inhaltlich (bei sprachlichen Unterschieden) dem Gertruds annähert.

Gertrud von Helfta, eine der großen Mystikerinnen, hatte Gott unmittelbar und ganz anders erfahren: nicht als strafenden, Sühne verlangenden Gott, sondern als reine, unbegreifliche Liebe, so sehr, dass Gott und Liebe in „Gottliebe" (amor deus) zusammenfallen. Aus dieser Gotteserfahrung erkennt sie einen großen heilsgeschichtlichen Bogen, der die ganze Schöpfung überspannt. So sieht Gott in allem Uranfang seine Menschwerdung in Jesus Christus vor, um den Menschen aus seiner Gottesferne und Todverfallenheit heimzuholen. Das grundlose Motiv Gottes ist sein Wesen selbst, d.h. seine unbegreifliche Liebe, die den Menschen sucht, ihn als Partner in einer Beziehung der Liebe will, und die sich deshalb in der Menschwerdung („uns Menschen gleich“) bis in den Kreuzestod hinein ausdrückt. Das Kreuz ist reiner Ausdruck der Liebe Gottes zum Menschen, nicht Sühne- oder Opfertod. (Dies erinnert mich auch an den Hymnus in Phil 2,1ff., wo der Kontext von der Liebe der Christen zueinander spricht, die dem Vorbild Christi entsprechen soll.) „Für mich gestorben“ erhält hier einen ganz anderen Sinn!

Der Mensch, der sich in all seiner Bruchstückhaftigkeit von Gott finden lässt und dieser Liebe zu antworten sucht, wird aufgehoben in der Liebe Gottes. Was kann ihm da noch passieren? (vgl. Röm 8,31f.) Im Jubilus Ex 6,394f. liest sich das so: „Preis und Heil soll Dir sagen die Bitternis Deines kostbaren Todes; ihn hat für mich dir zugefügt die starke Liebe. Und im Recht solcher Liebe lass ich mich nicht irre machen und nehme für mich in Anspruch von Dir, was auch immer mir mangelt an Verdiensten von mir (=meinerseits). Und ich setze kühn voraus und weiß, dass Du wahrlich für mich sorgst; denn Du bist der meine, und ich bin die Deine – so will es das dauerhaft gültige Recht des Eigenerwerbs.“[49]

III Interpretationen des Kreuzestodes – Zusammenfassender Überblick:

1. Die Ostkirche stellt den Kreuzestod in den Strahlenkranz des Göttlichen und in das Licht der Auferstehung. Sie unterbelichtet daher den menschlichen Anteil, d.h. das Leiden und Sterben.
2. Das Hochmittelalter sieht den Kreuzestod unter dem Aspekt des „Rechtsausgleichs“: Nur durch den Kreuzestod des göttlichen Erlösers konnte die unermessliche Schuld der Menschheit bezahlt und damit ausgeglichen werden.
   Das katholische Spätmittelalter verschärft diesen Gedanken durch die Angst vor dem göttlichen Richter, da die Frage hinzukommt, ob der Sühnetod Jesu auch für mich angesichts meiner Schuld ausreicht. (Die Unsicherheit bleibt bis in die Mitte des 20. Jahrhunderts.) Demgegenüber (über-)betont M. Luther den Kreuzestod als zentrale Erlösungstat: „Durch sein Kreuz sind wir erlöst“.
3. Gertrud bringt demgegenüber den Kreuzestod in einen großen heilsgeschichtlichen Zusammenhang, ohne seine menschliche Seite (Leiden und Sterben) zu verkleinern: Er ist ultimativer Ausdruck

---

[49] zitiert nach S.Ringler, G.v.Helfta, Exercitia spiritualia. S. 187

der Liebe Gottes und seiner Zuneigung (nach Gertrud Liebesbeziehung!) zum Menschen, die sich in der Schöpfung und seiner Menschwerdung bis zum Tod am Kreuz offenbart: in allem uns gleich bis zum Tod am Kreuz.

Soweit der Exkurs. Zurück zu unseren Überlegungen über die Erlösung und den Erlöser.

– - –

Erlösung heute?

Heutige Denkvoraussetzungen

Das ist nicht nur bei Gertrud von Helfta so, auch bei Meister Eckhart und anderen Mystikern spielt der Sühnetod keine wesentliche Rolle. Recht erstaunlich in dem kirchlichen Umfeld ihrer Zeit!

Heute hat sich vieles verändert. Wir stellen nach dem Verlust der alten Deutungsmuster zwangsläufig wieder grundsätzliche Fragen und kommen nicht mehr umhin, uns angesichts aller Erkenntnisse unserer Zeit erneut Gedanken zu machen, was Erlösung für uns bedeutet und wie das alles mit Jesus zusammen hängt.

Dies ist besonders dringlich angesichts einer veränderten Einstellung zu Gott und zur Schöpfung: Was uns und die Kirchengeschichte bisher prägte, war eine dualistische Weltdeutung, in der Gott das absolute, von uns völlig verschiedene Gegenüber des Menschen war. Ich nenne das, wie oben, die Gott-außen-Theologie, man könnte auch sagen: Gott steht uns in seiner Göttlichkeit gänzlich getrennt von uns gegenüber, ohne dass uns etwas im Wesen mit ihm verbindet. Der Abstand des Schöpfers zum Geschöpf ist unendlich.

Dazu noch eine kurze Ergänzung zu den Begriffen Gott-außen, Gott-innen: Es kommt mir nicht, wie es zunächst scheint, darauf an, ob Gott mir in der Vorstellung „örtlich"/„geistig" gegenüber steht und so Dialogpartner ist oder in mir ist, sondern auf die grundsätzliche Haltung, die sein kann: Ich bin von Gott getrennt und nehme *Gott als getrennt von mir* wahr: also hier bin ich, dort ist Gott. Das meine ich, wenn ich Gott-außen oder Gott außer-mir, Gott-mir-gegenüber sage. Oder die andere Haltung: *Gott und ich gehören zusammen, Gott gehört zu meinem innersten Wesen, schließlich, Gott und mein Selbst sind letztlich nicht zu trennen.* Das meine ich mit Gott-innen oder Gott-in-mir. Man könnte hier von einer inklusiven Theologie sprechen, da sie Gott und Mensch zusammen und sogar vereint sieht.

Die erste Variante, die Gott-außen-Theologie, ist die uns vertraute traditionelle und in der Kirche installierte Denkweise. In dieser ist, etwas vereinfacht gesagt, Gott der Heilige, der Mensch ist Sünder, verstrickt nicht nur in das eigene Schuldigwerden, sondern auch in die Schuldgeschichte der Menschheit – ein Abfall von Gott, der zur Strafe Gottes führt. Dies bedeutet den Tod des Sünders. Der Himmel und die Gemeinschaft mit Gott stehen als Belohnung für die Guten in Aussicht, der geistige Tod und die Hölle als Strafe für die Sünder. Ich weiß, welche Rolle diese Vorstellungen in der Kirchengeschichte spielten und welche Angst damit erzeugt wurde. Fast alle Religionen denken da ähnlich. Zugleich bemühen sie sich, die Kluft zwischen Gott und Mensch zu überwinden und Gnade von Gott zu erlangen, im traditionellen Christentum z.B. durch den „Opfertod" Jesu Christi.

Eine Gott-innen-Theologie spricht demgegenüber davon: Der Gottes-Geist ist immer und überall da, er ist auch zu aller Zeit Mitte und Zentrum des Menschen. Freilich erkennt der Mensch Gott nicht, er nimmt nicht wahr, dass sein innerstes Wesen in Gott gründet. Gott ist ihm verborgen, der Mensch bemerkt ihn nicht und weiß gar nicht um seine Gegenwart. In der Sehnsucht nach Glück und Erfüllung wendet er sich nach außen den Dingen zu und hängt seine Seele an die Dinge der Welt. Er verfehlt damit sein Ziel, auf das er angelegt ist, nämlich sich selbst und damit Gott zu finden. Diese fundamentale Verblendung des Menschen gaukelt ihm vor, dass nur die Welt und das Außen-Ich real und wichtig wären. Die Folge ist: Der Mensch hat keinen Zugang zu seiner Lebensquelle. Der Mensch ist in der Gottesfremde und „Gottverlassenheit", wobei es eigentlich der Mensch ist, der Gott, sein innerstes Innen, verlässt bzw. ihn gar nicht findet.

Das scheint ganz nah an den Erfahrungen zu sein, die asiatische Religionen gemacht haben. Diese sind bestimmt von der Erkenntnis, dass dieses in sich selbst und in die Dinge verliebte Ich die eigentliche Selbsttäuschung des Menschen ist, die ihn hindert, sein eigentliches Wesen und seine Bestimmung zu erkennen. Daher muss der Mensch „leer" werden von all dem Welthaften, das ihn erfüllt und schließlich von der Ich-Illusion, die den Weg zu seinem göttlichen Wesen verbarrikadiert. Versenkung, Meditation, Zen, ein frommes Leben und andere Mittel und Methoden können behilflich sein, um zu einer Befreiung von der Täuschung zu kommen; erst dann kann man zur Erlösung gelangen.

So lässt sich sagen: Im bisherigen christlichen Denken ist Gott das große Gegenüber, der heilige Gott oben im Himmel, zu dem man eigentlich hin will. Doch die Sünde haftet am Menschen fest und verschließt den Weg; man kommt nicht zu Gott. Der Mensch schafft es nicht, den Weg frei zu räumen, sich selbst zu erlösen.

Genau das war die Erfahrung von Martin Luther bei all seinen Bußübungen – und was haben er und andere, teilweise noch intensiver als er, nicht alles zur Buße getan! Er war verzweifelt, bis er erkannte: Wenn ich zu Gott gelangen will, muss erst die Sünde abgeräumt werden, und da ich das selbst nicht schaffe, geschieht das von Gott her. Gott selbst erlöst mich aus reinem Wohlwollen (reiner Gnade) und verschafft mir Zugang zu seinem Heil. Diese Erkenntnis war das Schlüsselerlebnis für Martin Luther: Nicht ich muss mich rechtfertigen und mich selbst gerecht machen, sondern Gott macht mich gerecht. Und – auch das entdeckt er bei Paulus neu – da Schuld und Sünde und im Gefolge davon der Tod übergroß sind und der Mensch die Schuld nicht bezahlen kann, schickt Gott seinen Sohn, damit dieser durch seinen Tod am Kreuz die Schuld bezahle und den Weg frei mache zu Gott. (Das alte Rechtsdenken, ich denke an die Satisfaktionstheorie des Anselm von Canterbury![50])

Diese Befreiung scheint mir auf bestimmten orthodoxen Ikonen (Anastasis-Motiv) wunderbar dargestellt: Christus, „hinabgestiegen in das Reich der Toten“[51], bricht die Pforten der Unterwelt auf und führt die befreiten Menschen, die seit Adam in der Gottesferne unerlöst warten, zum Leben bei Gott.

Erlösung in einer Geist-Theologie

Die Geist-Theologie nun entlarvt die bisherige dualistische Aufteilung Gott – Ich als Täuschung, als fundamentale Selbsttäuschung, die mich

[50] Nach Anselms mittelalterlichem Rechtsverständnis ist durch den Sündenfall eine solche Verletzung Gottes geschehen, dass als Sühne/Strafe dafür die Vernichtung der Menschheit notwendig gewesen wäre. Eine alternative Wiedergutmachung (satisfactio) musste nicht nur die ungeheuerliche Sünde aufwiegen, damit die Gerechtigkeit Gottes wieder hergestellt war, sondern sie musste diese überkompensieren, damit der Mensch gerechtfertigt weiter leben konnte. Dies konnte nur durch den Gottessohn selbst geschehen, der als Sündenloser sein Leben als satisfactio für die Sünden der Menschen hingab.

[51] zitiert aus dem apostolischen Glaubensbekenntnis.

hindert, den Weg zu Gott, der in mir da ist und mich umfängt, zu finden und ihn als den zu erkennen, aus dem ich lebe und bin. Denn der Mensch ist nach außen gewandt: Er hängt fest an dem Geschaffenen und dem, was für ihn scheinbar wichtig ist, weil seine Sinne es ihm zuspielen und er das begehrt, was er in seiner Kurzsichtigkeit für wesentlich hält. Er hängt sein Herz daran. Das kann vieles sein, z.B. all die Konsumangebote und Statussymbole, Familie und Beruf, der Kult egozentrischer Selbstverwirklichung und Selbstoptimierung, die Erfüllung von Triebbegehren (Geld, Macht, Sex, Besitz, ...) und von geistigen und religiösen Bedürfnissen. Man kann sich – und jeder tut es auf seine Weise – leicht in die Dinge und in sein Ego mit allem, was man für wichtig hält, verlieren; das Ich wird unersättlich. Was „außer" mir ist, ist die Mitte aller Bestrebungen und Erwartungen geworden; der Mensch ist im wahrsten Sinn des Wortes „außer sich". Denn er hat sein Ich nach außen in das Begehren und Habenwollen verlegt[52]. Der Mensch verliert zunehmend sich selbst und ersetzt die Leerstelle durch ein aufgeblähtes Schein-Ich mit allem Drum und Dran des Begehrens.

Dieses Schein-Ich für das Wichtigste zu halten und damit Gott außen vor zu lassen, der das Zentrum meiner Person ist, ist – traditionell gesprochen – „Götzendienst", der, meist ohne dass wir es wissen, von uns geleistet wird. Er führt uns, was wir zunächst gar nicht merken, zum Verlust von uns selbst. Und damit verhindert er, dass Gott das, was er existentiell schon ist, auch aktuell wird, nämlich die Mitte meiner Person und meines Lebens. Um es noch einmal anders zu sagen: Diese Selbstverstümmelung und Wendung zu den geschaffenen Dingen, einschließlich unseres Egos, dieses Kleben an ihnen, als wären sie das Wichtigste, ist ein „Götzendienst", der uns letztlich zugrunde richtet. Davon müssen wir erlöst werden, wenn wir ganz und heil werden wollen. Denn diese „Götzen" vereinnahmen uns und halten uns besetzt. Der Dienst an ihnen verhindert, selbst der zu werden, der ich eigentlich bin: ein freier Mensch und „Tempel des Heiligen Geistes".

---

52 Verstärkend kommt in unserer Zeit hinzu, dass die Techniken der Einflussnahme von außen so angewachsen sind, dass es unter Umständen sehr schwer ist, zu sich selbst und zur eigenen Persönlichkeit zu finden und nicht ein von außen gesteuertes Produkt fremder Manipulation zu werden. Unsere Gegenwart stellt ein nahezu perfektes Arsenal von Mitteln zur Verfügung, den Menschen von sich selbst zu entfremden und ihn so zu steuern, dass er in vermeintlicher Freiheit den Willen anderer erfüllt. Ganze Industrien und ideologische Systeme wünschen den Menschen als reines Konsumwesen und suchen ihn dazu zu programmieren.

Meister Eckhart sagt, von anderen Prämissen ausgehend, ähnliches in seinen Predigten von der Gottesgeburt im Menschen: Gott will Mensch werden in jedem Menschen. Gerade das aber wird durch das Aufblähen des Egos, seine Weltbezogenheit und das Festhalten an allem Äußeren verhindert – der Grund unserer Selbsttäuschung und Gottesferne. Der Mensch bleibt in seiner Unerlöstheit. Die Scholastik nennt das in einem anderen Bild incurvatio hominis, das „in sich selbst hinein Verkrümmtsein" des Menschen. Nur das eigene Ich ist noch wichtig, Gott hat da keinen Platz mehr. Dem entspricht, was in der Bibel in der Genesis erzählt wird, nämlich dass der Mensch sein will wie Gott, d.h. sich selbst, sein Ich zu seinem Gott macht.

Und was wäre demnach Erlösung? Zunächst einmal ganz einfach die Gabe und Aufgabe, „umzukehren", siehe Mk 1,15, die Richtung zu ändern, sich daran zu begeben, das Ich bzw. das, was man dafür hält, zur Seite zu schieben und dann sich aufzumachen, zu sich selbst und, was das Gleiche ist, zum Gott-„in-mir" – oder schlichter und alles umfassend: „nach Hause" zu kommen.

Denn wenn man sich von seiner bisherigen ego- und außenzentrierten Einstellung löst und sich auf den Weg nach innen begibt, macht man Erfahrungen. Man beginnt zunehmend, auf dieses Innen hin und aus diesem Innen zu leben. Nicht mehr das Außen-Ego ist zentrales Anliegen, sondern die Mitte meines Selbst, mein „Innenleben" wird wichtig.

Und dann erlebt man Überraschendes: Wer aus seiner „Innenwelt" zu leben beginnt, erlebt die Außenwelt anders. Er kann sie gebrauchen und genießen, sich ärgern oder leiden an ihr, sich engagieren und sich freuen, sich zurückziehen und still werden, ... Das alles ist ja nicht weg, aber es hat eine andere Farbe und Wichtigkeit bekommen. Indem man etwas loslässt, gewinnt man es in anderer Weise. Man wird nicht mehr vereinnahmt und „besessen", sondern geht damit um. Oder, wie Paulus das etwas überspitzt im Blick auf die Wiederkunft Christi, die er als kurz bevorstehend erwartete, in 1 Kor 7,29–32.35 sagt: „Denn ich sage euch, Brüder: Die Zeit ist kurz. Daher soll, wer eine Frau hat, sich in Zukunft so verhalten, als habe er keine, wer weint, als weine er nicht, wer sich freut, als freue er sich nicht, wer kauft, als würde er nicht Eigentümer, wer sich die Welt zunutze macht, als nutze er sie nicht; denn die Gestalt dieser Welt vergeht. Ich wünschte aber, ihr wäret ohne Sorgen ... Dies sage ich zu eurem Nutzen: nicht um euch eine Fessel anzulegen, vielmehr, damit ihr euch in rechter Weise und ungestört immer an den Herrn haltet."

Das klingt auf den ersten Blick weltfremd. Doch damit meint Paulus wohl nicht, das alles sei für den Bekehrten ohne jeden Belang; vielmehr geht es darum: wenn man seinen Schwerpunkt in Gott und damit in sich gefunden hat und aus dieser Gottesbeziehung lebt, bekommt alles eine andere Wertung. Es verliert seine Allmacht über uns und man gestaltet das, was einem begegnet, in aller Freiheit so, wie es ihm zukommt. Das Leben kommt ins rechte Lot. So kann man wie Johannes XXIII. dann locker sagen: „Johannes, nimm Dich nicht so wichtig!" Wir gehen nicht mehr in den Sorgen auf und werden frei zu einem befreiten Leben, kurz zu erlösten Menschen. Eigentlich müsste man das diesen Erlösten auch ansehen, denn ich stelle mir vor: Je mehr man sich gefunden und je enger man sich an Gott gebunden hat, desto gelöster und freier wird man gegenüber der Welt, und desto weniger kreatürliche Angst vor allem Möglichen muss man haben. Denn nicht einmal die ursprüngliche Angst vor dem Tod ist noch so wichtig, da man schon das Leben gefunden hat, das einem keiner mehr nehmen kann.

Es sollte freilich keiner sagen, er erlebte dies kontinuierlich und in vollkommener Weise. Solange wir noch unterwegs und Kreaturen sind, ist das Leben Gottes nicht immer spürbar da. Wir müssen auch „durch dunkle Täler der Gottesferne" gehen, manchmal leuchtet ein Licht auf, manchmal sind wir ungewiss und im Zweifel verfangen, manchmal wieder ruhig und ganz bei uns. Doch der GottesGeist ist immer da, meist allerdings versteckt in unterschiedlichsten Formen und Gestalten. Gar nicht so selten spüren wir etwas von ihm, aber nur selten können wir ihn identifizieren; wir sind auf dem Weg und noch nicht am Ziel. Auch keiner der bekannten Mystiker bewegte sich immer auf dem „Berg der Offenbarung". Eckhart behauptet sogar abschätzig, das Streben nach ausserordentlichem Gotteserleben sei eher Gefühlsduselei im Vergleich zu dem, worum man sich eigentlich bemühen sollte. Wichtig ist ihm die rechte Orientierung des Lebens, das Leben aus dem Gottesfünklein, um so gelassen und mutig das zu tun, was der Alltag erfordert.

Erlösung spielt sich somit ganz „irdisch" ab. Denn Erlösung geschieht, wenn die Blockade aufgelöst wird, die uns mit aller Ich-Verherrlichung und allem Glanz und Leid der Welt hindert, zum Eigentlichen zu kommen, zu sich selbst und damit zu Gott. Man wird anfangen, auf seine innere Stimme zu achten und den GottesGeist zuzulassen, so dass er im gelebten Leben da sein und wirken kann. *Diese Erlösung/Befreiung* zu erleben *ist einesteils Gabe des GottesGeistes, ohne den nichts geht, und anderenteils unsere Aufgabe*, die wir zu erfüllen haben. Was wir dafür tun können?: Beten und arbeiten, aufmerksam sein, stille werden, meditieren, seine Gaben entfalten, mit sich ins Reine kommen, zu sich kommen, bewusst leben, ganz da sein, bei sich sein und für andere da sein; all dies und anderes kann dazu hinführen. In unzähligen Volkshochschulkursen wird das heute geübt, weil man gemerkt hat, dass einem das gut tut. Man sollte sich da durchaus einklinken! Und man kann auch versuchen den Weg zu gehen, den Paulus in 1 Kor 13 aufzeigt: sein Ego hintan stellen, indem man zu lieben beginnt. Ich habe einfache Menschen erlebt, die „nur" den Weg der Gottes- und Nächstenliebe ohne alle hohe Theologie, Meditation, Mystik und anderes gingen – davon wussten sie nichts – und Gottes „gewiß" wurden, das heißt, sie lebten tagaus tagein in Kontakt mit ihrem Gott, oder, um es anders zu sagen, aus dem GottesGeist. Für mich sind das Heilige, das heißt erlöste Menschen, die durchsichtig geworden sind auf den GottesGeist, der in ihnen „wohnte". Man konnte bei ihnen Gott begegnen – Gott war in ihnen Mensch geworden!

Und wie ist das mit Jesus? In wiefern ist er „Erlöser"?

Genau das erlebten Menschen in außerordentlicher Weise, wenn sie Jesus begegneten: Er war durchsichtig auf Gott hin wie keiner sonst, so sehr, dass man rätselte, aus welcher Macht er sprach und handelte, so durchsichtig, dass man sogar eine Vorstellung davon bekam, wie Gott zu uns Menschen steht, und eine Ahnung davon, wie grossartig dieser Gott ist, für den auch das Dienen göttlich ist. Und man begriff, wie dieser Gott sich selbst nicht zu schade ist, selbst Leiden und grausames Sterben auf sich zu nehmen, letztlich wie sehr Gott uns liebt. Bei diesem Jesus erlebte man hautnah: Gott ist uns näher, als wir uns das ausdenken können! Und in diesem Jesus wurde klar, wie sehr Gott in unserem Alltag bei uns und mit uns ist; und dies wird besonders deutlich, wenn wir lieben. Das erfuhren die Jünger im Umgang mit ihm und merkten, dass das Leben Gottes alles, was Leben mindert und kaputt macht, auch alle Sünde und Schuld und sogar den kreatürlichen Tod überwindet. Dieses „Sein mit und aus Gott", wie es Jesus lebte und uns erschloss, bringt Erlösung und Befreiung von Furcht vor allem, was uns zuinnerst bedrängt und dem Leben entgegensteht, auch von allen religiösen Ängsten, die unsere Ahnen vor Sünde, Tod und Teufel und dem richtenden Zorn Gottes – entgegen der frohen Botschaft des Evangeliums – in reichem Maße hatten. Und es macht heil; es erlöst uns aus unserer Enge und macht frei zur liebenden Begegnung mit Gott, den Mitmenschen und sich selbst. Wie heißt es ganz schlicht und doch in höchster Weisheit? „Liebe Gott und Deinen Nächsten wie Dich selbst!“ Da ist alles drin. Schließlich hat Jesus uns nahegelegt, ihm nachzufolgen und so zu werden wie er: „Gottes Sohn/Tochter“ im Alltag des Lebens. So führt uns Jesus direkt zu Gott, seinem und unserem Vater, und zu unserer innersten Bestimmung für Zeit und Ewigkeit, die uns Gott ohne Vorleistung schenkt. Wir brauchen uns nur diesem Gott anheim zu geben und wir werden ganz und heil. Wenn das kein fundamentales Erlöstwerden ist!

In der Theologie wurde im Mainstream bisher Erlösung geradezu „dinglich“ und recht eng gedacht: Erlösung von Sünde und Tod und die Verheißung des ewigen Lebens durch den Sühnetod des Gottessohnes, der alle losgekauft hat. Muss man unbedingt bei dieser Version bleiben, deren Voraussetzung ein vorgefasstes, möglicherweise zeitgebundenes Sündenverständnis und bestimmte theologische Konstrukte sind, die viele aus guten Gründen heute nicht mehr nachvollziehen können?

Hinzugefügt werden muss noch: Dass Erlösung nicht – wie bisher meist – nur individuell gesehen werden darf, sondern dass sie in Verbindung mit der Exodustradition (Befreiung des Gottesvolkes aus der Sklaverei), der Botschaft der Propheten und der „Reich-Gottes“-Verkündigung Jesu durchaus gesellschaftliche, wirtschaftliche, soziale und politische Implikationen hat, ist in jüngerer Zeit wieder bewusst geworden. Diese Perspektive wird hier nicht weiter thematisiert, findet sich aber durchgehend an relevanten Stellen in diesem Werk.

Die grundsätzliche Umkehrung der Blickrichtung in einer Geist-Theologie, die ungewohnt ist, soll in den folgenden Kapiteln noch verständlicher werden. Denn an deren Inhalten kann noch einmal exemplarisch deutlich werden, worum es in einer Geist-Theologie geht.

Gott wird Mensch

Das klingt sensationell! Das ist Weihnachten pur. „Vom Himmel hoch da komm ich her, ich bring euch gute neue Mär ... " „Der Abglanz des Vaters, Herr der Herren alle, ist heute erschienen in unserem Fleisch: Gott ist geboren als ein Kind im Stalle. Kommt, lasset uns anbeten, ... ". „Gott wurde Mensch!" Wirklich? Das ist doch völlig unmöglich! Oder doch nicht? Wie soll das geschehen?

Schließlich hieß es über die Jahrtausende, und so haben wir es gelernt: Gott ist Gott und der Mensch ist nur Mensch. Beide sind nicht miteinander zu vergleichen, weder in der Dignität noch im Sein noch im Dasein. Wie kann man so etwas überhaupt behaupten? Oder nahm Gott nur wie eine Art Kostümierung „Knechtsgestalt" an, worum in der frühen Kirche gestritten wurde? Denn Gott bleibt immer unendlicher Gott und der Mensch immer endlicher Mensch. Gottes Majestät passt einfach nicht in den irdischen und menschlichen Rahmen. Unendlichkeit und Endlichkeit, Himmel und Erde, Gottheit und Menschheit sind unendliche Gegensätze.

Der Hintergrund all dieser Vorstellungen ist, wir kamen schon darauf zu sprechen, ein *dualistisches Weltbild*. Hier ist das Diesseits, dort ist das Jenseits, hier ist der Mensch, dort ist Gott, hier ist alles endlich und vergänglich, dort ist alles ewig und unendlich, hier ist der Sünder, dort ist der Heilige, kurz: hier sind Mensch und Welt, dort ist die Gottheit im Himmel. Einen größeren Gegensatz als der von Gott und Welt ist kaum denkbar, so die Lehre der Theologen. Mensch und Gott sind grundsätzlich verschieden, es gibt keine Vermittlung zwischen beiden Seinsweisen. Nur Gott kann den Abgrund überbrücken und zu den Menschen sprechen, den Menschen Gebote geben, von ihnen Rechenschaft fordern und anderes, aber der Mensch bleibt Gottes Kreatur und Untertan, ein begrenztes Gegenüber. Mit Gebeten und Opfern kann der Mensch versuchen, die Gottheit gnädig zu stimmen, mehr aber nicht. Der Versuch magischer Beeinflussung wäre ein fundamentaler Übergriff. In diesem dualistischen Weltbild kann weder Gott wirklich Mensch werden noch der Mensch Gott. Beides ist unendlich verschieden und kann nicht zusammenkommen, eigentlich nicht ...

Dieses dualistische Denken ist heute an sein Ende gekommen. Die Welt wird nun im Gegensatz dazu heute weitgehend monistisch erklärt. Die überirdische Welt wurde als Mythos entlarvt, als eine Erfindung des

Menschen. Der Mensch steht nur noch sich selbst gegenüber. Gott kommt hier nicht mehr vor. Oder doch noch?

Es gab noch andere Dualismen, die unser Denken beherrschten, nämlich den Dualismus von Mensch und Welt und von Geist und Materie. Die Welt ist das Gegenüber des Menschen, sie beeinflusst zwar den Menschen und der Mensch die Welt, aber sie sind grundsätzlich Gegensätze. Der Mensch ist Subjekt, die Welt ist Objekt, das man umgestalten kann und muss. Der Mensch „herrscht" über die Welt. So dachte man. Heute ist klar, dass Mensch und Welt nur in unseren Vorstellungen dualistisch aufgespalten sind. In Wirklichkeit ist der Mensch Teil der Welt, die Welt findet im Menschen statt und der Mensch in der Welt. Auch Geist und Materie sind nur unterschiedliche Aspekte der einen Wirklichkeit. Beide Sichtweisen sind miteinander verbunden, alles gehört zusammen und ist eines. Man kann das eine nicht ohne das andere haben und erklären.

Zu fragen ist heute: Ist das auch mit Gott und der Welt so? Gehören Gott und Welt und Mensch nicht zusammen? Gräbt unser Denken, von der Tradition geprägt, nicht tiefe, trennende Gräben, wo eigentlich alles zusammen gehört? Was heißt dann „Gott wurde Mensch", wenn man den dualistischen Irrweg aufgibt? Müsste es da nicht eher heißen, Gott *wird* Mensch, und das in jedem Augenblick und in jedem Menschen?

Eine Geist-Theologie sieht Gott, Mensch und Welt zusammen

Hinter der scheinbar dualistischen Oberfläche sieht die Geist-Theologie eine tiefe Einheit, die Einheit des GottesGeistes, der sich unterschiedlich ausdrückt und zeigt (s. die entsprechenden Kapitel oben). Welt und Mensch und Geist und was man sich sonst noch alles denken kann, sind Epiphanien (Erscheinungsweisen) des GottesGeistes. Damit ist der Mensch nicht etwas, das von gänzlich anderer Qualität ist als Gott und strikt von ihm getrennt werden könnte. Vielmehr ist im Menschen der GottesGeist gegenwärtig, Gott ist wirklich da und tiefste Essenz jedes Menschen (wie auch des gesamten Kosmos).

Schon die Kirchenväter und die Mystik z.B. eines Eckhart wußten davon. Kein Mensch kann ohne Gott gedacht werden. Dass wir dies nicht erkennen und nicht begreifen und dass wir glauben, dass in der Realität Gott gar nicht vorkommt, hebt dies nicht auf. Es ist Geheimnis der Schöpfung, dass Gott so verborgen ist (s. die entsprechenden Kapitel oben). Aufgabe des Menschen ist es vielmehr, um mit der Mystik zu sprechen, dass Gott in ihm „geboren“ wird, dass ER Gestalt in uns annehmen kann, damit wir SEIN Ebenbild im realen Leben werden, das werden, was wir eigentlich im innersten Wesen, uns selbst verborgen, schon sind. Jeder Mensch sollte zur Epiphanie Gottes, der in ihm „wohnt“, werden. Was bei Jesus offenkundig geschah, soll in jedem Menschen geschehen.

Gott wird Mensch. Wenn das von Jesus ausgesagt wird, ist das paradigmatisch für jeden Menschen gesagt: In jedem Kind/in jedem Menschen wird Gott erneut „in seiner ewigen Gegenwart“ Mensch. So feiern wir zu Recht die Geburt des Jesus von Nazareth als Menschwerdung Gottes, und in diesem Geburtstag können wir unseren eigenen Geburtstag mitfeiern.

Nachtrag: Die Gottesgeburt bei Meister Eckhart[53]

„Das Motiv der Gottesgeburt im Menschen ist das zentrale Motiv in den deutschen Predigten Meister Eckharts und stellt für ihn Ziel und Angelpunkt jeder menschlichen Existenz dar. Mit seiner Lehre von der Gottesgeburt nimmt Eckhart den Menschen in das Geheimnis der Inkarnation mit hinein, denn die Inkarnation Gottes, wie sie historisch in seinem Sohn Jesus Christus erfolgte, ist – wie es schon die Kirchenväter erkannten – zugleich die Einwohnung Gottes in jedem Menschen...

Mit der Gottesgeburt im Menschen bringt Eckhart ein Geschehen zum Ausdruck, in dem der Mensch als Individuum offen wird für das Transzendente, für die freie Selbstmitteilung Gottes. Das historische Ereignis der Geburt des Sohnes Gottes vollzieht sich ununterbrochen in jedem Menschen und in dieser Geburt ereignet sich die Vereinigung der menschlichen Seele in ihrem tiefsten Grund mit Gott. Subjekt- und Objektdenken werden dabei durchbrochen, um die Wesensgleichheit zwischen Erkennendem und Erkannten zu erlangen.“

Das folgende Kapitel zeigt, wie eine Geist-Theologie eine neue Sichtweise erschließt, aber auch, wie schwer wir uns tun, das Erkannte in unsere Vorstellung und Sprache umzusetzen.

---

53 aus: Richter Michaela, Meister Eckhart und die Gottesgeburt im Menschen. Wien 2012 S. 121.122

Ich bin einem Engel begegnet – wirklich?

So dachte man bisher

„Gott ist im Himmel" – Himmel ist oben, das Jenseits; unsere Welt ist unten, das Diesseits. Gott im Himmel kümmert sich um uns, daher schickt er Wesen, die als seine Boten seinen Willen vermitteln und als Helfer schützen, warnen, retten ... – eben Engel.

Gott wird dabei vorgestellt als allmächtig, unbegreiflich, alles bewirkend, gewaltig, heilig, transzendent. Er ist für den Menschen viel zu groß, als dass er ihn fassen oder gar seine Gegenwart aushalten könnte. Gott sehen hieße sterben, so die Rede im AT. Gott ist also recht „fern", nicht unmittelbar nah, selbst wenn seine Sorge den Menschen gilt. So gibt es Mittler – eben Engel.

Etwas besonders Großes ist es in einer Religion, wenn Gott sich einem Menschen zeigt (sich „offenbart"). Das ist überwältigend, so wird berichtet, es übersteigt alle Fähigkeiten des Menschen. Der Mensch kann das nicht aushalten, er „fällt zu Boden" (s. Paulus, verschiedene Gottesoffenbarungen im AT, Tabor o.ä.). Diese Offenbarungen sind nach der Tradition selten und treffen nur erwählte Personen, oft in Form einer Berufung. Der einfache Mensch erlebt eher die „Abwesenheit" Gottes. Er rechnet aber damit, dass Gott Hilfe sendet, z.B. durch Engel, durch Heilige oder den „Heiligen Geist", der hier personal, ähnlich einem Engel, gedacht wird. In diesen Wesen wird Gottes Nähe erfahren.

Wir können heute feststellen: Viele Menschen, auch nicht-religiöse, haben das Gefühl, dass es Mächte und Wesen gibt, die den Menschen freundlich und hilfreich beistehen, nämlich Engel, so z.B. in der Esoterik oder bei Glücksfällen in Unglückssituationen. Von gläubigen Christen werden sie als Mittler der göttlichen Zuwendung angesehen, als Engel Gottes.

Mit diesem Vorstellungsinventar sind wir groß geworden. Es ist „im Bauch" wirksam, auch wenn der Verstand inzwischen einiges anders sieht. Ich ertappe mich damit immer wieder in meiner Sprache; sie verrät den Untergrund.

Und wie ist das heute?

Was ist, wenn wir das mehrstöckige Weltbild aufgeben, alle bisherigen Gottesvorstellungen beiseite lassen und den GottesGeist/Gott „unten" bei uns suchen? Was ist dann mit den Engeln? Sind sie dann noch als Mittler nötig? Dazu einige unvollständige Gedanken:

Wir sagen z.B.: “Ich bin einem Engel begegnet“ oder „Du bist für mich ein Engel“. Ist das nur eine metaphorische Redeweise oder steckt doch mehr dahinter? Sind in bestimmten Situationen, wenn wir Menschen begegnen, doch irgendwie Engel dabei?

Bei der metaphorischen Redeweise jedenfalls gibt es keine Akzeptanzprobleme. „Engel“ stehen (in diesem Zusammenhang) für helfend, schützend, rettend, heil machend, lebensstiftend. Eine Hilfe, glückliche Rettung o.ä. wird von einem Menschen überraschend erlebt und dies wird in der Metapher „Engel“ mitgeteilt: „Da hatte ich aber einen guten Schutzengel!“ oder „Du bist ein Engel!“ Diese Redeweise ist auch unter nicht-religiösen, säkular geprägten Menschen ohne Vorbehalt geläufig (z.B. „Schutzengel“ in Presseberichten zu Verkehrsunfällen).

Aber man kann auch weiter fragen: Erfährt der Mensch da nicht etwas, das ein Stück weit über seinen Alltagshorizont hinausgeht? Wird da nicht in der erlebten Situation oder in dem hilfreichen Menschen so etwas wie eine hilfreiche „Macht“ geahnt, die umfassender ist und von der mit dem Bild Engel indirekt gesprochen wird? Vom subjektiven Erleben spricht einiges dafür, von außen betrachtet passt diese Interpretation nicht in den Lebenskontext unserer Zeit und wird daher abgelehnt.

Was könnte „Engel“ in einer Geist-Theologie meinen?

Engel sind Symbole der „Nähe“ Gottes/des GottesGeistes

Engel haben etwas mit Gott zu tun, wenn nicht von „gefallenen Engeln“ die Rede ist. *Sie sind Zeichen/Symbol der Nähe oder Gegenwart Gottes.* Könnte – müsste man, wenn das so ist, da nicht sagen: Ich bin in dem bestimmten Menschen Gott/dem GottesGeist begegnet? Dies klingt übertrieben und völlig unangemessen. Überraschend ist jedoch, dass das ebenso einigen Passagen der Bibel entspricht wie die Aussage „Ich bin einem Engel begegnet“.

Eine Geist-Theologie würde das so sagen können. Wenden wir also das an, was wir oben in den Kapiteln „Bild Gottes“ und „Gott wurde Mensch“ erkundet haben!

Wir erinnern uns, dass im biblischen Schöpfungslied das Bild/Ebenbild das Urbild gegenwärtig setzt. Wenn der Mensch also Bild Gottes ist, dann ist in ihm Gott da. In ihm ist, so die andere Metapher, Gott Mensch geworden. Der Mensch, in dem der GottesGeist schöpfungsmäßig verborgen gegenwärtig ist, soll und kann also, wenn auch menschlich begrenzt, in seinem Leben das werden, was er in seinem Innersten schon ist, eine Epiphanie des GottesGeistes. So kann in ihm der GottesGeist aufscheinen, einfacher gesagt: Man merkt in seinem Verhalten, z.B. in seiner Sorge für andere, in seiner liebevollen Zuwendung zu einem, der ihn braucht, in seiner Wahrheitsliebe und Hilfsbereitschaft, dass das von Herzen kommt – oder anders gesagt, dass er sich vom GottesGeist-„innen“ leiten lässt. Ob das bewußt oder unbewußt geschieht, ist nicht entscheidend.

Wie merkt man also etwas vom GottesGeist? Nicht anders als durch das Verhalten eines konkreten Menschen in konkreten Situationen. *Gott, der GottesGeist, ist nicht etwas, das in der Schöpfung von außen hinzukommt* – das alte Denken! – *sondern er ist mittendrin und nicht anders zu erleben als im Welthaften,* z.B. in den Naturgesetzen, und hier konkret in dem Menschen, der da handelt.

So gibt es im AT verschiedene Erzählungen von Begegnungen unter Menschen, so z.B. die drei Gäste in der Abrahamgeschichte Gen 18,1ff., wobei klar wird, dass dieses Begegnen als eine Begegnung mit Gott erkannt wird. Und bei Jesus wurde den Jüngern klar, dass in dem Menschen Jesus ihnen in besonderer Weise Gott begegnet ist.

Das heißt also: In jedem Menschen kann etwas von der Liebe Gottes, von der Fürsorge, dem Erbarmen, der lebensstiftenden und versöhnenden Kraft Gottes aufblitzen und erlebt werden. *Jeder ist dazu berufen, ein „Engel“ für andere zu sein.* Bei aller menschlichen Unzulänglichkeit, hier begegnet Gott in menschlich naher Weise: In diesem „Bild Gottes“/in diesem „Engel“ ist (etwas von) Gott selbst erfahrbar.

So dürfte es eigentlich nicht heißen: „Ich bin einem Engel begegnet“, sondern es müsste heißen: „Ich bin Gott/dem GottesGeist begegnet, Seiner Liebe, Seiner Zuwendung, Seiner Verzeihung, Seinem Trost ... oder auch: Seiner Hilfsbedürftigkeit, Seiner Angewiesenheit ... , d.h.: ich bin dem GottesGeist/Gott wirklich begegnet in diesem Menschen, der mir geholfen hat oder der auf meine Hilfe angewiesen war“. Das freilich übersteigt unseren Mut. Wir haben uns an dieses „neuartige“ Zusammensein mit Gott noch nicht gewöhnt. Bis wir das gelernt haben, plädiere ich deshalb dafür:

„Engel" ist eine sinnvolle Metapher für die Gegenwart Gottes

Da wir eine Ahnung von der Unendlichkeit Gottes, seiner Vollkommenheit und seiner Unbegreiflichkeit haben, uns Gott auch (noch) gar nicht so nah vorstellen können und wir von der Begrenztheit des Menschen wissen, scheuen wir uns, zu denken und zu sagen, wir seien Gott begegnet. Wir sagen und meinen dann lieber: Das war ein Engel (Gottes). Engel ist dann eine Metapher nicht nur für die Nähe Gottes, sondern für seine „Gegenwart-für-mich", die ich so nah und unmittelbar gar nicht begreifen kann.

Oder wir lernen langsam vorsichtig zu sagen, womit ein bisschen mehr gemeint ist: Ich habe bei diesem Menschen etwas von der Liebe, dem Erbarmen, ... , etwas von der Nähe Gottes gespürt. Gott danken können wir dann sicher unmittelbar, ohne einen „Engel" zwischenschalten zu müssen.

Somit ist klar: Begegnungen mit dem GottesGeist sind nicht beschränkt auf die großen Gottesoffenbarungen, sondern sie ereignen sich mitten im Alltag in der Begegnung mit Menschen, die so „Engel" für mich werden und denen ich „Engel" sein kann und soll.

Die Trinitätslehre in einer Geist-Theologie

Von „unten“, aus dem Blickwinkel einer Geist-Theologie betrachtet, ist es, im Gegensatz zu den kirchlichen Lehräußerungen, aus erkenntnistheoretischen und theologischen Gründen für Menschen prinzipiell nicht möglich, ontologische Aussagen über Gott machen zu können – das geht nicht angesichts der Göttlichkeit Gottes! Gott ist und bleibt das unergründliche Geheimnis. Deshalb gilt: Aussagen über Gott spiegeln ins Menschliche gebrochene Erfahrungen mit ihm. Sie beinhalten menschliche Vorstellungen, Gedanken und Worte. Sie können *keine Tatsachenfeststellungen über Gott* sein.

Die Begriffe Gott Vater, Gottes Sohn, Heiliger Geist und Dreifaltigkeit können also keine Aussagen von/über Gott in dem Sinn sein, dass Gott so ist. Es sind vielmehr Bilder, die sozusagen als *Perspektiven bzw. als Zugänge vom Menschen her* im Blick auf das göttliche Geheimnis dienen können. Genauso ist es mit den Bildern „Christus“, „Sohn Gottes“, und ich würde bedenkenlos auch „Maria Himmelskönigin“ hinzufügen. Diese Bilder drücken jeweils bestimmte Ausschnitte von Erfahrungen mit dem Göttlichen aus; über sie kann man versuchen, auf Gott zugehen. Schließlich wurden „Vater, Sohn und Heiliger Geist“ in einer bestimmten Zeit als drei sich ergänzende Zugänge zum Göttlichen im abstrakten Bildbegriff „Dreifaltigkeit“ oder „Dreieinigkeit“ bzw. „Trinität“ zusammengefügt, weil man erkannte, dass es Erfahrungen mit dem einen Gott sind. Welcher Zugang jeweils für eine Zeit wichtig war und in Theologie und Glaubensbewusstsein besonders bevorzugt wurde, zeigt ein Blick in die Kirchengeschichte.

„Gott ist dreifaltig einer“

Einfache Frage: Woher weiß man das? – Eine Antwort erübrigt sich! Was dann?

„Lichtkegel“ in das Geheimnis Gottes

So kann man sagen: Gott Vater, Sohn und Heiliger Geist, auch Maria, die Himmelskönigin, und die Bilder von verschiedenen Heiligen sind, vom Menschen aus gesehen, quasi Lichtkegel in das unergründliche Dunkel des Gottesgeheimnisses. Sie lassen unter verschiedenen Namen etwas vom Göttlichen sichtbar werden – das ist ihr Erfahrungsgrund –, durchdringen aber das Dunkel nicht, geschweige denn, dass sie es aufheben. Wenn man behauptet, man besitze die Wahrheit, zeugt das gewiss vom Gegenteil. (Ich denke da an die Blinden in der Elefantengeschichte Buddhas, in der erzählt wird, dass jeder Blinde bei der Untersuchung eines Elefanten nur einen Teil wahrnimmt, diesen erfahrenen Teil aber für das Ganze hält und so zu absoluten Aussagen kommt wie: Der Elefant ist ein Ohr o.ä.)

In der christlichen Geschichte war, entsprechend dem geschichtlichen Wandel des Menschen, nach der Verabschiedung des Trinitäts-Dogmas mal das eine, mal das andere Bild für die Glaubensgemeinschaft und für den einzelnen jeweils vorrangig zugänglich. Zu fragen ist, welches Bild mit welchen Inhalten die Erfahrungen der heutigen Menschen am deutlichsten fokussiert, so dass dem einzelnen und größeren Gruppen ein Zugang zum Göttlichen und zum Glauben – religiös sind zweifelsohne viele – gelingen kann.

So lässt sich beobachten:

Haben sich Jahrhunderte mit „Gott Vater" abgemüht, Traktate und Dogmen über das Wesen Gottes geschrieben und den „Vater, den Allmächtigen" ins Glaubensbekenntnis gezwängt, wird heute wieder das unsagbare und unerklärbare Geheimnis Gottes deutlich, das jede Bildhaftigkeit und Übersetzung ins Menschliche (wie Schöpfer, König, Vater u.a.) verbietet. Zugleich wird deutlich, dass Menschen einen unfassbaren und geheimnisvollen Gott im Bild des Geistes als nah und Sinn stiftend erfahren und dies bezeugen. Dies gilt über die christliche Religion hinaus.

Die Folgerung? Wir müssen uns Gott heute anders nähern, z.B. über die Erfahrung des GottesGeistes, und viele Menschen tun das, zum Teil unreflektiert, schon.

Haben sich Jahrhunderte in der Christologie mit dem Geheimnis Jesu abgemüht, indem sie ihn vom Gekreuzigten bis in den höchsten Himmel als gottgleichen Christus und mit Gott wesensgleichen Sohn Gottes emporhoben, so entdeckt man ihn heute wieder „unten" als unseren Menschenbruder. In Jesus war, nach dem Zeugnis der Jünger damals und heute, Gott in außerordentlicher Weise da und erfahrbar, als er zum Glauben an den nahen Gott und, in Berufung auf diesen Gott, zur Nachfolge aufrief. Faszinierend ist nach wie vor, wie er mit seinem Leben und Tod dafür einstand. Er wurde, so das Zeugnis, von Gott durch die „Auferweckung" bestätigt. „Er ist das Ebenbild des unsichtbaren Gottes" (Kol 1,15), so das Zeugnis der Urkirche.

Die Folgerung? Es ist sinnvoll, dass wir uns Jesus neu nähern, um über ihn Gott wieder neu in den Blick zu bekommen, und viele tun das schon.

Noch schwieriger scheint es zunächst mit dem Zugang zu Gott und der Erfahrung Gottes im „Heiligen Geist" gewesen zu sein. Seit Beginn der Neuzeit wurde dieser Zugang zunehmend verschlossen. Geist wurde als Produkt des Verstandes interpretiert oder als abstrakter Weltengeist idealisiert, und derjenige, der in der geistigen/spirituellen Dimension Erfahrungen machte, wurde nicht selten als Spinner denunziert. Geist als eine Grunddimension der Wirklichkeit hinter, neben und in der Materie wurde geleugnet und/oder tabuisiert. Erfahrungen konnten daher nicht mehr mitgeteilt werden. Eine Annäherung an Gott über diese Ebene misslang weitgehend; der Heilige Geist blieb ziemlich abstrakt, auch wenn er in der Kirche interessenbedingt gerne zitiert wurde.

Heute hat sich einiges geändert. Geisterfahrungen sind „in", was immer sich dahinter verbirgt. Beispiele dafür: die „Geistkirchen" sind wohl schon, so wird behauptet, eine Mehrheit im christlichen Spektrum; New Age ist inhaltlich nicht nur eine Mode, es gibt die Sehnsucht nach asiatischer Religiosität und ein selbstverständliches Sprechen über Engel, Schutzengel etc. Spiritualität und Mystisches werden wieder ernst genommen. Auffällig ist auch die spirituelle Sehnsucht vieler und das Gefragtsein von Meditation, Yoga und asiatischen Meditationspraktiken. Alles weist darauf hin, dass die geistige Dimension wieder eine Rolle spielt, die Sinnfrage und die Frage nach Werten sich unumgänglich aufdrängen, und selbst Naturwissenschaftler erkennen in ihrem Gebiet geistige Strukturen (s.o. das „Glaubensbekenntnis" von W. Pauli). Es wäre meiner Meinung nach an der Zeit, die gegenwärtigen Geisteserfahrungen zu bündeln, sie zu reflektieren und in ein erfahrungsgesättigtes Sprechen vom GottesGeist umzusetzen, so dass Gott in diesen Erfahrungen identifizierbar werden kann.

Die Folgerung? Wir können uns „Gott" in der Dimension des Geistes neu nähern und tun das zuweilen schon, wenn auch meist unidentifiziert. Von der Dimension des GottesGeistes her könnte auch das Denken und Glauben an Gott und Jesus eine neue Farbe bekommen.

Noch von einer anderen Seite her ist das Thema heute brisant:

Die Trinität im Dialog der Religionen

Heute stellt sich die Trinitätsfrage vor allem im Dialog mit den abrahamitischen Religionen, mit dem Judentum und dem Islam. Er zwingt zu erneutem Nachdenken und muss wohl zu einer Neubewertung dessen führen, was bisher in der Lehre ganz selbstverständlich für objektive Wahrheit gehalten wurde. Es geht nicht an, Bilder mit Tatsachenfeststellungen zu verwechseln, wie das in der Vergangenheit oft geschah: Man weiß heute: Bildbegriffe müssen als Bilder ausgelegt und verstanden werden. Das eröffnet neue Einsichten. Ich wage daher die These:

> *Die christliche Lehre von der Trinität steht dem Dialog mit den abrahamitischen Religionen nicht entgegen, denn sie beschreibt nicht objektive Wahrheiten, sondern drei sich ergänzende Wege im Christentum, sich dem Geheimnis Gottes zu nähern.*

Der gegenwärtige Stand? „In vielen Dialogbemühungen wird schnell so getan, als hätten zumindest die monotheistischen Religionen ‚sowieso denselben Gott'. Sobald sie von der Trinität beim christlichen Gott zu reden beginnen, platzt alles, da machen weder Jude noch Moslem mit." So ist die Meinung und so scheint es tatsächlich zu sein. Doch muss das wirklich so sein?

Vergegenwärtigen wir uns noch einmal das, was wir schon in anderem Zusammenhang festgestellt haben: Gott „wohnt in unzugänglichem Licht" und ist letztlich unbegreifliches Geheimnis. Prinzipiell kann der Mensch, da er Mensch und nicht Gott ist, weder Gott denken noch sinnvolle Aussagen über ihn machen. Die Tradition in allen Völkern indes lehrt, dass die Menschen zu allen Zeiten immer wieder neu von Gott zu sprechen suchen.

Was geschieht also in der Religionsgeschichte? Der Mensch als Einzelner und in Gemeinschaft, der Stamm, das Volk, die sich bildenden Religionsgemeinschaften versuchen, Erfahrungen von Menschen mit Gott und daran anknüpfende Reflexionen in menschliche Sprache und Bilder zu kleiden und diese philosophisch/theologisch zu interpretieren. Dieser Schatz wird zum Traditionsgut der Religionsgemeinschaft. Die Gefahr besteht darin, dass mit der systematischen Festlegung der Lehre der Zugang zu dem lebendigen Geheimnis verloren geht. Dann bleiben nur noch Institution und Lehre. Der unmittelbar erlebte Glaube entschwindet zunehmend und wird zu einem Fürwahrhalten; der *„Kampf um die Wahrheit"* beginnt. In dieser Situation stehen wir heute, mehr oder weniger vorangeschritten, in allen Religionen. Daher ist ein Dialog nur schwer zu führen.

Erschwerend kommt neben der Ungleichzeitigkeit der Teilnehmenden hinzu, dass die grundlegenden Bilder der Religionen, in denen sich der jeweilige Glaube erkennt und artikuliert, kultur- und zeitbedingt, vieldeutig und interpretationsbedürftig sind. Wenn man sie dann in einen philosophisch-theologischen Rahmen zwängt, was in allen Religionen geschieht, so verlieren sie ihre Lebendigkeit und ihren Interpretationsspielraum. Sie werden zu festen Glaubenswahrheiten. Demgegenüber gilt nach wie vor: *Bilder müssen immer neu durch Bilder und Gleichnisse ausgelegt werden*, damit sie über die Zeiten hin verstanden und mit Leben gefüllt werden können. Im gemeinsamen Nachsinnen über die Glaubensbilder wäre dann ein lebendiger, für alle offener Dialog möglich. Versuchen wir das bei der „Dreifaltigkeit“:

Die Trinität – ein Bild und Gleichnis

Das Licht Gottes in den „Fenstern“ der Religionen

Stellen wir uns vor: Hinter einer großen, unüberwindlichen Mauer strahlt das göttliche Licht. Der Mensch im Dunkel diesseits der Mauer ahnt das Licht und sehnt sich nach dem Licht, um leben zu können. Zum Glück gibt es Öffnungen, „Fenster“ in der Mauer, durch die göttliches Licht herüber in das Dunkel des Menschen dringt. Doch diese „Fenster“ sind von eigener Art. Unmittelbar ist das Licht in keinem Fall und auf keine Weise zu sehen. Denn wie mit gefärbtem und unterschiedlich strukturiertem Glas brechen die Fenster das Licht. Und dieses Glas ist noch von besonderer Art: Es verändert sich beständig durch den Betrachter; dieser projiziert seine Gedanken, seine Gefühle, sein Licht und Dunkel, die Fragen und Ängste seiner Existenz, schließlich die Bilder und Denkmuster seiner Kultur und Glaubensgemeinschaft in das Glas hinein und verändert es dadurch. Es spiegelt ihn selbst zurück, ohne dass er das merkt. So kommt es, dass das unbegreifliche und unendlich strahlende göttliche Licht, begrenzt und vielfältig ins Menschliche gebrochen, verfärbt und verdunkelt den suchenden und glaubenden Menschen erreicht. Normalerweise ist einem Gläubigen nicht bewusst, welch hoher Anteil von ihm selbst in seiner Glaubensüberzeugung steckt.

Man kann dieses Bild noch weiter entfalten. Die jeweiligen Religionen-Fenster haben bei aller Buntheit, allen dunklen Stellen und Spiegelungen je unterschiedliche, eigene Grundtönungen des Glaubens entsprechend ihrer Gründungsgeschichte und Kultur. Das buddhistische Fenster mag einen orangen Grundton haben (die Farben sind willkürlich gewählt und haben keinen Hintersinn!), das hinduistische einen blauen, das islamische einen grünen, das christliche einen gelben, das jüdische einen roten ... Und in diesen Grundtönen verursachen bestimmte Gemeinschaften und auch jeder einzelne Glaubende Modifikationen. Doch grundlegend ist: Alles Licht in jedem der Fenster kommt von dem einen göttlichen Licht, aber was die Menschen in „ihrem" Fenster sehen und erleben, ist dieses vielfältig gebrochene Licht in seiner Unterschiedlichkeit.

Von diesem sprechen sie in ihren Glaubensbekenntnissen und gestalten danach ihren Glauben und ihr Leben, oft in Abschottung gegen andere Erfahrungen und im Gegeneinander. Sie erkennen nicht, dass das göttliche Licht eines ist und die Unterschiede ihrer Glaubensvorstellungen vom Menschen und seiner Kultur, das heißt von ihnen selbst kommen. Wenn daher eine Glaubensgemeinschaft behauptet, sie besitze allein „die ganze Wahrheit" und dies schließe andere Erfahrungen von Wahrheit aus, ist das schlichte Selbsttäuschung.

Das „Fenster" des Christentums

Man könnte im Gleichnis noch etwas weiter gehen: Die großen und kleinen Religionen mögen je ein eigentümliches Fenster, „ihr" Fenster, ihre besonders erlebte Glaubens"färbung" haben. Wie ist das nun beim Christentum? Es scheint, dass hier das eine göttliche Licht, gebrochen in drei Teil-Fenstern, wahrgenommen wird, die aber in einem großen „trinitarischen" Fenster zusammengefügt sind.

Da ist das Schöpfer/Vaterfenster, in dem die jüdische Tradition mit allen Weiterungen der christlichen Glaubensgeschichte aufgenommen ist, dann das Jesus/Christusfenster, das trotz seiner unterschiedlichen Einfärbungen ursprünglich das eine göttliche Licht erfahren läßt (was vor lauter vergöttlichender Christozentrik zuweilen vergessen wird), und das Fenster des Geistes, das in den christlichen Kirchen, außer für Randgruppen und Charismatiker, bisher keine so große Rolle spielte. Für den religiösen Menschen im „entchristlichten Westen" kann es vielleicht in Zukunft der bevorzugte Zugang zum göttlichen Licht sein – die allgemeine Religiosität „ohne Gott", die spirituelle Sehnsucht, die unzähligen „Geistgruppen" bis hin in esoterische und andere Bewegungen haben eine oft noch unidentifizierte Ahnung davon.

Fest steht jedenfalls, dass sowohl in der Geschichte des Christentums wie auch in den individuellen Glaubensbiographien mal eher das eine, dann wieder ein anderes der „christlichen“ Teilfenster bevorzugt wurde. Und die Fenster verändern sich ständig, man denke an die Bewegungen der Christologie (zwischen Gottheit und Menschheit) oder die Veränderung der Gottes- und Glaubensvorstellungen.

Man könnte sogar anfügen, dass es im Christlichen wie auch in anderen Religionen noch kleinere Zusatzfenster in Verbindung mit dem großen Fenster gibt, in denen der Mensch unter anderen Namen etwas vom göttlichen Licht erkennt. Ich denke da besonders an Maria und einige Heilige, in denen angesichts eines vorwiegend patriarchalen Gottesbildes, das vor allem Allmacht, Gerechtigkeit und Ferne spiegelt, etwas von der Güte, Barmherzigkeit und „mütterlichen“ Liebe Gottes erfahrbar wird.

Und welches ist der beste Zugang zum verborgenen Gott?

Das Vaticanum II hat endlich die Binsenweisheit bestätigt, dass sich Gott (der GottesGeist) in allen Religionen und Kulturen erfahren lässt. Wir sehen heute (wieder) ein, dass es dem Menschen unmöglich ist, die absolute Wahrheit zu erkennen. Wir wissen auch, dass jede Offenbarung und Gotteserfahrung in menschlichen Gefäßen geschieht und durch Kultur, Sprache, Überlieferung, Interpretation und Deutung verändert wird. Für den Menschen ist das gar nicht anders möglich.

So mag jeder in jeder Kultur und Religion, ob in einem monotheistischen, trinitarischen oder polytheistischen „Fenster“ das göttliche Licht suchen und, so gut er kann, seinen Weg zu Gott und in seinem Leben gehen. Und das kann man auch über die eigenen Religionsgrenzen hinweg miteinander tun; das Sprechen und Austauschen von Erfahrungen ist ein guter Anfang dazu, weil man dabei, wenn man tiefer geht und/oder zusammen betet, merkt, dass jeder letztlich das gleiche göttliche Licht als Urgrund, d.h. „sowieso den gleichen Gott“ hat. Und wie in Nathans Ringparabel wird sich dann bewähren, wer am überzeugendsten den Gott des Lebens in seinem Glauben und Leben erfahrbar werden lässt. So wird deutlich: nicht die „beste“ Lehre und Religion überzeugt, sondern die Liebe allein, und die kennt keine (Religions-) Grenzen.

Zusammenfassung und Folgerungen

Auch „Trinität“ kann – wie alle Gottesvorstellungen in allen Religionen – keine Aussage über das Wesen Gottes sein. Jede Aussage über Gott, jedes Gottesbild ist nur ein Versuch des Menschen, sich mit menschlichen Mitteln dem göttlichen Geheimnis zu nähern. Die christliche Trinität ist Ergebnis des Nachdenkens über das Gottesgeheimnis und das damit verbundene Christusgeschehen mit den Mitteln der hellenistischen Philosophie. Dieser waren ontologische Aussagen wichtig, wodurch sich eine alternativ angedachte heilsgeschichtliche Betrachtungsweise (oben dargestellt), die uns Heutigen näher liegt, nicht durchsetzen konnte. Die dogmatischen Aussagen im Glaubensbekenntnis drücken somit das theologische Anliegen einer bestimmten Zeit und Kultur aus.

Trinität beinhaltete für den damaligen Menschen „diesseits der Mauer“ drei sich ergänzende Zugänge, Wege, „Teil-Fenster“ zu dem einen göttlichen Licht. In jedem der drei Fenster wird etwas von diesem Licht erfahrbar, ohne dass es die anderen Erfahrungswege ausschließt. Das war wohl das im hellenistisch geprägten Kulturkreis erlebte Anliegen, das sich im Trinitätsdogma niederschlug.

Ändern sich Zeiten und Kulturen und die Anliegen des Betrachters/der Gläubigen, so ist es nahe liegend, dass diese Aussagen zunächst in Frage gestellt, dann nicht mehr als so wichtig erlebt und schließlich als zeitbedingt erkannt werden. Andere Betrachtungsweisen und Inhalte werden vordringlich. Man könnte überlegen, ob nicht heute das Thema Dreifaltigkeit im christlichen Leben seine existentielle Brisanz verloren hat, also mehr in den Bereich der Fachleute oder des Mysteriösen, das man ungefragt hinnimmt, abgewandert ist. Es scheint mir, dass gegenwärtig von Christen wieder vorwiegend der eine Gott ohne einen trinitarischen Überbau gesucht wird, auch über Jesus und seine Durchsichtigkeit auf Gott hin. Dazu wird die Allgegenwart Gottes immer mehr wahrgenommen im „Fenster“ des Geistes/des GottesGeistes.

Unter diesen Vorzeichen scheint mir heute durchaus ein „barrierefreier“ Dialog mit anderen Religionen möglich zu sein, da sich nach dem Abstreifen der Gottesbilder und -vorstellungen der gleiche unsagbare Gott in der Mitte von allen Religionen finden lässt.

Im Übrigen lässt sich feststellen, dass die Dreifaltigkeit des Christentums gar keine Einzigartigkeit beanspruchen kann. Auch andere Religionen neigen zu einem trinitarischen Fenster. Ich denke da an die Trinität des Hinduismus, an die Dreiheiten der ägyptischen, griechischen, römischen Religionen und anderer mehr. Denn Trinität symbolisiert überall unter verschiedenen Aspekten und Namen die Vollkommenheit und Einheit des Göttlichen.

Der Dialog der Religionen – eine Unmöglichkeit?

Versuchen wir es mit einem Bild: Der Glaube wie auch die Religionen scheinen mir vergleichbar mit einem stürmischen Meer: Ein Andrang der Wassermassen, hohe und niedrige Wellen, Brecher und aufschäumende Fluten, anrollend, sich zurückziehend, wenige ruhige Stellen – nur für Augenblicke. Überall machtvolle Kräfte in verwirrender und beängstigender Vielfalt, sich steigernd oder bekämpfend, immer in Bewegung, ein verwirrendes Mit-, In- und Gegeneinander, wobei es um Leben und Tod zu gehen scheint. So erlebt man: Die Oberfläche des Meeres: verwirrend, beängstigend, vielfältig und gegensätzlich. Wenn man tiefer taucht, wird das Meer stiller, ruhiger, gleichmäßig strömend ... , und wenn man ganz tief hinabkommt, umfängt einen Stille und großes Schweigen.

Bei allen Schwächen dieses Gleichnisses: Es mag andeuten, wie entscheidend es ist, auf welcher Ebene man sich im Sprechen und Urteilen über Religionen gerade festmacht. Und es scheint mir wichtig zu sein, diese Ebenen auseinander zu halten, auch wenn konkrete Erfahrungen mit Gläubigen und Lehrsystemen oft zu verallgemeinernden Aussagen über eine Religion drängen.

Die grundlegende Ebene – das Vertrauen auf einen letzten Sinngrund

Ich denke, dass fast alle Menschen, religiöse wie „nicht-religöse“, reflektiert oder unreflektiert sich auf ihre je eigene Weise nach dem *einen* Urgrund, der „zentralen, sinngebenden Ordnung der Welt“ ausstrecken in der tiefen Überzeugung, dass es einen solchen Urgrund gibt. Dorthin richten sie ihre Sehnsüchte und Hoffnungen, von dorther wird ihr Dasein sinnvoll. Diesen Urgrund nennen die Religionen Gott. Kommt man auf diese Ebene z.B. im Gebet, haben die Unterschiede in den Vorstellungen kaum eine Bedeutung.

Die sekundäre Ebene – der Überbau der realen Religionen

Dass Menschen ihre Hoffnungen und Sehnsüchte und Erfahrungen mit je unterschiedlichen Vorstellungen, Bildern und Reflexionen auffüllen, kann man feststellen. Die Prägungen durch ihre Kultur, Lebensweise und Religion sind dabei entscheidend. So formt und verändert sich ihr persönlicher Glaube und der Glaube ihrer Religionsgemeinschaft. Das „Glaubensgut“ der Religionen wächst in der Geschichte heran. So geprägt, sehen die geglaubten Bilder/die realen religiösen Vorstellungen sehr unterschiedlich und zu Teilen auch widersprüchlich aus.

Die tertiäre Ebene – ein „aufgeklärter“ Glaube

Ein deutlicher Einschnitt in der evolutiven Geistesgeschichte der Menschheit ist wohl die Aufklärung. Hier kommt der Mensch in einer neuen Weise zu sich selbst und zu dem, was ihm in seiner Freiheit wesentlich erscheint. Dieser Entwicklungsschritt ist wohl nicht mehr rückgängig zu machen; die Aufklärung verbreitet sich vielmehr unaufhaltsam, wie man gegenwärtig erleben kann.

Religionskritik war/ist dabei ein Faktor der Befreiung aus falscher Unmündigkeit. Die Aufklärung ist aber nicht prinzipiell atheistisch, auch wenn sie historisch von den Kirchen oft so empfunden und diffamiert wurde. Sie kann vielmehr nach der Infragestellung des „Überbaus“ zum Wesentlichen führen, das heißt zu einem persönlich verantworteten Glauben. So werden alte Glaubensbilder, Glaubensformeln und Riten, soweit sie nicht zu sehr korrumpiert oder unglaubwürdig geworden sind, weiter bestehen bleiben – der Mensch hat nur einen begrenzten Schatz davon, um sich auszudrücken – aber sie werden wieder durchsichtig auf das Geheimnis, das in ihnen ursprünglich zur Sprache kam.

Weltweit gesehen, ist, von geistigen Eliten abgesehen, die Aufklärung im weltlichen Bereich, außer in den abendländisch geprägten Kulturen, weitgehend noch nicht angekommen. Unter den Religionen wüsste ich keine, die die Aufklärung vollständig rezipiert hätte; im Grad der Rezeption freilich gibt es erhebliche Unterschiede. Denn, obwohl wir uns aufgeklärt nennen, ist dennoch, was die religiöse Einstellung anbetrifft, die Aufklärung auch in den christlichen Kirchen nach langem Abwehrkampf noch nicht voll angekommen. Ein Teil der evangelischen Kirchen, allerdings mit großen Unterschieden, dürfte wohl einen Schritt weiter sein als die römisch-katholische Kirche; die orthodoxe Kirche scheint mit Aufklärung fast noch nichts zu tun zu haben. Die Pastoral ist in der aufgeklärten Umwelt schon etwas „aufgeklärter“, doch der Umgang mit Riten, Dogmen und dem „Lehrgebäude“ und die Weise der Argumentation aus der Schrift und den Lehrtraditionen ist wohl allgemein in allen christlichen Kirchen noch weitgehend voraufklärerisch. Das gilt nicht nur für die Kanzeln, sondern auch für manche Lehrstühle. Man ist im Wesentlichen systemimmanent, auch wenn man hier und da neue Fragen stellt und weiterdenkt (und sich das dann auch zu sagen getraut).

Dennoch: Das Christentum hat schon „Aufklärung drin", bei den anderen Religionen steht das noch in den Anfängen. Die viel frühere islamische Aufklärung ging im 13. Jahrhundert bekanntlich in der islamischen Orthodoxie unter. Die *Ungleichzeitigkeit der Religionen* schlägt deshalb voll durch. Da es um scheinbar fundamentale Überzeugungen geht, macht das einen Dialog äußerst schwer, ja fast unmöglich.

Die heutige Situation: die Ungleichzeitigkeit der Beteiligten

Ein grundlegendes Problem in unserer Zeit ist die Ungleichzeitigkeit. Manche Menschen leben (real und geistig oder nur geistig), um die Extreme zu nennen, noch nahezu in steinzeitlichen oder „mittelalterlichen" Verhältnissen, andere in einer digitalen und globalen Welt im Vorgriff auf eine sich rasant verändernde Gegenwart und Zukunft. Die Spannungen, begleitet vom Druck des raschen Wandels, nehmen kontinuierlich zu, zumal die Kulturen und ihre Religionen auf einem eng gewordenen Globus dicht neben- und sogar miteinander existieren. Doch die gegenwärtigen Religionen bewegen sich sozusagen in jeweils verschiedenen Zeiten. Und in den Religionen selbst verursacht die Ungleichzeitigkeit der Individuen und Gruppen Auseinandersetzungen und Kämpfe. Auch innerhalb des Christentum sind deshalb die Spannungen gewaltig; wir tragen in uns selbst teils noch „mittelalterliche" neben modernen Überzeugungen, in den Kirchen erkennt man Fundamentalisten neben „Fortschrittlichen" in unterschiedlichsten Prägungen und Ausrichtungen.

Die Chancen eines Dialogs unter diesen Vorzeichen

Kritisch betrachtet ist ein Dialog „auf geistiger Augenhöhe", d.h. ein nachaufklärerisches Religionsgespräch ein Jahrhundertprojekt, da wir selbst im aufgeklärten Europa noch nach Jahrhunderten erfahren müssen, wie lange Aufklärung gerade in den Kirchen braucht, um wirklich anzukommen. Außerdem erleben wir gegenwärtig in weiten Teilen der Welt und in allen Religionen eher eine Regression in einen Fundamentalismus verschiedenster Ausprägungen. So betrachtet scheint ein Dialog auf den ersten Blick unmöglich. Doch es lohnt sich anzufangen. Schon sind in allen Religionen wache Geister am Werk, die dies befördern. Zudem scheinen sich im Zuge der allgemeinen Beschleunigung die Verhältnisse in allen Völkern rasant zu wandeln. Für Entwicklungen, zu denen man früher Jahrhunderte brauchte, genügen heute oft schon wenige Jahre. Die „weltlichen" Entwicklungen und Standards schlagen notwendigerweise auf die religiösen durch.

Dass Wandel keine einfache Sache ist, da er grundlegende Lebensmodelle in Frage stellt, sehen wir heute in allen Völkern. Die Auseinandersetzung geschieht auf allen Ebenen. Die Träume der Menschen sind schon weiter als die Realität, aber sie können nicht mehr eingefangen werden und verändern die Verhältnisse auf oft dramatische Weise in tiefgreifenden Konflikten. So erscheint der gemeinsame Beitrag der Religionen ein dringendes Erfordernis zu sein, da es um den Menschen geht – die Religionen beanspruchen, sie wüssten um diesen. Es geschieht auch schon einiges, und ein begrenzter Dialog ist ebenso wie gemeinsames Beten auch heute schon möglich, ja notwendig. Schon jetzt kann durch ein besseres gegenseitiges Kennenlernen eine größere Offenheit und Toleranz entstehen. Und wenn dabei die Sehnsucht nach dem gleichen Gott offengehalten wird, kann man leichter die jeweilige Unterschiedlichkeit aushalten und sich schon jetzt gemeinsam für eine menschliche Gegenwart und Zukunft engagieren.

Im Blick über den christlichen Horizont hinaus sind heute in der Welt nicht nur die abrahamitischen Religionen gegenwärtige und zukünftige Gesprächspartner, sondern auch die asiatischen Religionen. So ist es sinnvoll, in unserem Rahmen noch einige Worte zum „Pantheismus" zu verlieren, wenngleich ich weiß, dass dieses Etikett angesichts der Vielfalt und Tiefe dieser Religionen nicht so recht passt. Pantheistische Züge kann man auch bei uns in der freien spirituellen Szene wahrnehmen.

Theismus – Deismus – Pantheismus

Was versteht man darunter? Sehen wir uns die Sache an, ohne zu sehr in Einzelheiten zu gehen.

Deismus, Theismus und Pantheismus

Da wären auf der einen Seite der Deismus und der Theismus. Der Deismus ist vom Theismus zu unterscheiden, denn: „Der Theismus begreift Gott als Schöpfer der Welt, der sie auch erhält und lenkend in sie eingreift. Damit unterscheidet sich der Theismus vom Deismus, der jeden Eingriff eines Gottes in die Welt bestreitet. Der Gott theistischer Religionen ist überwiegend transzendent, teilweise hat er auch immanente Elemente/Erscheinungsformen. Er wirkt zwar in der Welt (etwa durch Wunder und Offenbarungen), ist jedoch in der Substanz komplett von ihr verschieden (Dualismus von Schöpfer und Schöpfung). Darin unterscheidet der Theismus sich vom Pantheismus und Panentheismus“ (Wikipedia s.v. Theismus).

Der Deismus ist eine typisch abendländische Vorstellung, die schon bei den Griechen zum ersten Mal aufgetaucht ist. Gott wird als Gegensatz zur Welt gedacht. Er habe die Welt zwar ins Dasein gesetzt, sie aber dann sich selbst überlassen. Man gibt zwar den Gedanken an Gott nicht auf, dieser spielt aber für die Welt und das Leben der Menschen keine Rolle. Dahinter steckt die Vorstellung, dass Gott nicht in den Lauf der Welt eingreift – ein aufklärerischer Gegenzug zu dem weit verbreiteten Wunderglauben in den antiken Religionen und später dann auch in der christlichen Religion. Es ist aber im Deismus, und das ist kritisch anzumerken, kein Empfinden für eine geistige Struktur der Wirklichkeit und eine evtl. verborgene Anwesenheit des Göttlichen in der Welt da.

Das Gegenteil davon ist der Pantheismus. Hier sind Gott und Welt nicht getrennt, sondern die Welt ist eine Emanation des Göttlichen, also selbst göttlich. Die Andersartigkeit der Welt wird zwar wahrgenommen, wird aber als eine Täuschung des Menschen interpretiert, weil dessen göttlicher Funke in die leibliche Hülle eingebunden und seine Wahrnehmung dadurch beschränkt ist.
Von den zahlreichen Formen des Pantheismus möchte ich zwei Gestalten ansprechen:

1. den *Volkspantheismus*, in dem es unendlich viele Götter, insbesondere Naturgötter gibt. Er entspricht im Allgemeinen unserer Vorstellung von Pantheismus. Es gibt seit den ältesten Zeiten bis heute viele Formen davon. Die ganze Wirklichkeit wird als göttlich empfunden. Der Mensch lebt noch in einer gewissen Einheit mit der Natur und fühlt sich abhängig von seinen (Natur-)Göttern, mit denen er immer rechnen muss. Es ist daher nötig, sie gnädig zu stimmen, sei es mit Gebeten, kultischen Feiern oder/und Opfern. Deutlich wird hier gespürt, dass es (geistige) Kräfte und Mächte hinter dem gibt, was den Sinnen zugänglich ist. Ihnen sucht man Namen und Gestalt zu geben. Die Weisen in diesen Religionen verweisen zuweilen auf eine zentrale Gottheit hinter oder über den Göttern.
2. den *philosophisch-theologischen Pantheismus,* wie er besonders in Indien in verschiedenen Ausformungen erscheint. Dieser drückt sich in einer Art Monismus aus, da Gott und Welt nahezu gleichgesetzt werden. Die Welt ist eine Emanation der Gottheit und kehrt nach dem Weltenende in diese zurück. Die Gottheit ist in allen Erscheinungen der Welt gegenwärtig. Die Welt ist also, entgegen allem Schein, göttlich. Sie und sich selbst als nichtgöttlich anzusehen, ist ein fundamentaler Irrtum des Menschen. Der Mensch hat die Aufgabe, diesen Irrtum zu erkennen; nur so kann ihm Erlösung, das heißt Rückkehr in das All-Eine, zuteil werden. Denn der Erlösungsweg führt dahin, die Täuschung abzulegen und zu erkennen, dass ich selbst (mein Atman) Teil des Göttlichen bin. Geläufig ist die Vorstellung, die Erlösung werde erst nach vielen Wiedergeburten erlangt.

Die allumfassende Gottheit wird zuweilen unpersönlich wie ein letztes Prinzip, ein Es, gedacht. Dies wird den pantheistischen Systemen vom Monotheismus, der einen persönlichen Gott kennt, zum Vorwurf gemacht. Dieser Vorwurf scheint mir zu kurz zu greifen. Es ist meiner Ansicht nach wohl eher eine Sache der Betrachtungsweise. Denn ich nehme an, dass darin vor allem die Erkenntnis ihren Ausdruck findet, dass Gott nicht menschlich fassbar ist und schon gar nicht in menschenförmigen Zuschreibungen (männliche/weibliche Person) gedacht werden kann, eine Wahrheit, die im Christentum oft zu leichtfertig vergessen wird. Dass dieses „unpersönliche“ Eine auch personale Qualitäten in sich trägt und sich den Menschen personal zuwenden kann, wird besonders in den Hochgöttern Vishnu und Shiva, seinen Emanationen, deutlich und in verschiedenen Inkarnationsgeschichten erzählt.

Monotheismus und Pantheismus – ein Widerspruch?

Zu fragen ist, ob Pantheismus und Monotheismus sich wirklich widersprechen oder ob beide nicht vielleicht nur jeweilige Weisen der Betrachtung des Göttlichen sind, die entstehen, weil unterschiedliche Erfahrungen gemacht werden und diese dann in Übereinstimmung mit der jeweiligen Kultur – mitunter akzentuiert – formuliert werden. Es geht mir dabei weniger um den „Volkspantheismus", da dieser eher eine „frühe" Form des Glaubens ist und in seiner Vielfalt für philosophisch-theologische Überlegungen weniger greifbar ist.

Sehen wir genauer hin! Grundlegend und gemeinsam für alle pantheistischen und monotheistischen Religionen ist:

- Das Göttliche/Gott ist die letzte Ursache allen Seins; alles hat in ihm seinen letzten Ursprung.
- Wenn Gott das Ureine ist, dann gibt es nichts außerhalb von ihm.
- Die Schöpfung ist ein Wirken, eine Entfaltung oder Emanation Gottes „nach außen"; hier finden sich Unterschiede in der Vorstellung.
- Alles, was ist, ist von Gott durchdrungen, sonst gäbe es nichts. Der Wesenskern alles Seienden ist Gott. Dies wird im Monotheismus, wenn überhaupt, dann weitgehend folgenlos mitgedacht und nur gelegentlich formuliert.
- Wir Menschen erleben die Welt als eigengesetzlich und nicht göttlich. Die Erklärmodelle der Religionen dafür sind unterschiedlich. Die monotheistischen Religionen betonen die Unterschiedlichkeit von Welt und Gottheit, der Pantheismus die Einheit.
- Dennoch ist in allen Religionen eine Gewissheit da, dass Gott in der Schöpfung selbst anwesend ist und erfahren werden kann. In Abwehr des Pantheismus verdrängen die monotheistischen Religionen dieses Urwissen weitgehend und ersetzen es durch den Gedanken, dass Gott sozusagen von außen her eingreift oder sich offenbart.

Wie man sieht, ist in beiden „Systemen" das Erfahren des Göttlichen nicht so weit von einander entfernt. So trifft der Pantheismus tatsächlich eine Erfahrungsebene, die den Menschen seit Urzeiten zugänglich ist. Warum ist er dann im christlichen Denken ein Schreckgespenst, auf das mit Abwehr oder Herablassung reagiert wird? Steckt dahinter etwa, mitverursacht von einem eingeschränkten Offenbarungsverständnis, eine massive anthropomorphe Vorstellung von einem persönlichen Gott – man weiß ja alles über Gott –, die sein Geistsein und damit seine Omnipräsenz weitgehend übergeht? Man hat zwar eine Ahnung davon, aber man denkt sie nicht zu Ende.

Überflüssig wäre dann die Frage, ob es pantheistisch ist, wenn ein Mensch Gott spürt in der Schönheit der Natur, in einem Sonnenuntergang oder -aufgang, im Betrachten des bewölkten Himmels oder einer farbenprächtigen Blume, eines glitzernden Kristalls oder im Antlitz eines geliebten Menschen, und er dann der so anwesenden Gottheit mit Preis und Anbetung dankt? Wer würde das ablehnen? Und etwas subversiv könnte man fragen, ob es wirklich höhere Frömmigkeit ist, Gott in einem geschlossenen Steinbau, der auch bei hoher künstlerischer Ausstattung Menschenwerk ist, zu verehren? Trifft man ihn da besser an als in der Natur? Wir wissen, wie wenig „Gott" begeistert war von den Plänen Davids, einen Tempel zu bauen, und das aus guten theologischen Gründen. Kann eine Kirche wirklich „Haus" Gottes sein? (Natürlich weiß jeder, dass eine Kirche noch andere Funktionen hat als „Haus Gottes" zu sein und dass es sinnvoll ist, dort Gott in der Gemeinschaft der Glaubenden zu feiern.) Ist es wirklich so falsch, auch als Christ ein Stück weit „pantheistisch" zu sein, d.h. dass er erlebt, dass für ihn Gott überall da ist und er ihm jederzeit begegnen kann in der Natur und in allen Bereichen seines Lebens und nicht nur auf dem Horeb oder in der Kirche?

Der Pantheismus gründet genauso wie der Monotheismus auf Erfahrungen und ist eine Form des Zugangs zu Gott. Wie jeder Mensch auch sonst seine ihm eigenen Begabungen und kulturellen Prägungen hat, so sucht jeder, so meine ich, auch hier die ihm angemessene religiöse Form.

Eine Geist-Theologie greift die Anliegen beider „Systeme" auf. So ist in einer GottesGeist-Theologie Glaube und Frömmigkeit ganz natürlich personal und zugleich universal auf alle Bereiche ausgerichtet, in denen der GottesGeist sich zeigt. Die Welt, die im Monotheismus oft zu sehr von Gott abgetrennt ist, wird wieder in den Glauben hereingeholt. Denn der GottesGeist lässt sich, auch nach alter christlicher Tradition, überall im Leben erfahren. Die Offenbarung unterstützt dies und weitet den Gedanken hin auf den einen liebenden Gott, der immer gegenwärtig ist.

Zusammenschau

Anliegen meiner Überlegungen ist bei diesem Problem wie sonst auch, dass wir von dem ausgehen, was uns „unten" zugänglich und erfahrbar ist. Da ist einesteils der Eindruck, dass die Welt und die Natur ganz anders als Gott ist; wir erfahren sie als nichtgöttlich. Anderenteils machen wir die Erfahrung, dass der Gott Abrahams, Isaaks, Jakobs und Jesu sich auch in dieser Welt, ihrer Geschichte und in der Natur zeigt und erlebbar ist.

Der scheinbare Gegensatz löst sich auf in einer Geist-Theologie, die von der Allgegenwart des göttlichen Geistes und seinen Offenbarungen ausgeht und andererseits die Begrenztheit der menschlichen Wahrnehmung gegenüber der geistigen Struktur der Wirklichkeit akzeptiert. Der christliche „Panentheismus"[54] scheint dies mit einigen Abwandlungen ähnlich zu sehen.

So wäre zusammenfassend zu sagen: Die harte, dinghafte Materialität ist nur eine Seite der Wirklichkeit, ihre Rückseite ist die geheimnisvolle Gegenwart des Geistes und in diesem des göttlichen Geistes. Der Mensch kann je nach Begabung, Erfahrung und kultureller und religiöser Prägung mal eher in einer monotheistischen Religion, mal eher in anderen religiösen Formen den GottesGeist erleben und sich dementsprechend in seinem Leben und Glauben ausrichten. Sinnvoll wäre es, die Erfahrungsreichtümer, die auf jedem Weg erworben wurden, einerseits allen anderen zugänglich zu machen und sie andererseits auch, soweit es geht, in die eigene Religion zu integrieren in dem Bewusstsein, dass wir alle gemeinsam als Suchende unterwegs sind zu Gott.

[54] Hier wird Gott sowohl als der Welt immanent als auch transzendent zu ihr gesehen, da Gott auch die Welt umfasst.

Kirche inmitten der Menschen?

Das Auseinanderfallen von Kirche und Welt

Was wir oben angesprochen haben, die Hähne krähen es schon lange von den Dächern: Die Kirche erreicht die Menschen nicht mehr. Sie, die fast 2000 Jahre die Gesellschaft und das Leben der Menschen durch und durch geprägt hat, ist ein Auslaufmodell geworden, Relikt einer vergangenen Epoche, „in der es die Menschen noch nötig hatten zu glauben“. Tatsache ist für viele: Man braucht die Kirchen nicht mehr, höchstens noch ihre sozialen Dienste und Einrichtungen. Doch könnten die nicht auch in einer säkularen Gesellschaft organisiert werden? Haben sich Kirche und christlicher Glaube selbst überlebt?

Angefangen hat das schon früher. Mit Beginn der Neuzeit war die Welt größer und weiter geworden, das Individuum befreite sich mehr und mehr aus dem Eingebundensein in Gemeinschaften. Neue Erkenntnisse rieben sich an alten Überlieferungen, bürgerliches Selbstbewusstsein in den Städten verband sich mit humanistischer Bildung in der Kritik bestehender Zustände und traditioneller Verhältnisse. Ein großer Wandel bereitete sich vor. Die feudal strukturierte Kirche, korrumpiert von Macht- und Besitzdenken, kämpfte im Selbstgefühl, die Wahrheit zu besitzen und verteidigen zu müssen, gegen die Veränderungen. So glaubte sie, im Kampf gegen die Reformation und alles neu Aufbrechende durch Lehrerklärungen und die Verurteilung Andersdenkender ihre traditionelle Wahrheit und institutionelle Form sichern zu können.

Freilich, so pauschal, wie das hier skizziert ist, lief es nicht ab; die Wirklichkeit ist vielschichtiger und vielfältiger. Im großflächigen Überfliegen der Vergangenheit erkennt man jedoch Entwicklungslinien, und nur um die geht es mir hier. Fest steht jedenfalls, dass der Wandel der sich entwickelnden europäischen Gesellschaft zuerst langsam vor sich ging, dann immer schneller wurde und heute sich auf eine Weise beschleunigt, die atemlos macht und uns kaum mehr folgen lässt.

Demgegenüber schloss sich die Kirche, die noch im Mittelalter selbst die Entwicklung zur neuzeitlichen Gesellschaft und Wissenschaft – vor allem in den Klöstern und Universitäten – vorangetrieben hatte, gleichsam in einer „heiligen Stadt“ ein, zog in Konzilien und Synoden gewaltige Festungsmauern hoch und verteidigte die „Stadt Gottes“ gegen die „böse Welt“ mit allen zu Verfügung stehenden Mitteln. Dass es dabei auch um menschliche Interessen, theologische Kurzsichtigkeit, die Wahrung von Besitzständen und Unvermögen ging und die Sache Gottes oft mit recht menschlichen Hintergründen vermengt war, ist eine andere Sache, gehört aber dazu. Schließlich mauerte sich die Kirche im 19. Jahrhundert völlig ein, indem sie alle möglichen „Neuerungen“ wie zum Beispiel die Religionsfreiheit, die Demokratie und zahlreiche neue Erkenntnisse in Philosophie und Wissenschaften verurteilte und ihren Klerus zu Beginn des 20. Jahrhunderts schließlich mit dem Antimodernisteneid auf die Vergangenheit einschwor. Fest steht, dass die Kirche bis in die Mitte des 20. Jahrhunderts und darüber hinaus ihre mittelalterliche Struktur und ihre theologische Lehrtradition verteidigte, sie vertiefte und festigte und als unveränderlich zementierte. „Anathema sit!“ Verurteilt und ausgeschlossen sei, der anders denkt und glaubt!

Heute ragt die römisch-katholische Kirche sowohl in ihrem monarchisch-sakralen Amts- und Kirchenverständnis wie auch in ihrer Sprache und ihren theologischen und liturgischen Ausdrucksformen wie ein erratischer, scheinbar unveränderlicher Block aus einer vergangenen Zeit in eine sich rasant verändernde plural bunte Welt. Ihr Anspruch, dass sie die „Frohe Botschaft“ Jesu zum Heil und gelingenden Leben der Menschen verkündige, kommt nicht mehr „rüber“ – Kirche und Menschen können sich nicht mehr verstehen, da man weit auseinander in unterschiedlichen Welten lebt.

Schon in der Vergangenheit geschah es, dass die Kirche in ihrem Verharren in festgefügten Lehrtraditionen und ihrer seit Konstantin gewachsenen soziopolitischen Struktur (hierarchische Monarchie) bereits im Spätmittelalter und dann in der Reformation viele Menschen verlor, die Anstoß nahmen an dem unchristlichen Gebaren der institutionellen Kirche und ihrer Amtsträger, und/oder die das Heil in nicht traditioneller Weise suchten und keine befriedigende Antwort auf ihr Suchen und Fragen bekamen. In den folgenden Jahrhunderten verlor die Kirche seit der Aufklärung zunehmend die Intellektuellen und im 19. Jahrhundert die Arbeiterschaft. Heute ist sie auf dem besten Wege, auch die Frauen zu verlieren – die Jugend ist schon seit Jahren nicht mehr da. Die meisten Kinder, selbst christlicher Eltern, gehen schon nach der Kommunion oder Konfirmation auf Abstand, weil sie mit all dem „Religiösen“ nichts mehr anfangen können. „Was soll das Ganze? Nein, danke. Das ist alles von vorgestern.“

Der Eindruck, die Kirche sei nicht auf der Höhe der Zeit, entspricht dem, wie sich die Kirche als Institution weitgehend selbst darstellt und wie sie die „ewigen Wahrheiten“ unabhängig vom Menschen zu vermitteln sucht. Die Gedankenspiele mancher Kirchenführer, man müsse halt jetzt nach der Ära der Volkskirche sich „gesund schrumpfen“ zu der „kleinen Herde“ – ob das dem Auftrag Jesu entspricht, (im Gleichnis) hinaus an die Hecken und Zäune zu gehen und alle einzuladen? Oder signalisiert dies nicht eigentlich, dass man nicht bereit ist, sich grundlegend zu reformieren und zu verändern, damit man wieder dorthin gelangt, wo die Menschen heute wirklich leben? Das Engagement von Papst Franziskus weist zwar in diese Richtung, wird aber vielfach vom Apparat der Kirche und vielen ihrer Würdenträger ausgebremst und blockiert.

Dabei kommt weithin nicht in den Blick, alles, was die Tradition für andere Zeiten und Menschen gedacht und gefügt hat, neu *unter den Anspruch Jesu zu stellen* und dabei im Gespräch mit der Bibel, im Gebet und mit größter geistiger Anstrengung unter Beteiligung aller Getauften zu suchen und neu zu buchstabieren, was die Frohe Botschaft für das Leben der Menschen im 21. Jahrhundert bedeuten könnte. Was ansteht, ist eine Reform an Haupt und Gliedern, aber auch ein Hinterfragen aller Selbstsicherheiten und des gesamten theologischen und dogmatischen Lehrgebäudes!

Aber das ist noch nicht alles, es genügt nicht. Es müsste vielmehr eine Art Neuinkulturation des Christlichen in die heutige Welt stattfinden. Das wäre, so meine ich, die unausweichliche Aufgabe, die ansteht und angepackt werden muss, wenn die Sache Jesu auch heute für die Menschen bedeutsam sein bzw. wieder werden soll.

Die Inkulturation des frühen Christentums in die hellenistische Welt

Dass so etwas gelingen kann, zeigt die Geschichte. Denn genau das hat die Kirche in ihrer Frühzeit geleistet. Die ersten Jünger, die nicht nur Juden waren, sondern auch, ebenso wie Jesus, jüdisch glaubten und wie jeder Jude nach dem Gesetz lebten, hatten einen unendlich großen Abstand zu den „Heiden“ – man wurde ja durch den Kontakt mit ihnen „unrein“. Hier war das erwählte Volk Gottes, dort waren die Gottesfernen. Man hatte mit ihnen religiös und im Leben nichts gemein. Man kann sich kaum vorstellen, welch außerordentliche Leistung es war, dass diese Jünger es fertig brachten, die Frohe Botschaft Jesu und über Jesus den Gekreuzigten und Auferstanden auch an die „Heiden“ heranzutragen! Schon diese Grenze zu überschreiten war fast unglaublich. Und nicht nur das, sie zwangen nach schwierigen und konfliktreichen internen Klärungsprozessen die Neubekehrten nicht, das jüdische Gesetz zu übernehmen und zu halten. Großartige und weitherzige, geisterfüllte Leute wie Paulus erkannten die neue Freiheit der Kinder Gottes und setzen sich dafür ein. Ja sie schafften es in erbitterten (theologischen) Auseinandersetzungen, dass trotz der traditionellen grundlegenden Unterschiede (Jude – Heide), die ja in den praktizierten unterschiedlichen Lebensformen im Alltag weiterwirkten, gemeinsam das Herrenmahl gefeiert werden konnte. Geeint waren sie grundsätzlich durch den Glauben an den einen Gott und den Herrn Jesus Christus, durch die Taufe auf seinen Namen, durch die gleiche Hoffnung und die Feier des Herrenmahls. Die gemeinsame Glaubensschrift war die Heilige Schrift des Judentums, das Alte Testament. Dieser Grund trug und ließ die Einheit auch in der Verschiedenheit erleben und wachsen.

Der Widerhall dieser Auseinandersetzung, in der es um nahezu alles ging, findet sich noch deutlich im Galaterbrief und weiteren Paulusbriefen, in der Apostelgeschichte und, etwas weniger deutlich, in den Evangelien. Es entstanden recht unterschiedliche Gemeinden/Kirchen wie die in Jerusalem, Antiochia, Korinth, Alexandria, Rom und an vielen anderen Orten im hellenistisch-römischen Kulturraum. Dabei war mal eher die judenchristliche Tradition, mal eher die hellenistische Kultur führend. Wie anders sähe die Kirche heute in ihrer Struktur aus, wenn sich die judenchristliche synagogale Gemeindetradition durchgesetzt hätte! Zu einer hierarchischen Struktur der Ämter wäre es wohl nie gekommen, und ob man je Dogmen formuliert hätte?

Es kam aber anders. In einem schier unglaublichen Inkulturationsprozess gelang es dem Christentum in den folgenden Jahrhunderten, die christliche Urbotschaft in die damalige hellenistische Weltkultur einzubetten. Die griechische Philosophie wurde die Patin der Theologie, die es schaffte, die ursprünglich jüdischen Glaubensinhalte in die Denkmuster der hellenistischen Kultur überzuführen. So entsprachen sie den Ansprüchen der Intelligenz und den Lebensfragen der einfachen Leute dieses Kulturkreises. Kirche und Menschen sprachen eine Sprache, man verstand einander auch ohne Übersetzer und Erklärer, die Botschaft kam an und brachte tausendfältige Frucht. Es lohnte sich, für diesen Glauben zu leben und zu sterben; dies zeigte sich in den Verfolgungszeiten.

Als dann Konstantin den neuen Glauben anerkannte, nahm die Zahl der Christen gewaltig zu, das Glaubensgut wurde vielfältig reflektiert. Die theologischen Diskussionen erfassten selbst die kleinen Leute auf der Straße. Das Christentum war auf dem besten Weg, Religion des Volkes und Staatsreligion im kaiserlichen römisch-byzantinischen Weltreich zu werden. In ihrer äußeren Struktur übernahm die Kirche die Ämterstrukturen des zentralistisch geordneten kaiserlichen Staates, die theologischen Begründungen dafür wuchsen parallel dazu. Man wurde Teil des kaiserlichen Staates und identifizierte sich zunehmend mit diesem. Damit kam aber auch der politische Anspruch des Kaisers zum Tragen, der keine Pluralität im Christentum, wie es sie bisher gab, zuließ. Er wünschte für die künftige Staatsreligion eine einheitliche Lehre mit einheitlicher Leitungsstruktur. Das erste Konzil in Nizäa wurde deshalb vom damals noch nicht einmal getauften Kaiser einberufen und in seinen Aussagen beeinflusst. Die Lehre war hellenistisch durchdacht und wurde dogmatisch festgelegt. Dies hat Auswirkungen bis heute.

Für die Mehrheit der Menschen galt ab dieser Zeit: Man war Mensch und Christ in dieser Kultur, dachte, glaubte und betete ganz selbstverständlich in dieser hellenisierten Form des Christentums und suchte dementsprechend zu leben. Das Christentum war Volksreligion geworden. Die Kirche wurde zu einer wesentlichen Trägerin der römisch-hellenistischen Kultur, die in ihrem christlichen Kleid den Niedergang des römischen Reiches und die Zeit der Völkerwanderung überlebte. Ins Mittelalter hinübergerettet wurde sie dann Fundament der heutigen europäischen Kultur. Wir wissen, welch hervorragende Werke diese in allen Bereichen der Kultur hervorgebracht hat. Ich denke da an die Schätze der Musik, der bildenden Künste und der Literatur, die Geistes- und Naturwissenschaften etc. und ein Menschenbild und eine Ethik, die schließlich zur Formulierung der Menschenrechte führten. Allüberall in Stadt und Land zeugen Kirchen, Bauwerke, Bilder und Zeichen davon, wie umfassend das Leben der Menschen im europäischen Kulturkreis vom Christentum geprägt war. In diesem großartigen Inkulturationsprozess sah man zu Recht, wie ich meine, das Wirken des Geistes.

Das heutige Kirchen- und Amtsverständnis, aber auch die theologische und kultische Sprache und Reflexion der katholischen Kirche stammen aus dieser Kultur. Im 19. Jahrhundert, geschichtlich eigentlich schon zu spät und nicht mehr getragen vom Strom der allgemeinen Kulturentwicklung, wurde vieles davon perfektioniert und „endgültig" verbindlich gemacht. Ob das allerdings noch dem Wirken des GottesGeistes zuzuschreiben ist, sei dahingestellt.

Das Ende einer Epoche – Die Antwort der institutionellen Kirche

Denn was ist, wenn die Menschen und damit die ganze Kultur sich ändern? Tatsache ist, dass diese hellenistisch-christliche Kulturepoche seit Beginn der Neuzeit zunächst zögerlich, seit über 200 Jahren sich dramatisch beschleunigend ausläuft. Ja, in den letzten Jahren scheint es, dass wir gegenwärtig sogar einen ausgesprochenen Kulturbruch erleben, wie es ihn zuvor kaum gegeben hat. Viele Zeichen sprechen dafür. Nichts ist heute mehr fest von dem, was noch gestern gültig war und das Leben bestimmte. Eine Kultur oder Institution, die in diesem allgemeinen Kulturumbruch Orientierung geben könnte, ist nirgends in Sicht. Ein Zurück in die frühere Sicherheit ist in der fortschreitenden Entwicklung nicht mehr möglich; wer jedoch in fundamentalistischer Weise in frühere Epochen zu regredieren sucht, erringt höchstens eine Scheinsicherheit, die dann unter Umständen mit hoher Aggressivität verteidigt wird, wie man gegenwärtig weltweit in fast allen Religionen sieht.

Heißt das dann auch, dass es mit der Kirche, die zuinnerst mit der vorhergehenden, etwa 2000 Jahre alten Kultur verbunden ist, auch zu Ende geht? Auch dafür spricht vieles, auf jeden Fall, wenn sie, wie gegenwärtig, weiter fast ausschließlich in dieser Kultur verharrt. Denn die Menschen heute leben, wie offensichtlich ist, in einer „anderen Zeit“ als die Kirche; man kann sich deshalb nicht mehr begegnen und kann sich nicht mehr verständigen, da man keine gemeinsame Sprache mehr spricht. Man hat sich nichts mehr zu sagen. Die Kirche wird überflüssig – genau das ist der Eindruck von vielen und besonders von jungen Menschen.

Was heute dringend geboten wäre, damit die Sache Jesu für viele wichtig bleibt bzw. wieder wird, wäre ein neuer, ähnlich gewaltiger Inkulturationsprozess wie in der Frühzeit der Kirche. Nur so könnte die eigentliche Frohe Botschaft die Menschen in dieser neuen Zeit wieder erreichen. Dabei ist dieses Unternehmen noch schwieriger als damals, da wir heute keine umfassende Weltkultur mehr haben und die Botschaft Jesu durch die Vergangenheit der Kirche recht belastet ist.

Doch mahnt der GottesGeist nicht schon lange in den zahlreichen „Zeichen der Zeit“ (Johannes XXIII.) an, dass sich in der Kirche grundsätzlich etwas ändern muss? War es nicht die Absicht von Johannes XXIII., die Fenster zur Welt weit aufzustoßen – mit unabsehbaren Folgen? Das Vaticanum II war gedacht als Anfang eines Prozesses, der die Kirche wieder unter die Menschen bringt, so dass sie mit ihnen, auch denen am

Rand (so Papst Franziskus), das Leben teilt. Wie schnell wandte sich die Kirche wieder davon ab und verkroch sich zurück in ihr altes Gebäude, in dem sie sich vorwiegend mit sich selbst beschäftigt. Über 50 Jahre sind seitdem vertan, man merkt die Stagnation überall in der Kirche. Die konziliar Begeisterten, die zum Aufbruch drängten, haben sich weitgehend frustriert abgewandt; die letzten sterben nun langsam aus. Es scheint wie schon bisher in der Geschichte zu gehen: Die Kirche ist nicht bereit, ihr in fast 2000 Jahren gebautes Zuhause zu verlassen und mittellos, dem einstigen Wanderprediger in Palästina gleich, zu den Treffpunkten und Lebensorten der Menschen zu gehen, um mit ihnen das Leben zu teilen, so wie Jesus dies vormachte und Paulus dies lebte (1 Kor 9,19–23): "Da ich also von niemand abhängig war, habe ich mich für alle zum Sklaven gemacht, um möglichst viele zu gewinnen. Den Juden bin ich ein Jude geworden, um Juden zu gewinnen; denen, die unter dem Gesetz stehen, bin ich, obgleich ich nicht unter dem Gesetz stehe, einer unter dem Gesetz geworden, um die zu gewinnen, die unter dem Gesetz stehen. Den Gesetzlosen (= Heiden) war ich sozusagen ein Gesetzloser – nicht als ein Gesetzloser vor Gott, sondern gebunden an das Gesetz Christi –, um die Gesetzlosen zu gewinnen. Den Schwachen wurde ich ein Schwacher, um die Schwachen zu gewinnen. Allen bin ich alles geworden, um auf jeden Fall einige zu retten. Alles aber tue ich um des Evangeliums willen, um an seiner Verheißung teilzuhaben."

Freilich, in der Vergangenheit gab es immer wieder Aufbrüche in der Kirche (Mini-Inkulturationen), die innerhalb der vorgegebenen Kulturtradition sich neu an den Evangelien orientierten und von daher eine Reform der Kirche anstrebten, wie z.B. im Mittelalter die Armutsbewegungen in Oberitalien und die franziskanische Bewegung. Diese aber wurden entweder bekämpft und niedergeschlagen oder „entschärft", so dass die Institution Kirche bleiben konnte, wie sie war. Oder in der Neuzeit – um die Reformation beiseite zu lassen, als die Kirche die brennenden Anliegen der Menschen nicht erkannte bzw. falsch beantwortete und es zur Spaltung kam – als hervorragende Christen in China eine Inkulturation in diese gleichwertige Kultur versuchten und dies von Rom verboten wurde. In den Völkern, die im Zuge der Eroberung der neuen Welt oder der kolonialistischen Expansion christianisiert wurden, wurde im falschen Selbstbewusstsein europäischer Überlegenheit – von lokalen Ausnahmen einmal abgesehen – gar nicht erst versucht, das Christentum in die je eigene Kultur zu implantieren; es wurde bedenkenlos in der Form Europas aufgedrückt. Noch heute studieren die künftigen Kirchenführer aus aller Welt in Rom – natürlich europäische Theologie. Die Kirche hat sich so sehr mit diesem abendländischen Gewand identifiziert, dass sie dieses als einzig legitime Form des Christentums ansieht. Ansätze von aufgeschlossenen Theologen, dies zu ändern, wurden und werden bekämpft und verboten (s. die Lehrverurteilungen unter Johannes Paul II. und Benedikt XVI.). Damit wird auch heute noch jede Inkulturation in die unterschiedlichen Weltkulturen und lokalen Kulturen verunmöglicht – von einigen eher folkloristischen Zugeständnissen in der Liturgie einmal abgesehen. Pointiert sieht das so aus: In der Urkirche mussten die „Völker" nicht erst Juden werden, um Christen werden zu können. In der heutigen Kirche jedoch müssen die „Völker" erst Europäer werden, d.h. die europäische Theologie und europäische Philosophie und damit das europäische Denken und Werten übernehmen, damit sie römisch-katholische Christen sein können. War das die Bedingung Jesu?

Der Traum von einer Kirche, die bei den Menschen ist

Wie könnte eine Kirche aussehen, die sich in die Gegenwart so inkulturiert, wie sie das in den ersten Jahrhunderten getan hat? Eine feste Vorstellung, wie diese Inkulturation vor sich gehen könnte, kann es meiner Ansicht nach nicht geben. Denn die Wege müssten erst im Aufbruch gefunden und gebahnt werden. Sicher müsste es aber Ziel sein, dass die christliche Botschaft, wie in der alten Kirche geschehen, wieder mitten unter die Menschen kommt. Und das geht nicht ohne eine fundamentale Reform, nein mehr, eine grundlegende Umkehr und Neuausrichtung der Kirche in allen Bereichen. Ein Suchprozess nach dem, was uns die Sache Jesu heute in unseren Lebensverhältnissen angeht, müsste eingeleitet werden ohne ängstliche Scheu vor allen altehrwürdigen Dogmen, Bekenntnissen und gewachsenen Strukturen.

Einige Momente zeichnen sich heute schon ab. So wird es sicher ein neues und verändertes Denken und Sprechen von Gott geben. Manches davon schimmert in der Moderne schon durch, einesteils in der Ablehnung verbrauchter Gottesbilder, Theologien, Ämter und Autoritäten, andererseits in einer größeren Bedeutung der spirituellen Dimension, die von der Unsagbarkeit Gottes weiß und sich daher in einem veränderten Denken und Sprechen angesichts des göttlichen Geheimnisses zeigt. Ich denke, eine Geist-Theologie, die ich anregen möchte, wird hier neue Zugänge und Horizonte schaffen können, da sie nicht mehr von oben belehrt, sondern stetig lernend die modernen Erfahrungen und das heutige Wissen in die Erfahrung und Sprache des Glaubens einbringen kann.

Mit der Relativierung und Infragestellung der bisher tragenden traditionellen Gottesbilder und Lehrinhalte wird, wie gezeigt, auch eine umfassende Veränderung der Kirche vor sich gehen müssen. Denn eine Orientierung an der bisherigen Tradition, die sich mit der Anerkennung der Kirche durch Konstantin etablierte und über die Jahrhunderte ausbaute, ist nicht mehr möglich. *Eine große Rückbesinnung und eine Neuausrichtung auf die biblischen Grundlagen wird alle Bindungen an Besitz, Macht, Ämter und Einfluss als einen langen Irrweg der Kirche entlarven.* Die Kirche wird, wenn sie die Kirche Jesu Christi sein will, wieder selbst arm einen Platz inmitten der Menschen, insbesondere unter den Armen, suchen müssen.

Das begriffen die Bischöfe des Katakombenpaktes[55], ein Bischof Gaillot u.a., auch die Arbeiterpriester oder die kleinen Schwestern und Brüder des Charles de Foucault. Damit sind nur einige wenige genannt, bei denen mir besonders deutlich wird, dass hier versucht wird, die Sache Jesu und das Leben in dieser Welt wieder unmittelbar zusammenzubringen, so dass eines der Spiegel des anderen sein kann. Auch der Gedanke von Papst Franziskus, dass die Kirche ihren Platz an den Rändern der Gesellschaft bei den Armen, Diskriminierten und den vielen, die sich durchs Leben mühen, einzunehmen hat, spricht diese Sprache der Rückbesinnung.

Beispiele für den Versuch einer Neuinkulturation finden sich gegenwärtig in verschiedenen Teilen der Welt, mal eher von theologischen Impulsen genährt wie in Europa, wo z.B. die Theologie der Hoffnung oder die politische Theologie mehr als bisher zu einer Verbindung von Glaube und Leben drängen. In anderen Teilen der Welt wie in Südamerika geht es in den Basisgemeinden wesentlich um den gelebten Glauben. Dort wurde u.a. durch die Befreiungstheologie für die Menschen in christlichen Basisgemeinden der Glaube wieder wichtig, weil sie durch ihn im Blick auf die Bibel ihre Lebenssituation besser erkannten und dadurch lernten, mit Gott in ihrer Mitte ihr tägliches Leben unter schwierigsten Umständen gemeinschaftlich selbst in die Hand zu nehmen. Die neu gefundenen Glaubensinhalte sind dann nicht mehr die Lehren eines Lehramtes,

---

[55] Während des II. Vatikanischen Konzils verpflichteten sich 40 Bischöfe in einem Pakt, selbst einfach leben zu wollen und besonders den Armen zu dienen. Dem schlossen sich später ca. 500 weitere Bischöfe an.

sondern innerstes Anliegen der Menschen und wesentlich für sie in der Gemeinschaft ihres Glaubens und Lebens. Da sind Glaube und Leben wieder eins geworden. Ob das ein Vorbild für die Kirche in Europa sein kann? In Asien tut sich ebenso einiges, auch wenn das bei uns weniger bekannt ist.

Angesichts all der Aufbrüche in die Moderne – wie sähe da eine Kirche der Zukunft aus?

Es gäbe, wenn die Kirche überhaupt überlebt, zusammen mit anderen Formen der Kirche wohl auch weiter die traditionelle Kirche hellenistischen Ursprungs für die, die sich da zuhause fühlen. Sie wäre aber nur eine unter vielen christlichen Gemeinschaften/Kirchen, die sich in einer pluralen Welt mit unterschiedlichen Kulturen und Lebensformen dezentralisiert in der einen, „alle umfassenden", d.h. „katholischen" (in der ursprünglichen Bedeutung!) Kirche bildeten. Denn der ursprüngliche zentrale Kern der Einheit, der gemeinsame Glaube, wie ihn die Urkirche praktizierte, und die brüderliche Verbindung zueinander, ermöglichen das eigentliche Katholischsein, nämlich die Einheit des Glaubens in vielfältigen Kulturen und Ausdrucksformen. Ja, noch mehr: Dieser zentrale Glaubenskern würde wieder in vielen unterschiedlichen Stimmen und Sprachen (und Theologien) für die Menschen vernehmbar und zugänglich werden. „ Ein jeder hörte sie in seiner Sprache reden" (Apg 2,6). Pfingsten geschieht heute wie damals, wenn man den GottesGeist zulässt, oder es geschieht nicht, weil Menschen – kirchliche Würdenträger und enge Gläubige – es, wie so oft in der Vergangenheit, verhindern. Und die Jesus-Jünger wären wieder, wie bei Jesus, ohne alle „Hierarchie" eine Gemeinschaft von Gleichen, in der jeder seine Gaben/Charismen einbringen kann. Fasziniert von Jesu Botschaft vom Reich Gottes setzten sie sich für den Frieden, das Überleben der Menschheit und ein Leben in Würde für alle ein; sie wären wieder „Salz der Erde". Ob es dann noch Ämter für den Dienst an allen gäbe oder wie diese aussähen, wäre nach Zeit und Ort herauszufinden. Die gar nicht so christliche monolithische Einheit von Lehre und Amt in der römisch-katholischen Kirche jedenfalls, die ein Ergebnis griechischen Denkens und imperialer Traditionen ist, würde sich auflösen in einer bunten Vielfalt, in der alle auf dem gemeinsamen „Grund und Boden" glauben und Frucht bringen können.

Die Einheit der Kirche(n) – was ist möglich?

Zum Gedanken der Einheit einer solch vielfältigen katholischen (alle umfassenden) Kirche wäre noch anzufügen: Die ursprüngliche Kirche hat Einheit anders verstanden als die konstantinische und die wieder anders als die spätere Reichskirche oder die römisch-katholische Kirche nach der Reformation. Heute stehen wir wieder an einem Wendepunkt, da die jetzige Form von Kirche zusammen mit der sie tragenden Kultur definitiv an ihr Ende kommt. Sie hat sich überlebt. Man sollte endlich den Gedanken aufgeben, dass die Kirche eine in sich geschlossene societas perfecta[56] und absolute Lehrmeisterin der Völker ist, die selbst keine Veränderung nötig hat. Denn angesichts dessen, dass die Kirche auf Erden unterwegs und nicht identisch mit dem „mystischen Leib" Christi ist, unterliegt sie dem Wandel der Zeit. Vielheit und Pluralität sind keine Zeichen des Verfalls, wie besorgte Einheitswahrer der Kirchen meinen, sondern Kennzeichen des Lebens und Reichtum einer sich entwickelnden Schöpfung, für die der Geist verantwortlich zeichnet. Wer wollte abstreiten, dass der GottesGeist auch heute im „Zeitgeist" und in dem Drängen auf Veränderung im Gottesvolk wirksam ist und zum Aufbruch auffordert? Wäre es daher nicht an der Zeit, dass wir, Kirchenführer, Theologen und alle Gläubigen, im Vertrauen auf den GottesGeist endlich begreifen, dass Gott letztlich selbst zu jeder Zeit immer neu und oft anders, als Tradition und Kirchenrecht es erlauben, Einheit schenken will, und das durch uns und mit uns und in uns – durch wen sonst? Ob man Einheit so definiert, dass sie die Vielfalt einschließt (evangelische Kirche) oder sie ausschließt (römisch-katholische Kirche), ist schließlich rein menschliche Entscheidung; mit theologischen Argumenten kann man beides rechtfertigen. Wir sollten den GottesGeist endlich zulassen und das umsetzen, was ER durch unsere historische Situation schon lange einfordert. Dann dürften – in Erinnerung an die Frühzeit des Christentums sei diese Vision gewagt – in der einen, alle umfassenden Kirche recht unterschiedliche Kirchen und Konfessionen vereint nebeneinander und miteinander bestehen, jede in ihrer Art reich an Gaben des Geistes und zugleich unvollkommen und der Gnade Gottes bedürftig. Sie könnten aber in ihrer Art, wie der GottesGeist es wirkt, je unterschiedliche Menschen ansprechen, vereint zum Lobpreis des einen Gottes und im Engagement für das „Reich Gottes". Und der GottesGeist/Gott wäre

[56] Eine „vollkommene Gesellschaft", die völlig autark ist, da sie selbst in sich alle für die Verwirklichung ihrer Ziele nötigen Mittel besitzt und keiner anderen Gesellschaft untergeordnet ist.

in der Vielfalt der Menschen und Situationen mitten unter uns und in uns gegenwärtig, wenn wir unser tägliches Leben gestalten und uns dafür einsetzen, eine Zukunft für alle Menschen zu ermöglichen, die ihrer Würde als Söhne und Töchter Gottes entspricht.